Springer-Lehrbuch

Gerhard Schewe

Unternehmens-verfassung

Corporate Governance
im Spannungsfeld
von Leitung, Kontrolle
und Interessenvertretung

Mit 17 Abbildungen und 17 Tabellen

 Springer

Professor Dr. Gerhard Schewe
Universität Münster
Fakultät Wirtschaftswissenschaften
Lehrstuhl für BWL, insb.
Organisation, Personal und Innovation
Universitätsstraße 14–16
48143 Münster
orga@wiwi.uni-muenster.de

Bibliografische Information Der Deutschen Bibliothek
Die Deutsche Bibliothek verzeichnet diese Publikation in der Deutschen Nationalbibliografie; detaillierte bibliografische Daten sind im Internet über <http://dnb.ddb.de> abrufbar.

ISBN 3-540-24517-0 Springer Berlin Heidelberg New York

Springer ist ein Unternehmen von Springer Science+Business Media

springer.de

© Springer-Verlag Berlin Heidelberg 2005
Printed in Germany

Umschlaggestaltung: design & production GmbH, Heidelberg
Textverarbeitung und Layoutgestaltung: Christina Semptner
SPIN 11384823   43/3135-5 4 3 2 1 0 – Gedruckt auf säurefreiem Papier

Vorwort

Kaum ein Bereich unternehmerischen Managements wird über Jahre hinweg derart kontrovers diskutiert wie der Bereich der Regelungen der Unternehmensverfassung. Ausführungen zur Unternehmensverfassung weisen eine deutlich längere Tradition auf als dies die in den letzten Jahren geführte Diskussion unter dem Schlagwort „Corporate Governance" vermuten ließe. Entsprechend wird für das vorliegende Lehrbuch auch der Titel der „Unternehmensverfassung" als Haupttitel gewählt und nicht der „modernere" Begriff der Corporate Governance, welcher vielfach auch deutlich enger in der Betrachtung institutioneller Unternehmensregelungen interpretiert wird als dies bei dem Begriff der Unternehmensverfassung der Fall ist.

Die Auseinandersetzung mit dem Problem der Unternehmensverfassung bzw. der Corporate Governance beschränkt sich nicht nur auf Vertreter der Wissenschaft. Auch die Politik sowie vielfältige gesellschaftliche Interessengruppen sehen sich aufgerufen, zu Problemfeldern der Unternehmensverfassung Stellung zu nehmen. Die folgenden Zitate mögen dies verdeutlichen:

- „Die Vorstandsbezüge aller Aktiengesellschaften sollten offen gelegt werden." (Horst Köhler, Bundespräsident der Bundesrepublik Deutschland, in: Manager-Magazin vom 08.08.2004)

- „Es genügt völlig, wenn die Gesamtbezüge eines Vorstands veröffentlicht werden." (Michael Rugowski, BDI-Präsident, in: Süddeutsche Zeitung vom 02.07.2003)

- „Wenn Aufsichtsräte sich mehr um die Geschäftspolitik kümmern würden, wäre die Zahl der Unternehmensschieflagen geringer." (Christian Strenger, Mitglied der Regierungskommission Corporate Governance, in: n-tv.de vom 05.02.2004)

- „Mitbestimmung im Aufsichtsrat war ein Irrtum der Geschichte." (Michael Rugowski, BDI-Präsident, in: Wirtschaftswoche vom 21.10.2004)

- „Alles in allem habe ich mit der Mitbestimmung sehr gute Erfahrungen gemacht." (Jürgen Schrempp, Vorstandsvorsitzender von Daimler-Chrysler, in: Wirtschaftswoche vom 28.10.2004)

- „Große Unternehmen wissen, dass die Mitbestimmung zur Stabilität ihres Unternehmens beiträgt." (Wolfgang Clement, Wirtschaftsminister der Bundesrepublik Deutschland, in: Wirtschaftswoche vom 28.10.2004)

Die zum Teil äußerst kritisch und kontrovers geführte Diskussion der Unternehmensverfassung orientiert sich an drei Kompetenzfeldern, die zentrale Institutionen des Unternehmens kennzeichnen: die Leitungskompetenz, die Kontrollkompetenz sowie die Interessenvertretungskompetenz.

Die Regelungen, ob nun gesetzlich fixiert oder unternehmensspezifisch autorisiert, die die faktische Ausgestaltung dieser drei Kompetenzfelder im Hinblick auf ihre Institutionalisierung betreffen, stellen die Grundpfeiler der Unternehmensverfassung dar. Entsprechend werden im vorliegenden Lehrbuch auch die hierfür maßgebenden Regelungen ausführlich dargestellt. Neben dieser Beschreibung des institutionellen Rahmens unternehmerischen Managements und den damit in Zusammenhang stehenden Freiheitsgraden wird jedoch auch die Frage nach einer theoretischen Fundierung des Problems der Unternehmensverfassung gestellt. Letztlich ist es das Wissen um die theoretische Fundierung, das es erlaubt, Regelungen der Unternehmensverfassung auf ihre ökonomischen Konsequenzen hin zu beurteilen. Allerdings bedeutet dies nicht, dass für den Bereich der Unternehmensverfassung eine geschlossene Theorie existiert. Zwar weisen viele Autoren den Ansätzen der sog. neuen Institutionenökonomie diese Funktion zu, es bleiben jedoch Fragen offen, die diese Ansätze aufgrund ihres strengen Prämissengerüsts nicht oder nur schwer beantworten können. Folglich wird im vorliegenden Lehrbuch ein eher theoriepluralistischer Ansatz gewählt, der neben ökonomischen Theorien auch Ansätze der Verhaltenswissenschaft bzw. der Konflikttheorie berücksichtigt.

Neben der Darstellung der Regelungen der Unternehmensverfassung sowie ihrer theoretischen Diskussion soll auch der Blick für die praktische

Umsetzung derartiger Regeln und ihrer Konsequenzen für das betriebliche Handeln geschärft werden. Zu diesem Zweck werden im vorliegenden Buch eine Vielzahl von Praxisbeispielen aufgenommen, die jeweils versuchen, den entsprechenden Sachverhalt zu illustrieren. Dabei wird bewusst darauf verzichtet, derartige Beispiele inhaltlich zu bearbeiten. Es werden vielmehr Originalzitate aus Unternehmenspublikationen und Managementzeitschriften verwandt, um so den realitätsnahen Eindruck der Beispiele nicht zu beeinträchtigen.

Ein solches Lehrbuch ist natürlich niemals das Werk eines Einzelnen. Vor diesem Hintergrund ist es mir nicht nur eine Verpflichtung, sondern auch ein Wunsch, mich für die vielfältigen Unterstützungen zu bedanken. In diesem Zusammenhang sind sicherlich die Mitarbeiter meines Lehrstuhls zu nennen, von denen ich Herrn Dr. Sebastian Kleist besonders nennen möchte, da er mir über Jahre hinweg stets wertvolle Hinweise zum Thema Unternehmensverfassung gegeben hat. Der besondere Dank gilt Herrn Prof. Dr. Dr. h. c. Jürgen Hauschildt. Er war es, der mit seinen Arbeiten zur Unternehmensverfassung den Grundstein für das Beschäftigen mit dieser Thematik legte. Die Ergebnisse vielfältiger intensiver Diskussionen sowie die zahlreichen Anregungen und kritischen Kommentare zu Einzelaspekten der Unternehmensverfassung finden sich letztlich in diesem Buch wieder. Sie haben entscheidend zum Gelingen dieses Buches beigetragen. Gleichwohl gehen sämtliche Fehler, Unklarheiten und Auslassungen natürlich zu Lasten des Autors, der für entsprechende Hinweise dankbar ist. Frau Christina Semptner übernahm das Anfertigen der Druckvorlage und die Layoutgestaltung. Frau Monika Tietze hat mit großer Sorgfalt Korrektur gelesen. Ihnen beiden gilt ebenfalls mein ganz besonderer Dank. Ohne die professionelle Umsetzung dieser Arbeiten wäre das Buch wohl kaum zustande gekommen.

Münster, im Januar 2005   Gerhard Schewe

Inhaltsübersicht

Inhaltsverzeichnis

Abbildungsverzeichnis

Tabellenverzeichnis

1 Unternehmensverfassung im betriebswirtschaftlichen Kontext

Betriebliche Entscheidungs- und Durchsetzungsprozesse vollziehen sich nicht im „luftleeren Raum", sie finden vor dem Hintergrund eines institutionellen Rahmens statt. Dieser Rahmen betriebswirtschaftlichen Managementhandelns wird als Unternehmensverfassung bezeichnet. Die Unternehmensverfassung ist damit eine zentrale Kontingenzvariable im Hinblick auf das betriebliche Entscheidungs- und Durchsetzungssystem.[1] Die Ausgestaltung dieses Rahmens ist nicht nur in existenten gesetzlichen Vorschriften zu sehen. Unternehmen besitzen die Möglichkeit, hier bewusst oder unbewusst gestalterisch tätig zu werden. Die Regelungen der Unternehmensverfassung weisen damit sowohl den Charakter einer internen wie auch einer externen Kontingenzvariable auf.

Im Rahmen dieses Lehrbuches soll gezeigt werden,

- wie ein solcher institutioneller Rahmen gestaltet ist,

- welche Kräfte seine Gestaltung bestimmen,

- welche Gestaltungsspielräume innerhalb der Gesetzgebung und innerhalb der marktwirtschaftlichen Kräfte überhaupt vorhanden sind und

---

1 Vgl. auch Werder (1992), Sp. 2172 ff.

- welche Konsequenzen von unterschiedlichen Formen der Gestaltung dieses institutionellen Rahmens für die einzelnen Entscheidungs- und Durchsetzungsprozesse zu erwarten sind.[1]

Dabei ist von besonderem Interesse, welcher Verhaltensspielraum den einzelnen Unternehmensangehörigen bzw. den sie vertretenen Interessengruppen innerhalb der Unternehmensverfassung verbleibt.

Vor dem Hintergrund einer derart verstandenen Problemstellung geht das vorliegende Lehrbuch in seinem Anspruch deutlich weiter als viele andere Schriften, die sich diesem Problemkreis zuwenden. Es soll nicht nur die Welt der Gesetze beschrieben und erklärt werden. Es wird der Versuch unternommen, derartige Regelwerke – auch nicht staatlich autorisierte Regelwerke – in einen theoretischen Bezugsrahmen einzubetten. Es sind letztlich theoretische Erwägungen, die es erlauben, managementorientierte Implikationen existenter und/oder geplanter rechtlicher – nicht zwangsläufig staatlich autorisierter – Vorschriften aufzuzeigen. Folglich widmet sich das vorliegende Werk nicht nur der Ausgestaltung entsprechender Regelungen, sondern zeigt darüber hinaus auch Möglichkeiten auf, wie Fragen der Unternehmensverfassung vor dem Hintergrund anerkannter ökonomischer Theoriegebäude zu diskutieren sind.

1.1   Staatsverfassung als Ausgangspunkt

Die Verfassungsdiskussion – genauer die Diskussion der Unternehmensverfassung – lässt sich nicht ohne einen kurzen historischen Rückblick auf das Problem der Staatsverfassung führen. Verfassungen, genauer: Verfassungen von Staaten, sind nicht ohne die Betrachtung der Konfliktaustragungsprozesse der letzten Jahrhunderte zu erklären. In der Epoche des Konstitutionalismus war die Staatsverfassung das Ergebnis des Konfliktaustragungsprozesses zwischen den absolutistischen Fürsten

---

1   Vgl. auch Backhaus/Plinke (1986) oder Hommelhoff/Mattheus (2004), Sp. 780 ff.

auf der einen Seite und dem Willen der Bürger auf der anderen.[1] Man wehrte sich gegen die Willkür des absoluten Herrschers. Die Verfassung diente dazu, eine bewusst gestaltete, dauerhafte Regelung von Verhaltensweisen der Bürger und des Staates zu festigen. Die Idee des Verfassungsstaates wurde zuerst in den USA im Jahre 1787 verwirklicht.

Um die Wirkungsweise einer Verfassung jedoch genauer bestimmen zu können, muss man die einzelnen Verfassungsaspekte – den Systembezug, den Wirkungsbezug und den Effizienzbezug – näher betrachten. Nur so wird deutlich, wo und in welchem Ausmaß verfassungsmäßige Ordnungen ihren Regelungscharakter zur Steuerung von Verhaltensweisen entfalten.

1.1.1 Systembezug der Verfassung

Eine Verfassung, genauer eine Staatsverfassung, bezieht sich, wie es der Name sagt, auf einen Staat. Ein Staat ist dabei durch ein räumlich abgegrenztes Staatsgebiet ebenso gekennzeichnet wie durch ein Staatsvolk und durch eine Staatsgewalt. Legt man eine solche systemische Definition zugrunde, so müssen, um die Wirkungsweise einer Verfassung bestimmen zu können, zwei Fragen beantwortet werden:

- Wie sind die Systemgrenzen gekennzeichnet, in denen eine Verfassung das Verhalten regelt?

- Welche Subjekte innerhalb der Systemgrenzen sind von den Verfassungsregeln betroffen?

Eine Verfassung kann ihre Wirkungsweise nur dann entfalten, wenn diese beiden Fragen beantwortet werden können, d. h. ein abgegrenztes Verfassungssystem vorhanden ist. Dass die Beantwortung derartiger Fra-

---

1 Vgl. Krüger (1961), S. 72; Badura (2003), S. 4. Vgl. ferner auch Mohnhaupt/ Grimm (2002).

gen nicht trivial ist, zeigt nicht zuletzt die Diskussion der Staatsbürger-schaftsfrage oder aber die Frage der diplomatischen Immunität.

1.1.2   Wirkungsbezug der Verfassung

Der Wirkungsbezug, d. h. die Funktionen einer Verfassung, erstrecken sich auf vier Aspekte:[1]

- **Ordnungsfunktion:** Hier geht es in erster Linie um die Schaffung und Bewahrung einer Ordnung. Dies geschieht dadurch, dass bestimmte Konfliktaustragungsformen verbindlich für alle Personen, die unter eine Verfassung fallen, vorgeschrieben werden. Die Verfassung gibt damit ein geordnetes Verfahren vor, welches den Konfliktaustragungsprozess regelt. Eine derartige Ordnung gibt ferner auch Auskunft darüber, wie der Konfliktaustragungsprozess bei der Bestimmung der Verfassungsregeln zu gestalten ist.

  Neben der expliziten Vorgabe bestimmter Konfliktaustragungsformen ist es dementsprechend für eine Verfassung unabdingbar, dass man unter ihr auch die möglichen auftretenden Konflikte klassifiziert. Nur wenn für möglichst viele denkbaren Konflikte Formen der Konfliktaustragung vorgegeben werden, werden die Verfassungssubjekte bereit sein, die Verfassung insgesamt auch zu akzeptieren und sich den dort vorgegebenen Konfliktaustragungsformen auch zu unterwerfen. Da es nur schwer möglich ist, sämtliche Konflikte a priori zu klassifizieren, zeichnen sich verfassungsmäßige Regelungen durch ein gewisses Maß an Flexibilität und Gestaltungsspielraum aus. Nur so ist es möglich, dass eine Verfassung auch dauerhaft Ordnung schafft.

- **Integrationsfunktion:** Die Integrationsfunktion einer Verfassung kommt dadurch zum Ausdruck, dass sie den Zusammenhang zwischen den Betroffenen betont. Die Gestaltungsabsicht ist dabei primär

---

1   Vgl. hierzu ausführlich Krüger (1961), S. 72 ff. sowie Witte (1978), S. 331 ff. Vgl. ferner Katz (2002), S. 45; Badura (2003), S. 15 f.

das Verbindende und nicht das Trennende. Diese Integrationsleistung ist in erster Linie vor dem Hintergrund der äußeren wie auch der inneren Bedrohung zu sehen, der das Verfassungssystem ausgesetzt ist. Das Ziel liegt hier auf der Dokumentation der Einheit und Einigkeit des sozialen Systems, welche als notwendig für das „Überleben" des Systems angesehen wird.

- **Kontrollfunktion:** Eine Verfassung besitzt vor dem Hintergrund der Gewaltenkontrolle zwei Funktionen: Sie verhindert die unkontrollierte Machtausübung Einzelner gegenüber dem Staat wie auch umgekehrt die unangemessene Machtausübung des Staates gegenüber einzelnen Staatsbürgern.

Die Diskussion um die Staatsverfassung lässt dabei die Frage allerdings offen, ob auch durch Verfassung geregelt sein müsste, wie das Verhältnis der Individuen oder der Gruppen zueinander zu gestalten sei. Dass auch hierfür Regelungen notwendig sind, wird sicherlich nicht bestritten. Ob sie allerdings zu den Verfassungsregelungen zu zählen sind, wird nicht immer eindeutig beantwortet. Letztlich spielt es aber keine Rolle, ob derartige formale Verhaltensregeln nun unter der Überschrift Verfassung zu subsumieren sind oder nicht. Entscheidend ist, dass derartige Regeln die Entscheidungs- und Durchsetzungsprozesse in den jeweiligen Systemen beeinflussen und insofern von diesen Systemen antizipiert werden müssen.

- **Anpassungsfunktion:** Äußere Einflüsse und das Reagieren auf selbige sind für einen Staat unumgänglich, will er auf Dauer existieren. Die Staatsverfassung muss insofern darauf ausgerichtet werden, den Staat gegen äußere Einflüsse ebenso wie gegen innere Spannungen handlungs- und überlebensfähig zu machen. Eine Staatsverfassung – insb. eine erfolgreiche Staatsverfassung – ist damit nicht als ein statischer institutioneller Rahmen zu verstehen, sondern als ein Rahmen, den es kontinuierlich weiter zu entwickeln gilt. Damit muss eine Staatsverfassung zwangsläufig Elemente in sich bergen, die diese auch veränderungsfähig macht. Derartige Elemente dürfen jetzt jedoch nicht dazu führen, eine Verfassung anfällig zu machen für Änderungen, die lediglich Einzelinteressen dienen und die somit den Verfassungskonsens des Verfassungssystems nachhaltig gefährden.

Eine Verfassung ist dann handlungsfähig und leistungsfähig, wenn es ihr gelingt, sich ständig anzupassen, d. h. wenn es den Verfassungsorganen gelingt, die Verfassung weiter zu entwickeln, ohne dabei gleichzeitig offen zu sein für zerstörerische Tendenzen, die vor dem Hintergrund der Existenz von Individualinteressen immer wieder auftreten werden.

1.1.3   Effizienzbezug der Verfassung

Ihre Rolle als ein Instrument zur Lösung von Konflikten erbringt eine Verfassung nur dadurch, dass sie bestimmte Sachverhalte nicht nur kurzfristig oder einmalig reguliert, sondern dass hier Konfliktaustragungsformen vorgegeben werden, die auf Dauer gelten. Eine Verfassung hilft insofern beim Abbau subjektiver Unsicherheit. Sie dient damit der Effizienz, indem Entscheidungs- und Durchsetzungsprozesse auf einem Niveau erhöhter Sicherheit stattfinden. Die unter einer Verfassung agierenden Akteure können sich darauf verlassen, dass es Institutionen gibt, die ihnen zu ihrem Recht im Konfliktfall verhelfen. Ein zusätzlicher Ressourcenaufwand ist nicht notwendig. Es kommt zu einem institutionalisierten Interessenausgleich. Eine Verfassung ersetzt damit die subjektive Unsicherheit durch eine institutionalisierte Sicherheit. Drei Aspekte sind in diesem Zusammenhang von Bedeutung:

- **Die Berechenbarkeit:** Eine Verfassung gilt für einen langen Zeitraum. Die Individuen müssen diese Verfassung insofern bei ihren, insb. langfristigen, Entscheidungen berücksichtigen. Dies impliziert im Regelfall, dass eine Verfassung in schriftlicher Form vorliegt, damit sie von jedem Individuum „nachzulesen" ist.

- **Die Stabilitätsgarantie:** Verfassungen lassen sich nur schwer ändern. Nur diese Schwerfälligkeit im Änderungsprozess – nicht die Unmöglichkeit – führt dazu, dass Sicherheit in langfristiger Form für die Individuen existiert.

- **Die Durchsetzungsgarantie:** Es existieren Verfahren oder Organe, durch die sichergestellt wird, dass eine Verletzung der Verfassungsnormen mit negativen Sanktionen belegt wird. Ein solches System verringert die subjektive Unsicherheit, da es sicherstellt, dass die Einhaltung der verfassungsmäßigen Regelungen auch tatsächlich durchgesetzt wird und diese „nicht nur auf dem Papier stehen". Nimmt man z. B. einen normalen Geschäftsvorfall, so erfolgt der Übergang der Ware vielfach zu dem Zeitpunkt, an dem das Geld noch nicht eingetroffen ist. Die Unsicherheit, ob das Geld wirklich eintrifft, d. h. ob die vertraglich garantierte Gegenleistung wirklich erfolgt, wird dadurch verringert, dass man sich auf einen institutionellen Rahmen verlassen kann, der es einem ermöglicht, bei Nichteingang der Gegenleistung diese über den Rechtsweg einzufordern.

Systeme, die über ein funktionierendes und leistungsfähiges Verfassungssystem verfügen, sind folglich in der Lage, das gesellschaftliche Handeln deutlich effizienter zu gestalten, da Aufwendungen zur Reduktion existenter Unsicherheit in dem Maße entfallen, wie es der Verfassung gelingt, Unsicherheit abzubauen.

Unbeantwortet bleibt einstweilen die Frage, wer das Ziel einer Verfassung definiert. Ihre Funktionen kann eine Verfassung jedoch nur dann erfüllen, wenn das Verfassungsziel nicht von einer Gruppe gegen eine andere Gruppe innerhalb des Geltungsbereichs einer Verfassung durchgesetzt wird. Verfassungsmäßige Regelungen entfalten ihren Nutzen nur dann, wenn sie von einem Grundkonsens der Beteiligten getragen werden.[1] Dieser verfassungsbezogene Grundkonsens muss unabhängig sein von den herrschenden individuellen Unterschieden und den höchst unterschiedlichen Interessenlagen der beteiligten Personen. Entsprechend dieser Vorstellung widerspricht es auch, eine Verfassung vor dem Hintergrund aktueller Tagesereignisse mit „einfacher Mehrheit" zu ändern. Der Sicherheitsaspekt einer Verfassung impliziert, dass man mit der Veränderung von verfassungsmäßigen Regeln sehr behutsam umgehen muss. Durch Verfassungsänderungen darf der Grundkonsens der Beteiligten nicht be-

---

1 Vgl. Krüger (1961), S. 81 f.; Katz (2002), S. 42; Badura (2003), S. 8.

einträchtigt werden. Anderenfalls verliert eine Verfassung ihre Funktionsfähigkeit, da eine Verfassung dann nicht mehr den Charakter einer zukunftsbezogenen Orientierungshilfe für die Beteiligten besitzt.

1.2 Gegenstand der Unternehmensverfassung

1.2.1 Begriff der Unternehmensverfassung

Definitionen von Unternehmensverfassung:

„Unter der Unternehmensverfassung kann die Gesamtheit der grundlegenden (konstitutiven) und langfristig gültigen Strukturregelungen der Unternehmung verstanden werden."

Quelle: Chmielewicz (1993), Sp. 4400.

„Unter Unternehmensverfassung wird hier das System gesetzlicher und vertraglicher Regelungen verstanden, das die Entscheidungs- und Anreizstruktur der Kerngruppe einer Unternehmung festlegt."

Quelle: Frese (1993), Sp. 1286.

„Die UV [Unternehmensverfassung] ergibt sich aus gesetzlichen Regelungen, (...), aus kollektivvertraglichen Vereinbarungen (...) sowie privatautonomen Rechtssetzungen (...)."

Quelle: Gerum (1992), Sp. 2481.

Wählt man die Überlegungen zur Verfassungen von Staaten als Anknüpfungspunkt für die Begriffsfestlegung einer Unternehmensverfassung, so stellt sich die Frage, wo unterscheiden sich Staat und Unternehmen bzw. in welchen Bereichen weisen sie Gemeinsamkeiten auf. Witte[1]

---

1 Vgl. Witte (1978), S. 332.

führt eine solche Gegenüberstellung anhand von vier Kriterien durch, die letztlich die Gestaltungsabsicht der Staatsverfassung bzw. der Unternehmensverfassung charakterisieren: Es sind dies die einzubeziehenden Kräfte, die Kanalisierung dieser Kräfte, die Integrationsabsicht und das Zusammenspiel von Stabilität und Anpassung. Tab. 1-1 zeigt, wie sich anhand dieser Kriterien Staatsverfassung und Unternehmensverfassung unterscheiden.

	Staatsverfassung	Unternehmensverfassung
Einzubeziehende Kräfte	Staatsvolk und Staatsgewalt	Unternehmensleitung, Anteilseigner und Arbeitnehmer
Kanalisierung der Kräfte	Durch die Gewaltenteilung zwischen Legislative, Jurisdiktion & Exekutive	Errichtung von Organen mit Leitungs- und Kontrollkompetenzen
Integrationsabsicht	Prozedurale Verfassungsregelungen, z. B. Herbeiführung von Einigungsvorgängen der zwei Kammern	Verhinderung einer Pattsituation der einzelnen Organe
Stabilität und Anpassung	Einbindung der dynamischen Veränderung durch Fortschreibung des Verfassungsrechtes in einem geordneten Ablauf	Nicht Vermeidung des Konfliktes, sondern Ermöglichung eines geordneten Ablaufes auf dem Wege der Anpassung an neue Anforderungen

Tab. 1-1: Unterschied Staats- und Unternehmensverfassung

Vor dem Hintergrund dieser Gegenüberstellung lässt sich die Unternehmensverfassung in Anlehnung an Hauschildt[1] wie folgt definieren: *Unter einer Unternehmensverfassung wird die Menge aller gesetzlichen und bewusst gesetzten Regelmechanismen verstanden, die das Verhalten des Unternehmens bzw. seiner Repräsentanten gegenüber den relevanten Interaktionsgruppen bestimmen.*

Eine derartige Definition legt bewusst den Fokus der Betrachtung auf das Organisationsproblem, welches sich vor dem Hintergrund der Verfassungsdiskussion als das zentrale Problem darstellt.[2] Andere Bereiche, wie

---

1   Vgl. Hauschildt (2001), S. 8.

2   Vgl. Chmielewicz (1993), Sp. 4405 f. und Frese (2000), S. 536 ff.

z. B. die Marktverfassung oder die Finanzverfassung eines Unternehmens, werden hier nicht betrachtet.

1.2.2   Systembezug der Unternehmensverfassung

Jede Unternehmensverfassung weist wie jede Staatsverfassung einen spezifischen Charakter auf, d. h. jedes Unternehmen besitzt eine eigenständige Verfassung. Dies schließt allerdings nicht aus, dass ein Teil der verfassungsmäßigen Regelung zwischen Unternehmen identisch sind.

Will man vor diesem Hintergrund die Gesamtheit der auf ein Unternehmen bezogenen verfassungsmäßigen Regeln betrachten, so kommt man nicht umhin festzulegen, welche Elemente noch zu dem betrachteten Unternehmen zählen, welche hingegen nicht. Es sind folglich die Grenzen des Unternehmens festzulegen. Kriterien der Abgrenzung können jedoch höchst unterschiedlich sein. Je nach Wahl der Kriterien wird das System Unternehmen in unterschiedlicher Weise abgegrenzt. Dies hat zur Folge, dass je nach Wahl der Kriterien auch die Menge der Regelungen, die unter einer Unternehmensverfassung zu subsumieren sind, höchst unterschiedlich sind. Als Abgrenzungsmöglichkeiten bieten sich an:[1]

- **Die technische Einheit als Abgrenzungskriterium:** Es werden nur diejenigen Regelungen als Verfassungsregelungen betrachtet, die den „Betrieb" als technische Einheit eines Unternehmens betreffen. Der Geltungsbereich der Unternehmensverfassung endet bei einer derartigen Abgrenzung im Regelfall am „Fabrikzaun".

- **Die rechtliche Einheit als Abgrenzungskriterium:** Es werden hier diejenigen Regelungen als Regelungen der Unternehmensverfassung verstanden, die sich auf die Rechtsform des Unternehmens beziehen. Die Abgrenzung ist hier deutlich weiter als bei der technischen Abgrenzung, da hier mehrere technische Einheiten zur rechtlichen Einheit der Firma zusammengefasst werden. Diese Abgrenzung ist die in der The-

---

1   Vgl. hierzu bereits Kosiol, E. (1962), Sp. 5540 ff. oder Gutenberg (1983), S. 457 ff.

orie der Unternehmensverfassung fast ständig verwandte Abgrenzung. Sie ist maßgeblich von dem juristischen Schrifttum geprägt.

- **Die wirtschaftliche Selbstständigkeit als Abgrenzungskriterium:** Bei dieser Definition steht die Einheitlichkeit der Zielsetzung des Unternehmenssystems im Vordergrund, welche rechtsformübergreifend aufgrund von wirtschaftlichen Abhängigkeiten durchgesetzt wird. Hierin kommt die Konzernorientierung vieler Unternehmen zum Ausdruck.

- **Das System Unternehmen als Abgrenzungskriterium:** Hierbei handelt es sich um die weiteste Form der Abgrenzung des Unternehmenssystems, für welches die Unternehmensverfassung Gültigkeit besitzt. Sie geht über das einzelne wirtschaftlich selbstständige Unternehmen hinaus und betrachtet mehrere Unternehmen, die aufgrund ganz bestimmter Charakteristika ein gemeinsames System bilden. Sämtliche Regelungen, die dieses so abgegrenzte System betreffen, fallen jetzt unter die Unternehmensverfassung. Dieser Begriff wird allerdings in der Verfassungsdiskussion höchst selten verwandt. Nichtsdestoweniger gewinnt eine solche Abgrenzung zusehends an Bedeutung wie die Stichworte Unternehmenskooperation, strategische Allianzen oder virtuelle Unternehmen zeigen. Hier gibt es eine Fülle von Regelungen, die dieses System von Unternehmen betreffen, die die Verhaltensweise dieses Systems bestimmen, die maßgeblich sind für die einzelnen unternehmensübergreifenden Entscheidungs- und Durchsetzungsprozesse.[1]

Die Begriffsabgrenzung, wie sie dem vorliegenden Lehrbuch zugrunde liegt, orientiert sich an der wirtschaftlichen Selbstständigkeit eines Unternehmens. Eine solche Festlegung hat natürlich zur Folge, dass eine bestimmte Gruppe von Regelungen ganz bewusst ausgeblendet wird. Es handelt sich hierbei um Regelungen, die bei einer systemischen Abgrenzung an Bedeutung gewinnen. Da jedoch Systeme nach höchst unterschiedlichen Kriterien abgegrenzt werden können, würde eine systemische Begriffslegung zwangsläufig dazu führen, dass generalisierende Aussagen zum Problembereich der Unternehmensverfassung nicht mehr möglich

---

1 Vgl. beispielhaft zur Mitbestimmung in virtuellen Unternehmen Wehling (2000), S. 131 ff.

sind. Insofern wird hier die engere Fassung der wirtschaftlichen Selbstständigkeit gewählt, wenn es darum geht, das System zu beschreiben, für welches die institutionalisierten Regeln einer Unternehmensverfassung Gültigkeit besitzen.

1.2.3   Wirkungsbezug der Unternehmensverfassung

Die Wirkungsweise der Unternehmensverfassung richtet sich auf die Menge der verfassungsmäßigen Regelungen, durch die Verhaltensweisen unternehmensrelevanter Individuen und Gruppen bewusst gestaltet werden.[1] Es erhebt sich insofern die Frage, wodurch sich derartige Regelungen auszeichnen. Sicherlich unstrittig ist die Tatsache, dass es sich um Regelungen handeln muss, die als Leitlinien für das Verhalten von Individuen oder Gruppen maßgebend sind. Dies impliziert, dass derartige Regelungen Dauergeltung besitzen. Nur so bilden sie eine Orientierungshilfe für das individuelle Verhalten. Verfassungsmäßige Regeln bleiben so berechenbar. Darüber hinaus dürfen Verfassungsregelungen nicht nur „auf dem Papier stehen", sie müssen im tagtäglichen Geschäft auch praktiziert werden. Derartige Regelungen müssen frei von Willkür und den Unwägbarkeiten der Tagesaktualität angewandt werden. Derartige Regelungen gelten für sämtliche Individuen in dem System, für welches die Unternehmensverfassung Gültigkeit besitzt. Hier gibt es keine Unterschiede, hier gibt es keine privilegierten Gruppen. Das bedeutet aber auch, dass derartige Regelungen im Zeitablauf gleich bleibend angewandt werden. Auch dies ist zwingend erforderlich, damit eine Unternehmensverfassung berechenbar bleibt und von allen Beteiligten auch als solche akzeptiert wird. Nur so kann eine Unternehmensverfassung eine Wirkungsweise entfalten, die den Begriff „Verfassung" auch verdient.

Dabei ist jedoch zu berücksichtigen, dass bei den extern vorgegebenen Regelungen der Zwang für eine konkordante und konsistente Anwendung derartiger Regelungen deutlich höher ist als er bei Regelungen zu verzeichnen ist, die von dem Unternehmen selbst gesetzt werden. Das Unter-

---

1   Vgl. Albach (1981), S. 53 ff.

nehmen hat sich den Vorgaben des Gesetzgebers sehr viel stärker unter-
zuordnen als den freiwillig gegebenen Regelungen z. B. in Form von Un-
ternehmens- oder Führungsleitlinien.[1] Bei dieser zweiten Gruppe von Regelungen ist es wichtig, dass sie auch tatsächlich praktiziert werden. Man
spricht in diesem Zusammenhang auch von einer gelebten Unternehmensverfassung.

Die in dieser Unterscheidung zum Ausdruck kommende unterschiedliche Regelungsintensität[2] von Verfassungsregeln lässt sich nun noch weiter
untergliedern:[3] Neben den gesetzlichen Bindungen, d. h. den extern aufer-
legten Regelungen, wie z. B. die Vorschriften des Arbeitsrechtes oder der
Mitbestimmungsgesetze, gibt es noch Regelungen, die aus Vertragsbin-
dungen heraus entstehen.[4] Derartige Bindungen werden vielfach ihren
Niederschlag in Betriebsvereinbarungen finden. Eine weitere Gruppe von
Regelungen betrifft solche, die zu einer Selbstbindung des Unternehmens
führen. Im Regelfall werden derartige Bindungen in der Satzung einer Gesellschaft oder einem Gesellschaftsvertrag kodifiziert und schließlich als
letzte Gruppe von Regelungen muss man auf bestimmten Traditionen fu-
ßende Regelungen ebenfalls unter diejenigen subsumieren, die als Verfassungsregelungen zu bezeichnen sind.

Nicht nur die Regelungsintensität ist bei diesen einzelnen Formen von
Regelwerken unterschiedlich, es ist auch der Gestaltungsspielraum, der
sich höchst unterschiedlich darstellt. Insbesondere bei Regelungen, die der
Vertragsbindung und der Selbstbindung dienen, besitzt die Unternehmung einen erheblichen Gestaltungsspielraum. Dieser Gestaltungsspielraum ist im Rahmen des rechtlich Zulässigen zu nutzen. Zu nutzen heißt
dabei, insb. solche Regelungen zu wählen, die nicht nur rechtlich zulässig
sind, sondern auch ökonomisch sinnvoll erscheinen.

---

1 Vgl. hierzu Gabele (1982), S. 185 ff.; Hoffmann (1989), S. 167 ff.; Bleicher
   (1992 b), S. 59 ff.

2 Vgl. Burr (1998), S. 315 ff.

3 Vgl. hierzu auch Witte (1978), S. 334 sowie Chmielewicz (1993), Sp. 4402 f.

4 Vgl. Wolff (1995).

Ein Beispiel, wie Satzungsbestimmungen als Element einer Unternehmensverfassung einen aktiven Beitrag zu einem stabilen Unternehmensumfeld leiten können, zeigt die Satzung des im Familienbesitz befindlichen Bierbrauers Bitburger:

„Dietsch, der in der Eigentümerfamilie Simon einheiratete, übergab schließlich 64-jährig in diesem Mai die Geschäfte an den bisherigen Technikchef Axel Simon ab. Dietzsch hat nun wieder mehr Zeit für den Wald und kann als passionierter Jäger wieder mehr auf die Pirsch gehen. Dietzsch bleibt aber als Mitglied der Gesellschafterversammlung dem Unternehmen erhalten. In dem Gremium müssen die Interessen von 37 Angehörigen – aus drei Familienstämmen – unter einen Hut gebracht werden. (...) Eine Trennung der jeweiligen Gesellschafter vom Unternehmen ist praktisch nicht möglich. Einen Verkauf an Dritte verbietet die Satzung, nur die gesamte Gesellschafterversammlung kann das Unternehmen veräußern.

Quelle: Scheele, M.: Geschlossene Mannschaftsleistung,
in: www.manager-magazin.de/koepfe/unternehmerarchiv/0,2828,303552,00.html –
letzter Zugriff am 08.09.2004

1.2.4   Effizienzbezug der Unternehmensverfassung

Wenn man die Verfassungsdiskussion unter ökonomischen Gesichtspunkten führt, so ist zu klären, wann derartige Regelungen für das Unternehmen einen Effizienzvorteil in sich bergen. Ein derartiger Effizienzvorteil ergibt sich, wenn es ökonomisch sinnvoll erscheint, Unternehmen mit bestimmten verfassungsmäßigen Regelungen auszustatten bzw. wenn es zwingend notwendig erscheint, dass man sich in bestimmten Situationen auf derartige Verfassungsregelungen zurückziehen kann.[1]

Notwendig sind Verfassungsregelungen immer dann, wenn ein einheitliches Verhalten eines Unternehmens gegenüber einer Gruppe von Marktteilnehmern oder der Öffentlichkeit geboten ist. Es handelt sich hier meist um Krisensituationen eines Unternehmens. In solch einer Situation muss

---

1   Vgl. Hauschildt (2001), S. 20 f.

sichergestellt sein, dass das Unternehmen einheitlich nach außen hin auftritt und „nicht mit vielen Zungen gesprochen wird". Nur so ist ein effizientes Krisenmanagement möglich. Die Entscheidungsträger eines Unternehmens dürfen sich mit ihren Verhaltensweisen nicht widersprechen. Verfassungsregeln führen dazu, dass in derartigen Extremsituationen das Informations- und Kommunikationsverhalten zentralisiert vonstatten geht. Nur so besteht die Möglichkeit einer einheitlichen Außendarstellung trotz in der Regel existenter Interessenkonflikte zwischen den Repräsentanten des Unternehmens.

Die Notwendigkeit einer Verfassung ist also im außergewöhnlichen Fall gegeben. Der Nutzen einer Unternehmensverfassung zeigt sich jedoch im Normalfall des Unternehmensgeschehens. Verfassungsregelungen tragen dazu bei, Abläufe und Entscheidungen zu vereinheitlichen. Hierbei sind Effizienzgewinne zu verzeichnen, die sich z. B. durch Rationalisierungs- oder Koordinationsvorteile ergeben können. Zu denken ist hier z. B. an die allgemeinen Geschäftsbedingungen, die so formuliert sind, dass sie für jedweden Geschäftsvorfall Anwendung finden. Je häufiger derartige Vorfälle auftreten, desto lohnender werden mithin auch verfassungsmäßige Regeln.

Von zentraler Bedeutung ist die Unternehmensverfassung darüber hinaus für die Durchsetzung von Entscheidungen. Die Unternehmensverfassung bzw. ihre Regelungen lassen sich hier als ein zentralisiertes Führungsinstrument verstehen. Die Regelungen erlauben es, viele unterschiedliche Durchsetzungsprozesse in einem Unternehmen nach einem gleichartigen Grundkonzept auszurichten. Verfassungsregeln tragen in diesem Zusammenhang dazu bei, dass ein einheitliches Verhalten des Unternehmens nach innen deutlich wird. Unternehmensverfassung hilft insofern bei der Institutionalisierung einer bestimmten Unternehmenskultur. Wird diese Kultur auch gelebt und steht sie nicht nur auf dem Papier – wie dies oft bei Unternehmensgrundsätzen[1] der Fall ist –, so liefert die Unternehmensverfassung auch hier einen entscheidenden Beitrag zur Verbesserung der Effizienz der betrieblichen Prozesse.

---

1   Vgl. hierzu ausführlich Gabele (1981), S. 245 ff.; Hoffmann (1989), S. 167 ff.; Kühn (1993), Sp. 4286 ff.; Bleicher (1994) und Matje (1996).

2 Theorie der Unternehmensverfassung

Die Diskussion des Begriffs der Unternehmensverfassung hat gezeigt, dass im Zentrum der betriebswirtschaftlichen Analyse verfassungsmäßiger Regelungen ihr Wirkungsbezug steht. Von der Unternehmensverfassung werden die unternehmerischen Entscheidungs- und Durchsetzungsprozesse nachhaltig beeinflusst, was letzlich nicht ohne Einfluss auf die Effizienz derartiger Prozesse bleibt. Wenn jedoch eine derartige Abhängigkeit unterstellt wird, muss auch die Frage beantwortet werden, wie diese theoretisch zu argumentieren ist. Existieren anerkannte Theoriemodelle, die für eine ökonomisch orientierte Verfassungsdiskussion nutzbringend angewandt werden können?

Im Folgenden soll der Versuch unternommen werden, eine betriebswirtschaftlich orientierte theoretische Basis zu legen. Dies nicht zuletzt auch vor dem Hintergrund, dass eine Theorie der Unternehmensverfassung meist aus höchst unterschiedlichen Richtungen konzipiert wird.[1] Ausgangspunkt der hier entwickelten Theorie der Unternehmensverfassung ist die Annahme, dass verfassungsmäßige Regelungen nicht willkürlich gesetzt werden, sondern bestimmten Zielen folgen, um so ihre Wir-

---

1   Vgl. Gerum (1992 c), Sp. 2484 ff., der in diesem Zusammenhang von der liberalen Theorie, der Koalitionstheorie, der ethisch-institutionellen Theorie, der neoinstitutionalistischen Theorie und der Unsicherheitsreduktionstheorie spricht. Vgl. ferner die theoretische Diskussion bei Frese (1993), Sp. 1295 ff. oder Hauschildt (1999), S. 63 ff.

kungsweise auch tatsächlich zu entfalten. Es stellt sich damit die Frage nach den Zielen, denen verfassungsmäßige Regelungen folgen ebenso wie die Frage, wer derartige Ziele festlegt bzw. autorisiert ist, diese Ziele zur Grundlage für die Konzeption von Verfassungsregeln zu machen. Dies können Einzelpersonen ebenso sein wie Personengruppen oder Institutionen. Die sog. „zielgruppenorientierte Koalitionstheorie" bildet insofern den Ausgangspunkt für die hier vorgestellte Überlegung zu einer Theorie der Unternehmensverfassung. Da aber nicht davon ausgegangen werden kann, dass eine Zielorientierung bei der Setzung von Verfassungsnormen stets konfliktfrei erfolgt, dient die Konflikttheorie der weitergehenden Konkretisierung der Theorie der Unternehmensverfassung. Um schließlich eine Aussage darüber treffen zu können, ob verfassungsmäßige Regelungen, die das Ergebnis eines zielorientierten Konfliktaustragungsprozesses darstellen, auch einen ökonomischen Effizienzvorteil bzw. -nachteil besitzen wird eine ökonomische Fundierung der Theorie der Unternehmensverfassung mit Hilfe der sog. „Neuen" Institutionenökonomik angestrebt.

2.1 Koalitionstheorie als theoretische Ausgangsbasis

Bei der definitorischen Abgrenzung des Begriffs Unternehmensverfassung wurde festgelegt, dass hierunter Regelungen zu verstehen sind, die das Verhalten des Unternehmens gegenüber vielfältigen, für sie relevanten Interessengruppen festlegen. Diese Regeln ergeben sich nicht zufällig. Sie werden bewusst gesetzt.

Autorisiert zur Setzung derartiger Regelungen sind unterschiedliche Einzelpersonen bzw. Personengruppen, deren Handlungen dazu dienen, ihre Interessen zu verwirklichen. Derartige Gruppen reichen vom Gesetzgeber über Marktpartner bis hin zur Unternehmensleitung bzw. den Eigentümern eines Unternehmens. Die bewusste Gestaltung der verfassungsmäßigen Regeln durch bestimmte Gruppen – besser: Interessengruppen – impliziert zugleich die Frage nach der Zielsetzung,[1] der diese Gruppen bei der Setzung von Verfassungsregelungen folgen.

Betrachtet man die Zielsetzungen derartiger Interessengruppen, so wird man feststellen, dass diese nicht zwangsläufig konfliktären Charakter aufweisen müssen. Folglich werden sich Gruppen zu Koalitionen zusammen finden bzw. aus Koalitionen austreten, um ihre Ziele bestmöglich umzusetzen.[2] Für sie stellt das Unternehmen somit ein Instrument dar, um die eigenen Interessen durchzusetzen. Mit Hilfe des Setzens von Regelungen in der Unternehmensverfassung wird das Unternehmen im Hinblick auf die Durchsetzung der Gruppenziele instrumentalisiert. Einen Überblick über mögliche Gruppenziele liefert Tab. 2-1.

Je nach Machtpotenzial gelingt es einzelnen Interessengruppen, sich hier mehr oder minder gut durchzusetzen bei dem Bemühen, bestimmte verfassungsmäßige Regeln zu fixieren. Der Machtaspekt ist dabei insbesondere bei sich widersprechenden Interessen von Bedeutung. Allerdings sollte jedoch nicht davon ausgegangen werden, dass verfassungsmäßige Regelungen ausschließlich ein Abbild existenter Machtstrukturen darstellen.[3] Eine derart einseitige Sicht wird nicht nur für Staatsverfassungen abgelehnt,[4] sie würde auch dem ökonomischen Charakter, den eine Unternehmensverfassung zumindest teilweise aufweist, da sie von ökonomisch Handelnden gestaltet wird, nicht gerecht. Darüber hinaus wird eine derartige Fixierung der Verfassungsregeln im Regelfall nicht von einer Interessengruppe allein vorgenommen. Hierfür reicht ihr Machtpotenzial meistens nicht aus. Es werden sich vielmehr Koalitionen finden, die bestimmte Regelungen institutionalisieren. Entsprechend lässt sich die zielgruppenorientierte Koalitionstheorie als ein erster Baustein zur theoretischen Fundierung der Unternehmensverfassung begreifen.

1　Vgl. Ortmann (1976); Hauschildt (1977); Hamel (1992), Sp. 2634 ff.

2　Vgl. auch Frese (2000), S. 537 f., vgl. ferner zur interessengruppenbezogenen Festlegung strategischer Ziele Welge/Al-Laham (2003), S. 166 ff.

3　Vgl. hierzu auch Friedberg (1980), S. 123 ff.

4　Vgl. Krüger (1961), S. 75.

Koalitionspartner	Typische Interessen
• Top-Management	Einfluss auf das Unternehmen und seine Umwelt (Macht); Prestige; hohes Einkommen; Verwirklichung schöpferischer Ideen
• Bereichsleitung/ Spezialisten	Einfluss auf den eigenen und andere Unternehmensbereiche sowie das Top-Management; Anwendung und Erweiterung professioneller Kenntnisse und Fähigkeiten; Prestige; hohes Einkommen
• Übrige Mitarbeiter	Hohes Einkommen; soziale Sicherheit; Selbstentfaltung am Arbeitsplatz; zufrieden stellende Arbeitsbedingungen und zwischenmenschliche Beziehungen
• Eigenkapitalgeber	Hohe Gewinnausschüttung; Teilnahme an Wertsteigerung durch Kursentwicklung und günstige Angebote bei Kapitalerhöhungen; Einfluss auf das Top-Management
• Fremdkapitalgeber (Gläubiger)	Hohe Verzinsung; pünktliche Rückzahlung und Sicherheit des zur Verfügung gestellten Kapitals
• Lieferanten	Günstige Lieferkonditionen; Zahlungsfähigkeit; anhaltende Liefermöglichkeiten
• Kunden	Qualitativ hoch stehende Leistungen zu günstigen Preisen; Nebenleistungen wie Konsumentenkredite, Service, Ersatzteile oder Beratung; gesicherte Versorgung
• Kommunalbehörden	Bereitstellung von Arbeitsplätzen; Beiträge zur Infrastruktur und zu Kultur- und Bildungsinstitutionen
• Staat	Einhaltung gesetzlicher Vorschriften; hohes Exportniveau; Steuereinnahmen
• Gewerkschaften	Anerkennung der Gewerkschaftsvertreter als Verhandlungspartner; Verhandlungsfairness; Möglichkeit, Gewerkschaftsanliegen im Unternehmen zu artikulieren und Mitglieder zu werben
• Arbeitgeberverbände	Ausrichtung unternehmerischer Entscheidungen an eigenen Interessen; Beitragszahlung

Quelle: In Anlehnung an Macharzina (2003), S. 11.

Tab. 2-1: Zielsetzungen unterschiedlicher Interessengruppen an der Gestaltung der Unternehmensverfassung

Die Koalitionstheorie unterstellt, dass die Regelungen der Unternehmensverfassung letztlich nur dazu dienen, individuelle oder gruppenbezogene Ziele durchzusetzen. Diese auf die Arbeiten von Cyert und March[1] zurückgehende Theorie unterstellt, dass ein Unternehmen eine Koalition aus unterschiedlichen Interessengruppen darstellt (Manager, Eigentümer, Arbeitnehmer usw.). Diese Gruppen einigen sich im Rahmen eines Verhandlungsprozesses auf eine unternehmensspezifische Zielfunktion, die die einzelnen Gruppenziele mehr oder minder gut widerspiegelt. Ein derartiger Verhandlungsprozess wird durch ein gruppenbezogenes ökonomisches Kalkül geleitet, bei dem sich die geleisteten Beiträge der Gruppen und die dafür gewährten Anreize im Gleichgewicht befinden sollten, da anderenfalls der Austritt von Teilen der Gruppenmitglieder aus dem Unternehmen droht.[2] Neben dem ökonomischen Kalkül beeinflusst jedoch auch die Machtverteilung zwischen den Gruppen das Ergebnis des Verhandlungsprozesses. Je mehr es einzelnen Personen bzw. Personengruppen gelingt, ihre Individual- bzw. Gruppenziele zu Zielen des Unternehmens zu machen und andere Personen oder andere Personengruppen zur Akzeptanz und Verfolgung dieser Ziele zu veranlassen, desto umfassender kann das Unternehmen von ihnen zur Erfüllung ihrer individuellen oder kollektiven Ziele instrumentalisiert werden. Entscheidend für eine derartige koalitionsbezogene Perspektive ist die Existenz von Macht bzw. von Machtpotenzialen bei einzelnen Personen bzw. Personengruppen. Je nach Machtpotenzial – besser: perzipiertem Machtpotenzial – werden sich bestimmte Interessen im Zuge der unternehmensverfassten Regelungen besser durchsetzen lassen als andere Regelungen. Im Zentrum der Diskussion stehen meist drei Interessengruppen: die Gruppe der Eigentümer, die Gruppe der Unternehmensleitung und die Gruppe der Arbeitnehmer. Sie sollen im Folgenden näher betrachtet werden. Ihre Individualinteressen bilden den Ausgangspunkt für das Koalitionsmodell der Unternehmensverfassung, wie es in Abb. 2-1 zum Ausdruck kommt.

---

1 Vgl. Cyert/March (1963).

2 Vgl. March/Simon (1958), die in diesem Zusammenhang die Beitrittsentscheidung zu einem organisationalen System von der Leistungsentscheidung innerhalb dieses Systems unterscheiden.

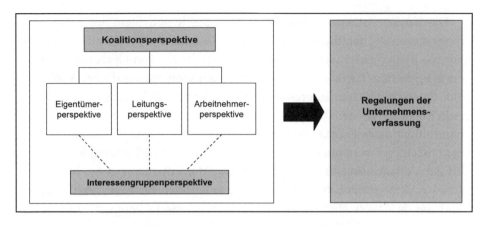

Abb. 2-1: Koalitionstheorie und Unternehmensverfassung

Die **Eigentümerperspektive** oder auch Shareholder-Perspektive geht davon aus, dass Unternehmen in erster Linie dazu dienen sollen, die Eigentümerinteressen zu verwirklichen. Das zentrale Ziel ist dabei die Gewinnerzielung. Das Unternehmen wird als Instrument zur Gewinnerzielung verstanden. Es ist dies der klassische betriebswirtschaftliche Ansatz, der nach Jahrzehnten der Nichtbeachtung in jüngster Zeit immer wieder propagiert wird.[1] Es wird unterstellt, dass Unternehmen langfristig nur effizient sind, wenn sie danach trachten, den Shareholder-Value zu maximieren. Dass ein derartiger Ansatz nicht ohne Kritik bleibt, verwundert sicherlich nicht. Die Diskussion im Hinblick auf die Sinnhaftigkeit der Shareholder-Orientierung soll an dieser Stelle allerdings nicht geführt werden. Unter der hier vorzunehmenden theoretischen Erörterung des Unternehmensverfassungsproblems besagt die Eigentümerperspektive lediglich, dass es den Eigentümern oder Shareholdern gelungen ist, im Zuge der Regelungen der Unternehmensverfassung ihre Interessen eindeutig zu Lasten der anderen Interaktionsgruppen durchzusetzen. Dies gilt insb. im Hinblick auf die Auseinandersetzung mit der Unternehmensleitung bzw. mit den Arbeitnehmern.[2]

---

1 Vgl. Rappaport (1986), vgl. ferner Bühner/Tuschke (1997), S. 499 ff.; Hommelhoff (1997), S. 17 ff. sowie Backes-Gellner/Pull (1999), S. 51 ff.

2 Vgl. Nienhüser (1998), S. 239 ff.

Die **Leitungsperspektive** stellt das Management des Unternehmens ins Zentrum der Betrachtung.[1] Unternehmen werden hier als Instrument zur Durchsetzung der Ziele der Unternehmensleitung verstanden. Die handelnden Manager bestimmen die entscheidenden Eckpfeiler der Regelungen der Unternehmensverfassung. Es existieren zwar weiterhin Eigentümer mit entsprechenden Eigentumsrechten an dem Unternehmen. Die Eigentümer haben jedoch die Kontrolle über das Unternehmen weitgehend an das Management abgegeben.[2] Selbst gesetzliche Regelungen verhindern in diesem Fall nicht, dass das Management seine Interessen zu Lasten der anderen Interessengruppen durchsetzt. Hauptannahme dieses auch als Managerialismustheorie bezeichneten Ansatzes ist die Annahme, dass Manager nicht der langfristigen Gewinnmaximierung im Zuge des Shareholder-Value-Konzeptes folgen, sondern eher Wachstums- oder Nutzenziele anstreben, die der Rentabilität des Unternehmens zuwider laufen können.[3]

Die **Arbeitnehmerperspektive** geht davon aus, dass das Unternehmen, d. h. insb. das dort geltende Regelwerk, daraufhin ausgerichtet ist, dass Arbeitsplätze zur Verfügung gestellt werden, um die Einkommenserzielung der Arbeitnehmer zu sichern. Die Schaffung von Arbeitsplätzen besitzt oberste Priorität.[4] Renditeüberlegungen werden nur insoweit akzeptiert, als sie notwendig erscheinen, das langfristige Überleben des Unternehmens sicherzustellen. Im Mittelpunkt einer derartigen Argumentation steht vielfach die Bedeutung bzw. die Funktion von Gewerkschaften bei der Durchsetzung entsprechender Zielvorstellungen im Hinblick auf Regeln der Unternehmensverfassung.[5]

---

1 Vgl. hierzu zusammenfassend Gerum (1995), Sp. 1460 ff. oder Kirchner (2004), Sp. 805 ff.

2 Vgl. Schreyögg (1983), S. 153 ff.

3 Vgl. Shleifer/Vishny (1997), S. 737 ff., wonach Manager i. d. R. das ihnen überlassene Kapital suboptimal einsetzen.

4 Vgl. hierzu beispielhaft Hartz (1994).

5 Vgl. Hirsch/Addison (1988); Hurrle/Schütte (1990).

Die **Koalitionsperspektive** bzw. das Stakeholder-Konzept[1] geht davon aus, dass sich keine der oben genannten Gruppen bei der Institutionalisierung der Regelungen der Unternehmensverfassung nachhaltig – einseitig – durchsetzen kann.[2] Das Unternehmen wird dabei als der Ort verstanden, bei dem die Interessen unterschiedlicher Gruppen zusammentreffen und ein kollektiver Aushandlungsprozess stattfindet, welcher dazu führt, dass sich die Interessen einer jeden einzelnen Gruppe mehr oder minder gut verwirklichen lassen. Einen Überblick über die Vielzahl der Interessengruppen[3] liefert Abb. 2-2.

Die Einflussnahme der Interessengruppen muss dabei nicht zwangsläufig direkter Natur sein. Die Koalitionsbildung kann auch dazu führen, dass bestimmte Interessengruppen sich instrumentalisieren lassen. Ferner ist zu beachten, dass Stakeholder nicht nur Verfassungsregeln beeinflussen, sondern sie auch durch diese selbst in ihren Verhaltensweisen beeinflusst werden. Für die weitere Analyse soll sich jedoch auf diejenigen Interessengruppen beschränkt werden, von denen ein maßgeblicher Einfluss auf die Regelungen der Unternehmensverfassung zu erwarten ist. Dies sind neben der Gesetzgebung in erster Linie die Eigentümer, das Management und die Arbeitnehmer.[4]

---

1   Vgl. Freeman/Wicks/Parmar (2004), S. 354 ff.

2   Vgl. Steinmann (1969); Hill (1996); Jones/Wicks (1999).

3   Vgl. hierzu ferner Brickley/Smith/Zimmermann (1997), S. 148; Portisch (1997), S. 12 ff.; Jost (1999), S. 15 ff.

4   Vgl. in diesem Zusammenhang auch Post/Preston/Sachs (2002), S. 10 ff., die zwischen primären und sekundären Stakeholdern unterscheiden. Vgl. ferner Scholz (1987), S. 27 ff. und Hattan/Hattan (1988), S. 114 ff.

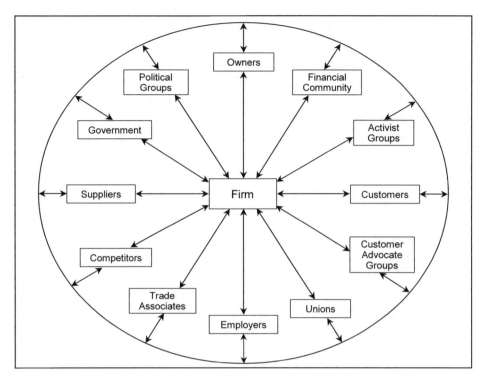

Quelle: Freeman (1984), S. 55.

Abb. 2-2: „Stakeholder" der Unternehmung und ihre Beziehungen

Welche dieser vorgetragenen Perspektiven letztlich Gültigkeit für die Gestaltung der Unternehmensverfassung besitzt, soll und kann an dieser Stelle nicht beantwortet werden. In der praktischen Umsetzung wird dies mit Sicherheit auch eine Frage der vorhandenen Machtpotenziale sein.[1] Sie sind es, die dazu beitragen, dass sich bestimmte Interessengruppen besser gegenüber anderen Interessengruppen durchsetzen können. Da sämtliche Interessengruppen über Machtpotenziale verfügen, ist es unwahrscheinlich, dass eine Einzelperspektive dominiert. Insofern spricht viel für die Sinnhaftigkeit der Koalitionsperspektive. Allerdings muss auch hier kritisch gesehen werden, dass die Beitrittsentscheidung zu einer unternehmensbezogenen Koalition und die Austrittsentscheidung aus einer Koalition nicht gleichwertig sind. Es existieren meist Austrittsbarrieren, die das

---

1   Vgl. Johnson/Scholes (1993), S. 178 ff.

Verbleiben auch in einer als teilweise unvorteilhaften Koalition sicher stellen. Da derartige Austrittsbarrieren nicht für alle Stakeholder in gleichem Maße gelten, folgt hieraus eine nicht unerhebliche strategische Option, die sich einzelnen Interessengruppen eröffnet. Es fällt Aktionären meist leichter, durch Verkauf ihrer Anteile am Unternehmen den Austritt zu realisieren – insbesondere, wenn sie noch über Aktienpakete bei anderen Unternehmen verfügen – als Arbeitnehmern die Kündigung ihres Arbeitsverhältnisses.

2.2   Konfliktorientierung der Unternehmensverfassung

2.2.1   Grundlegende Überlegungen

Ausgangspunkt der konflikttheoretischen Fundierung der Unternehmensverfassung[1] ist die Erkenntnis, dass ein Unternehmen als Instrument genutzt wird, um wirtschaftliche Einzel- oder Gruppeninteressen durchzusetzen. Das konflikttheoretische Konzept kann damit als eine Weiterentwicklung der koalitionstheoretischen Herangehensweise an das Phänomen Unternehmensverfassung verstanden werden.

Unter konflikttheoretischer Perspektive kann die Unternehmensverfassung jedoch nicht nur als das Ergebnis eines mehr oder minder stabilen Anreiz-Beitrags-Gleichgewichts der Interessengruppen angesehen werden. Austrittsbarrieren sowie von den Interessengruppen kaum veränderbare Verfassungsregeln führen dazu, dass Unternehmen als eine zumindest über einen längeren Zeitraum stabile Plattform angesehen werden können, auf der die Interessengruppen versuchen, ihre Ansprüche zu verwirkli-

---

1   Vgl. zum Folgenden ausführlich Oechsler (1992), Sp. 1131 ff. sowie Hauschildt (1999), S. 74 ff. sowie Demski (2003), S. 51 ff. Vgl. ferner Hungenberg (2000), S. 134 ff.

chen. Dabei ist davon auszugehen, dass es sehr wohl möglich ist, dass sich die Individuen, hinter denen die Interessengruppen stehen, im Extremfall komplett austauschen, ohne dass die Existenz des Unternehmens beeinträchtigt wird, da eine Institutionalisierung der Gruppen im Regelfall fortbesteht. Das Unternehmen wird geprägt durch eine Vielzahl von Verträgen und institutionellen Regeln, die eine gewisse Dauerhaftigkeit seiner Existenz sicherstellen. Sie sind in letzter Konsequenz als das Ergebnis eines Konfliktaustragungsprozesses seit Gründung des Unternehmens zu verstehen. Auf dieser so institutionalisierten Plattform findet die Austragung der Interessen statt.[1] Das existente Vertrags- und Regelwerk führt dazu, dass sich institutionelle Strukturen im Unternehmen etablieren, deren Existenz weitgehend unabhängig ist von den jeweils hinter diesen Strukturen stehenden Personen. Der Grund hierfür liegt in dem – bereits oben genannten – für Verfassungen typischen Umstand der Manifestation, d. h. der nur schwer möglichen Veränderbarkeit.[2] Die Unternehmensverfassung kann in diesem Zusammenhang als ein Instrument zur Lösung von unternehmensbezogenen Interessenkonflikten verstanden werden und stellt für Oechsler somit die „formale Grundlage des Konfliktmanagements dar".[3]

Im Rahmen einer „konfliktbewussten" Unternehmensverfassung kommt denjenigen Strukturen, die die Leitungsfunktion innerhalb des Unternehmens wahrnehmen, eine besondere Bedeutung zu. Ihre Manifestation führt dazu, dass das Unternehmen nicht den Ansprüchen der unterschiedlichsten Interessengruppen „hilflos" ausgeliefert ist. Sie garantieren damit den Bestand des Unternehmens jenseits der Austragung höchst unterschiedlicher Interessenkonflikte. Nur in Ausnahmesituationen ist dieser Bestand gefährdet. Zu denken ist hier beispielsweise an Aspekte wie eine Unternehmensfusion oder aber die Insolvenz. In diesen Situationen ist die Existenz der systemerhaltenden Institutionen selbst in Frage gestellt. Der

---

1 Vgl. hierzu auch die Diskussion über Vermachtungsprozesse in der Wirtschaft, wie sie bei Steinmann/Schreyögg (2000), S. 89 ff., zusammenfassend dargestellt ist.

2 Vgl. Krüger (1961), S. 79 f.

3 Oechsler (1992), Sp. 1133.

in einem solchen Fall stattfindende Konfliktaustragungsprozess wird dann möglicherweise dazu führen, dass das Unternehmen selbst und damit auch das entsprechende verfassungsmäßige Regelwerk nicht mehr existieren.

Die Unternehmensverfassung stellt jedoch nicht nur ein Instrument zur Regulierung möglicher Interessenkonflikte im Unternehmenssystem dar. Die Unternehmensverfassung selbst kann auch als ein Ergebnis des Konfliktaustragungsprozesses zwischen den relevanten Interaktionsgruppen verstanden werden. Die Konfliktaustragung hat sich hierbei auf die Konzeption der verfassungsmäßigen Regelungen verlagert. Je nach faktischen bzw. perzipierten Machtpotenzialen wird es den einzelnen Interaktionsgruppen mehr oder minder gut gelingen, die verfassungsmäßigen Regelungen in ihrem Sinne – d. h. im Sinne einer individuellen Nutzenmaximierung – zu beeinflussen, um so bei der zukünftigen Austragung von Interessenkonflikten möglicherweise im Vorteil zu sein. Die Unternehmensverfassung oder besser die Regeln der Unternehmensverfassung können insofern sowohl als abhängige Variable wie auch als unabhängige Variable im Rahmen des Konfliktaustragungsprozesses der Stakeholder verstanden werden.

2.2.2 Konfliktparteien und ihre Interessen

Geht man von der Vorstellung aus, dass das Unternehmen durch das Management nach außen hin repräsentiert und vertreten wird, so existiert ein Kranz von Interessenten, die – neben dem Management selbst – Ansprüche an das Unternehmen stellen.[1] Es ist vornehmlich Aufgabe des Managements, derartige Ansprüche zu erkennen und sie bewusst zu machen. Dies ist notwendig, damit die nicht immer klar ersichtliche Zielrichtung des Anspruches deutlich und die dahinter stehende Machtbasis richtig eingeschätzt wird.[2] Auch hier ist nicht die faktisch existente Macht von Bedeutung, sondern die perzipierte Macht. Da nicht davon auszugehen ist,

---

1   Vgl. Chmielewicz (1995), Sp. 2075 ff.; vgl. ferner Jost (1999), S. 23 ff.

2   Vgl. Hauschildt (2001), S. 15.

dass sämtliche Anspruchsgruppen über gleich gerichtete Ansprüche verfügen, sondern dass sich derartige Ansprüche im Regelfall widersprechen werden, sind Konflikte um die Verwirklichung derartiger Ansprüche unausweichlich. Infolgedessen ist das Unternehmen bzw. seine Repräsentanten aufgerufen, derartige Konflikte im Rahmen eines effizienten Konfliktmanagements zu lösen.[1] Eine zentrale Hilfestellung hierbei sind die existenten Verhaltensregeln, die sich aufgrund der Unternehmensverfassung ergeben.

Allerdings sollte man nicht davon ausgehen, dass sämtliche Interessengruppen generell konfliktäre Ansprüche besitzen. Es sind neben Interessendivergenzen auch vielfältige Interessenkongruenzen möglich. Diese ergeben sich zum einen sicherlich dadurch, dass die Interessen gleich gerichtet sind, zum anderen jedoch auch dadurch, dass sich Koalitionen finden, mit deren Hilfe man versucht, zumindest sich nicht fundamental widersprechende Interessen gemeinschaftlich durchzusetzen. Darüber hinaus lässt sich ebenfalls feststellen, dass nach außen hin einheitlich auftretende Interessengruppen sich nicht zwangsläufig durch homogene Interessen ihrer Gruppenmitglieder auszeichnen müssen. Insofern sind nicht nur Konfliktfelder zwischen Interessengruppen existent, sondern auch Konflikte innerhalb der einzelnen Gruppen, sog. Intragruppenkonflikte.[2] Derartige Intragruppenkonflikte sind letztlich auch auf die oftmals heterogene Zusammensetzung der einzelnen Interessengruppen und die damit einhergehenden unterschiedlichen Partialinteressen zurückzuführen. Wie heterogen eine derartige Zusammensetzung sein kann, zeigt Tab. 2-2.

---

1 Vgl. hierzu umfassend Krüger (1972); Oechsler (1979); Brown (1983); Glasl (1990); DeDren/Van de Vliert (1997).

2 Vgl. hierzu auch die Mehrebenenanalyse von Konflikten im Unternehmen, wie sie von Krüger (1981), S. 915, entwickelt wurde. Dieser Ansatz wurde von Hauschildt (1999) konkretisiert, indem ein zweidimensionales Konflikt-/Konsensmodell entwickelt wurde. Die nachfolgenden Ausführungen orientieren sich hieran.

Funktion / Interessen-gruppe	mit Leitungsfunktion	ohne Leitungsfunktion
Anteilseigner	• Eigentümer/Unternehmer • Konzernmutter • Staat/Kommunen	• Kleinaktionär • Kommanditist • Kapitalanlagegesellschaft
Arbeitnehmer	• Top-Manager • Leitende Manager • Mittlere und untere Manager	• Arbeiter • Angestellte • Beamte

Quelle: In Anlehnung an Chmielewicz (1993), Sp. 4405.

Tab. 2-2: Heterogenität der Zusammensetzung von Interessengruppen

Von der Vielzahl der Interessengruppen, die Ansprüche an das Unternehmen stellen, sollen die folgenden vier Gruppen hier näher betrachtet werden:[1] die Unternehmensleitung, die Eigenkapitalgeber, die Fremdkapitalgeber und die Arbeitnehmer. Dabei ist jedoch zu beachten, dass die Ziele dieser Gruppen oftmals nicht klar nach außen hin artikuliert werden, oftmals sind sie sogar relativ diffus und wenig akzentuiert. Auch darf nicht verkannt werden, dass zwischen diesen Gruppen nicht nur Interessendivergenzen bestehen. Es gibt ebenso auch vielfältige Felder der Interessenkongruenz wie auch Konflikte, die sich innerhalb einer nach außen vergleichsweise homogenen Interessengruppe vollziehen. Dies ist letztlich auch darauf zurückzuführen, dass die Individualziele, die sich hinter diesen Gruppeninteressen verbergen, oftmals nicht als harmonisch zu bezeichnen sind. Nichtsdestoweniger lassen sich für diese zentralen Gruppen der Interessenten an dem Unternehmen folgende grundlegende Interessenausrichtung fest machen, die die Grundlage für den Konfliktaustragungsprozess darstellt:[2]

---

1 Vgl. hierzu auch Witte (1978), S. 337 f.

2 Vgl. hierzu auch Chmielewicz (1995), Sp. 2075 ff.; Hauschildt (2001), S. 17 ff.; Macharzina (2003), S. 11.

- Für die **Unternehmensleitung** kann unterstellt werden, dass neben dem Streben nach Einkommen ebenfalls Aspekte wie Ansehen und Reputation verbunden mit machtpolitischen Zielsetzungen eine zentrale Rolle spielen. Darüber hinaus kann auch davon ausgegangen werden, dass Vorstände im Rahmen ihrer Tätigkeit nach Selbstverwirklichung trachten.

- Bei der Gruppe der **Eigenkapitalgeber** ist davon auszugehen, dass sie danach trachten, dass ihr eingesetztes Kapital auf Dauer gesichert ist und eine gewisse Mindestverzinsung eintritt. Darüber hinaus kann man sicherlich auch davon ausgehen, dass Eigenkapitalgeber nicht nur an der Kapitalerhaltung interessiert sind, sondern auch an einer Wertsteigerung ihres Eigenkapitals.

- Die **Fremdkapitalgeber** streben vor allem danach, dass die vereinbarten Zinszahlungen wie die vereinbarte Rückzahlung des Fremdkapitals gesichert ist. Darüber hinaus kann jedoch auch davon ausgegangen werden, dass die Fremdkapitalgeber nicht nur an einmaligen Geschäften interessiert sind, sondern auch an entsprechenden Folgegeschäften.

- Für die **Arbeitnehmer** kann neben dem zentralen Aspekt, dass das Einkommen wie auch der Arbeitsplatz gesichert ist, auch davon ausgegangen werden, dass zumindest für gewisse Teilbereiche der Arbeitnehmerschaft Aspekte wie Selbstverwirklichung oder soziale Kontakte eine Rolle spielen.

Jede dieser Gruppen wird die jeweiligen Interessen mehr oder minder klar artikulieren. Eine derartige Artikulation erfolgt, sieht man vielleicht von den Vorständen ab, im Regelfall immer durch Repräsentanten der einzelnen Gruppen. Dabei kann auch dann nicht davon ausgegangen werden, dass die Interessen immer klar artikuliert werden. Auf die sich dabei konkret ergebenden Intergruppen-Interessenkongruenzen wie auch die Intragruppen-Interessendivergenzen soll im Folgenden näher eingegangen werden,[1] wenn auch sicherlich nicht im Sinne der Formulierung von Beis-

---

1 Vgl. zum Folgenden ausführlich Hauschildt (1999), S. 77 ff.

horn und Palmer: „(...) und es scheint, dass wir heute mehr über das Verhalten eines typischen Berggorillas wissen, als über das eines typischen Vorgesetzten oder Verkaufsmanagers."[1] Dies liegt zum einen sicherlich an der bereits oben erwähnten Tatsache, dass Motivlagen und Interessen oftmals eher diffus sind. Der Regelfall wird es jedoch sein, dass Interessen vor dem Hintergrund der Konfliktaustragung a priori nicht klar artikuliert werden, damit man sich bei möglichen Verhandlungen strategische Optionen offen lässt. Nur so kann letztlich auch ein Kompromiss gefunden werden, der sicherstellt, dass das Unternehmen im Widerstreit unterschiedlicher Interessengruppen auch dauerhaft erfolgreich und damit „lebensfähig" bleibt.[2]

2.2.3 Konfliktlinien und Interessenkongruenzen zwischen Interessengruppen

2.2.3.1 Im Verhältnis Unternehmensleitung - Eigenkapitalgeber

Interessenkongruenz dieser beiden Gruppen besteht im Hinblick auf einen rentablen Wachstumskurs des Unternehmens. Sowohl Eigenkapitalgeber als auch Unternehmensleitung, insb. vor dem Hintergrund gewährter Aktienoptionsprogramme, werden versuchen, die Entwicklung des Unternehmens und damit auch die Ausgestaltung verfassungsmäßiger Regeln in diesem Sinne zu beeinflussen.

---

1   Beishorn/Palmer (1979), S. 183.

2   Vgl. auch Madrian (1998).

Am Beispiel der geglückten Sanierung der Mobilcom AG wird deutlich, dass sowohl Aktionäre als auch Vorstand der rentablen Entwicklung des Unternehmens höchste Priorität einräumen:

„Es macht wieder Spaß, Aktionär von Mobilcom zu sein.' An Vorstandschef Grenz gerichtet (...): ‚Ich wünsche mir im Interesse aller, halten Sie Kurs.' (...) Hansgeorg Martius von der Schutzgemeinschaft der Kapitalanleger (SdK) würdigte Mobilcom als ‚gigantischen Sanierungserfolg, wie ich ihn in der deutschen Wirtschaftsgeschichte noch nicht gesehen habe.' Er wünsche sich, ‚dass von Aktionärsseite endlich einmal Ruhe gegeben wird.'"

Quelle: o. V.: Aktionäre gespalten über Milliardenklage, in: www.manager-magazin.de/unternehmen/artikel/0,2828,300697,00.html – letzter Zugriff am 28.05.2004

Nichtsdestoweniger lässt sich auch eine Konfliktlinie zwischen diesen beiden Gruppen feststellen.[1] Zu denken ist hierbei insb. an unterschiedliche Zeit- bzw. Fristvorstellungen. Während Vorstände im Regelfall mit Fünfjahresverträgen und der Option ihrer Verlängerung ausgestattet sind – sie also eher einen mittelfristigen Handlungshorizont aufweisen –, gehen Eigenkapitalgeber – insb. wenn sie sich als **die** Eigentümer des Unternehmens verstehen – von deutlich längeren Zeithorizonten aus. Da Vorstände im Regelfall nicht in dem Maße am Eigenkapital des Unternehmens beteiligt sind wie die Eigenkapitalgeber, ist ihre Risikoneigung auch als deutlich progressiver zu bezeichnen im Hinblick auf zu tätigende Investitionen. Verfassungsregeln, wie z. B. die Aufnahme bzw. Nicht-Aufnahme großer Investitionen in den Katalog zustimmungspflichtiger Geschäfte einer Aktiengesellschaft, könnten dazu beitragen, diesen Konflikt zu lösen, indem der einen oder anderen Seite eine entsprechende Entscheidungskompetenz zugebilligt wird.

---

1 Vgl. hierzu insbesondere auch die Zusammenfassung der modelltheoretischen Ansätze zum Konfliktfeld Unternehmensleitung - Eigenkapitalgeber bei Kräkel (2004), S. 274 ff.

Es stellt sicherlich nicht den Regelfall dar, aber vor dem Hintergrund einer Konfliktlinie zwischen Unternehmensleitung und Eigenkapitalgebern kann es passieren, wie es das Beispiel des finnischen Autozulieferers Valmet Automotive zeigt, dass das Management aktiv versucht, die Eigenkapitalgeber auszuwechseln:

„Der finnische Autohersteller Valmet Automotive strebt angesichts einer schwachen Auftragslage einen Eigentümerwechsel an. Das Unternehmen, das unter anderem für Porsche das Modell Boxster baut, fühlt sich bei seinem bisherigen Eigentümer, dem ebenfalls finnischen Metso-Konzern, nicht mehr gut aufgehoben."

Quelle: Bomsdorf, C.: Exklusiv: Porsche-Monteur Valmet sucht neuen Eigner, in: Financial Times Deutschland, 24.08.2004. (http://www.ftd.de/ub/in/1093076498330.html - letzter Zugriff am 08.09.2004)

2.2.3.2   Im Verhältnis Unternehmensleitung - Fremdkapitalgeber

Konsens zwischen diesen Gruppen besteht sicherlich auch hier im Hinblick auf eine rentable Unternehmensführung. Darüber hinaus sind beide Gruppen sicherlich an einer verstärkten Rücklagenbildung wesentlich eher interessiert als einer Maximierung der Gewinnausschüttung an die Anteilseigner.

Darüber hinaus ergeben sich jedoch auch hier Konflikte zwischen beiden Gruppen. An erster Stelle ist die unterschiedliche Risikoneigung zu sehen. Vor allem Banken zeichnen sich meist durch ein sehr risikoaverses Verhalten aus. Das Fremdkapital wird vielfach an Sicherheiten gebunden sein. Demgegenüber steht die eher risikofreudige Verhaltensweise des Vorstandes, der insb., wenn er sich als „unternehmerischer" Vorstand im Sinne Schumpeters versteht, bereit ist, Risiken einzugehen, die ein Fremdkapitalgeber nur im Ausnahmefall tragen möchte. Je nach Machtpotenzial der Fremdkapitalgeber – hier insbesondere der Hausbank – wird auch eine zweite Konfliktlinie offensichtlich. Sie bezieht sich auf das Autonomiestreben des Vorstandes. Fremdkapitalgeber werden versuchen, hierauf Einfluss zu nehmen, indem sie versuchen werden, über sog. Negativklauseln das Geschäftsverhalten der Unternehmensleitung in bestimmte Bahnen zu lenken.

Insbesondere in Krisenzeiten zeigt sich, dass Fremdkapitalgeber über eine deutlich geringere Risikoneigung verfügen als z. B. die Vertreter der Unternehmensleitung. Am Beispiel der Loewe AG und seinem Vorstandsvorsitzenden, Rainer Hecker, zeigt sich, dass die Kreditgeber des Unternehmens nicht bereit sind, länger ins Risiko zu gehen:

„Trotz aller Bemühungen. Es wird eng für Hecker. Ende Februar 2005 werden die Kredite der wichtigsten Gläubigerbanken fällig, darunter Deutsche Bank, HypoVereinsbank und Dresdner Bank. Ohne klare Trendwende bei Umsatz und Ertrag erscheine eine erneute Verlängerung der Kredite, wie zuletzt im Frühjahr 2004, zunehmend unwahrscheinlich."

Quelle: Kuhn, T.: Gestörtes Programm, in: Wirtschaftswoche, Nr. 36 vom 26.08.2004, S. 66 - 67, hier S. 67.

2.2.3.3   Im Verhältnis Unternehmensleitung - Arbeitnehmer

Beide Gruppen sind auch hier wieder an einem rentablen Wachstumspfad des Unternehmens interessiert. Dies führt dazu, dass sowohl Arbeitnehmer als auch Unternehmensleitung die Thesaurierung von Gewinnen deutlich präferieren gegenüber deren Ausschüttung an die Eigenkapitalgeber. Darüber hinaus ist bei diesen beiden Gruppen auch oftmals eine Koalitionsbildung gegenüber den Fremdkapitalgebern zu beobachten.

Allianzen werden vielfach eingegangen, um gemeinsam gegen einen Dritten vorzugehen. Dies zeigt sich auch bei General Motors. Dort konkurrieren einzelne europäische Produktionsstandorte um das Überleben. Dieser Umstand führt – zumindest beim schwedischen Standort in Trollhättan – zu einer engen Zusammenarbeit von Unternehmensleitung und Arbeitnehmern:

„Die Betriebsgewerkschaften wollen mit dem örtlichen Management in Trollhättan zusammenarbeiten, um die eigene Produktionsanlage als ‚bessere Alternative für GM zu präsentieren'. Åkerlund forderte alle Beschäftigten bei der schwedischen GM-Tochter Saab zur Mithilfe auf, um die jetzt anstehende Herausforderung zu bewältigen. ‚Wir müssen zeigen, dass wir durch Investitionen in erhöhte Kapazitäten 60 Autos pro Stunde produzieren können.'"

Quelle: Sucher, J.: Standort Rüsselsheim in Gefahr, in: Spiegel online, 03.09.2004.
(http://www.spiegel.de/wirtschaft/0,1518,316399,00.html
- letzter Zugriff am 06.09.2004)

Es existieren jedoch auch erhebliche Konfliktfelder zwischen beiden Gruppen. Im Zentrum steht hierbei weniger die Frage nach der zu zahlenden Einkommenshöhe als vielmehr Aspekte, die auf die Sicherheit des Arbeitsplatzes hin abzielen. Für die Vorstände spielen Rationalisierungsmaßnahmen eine zentrale Rolle. Diese Rationalisierungsmaßnahmen schließen bewusst den Abbau bzw. die Verlagerung von Arbeitsplätzen ein. Damit ist ein zentraler Konflikt vorgezeichnet. Darüber hinaus lassen sich aber auch unterschiedliche Risikoneigungen dieser beiden Gruppen feststellen. Mitglieder der Unternehmensleitung sind hier deutlich risikofreudiger als Arbeitnehmer. Dies ist insb. vor dem Hintergrund zu erklären, dass die gezahlte Risikoprämie bei den Vorständen im Regelfall deutlich höher ist als bei den Arbeitnehmern.

Das Beispiel der Loewe AG zeigt, dass insbesondere in Krisenzeiten Konflikte zwischen Unternehmensleitung und Arbeitnehmern unvermeidbar sind:

„Die Hoffnung, im Rahmen des ‚Taurus' genannten Restrukturierungsprogramms die Verluste 2004 zumindest einstellig zu halten, hat Loewe-Finanzchef Burkhard Bamberger längst aufgegeben – trotz geplanter Einsparung von zwölf Millionen Euro, unter anderem durch einen zehnprozentigen Gehaltsverzicht vom Monteur bis zum Vorstand und der Streichung von jedem fünften Arbeitsplatz."

Quelle: Kuhn, T.: Gestörtes Programm, in: Wirtschaftswoche, Nr. 36 vom 26.08.2004, S. 66 - 67, hier S. 66.

2.2.3.4 Im Verhältnis Eigenkapitalgeber - Fremdkapitalgeber

Bei beiden Gruppen besteht Einigkeit darüber, dass das Unternehmen sich auf einem rentablen Wachstumspfad bewegen sollte. Dieser Wachstumspfad ist eher langfristig zu sehen. Damit einher geht das Streben, dass beide Gruppen versuchen werden, eine allzu große Autonomie der Unternehmensleitung zu begrenzen. Dies gilt insb. im Hinblick auf riskante Investitionen. Einigkeit besteht sicherlich auch dahingehend, dass man versucht, den Einfluss der Arbeitnehmerseite auf das Unternehmensgeschehen einzudämmen. Dies ist insb. vor dem Hintergrund zu erklären, dass sich ein zu starker Arbeitnehmereinfluss langfristig negativ auf die Rendite eines Unternehmens auswirken könnte.

Darüber hinaus existieren jedoch auch Konflikte zwischen diesen beiden Gruppen. Zumindest ein Teil der Eigenkapitalgeber wird daran interessiert sein, dass ein möglichst großer Teil des Gewinns ausgeschüttet wird. Dies steht jedoch dem Sicherheitsstreben der Fremdkapitalgeber entgegen. Sie sind eher an einer Thesaurierung der Gewinne interessiert. Darüber hinaus werden Eigenkapitalgeber versucht sein, den Anspruch der Fremdkapitalgeber auf Mitsprache bei unternehmenspolitischen Entscheidungen so weit wie möglich einzudämmen. Dies ist letztlich darauf zurückzuführen, dass Eigenkapitalgeber als risikofreudiger eingestuft werden als Fremdkapitalgeber. Entsprechend wird den Eigenkapitalge-

bern auch eine deutlich höhere Risikoprämie zugebilligt als den Fremdkapitalgebern.

2.2.3.5   Im Verhältnis Eigenkapitalgeber - Arbeitnehmer

Auch hier sind sicherlich die gleichgerichteten Interessen im Hinblick
auf ein rentables Wachstum in der Zukunft unstrittig. Das Interesse der
Arbeitnehmer an einem langfristigen Überleben des Unternehmens[1] deckt
sich hier mit dem Interesse derjenigen Eigenkapitalgeber, die sich ebenfalls
langfristig an das Unternehmen gebunden fühlen.

Vielfach ist bei sog. Familienunternehmen zu beobachten, dass das Verhältnis von Eigenkapitalgebern und Arbeitnehmern deutlich weniger kon-
fliktbeladen ist als bei nicht in Familienbesitz befindlichen Unternehmen.
Ein solches Beispiel ist der Lebensmittelhersteller Bahlsen GmbH & Co.
KG:

*„Betriebsratschef Walter Windmann lobt in der ‚Welt': ‚In Familienunter-
nehmen gibt es oft ein höheres Verantwortungsgefühl für die Arbeitsplätze.
Das spürt man auch bei uns'. Größere Entlassungswellen gab es bisher
nicht. Auch soll der Schwerpunkt der Produktion weiterhin in Deutschland
bleiben."*

*Quelle: Weber, K./Scheele, M.: Jeder backt seinen eigenen Keks,
in: www.manager-magazin.de/koepfe/unternehmerarchiv/0,2828,305047,00.html –
letzter Zugriff am 08.09.2004*

Das zentrale Konfliktfeld zwischen diesen Gruppen besteht im Hinblick
auf die Verteilung der erwirtschafteten Wertschöpfung.[2] Während Eigenkapitalgeber entweder an einer verstärkten Thesaurierung oder aber an
einer maximierten Ausschüttung interessiert sind, werden die Arbeitnehmer neben dem Interesse an Einkommensmaximierung allenfalls noch das
Interesse verfolgen, Gewinne zu thesaurieren, um ihren Arbeitsplatz so
möglicherweise zu sichern. Sie werden aber zumindest danach trachten,

---

1   Vgl. Kräkel (2004), S. 296.

2   Vgl. auch Backes-Gellner/Pull (1999), S. 51 ff. Vgl. ferner Sihler (2000), S. 146.

den Betrag der Ausschüttung möglichst zu minimieren. Konflikte zwischen diesen Gruppen eskalieren insb. in Situationen, in denen sich das Unternehmen nicht mehr auf einem Wachstumspfad befindet. In Zeiten der Unternehmenskrise sehen Arbeitnehmer ihren Arbeitsplatz und damit ihre Existenz bedroht. Diese Bedrohung ist im Regelfall deutlich gravierender einzustufen als der Verlust des Eigenkapitals. Dies insb. vor dem Hintergrund, dass eine Vielzahl, insb. die großen Eigenkapitalgeber, über deutlich höhere Substanz verfügen, da sie vielfach nicht nur an einem Unternehmen, sondern an mehreren Unternehmen beteiligt sind.

Insbesondere in den Fällen, in denen die öffentliche Hand wichtiger Eigenkapitalgeber eines Unternehmens ist, sind vielfältige Interessenkongruenzen zu den Arbeitnehmern zu beobachten. Besonders deutlich wird dies an den Gesellschaften, die Flughäfen betreiben:

„Und wenn trotzdem Verlust anfiel? Auch egal. Selbst die weltweit rund zehn börsennotierten Airports haben in der Regel staatliche Mehrheitseigentümer, die sie mithilfe von Kapitalerhöhungen oder günstiger Darlehen vor dem Schlimmsten bewahren können. In den USA sind sogar fast alle Airports komplett in Staatsbesitz, weil die Stadtverwaltungen und Regierungen der Bundesstaaten sie als Teil der Wirtschaftsförderung ansehen. Denn Airports sind eine der wenigen zuverlässigen Jobmaschinen."

Quelle: Schwarz, C.: Auf eigenen Beinen, in: Wirtschaftswoche, Nr. 36 vom 26.08.2004, S. 42 - 47, hier S. 43.

2.2.3.6   Im Verhältnis Fremdkapitalgeber - Arbeitnehmer

Zwischen beiden Gruppen besteht Einigkeit im Hinblick auf eine vergleichsweise hohe Rücklagenbildung. Die Thesaurierung von Gewinnen wird im Gegensatz zur Maximierung der Ausschüttung eindeutig präferiert. Zur erklären ist dies mit der bei beiden Gruppen ähnlichen Risikopräferenz. Beide Gruppen sind an ausreichenden Ressourcen für „schlechte Zeiten" interessiert.

Das zentrale Konfliktfeld zwischen diesen Gruppen tritt insb. in Krisensituationen zutage. Fremdkapitalgeber stellen das Ziel der Befriedigung ihrer Ansprüche (Zinszahlung und Rückzahlung des Fremdkapitals) deut-

lich über das Ziel des Fortbestandes des Unternehmens und damit der Sicherstellung der Arbeitsplätze. Insbesondere Rationalisierungsbestrebun-
gen werden von den Fremdkapitalgebern in diesem Zusammenhang unterstützt. Es sind die Arbeitnehmer, die hier um ihren Arbeitsplatz
fürchten. Hinzu kommt, dass für einen Fremdkapitalgeber der Ausfall eines Kredites oftmals nicht so gravierende Folgen besitzt wie der Verlust
des Arbeitsplatzes für einen Arbeitnehmer. Kreditgeber werden in ihrem
Kreditportfolio neben notleidenden Krediten auch immer höchst profitable
Kredite besitzen. Der Arbeitnehmer im Regelfall wird nur einen Arbeitsplatz ausfüllen.

2.2.4   Konfliktlinien innerhalb der Interessengruppen

2.2.4.1   Interessenunterschiede innerhalb der Unternehmenslei-
tung

Primär sind in diesem Zusammenhang sicherlich die Ressortkonflikte
zu nennen. Man denke nur an die Konfliktlinie zwischen den Bereichen
Controlling sowie Forschung und Entwicklung.[1] Vorstände, die das For-
schungs- und Entwicklungsressort zu vertreten haben, sind oftmals deutlich risikofreudiger bei der Investition zur Verfügung stehender Mittel als
z. B. Kollegen, die den Bereich Controlling oder Finanzen vertreten. Hier
wird im Regelfall immer wieder nach (sicheren) Renditen der investierten
Mittel gefragt. Während im Bereich von Forschung und Entwicklung auch
Mittel für eher grundlegende Entwicklungen verwandt werden, bei denen
die Renditeversprechen oftmals unsicher, wenn nicht gar unmöglich sind.

Ferner ist eine Konfliktlinie auch nicht unwahrscheinlich, die sich im
Hinblick auf das Alter der Vorstandsmitglieder ergibt. Vorstände, die mit
Auslaufen ihres Vertrages sicher aus dem Vorstand ausscheiden werden,
werden sich im Hinblick auf ihre Zeitpräferenz wie auch ihre Risikopräferenz deutlich von denjenigen Vorstandsmitgliedern unterscheiden, die re-

---

1   Vgl. hierzu ausführlich Hauschildt (2004), S. 168.

lativ jung in den Vorstand hineingekommen sind und begründete Hoffnung darauf haben, dass ihr Vorstandsvertrag weiter verlängert wird.

Oftmals ist es das Führungsverhalten des Vorstandsvorsitzenden, welches dazu führt, dass Konflikte im Vorstand aufbrechen. Im Fall der Infineon AG wird dies als ein Grund für die Entlassung des Vorstandsvorsitzenden, Ulrich Schumacher, gesehen:

„Die ‚Welt am Sonntag' zitiert Siemens-Manager, nach denen der Sturz Schumachers auf direkte Intervention von Heinrich von Pierer erfolgt sei. Schumacher sei dem Siemens-Vorstandschef, schon lange ein Dorn im Auge gewesen. ‚Von Pierer hält Schumacher für einen Egomanen und hat schon seit langem auf eine Gelegenheit gewartet, ihn loszuwerden'. Schumacher hatte den Vorstandsvorsitz des Halbleiterherstellers, an dem Siemens noch zu 19 Prozent beteiligt ist, am Donnerstag nach einer kurzfristig einberufenen außerordentlichen Aufsichtsratssitzung überraschend niedergelegt. Zum Hintergrund der Demission heißt es, Schumacher habe sich nicht nur mit den Arbeitnehmern und Gewerkschaften angelegt, sondern mit seinen Plänen für eine weitere Auslagerung von Arbeitsplätzen ins Ausland und seinem als selbstherrlich umschriebenen Führungsstil auch die Kollegen im eigenen Vorstand gegen sich aufgebracht. ‚Die Palastrevolution nahm ihren Lauf, als die Manager sich an den Aufsichtsrat wandten.'"

Quelle: o.V.: War Schumacher korrupt?,
in: Spiegel online, 28.03.2004.
(http://www.spiegel.de/wirtschaft/0,1518,292861,00.html
- letzter Zugriff am 29.03.2004)

2.2.4.2 Interessenunterschiede innerhalb der Eigenkapitalgeber

Die Konflikte in dieser Gruppe treten oftmals zwischen Groß- und Kleinaktionären auf. Während Kleinaktionäre insb. an einer Maximierung der Ausschüttung erzielter Gewinne interessiert sind, werden Großaktionäre eher versuchen, diese Gewinne zu thesaurieren.[1] Ferner werden Großaktionäre daran interessiert sein, einen Beherrschungseinfluss auf das Unternehmen auszuüben. Kleinaktionären ist dies schon allein vor dem

---

1   Vgl. zum Einfluss von Großaktionären Bethel/Liebeskind (1993), S. 15 ff.

Hintergrund des geringen Anteils am Grundkapital nicht möglich. Entsprechend werden Großaktionäre sich auch wesentlich langfristiger an das Unternehmen binden. Kleinaktionäre werden ihr finanzielles Engagement primär von der Wertentwicklung der Aktie abhängig machen.

Die Auseinandersetzungen auf der Hauptversammlung 2004 der Mobilcom AG zeigen, dass auch zwischen den Aktionären erhebliche Interessendivergenzen bestehen können:

„Vor gut einem Jahr war die Firma nach einem Streit zwischen den Hauptaktionären Schmid und France Telecom über den Ausbau des UMTS-Mobilfunks nur knapp der Pleite entgangen. Auch Mobilcom-Gründer Gerhard Schmid kam während der Hauptversammlung zu Wort. Er unterstützt einen Antrag von Mobilcom-Aktionären, der sich gegen den einstmaligen UMTS-Partner France Telecom richtet. Prompt warfen einige Aktionäre Schmid vor, einen Rachefeldzug zu führen, der den Erfolg der Firma gefährde."

Quelle: o. V.: Aktionäre gespalten über Milliardenklage,
in: www.manager-magazin.de/unternehmen/artikel/0,2828,300697,00.html –
letzter Zugriff am 28.05.2004

Darüber hinaus zeichnet sich vielfach eine Konfliktlinie zwischen den Eigentümern ab, wenn eine Eigentümergruppe als Bank gleichzeitig Kreditbeziehungen zum Unternehmen unterhält. Unterschiedliche Risikopräferenzen sind zwischen diesen Gruppen feststellbar, was letztlich dazu führt, dass Konflikte im Hinblick auf die Thesaurierung von erwirtschafteten Gewinnen wahrscheinlich sind.

Interessenunterschiede findet man auch oft auf Seiten der Eigentümer, wenn es sich um eine Gesellschaft im Familienbesitz handelt. Eine nach außen oft sehr homogen wirkende Eigentümergruppe ist oftmals intern sehr unterschiedlich im Hinblick auf die Interessen einzelner „Familienstämme" aufgestellt. Da sind z. B. Familienmitglieder, die zu Lasten anderer Familienmitglieder einen massiven Einfluss auf die Unternehmensführung ausüben wollen, ebenso aktiv wie Familienmitglieder, die kaum eine Bindung an das Unternehmen aufweisen, außer dass sie an einer Gewinnausschüttung interessiert sind. Die Drohung, Anteile am Unternehmen zu verkaufen, um so Dritten den Einstieg zu ermöglichen, ist in diesem Zusammenhang ein immer wieder zu beobachtendes zentrales Macht- und damit Drohpotenzial.

Interessenkonflikte in Familienunternehmen eskalieren oftmals, wie es das Beispiel des Automobilzulieferers Benteler AG zeigt:

„Das Unternehmen, das zwei Familienstämmen zu je fünfzig Prozent gehört, kennt auch ganz andere Zeiten. ,Dallas in Ostwestfalen' prangte auf den Titeln der Gazetten in den frühen achtziger Jahren. Auslöser der vielfältigen Medienberichte war die dritte Familiengeneration, die damals so heftig aneinander geriet, dass ein Rechtsanwalt dem anderen die Klinke in die Hand gab. Sogar der Bundesgerichtshof musste sich mit den Auswüchsen der erbittert geführten Fehde beschäftigen. (...) Während die Nachfolge von der ersten auf die zweite Unternehmensgeneration noch in ruhigen Bahnen verlief, gestaltete sich der Wechsel von Eduard Benteler an seine beiden Söhne schwierig. Sehr schwierig sogar. Chefmanager Helmut Benteler traute Aufsichtsratschef Erich Benteler nicht über den Weg, und umgekehrt verhielt es sich genauso - es herrschten Intrigen, Misstrauen und Zwietracht an der Firmenspitze."

Quelle: Scheele, M.: Krieg und Frieden,
in: www.manager-magazin.de/koepfe/unternehmerarchiv/0,2828,309299,00.html –
letzter Zugriff am 08.09.2004

2.2.4.3 Interessenunterschiede innerhalb der Fremdkapitalgeber

Zu unterscheiden sind in diesem Zusammenhang die unterschiedlichen Interessen von Banken und Nicht-Banken. Während Banken ausschließlich daran interessiert sind, dass ihre Forderung beglichen wird, ist bei Lieferanten ein deutlich stärkeres Interesse im Hinblick auf Folgegeschäfte zu verzeichnen. Lieferanten sind also verstärkter daran interessiert, dass die Bonität auch für Folgegeschäfte gesichert ist.

Ferner wird auch zwischen der Gruppe der gesicherten bzw. der Gruppe der ungesicherten Fremdkapitalgeber eine Konfliktlinie bestehen. Während der gesicherte Kapitalgeber deutlich risikofreudiger sein wird, wird der nicht gesicherte Kapitalgeber in erster Linie daran interessiert sein, dass das Unternehmen langfristig erfolgreich ist. Entsprechend unterschiedlich wird man sich im Hinblick auf Fragen der Thesaurierung und des Investments in riskante Geschäfte verhalten.

Die Uneinigkeit von Kreditinstituten untereinander zeigt sich vielfach in Zeiten der Insolvenzgefahr, wenn bestimmte Banken noch bereit sind, die Kredite zu verlängern, andere hingegen nicht. Ein Beispiel hierfür ist der Insolvenzantrag der Garant Schuh + Mode AG, die nach der Übernahme der Salamander AG die hohen Verluste nicht abbauen konnte:

„Die Düsseldorfer Garant Schuh + Mode AG hat am Dienstag beim Amtsgericht Düsseldorf Antrag auf Eröffnung eines Insolvenzverfahrens wegen Zahlungsunfähigkeit gestellt. Wie das Unternehmen mitteilte, wurde mit den finanzierenden Banken keine Einigung über die Abwendung eines kurzfristig eingetretenen Liquiditätsengpasses und zur längerfristigen Sicherung eines Finanzierungsrahmens erzielt. Von den insgesamt 18 Banken sei die niederländische Rabobank nicht zur Aufrechterhaltung der gewährten Kredite bereit gewesen."

Quelle: o. V.: Abgang mit Lurchi?,
in: www.manager-magazin.de/unternehmen/artikel/0,2828,316984,00.html –
letzter Zugriff am 08.09.2004

2.2.4.4   Interessenunterschiede innerhalb der Arbeitnehmerschaft

Konflikte bei dieser Gruppe können daraus resultieren, dass z. B. ein Teil der Arbeitnehmer gewerkschaftlich organisiert ist, ein anderer Teil hingegen nicht. Während gewerkschaftlich organisierte Arbeitnehmer unter Umständen daran interessiert sind, auch allgemeine politische Vorstellungen der Gewerkschaften im Unternehmen durchzusetzen, muss dies bei nicht organisierten Arbeitnehmern nicht zwangsläufig der Fall sein. Derartige politische Vorstellungen richten sich insb. auf Fragen der Mitbestimmung von Unternehmensentscheidungen. Darüber hinaus sind Konflikte zwischen Angestellten und leitenden Angestellten durchaus wahrscheinlich. Hier existieren oftmals unterschiedliche Risikoneigungen wie auch unterschiedliche Zeithorizonte im Hinblick auf die Beschäftigung. Ferner ist auch daran zu denken, dass insb. in Krisenzeiten auch Konflikte zwischen den Beschäftigten in unterschiedlichen Betriebsteilen ausbrechen. Dies gilt insb. dann, wenn bestimmte Betriebsteile geschlossen werden sollen, andere hingegen nicht. Der Kampf um die Arbeitsplätze wird dazu führen, dass auch innerhalb der Belegschaft eine starke Konfliktlinie anzutreffen ist.

Das Bestreben des Automobilkonzerns General Motors, einige Produktionsstandorte zu schließen, führt dazu, dass die Arbeitnehmer der einzelnen Standorte aktuell in einer harten Konkurrenzsituation zueinander stehen:

„Fest steht demnach, dass GM beide Modelle der gehobenen Mittelklasse auf einer Plattform und nur an einem Ort fertigen will. Dem anderen Werk könnte dann das Aus drohen. Klaus Franz, Vorsitzender des europäischen GM-Betriebsrates und zugleich Gesamtbetriebsratschef von Opel, spricht von einer ernsten Situation. Die europäischen GM-Betriebsräte tagen derzeit in Trollhättan. Mit einer Erklärung der Arbeitnehmervertreter ist noch heute zu rechnen. ‚Rüsselsheim oder Trollhättan': Die Schweden jedenfalls haben den GM-internen Wettkampf bereits begonnen. Unter der Schlagzeile ‚Rüsselsheim oder Trollhättan' wandte sich die Gewerkschaft an die Belegschaft. ‚Wir müssen unsere Vorteile vorzeigen. Es ist wichtig, dass wir alle bei Saab dabei mithelfen, dass wir eine konkurrenzkräftige Alternative darstellen', sagt der Gewerkschaftschef Paul Åkerlund."

Quelle: Sucher, J.: Standort Rüsselsheim in Gefahr,
in: Spiegel online, 03.09.2004.
(http://www.spiegel.de/wirtschaft/0,1518,316399,00.html
– letzter Zugriff am 06.09.2004)

2.3 Ökonomische Fundierung der Unternehmensverfassung

Ansatzpunkt der bisherigen Überlegungen zu einer theoretischen Fundierung der Unternehmensverfassung war die Annahme, dass Interessengruppen über einen Prozess der Konfliktaustragung bzw. der Koalitionsbildung versuchen werden, die verfassungsmäßigen Regelungen des Unternehmens in ihrem Sinne zu beeinflussen. Letztlich stellt die Unternehmensverfassung damit das Ergebnis existenter Machtverhältnisse dar.[1] Ein solches Ergebnis ist jedoch für eine ökonomisch orientierte theoretische Fundierung der Unternehmensverfassung unbefriedigend, da eine ökonomische Bewertung der Unternehmensverfassung unterbleibt. Dies ist insbesondere vor dem Hintergrund von Interesse, da davon ausgegangen werden kann, dass die oben dargestellten Interessengruppen über höchst unterschiedliche Machtpotenziale und damit auch unterschiedlichen Einfluss verfügen. Finden jedoch ökonomische Prozesse bei derartigen Machtungleichgewichten statt, so besteht immer die Gefahr, dass es zu ineffizienten ökonomischen Lösungen kommt. Indikatoren hierfür gilt es im Folgenden zu analysieren. Die ökonomische Fundierung stellt – wie Abb. 2-3 zeigt – damit den letzten Schritt zu einer theoretischen Fundierung der Unternehmensverfassungsdiskussion dar.

---

1   Vgl. zum Problem von Macht in Wirtschaftsbeziehungen auch Steinmann/ Schreyögg (2000), S. 89 ff.

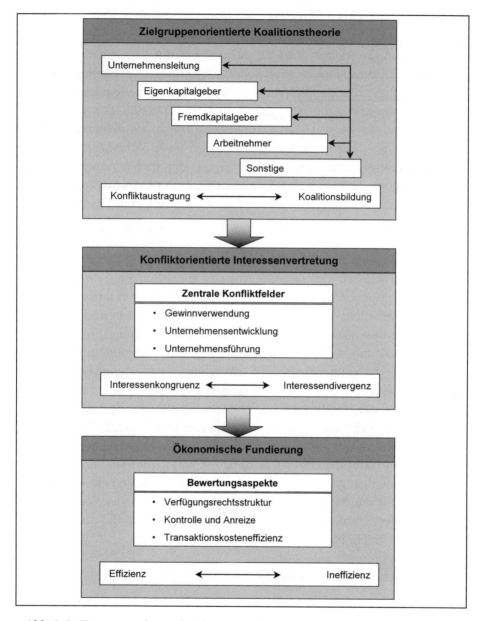

Abb. 2-3: Zusammenhang der theoretischen Argumentation

2.3.1   Grundlegende Überlegungen

Geht man davon aus, dass die Regelungen der Unternehmensverfassung das Ergebnis eines Konfliktaustragungsprozesses darstellen, so wurde dies bisher ausschließlich mit machtpolitischen Überlegungen erklärt. Eine derartige Erklärung greift jedoch zu kurz. Da in diesem Kontext Individuen bzw. die sie vertretenen Interessengruppen als ökonomisch handelnde Gruppen zu verstehen sind, müssen auch ökonomische Überlegungen herangezogen werden, will man die Unternehmensverfassung in ihrem Ergebnis ökonomisch beurteilen. Der zentrale Ansatzpunkt, der in diesem Zusammenhang zu wählen ist, ist die sog. „neue" Institutionenökonomie.

Die neue Institutionenökonomie befasst sich mit der Analyse von Institutionen, in welchen ökonomische Austauschbeziehungen stattfinden. Dabei wird zum einen die Struktur derartiger Institutionen analysiert, aber auch die Verhaltenswirkungen der agierenden Individuen und Gruppen. Ziel der Analyse derartiger Institutionen ist die Erklärung ihrer Effizienz bzw. ihres Wandels. Folgt man Ordelheide, so ist eine Institution dabei wie folgt zu charakterisieren: „Eine Institution ist eine Menge sanktionierter Verhaltensregeln, die in mehrpersonellen, häufig langfristigen Entscheidungs- oder Handlungssituationen soweit allg. Anerkennung erlangt hat, dass die Individuen daraufhin bestimmte wechselseitige Verhaltenserwartungen besitzen, weil von den Institutionen vorhersehbare Anreize zum Handeln oder Unterlassen ausgehen."[1] Vergleicht man diese Definition mit der eingangs vorgestellten Auslegung der Unternehmensverfassung, so sind die Parallelen unübersehbar. Die neue Institutionenökonomie analysiert „sanktionierte Verhaltensregeln", d. h. verfassungsmäßige Regelungen im Hinblick auf ihre ökonomische Effizienz.

Die neue Institutionenökonomie umschließt drei theoretische Argumentationsstränge:

• Die Theorie der Verfügungsrechte (property rights theory),

---

1   Ordelheide (1993), Sp. 1839.

- die Prinzipal-Agenten-Theorie (agency theory) und

- die Transaktionskostentheorie (transaction costs analysis).

Vor dem Hintergrund der Diskussion der Unternehmensverfassung bzw. der ökonomischen Analyse der damit im Zusammenhang stehenden Regelungen spielen die ersten beiden Theorien sicherlich die zentrale Rolle.

Um die Argumentation der neuen Institutionenökonomie richtig beurteilen zu können, ist es wichtig, die zentralen Prämissen der theoretischen Argumentation zu explizieren.[1] Nur wenn man diese akzeptiert, erscheint die Analyse schlüssig. Im Einzelnen wird unterstellt:

- **Begrenzte Rationalität:** Das Verhalten der handelnden Individuen und Gruppen ist von begrenzter Rationalität gekennzeichnet. Dies wird damit begründet, dass keine vollkommene Information über die gegenwärtige Situation bzw. die zukünftige Entwicklung vorliegt bzw. zu vertretbaren Kosten beschafft werden kann. Entsprechend gründet sich das Entscheidungsverhalten der Akteure immer auf einen aktuell vorliegenden Informationsstand, der nicht als optimal anzusehen ist. Damit kann die getroffene Entscheidung auch nur eine begrenzte Rationalität aufweisen.

- **Opportunismus:** Das Verhalten der handelnden Akteure ist von individueller Nutzenmaximierung getrieben. Damit einher geht die Bereitschaft der einzelnen Akteure, Normverletzungen in Kauf zu nehmen, solange dies zum individuellen Vorteil gereicht. In diesem Zusammenhang wird regelmäßig auf eine Einperiodenbetrachtung verwiesen.

- **Asymmetrische Informationsverteilung:** Zwischen den handelnden Akteuren kommt es zu einer a priori ungleichen Informationsverteilung. Damit ist moral hazard im Hinblick auf postkontraktuelles Ver-

---

1   Vgl. hierzu ausführlich Richter (1991), S. 395 ff. sowie Picot/Dietl/Franck (2002) und Richter/Furubotn (2003).

halten möglich. Informationsvorsprünge werden dazu genutzt, den individuellen Nutzen zu maximieren.

- **Spezifität:** Jede getätigte Transaktion ist durch einen gewissen Grad an Spezifität gekennzeichnet. Diese Spezifität kann als Quasi-Rente interpretiert werden, die einen Wertverlust darstellt, welcher eintritt, wenn ein Verfügungsrecht bzw. ein Transaktionsobjekt nicht im Rahmen der beabsichtigten Transaktion, sondern in seiner nächstbesten Verwendungsmöglichkeit eingesetzt wird.

2.3.2 Unternehmensverfassung vor dem Hintergrund der Theorie der Verfügungsrechte

Die Theorie der Verfügungsrechte versucht juristische Regelsetzungen ökonomisch zu erklären.[1] Ausgangspunkt ist dabei die Überlegung, dass sich der Wert eines Gutes weniger aus seinen physischen Eigenschaften ergibt, sondern aus den Verfügungsrechten, die mit dem Gut verbunden sind.[2] Als Verfügungsrechte werden dabei alle vertraglich (nicht zwangsläufig schriftlich) vereinbarten Rechte angesehen, die gesetzlich oder satzungsmäßig bestimmt sind. Diese Rechte regeln die Verfügungskompetenz über Inputfaktoren, d. h. Produktionsfaktoren, sowie über das Ergebnis der Wertschöpfung (Outputfaktoren).[3] Verfügungsrechte knüpfen traditionell immer an einer Ressource an. Sie kodifizieren das Recht zur Nutzung der Ressource ebenso wie das Recht der Einbehaltung der Erträge aus der Ressourcennutzung, das Recht, die Form oder die Substanz der Ressource zu ändern und das Recht, alle vorstehenden Rechte auf andere zu übertragen. Eine derartige Übertragung kann dazu führen, dass

---

1   Vgl. ausführlich Riekhoff (1984), S. 123 ff.; Gerum (1992 b), Sp. 2116 ff.; Wenger (1993), Sp. 4495 ff.

2   Vgl. Kräkel (2004), S. 46.

3   Vgl. Hauschildt (1999), S. 65. Vgl. hierzu auch Ricketts (2002), S. 88 ff., der zwischen Privatrechten und Gemeinschaftsrechten unterscheidet, oder Richter/Furubotn (2003), S. 95 ff., die zwischen absoluten und relativen Rechten unterscheiden.

sich die Verfügungsrechte an einer Ressource auf unterschiedliche Personen oder Institutionen aufteilen, sie also nicht in einer Hand liegen. Verfügungsrechte legen daher fest, welche Person bzw. Institution welche Handlungsmöglichkeiten im Hinblick auf eine bestimmte Ressource besitzt. Negativ formuliert legen Verfügungsrechte fest, für welche Personen bzw. Institutionen bestimmte Handlungsmöglichkeiten im Hinblick auf eine Ressource ausgeschlossen sind. Halten sich Personen bzw. Institutionen nicht an diese Handlungsbeschränkungen, so definieren Verfügungsrechte ein Sanktionspotenzial, welches dem Besitzer/Eigentümer der Verfügungsrechte zusteht, um die Wirksamkeit seines Verfügungsrechtes gegenüber Dritten durchzusetzen.

Individuen bzw. Gruppen werden bei gegebenen institutionellen Rahmenbedingungen eine solche Form der Ressourcennutzung wählen, wie diese dazu beiträgt, ihren Nettonutzen zu maximieren. Das heißt es wird sich eine Verfügungsrechtsstruktur etablieren, die am Individualnutzen der Interessenten orientiert ist. Je höher die Transaktionskosten sind, die für die Bestimmung, Übertragung und Durchsetzung der Verfügungsrechte an einer Ressource anfallen, desto geringer ist c. p. der aus der Verfügung über die Ressource erzielbare Nettonutzen für das Individuum bzw. die Institution.[1]

Aufgrund von institutionellen Regeln (gesetzlichen wie auch satzungsmäßigen Regelungen der Unternehmensverfassung) kann es nun zu einer Einschränkung bzw. einer Aushöhlung von Verfügungsrechten kommen.[2] Dies wird dann problematisch, wenn die Einschränkung der Verfügungsrechte nicht über den Preis der Verfügungsrechte kompensiert wird. Damit erhöhen sich z. B. die Transaktionskosten der Durchsetzung der Verfügungsrechte. Es kommt zum Auftreten von Externalitäten, da die Nutzenfunktion des Eigentümers der Verfügungsrechte durch Aktivitäten Dritter negativ beeinflusst wird. Kosten und Nutzen der Verfügungsrechtenutzung werden nicht verursachungsrecht verteilt. Nur die Situation der

---

1 Vgl. zum Zusammenhang von Transaktionskosten und Verfügungsrechten auch Kräkel (2004), S. 47 f.

2 Vgl. Picot (1981), S. 160 ff. und Riekhoff (1984), S. 43 ff.

uneingeschränkten Nutzung erworbener Verfügungsrechte garantiert die Effizienz eines Systems aus Verfügungsrechten.

Im Hinblick auf die Institutionalisierung unternehmensverfassungs-rechtlicher Regelungen ist es insb. der Gesetzgeber, der hier prägend auf die Verfügungsrechtsstruktur an unternehmensbezogenen Ressourcen Einfluss nimmt.[1] Tab. 2-3 zeigt dies exemplarisch.

Die Einflussnahme richtet sich dabei auf zwei Aspekte: zum einen definiert der Gesetzgeber bestimmte Bündel von Verfügungsrechten im Hinblick auf unternehmensbezogene Ressourcennutzung, bei denen den potenziellen Nutzern ein Freiraum verbleibt im Hinblick darauf, welches Bündel der Verfügungsrechte sie zu nutzen wünschen. Die entsprechende Auswahl erfolgt dann vor dem Hintergrund des individuellen bzw. gruppenbezogenen Nutzenkalküls. Zum anderen kodifiziert der Gesetzgeber bestimmte Einschränkungen ressourcenbezogener Verfügungsrechte. Derartige Einschränkungen erfolgen vor dem Hintergrund politischer bzw. gesellschaftspolitischer Überlegungen. Sie sind nicht ökonomisch determiniert.[2]

---

1   Vgl. hierzu auch die empirischen Untersuchungen zur Verteilung von Verfügungsrechten in deutschen Unternehmen von Schreyögg/Steinmann (1981), S. 533 ff.; Steinmann/Schreyögg/Dütthorn (1983), S. 4 ff.; Picot/Michaelis (1984), S. 252 ff. und Edwards/Nibler (2000), S. 239 ff.

2   Vgl. hierzu auch Schmid/Seger (1998), S. 453 ff.

Klassisches Unternehmen	Publikumsgesellschaft	Mitbestimmtes Unternehmen
Verfügungsrechteverteilung		
Konzentration der Verfügungsrechte (Koordination, Aneignung des Gewinns, Veräußerung) beim Unternehmer	Trennung zwischen Eigentum in engerem Sinne (Veräußerungsrecht, Recht auf Gewinnaneignung) und Verfügungsmacht (Koordinationsrecht)	Koordinationsrecht ist zwischen eigentümer- und arbeitnehmerorientierten Entscheidungsträgern auf Aufsichtsrats- und Vorstandsebene aufgeteilt
Einzelbeurteilung		
• Spezialisierungsvorteile des Unternehmers hinsichtlich Koordinations-, Überwachungs- und Bewertungsaufgaben • Hohe ökonomische Motivation des Unternehmers durch konzentrierte Verfügungsrechtzuordnung • Geringe Kontrollkosten • Minimierung der ökonomischen Effizienzverluste durch Reibungen im Koordinations- und Kontrollprozess	• Eigentümer haben teilweise hohe Managerkontrollkosten (Organisation der Anteilseigner, Meinungsbildung, Informationsbeschaffung etc.) • Die Gefahr einer zu hohen Machtkonzentration beim Management ist aufgrund von Wettbewerb am Absatzmarkt, der Möglichkeit der Eigentümer, ihre Rechte am Unternehmen zu veräußern sowie der Karrierekonkurrenz unter den Managern eingeschränkt	• Beschränkung der Vertragsfreiheit • Schmälerung der Eigentumsrechte an Kapitalgütern • Absinken des ökonomischen Leistungsniveaus • Auseinanderklaffen der Planungshorizonte sowie der Risikoneigung von Arbeitnehmern und Unternehmern sowie Nichtmarktfähigkeit der Arbeitnehmerteilhabe begünstigen kurzfristiges, suboptimales Handeln • Mängel in der Entscheidungsqualität (Langsamkeit, Trennung von Kompetenz und Verantwortung)
Fazit		
Geringe Transaktionskosten führen zu Effizienzvorteilen	Deutliche Effizienzverluste entstehen nur unter speziellen Bedingungen wie ungenügendem arbeitsmarktlichen Wettbewerb, sehr breiter Kapitalstreuung, mangelhaftem Angebot an Führungskräften etc.	Erhebliche Effizienznachteile; die ökonomische Nachteiligkeit institutionalisierter Mitbestimmung zeigt sich schon daran, dass sie nicht freiwillig auf vertraglicher Basis entstanden ist

Quelle: Wolf (2003), S. 265.

Tab. 2-3: Verfügungsrechte und ihre Einschränkung in Abhängigkeit von der gewählten Unternehmensform

Bei der ersten Gruppe – der Definition von Verfügungsrechtsbündeln – sind die unterschiedlichen Rechtsformen zu nennen, derer sich ein Unternehmen bedienen kann. Je nach Wahl der Rechtsform wird die Verfügungsrechtsstruktur im Hinblick auf die unternehmensbezogenen Ressourcen unterschiedlich sein. Vergleicht man in diesem Zusammenhang die beiden Extremtypen der Rechtsformen, den Einzelhandelskaufmann und die Aktiengesellschaft, so wird die unterschiedliche Verfügungsrechtsstruktur deutlich.

- Der Einzelunternehmer besitzt das uneingeschränkte Recht der Ressourcennutzung ebenso wie das Recht der Einbehaltung der Erträge, wie auch das Recht, die Form oder die Substanz des Unternehmens bzw. der Unternehmensressource zu ändern. Er kann darüber hinaus auch einzelne Rechte auf andere übertragen.

- Bei der Aktiengesellschaft hingegen kommt es zu erheblichen Einschränkungen dieser vier zentralen Arten der Verfügungsrechte an der Unternehmensressource. Das Recht auf Ressourcennutzung ist vor dem Hintergrund der Arbeitsteilung zwischen Vorstand, Aufsichtsrat und Hauptversammlung eingeschränkt. Eine derartige Einschränkung kann in unterschiedlicher Form stattfinden (z. B. Katalog zustimmungspflichtiger Geschäfte). Darüber hinaus sind hier Einschränkungen aufgrund der Arbeitnehmermitbestimmung, die für Kapitalgesellschaften gilt, festzustellen. Ebenso existieren Einschränkungen im Hinblick auf die Rechte, die sich aus den Erträgen der Ressourcennutzung ergeben. Über die Verwendung der Erträge kann nicht autonom von den Anteilseignern entschieden werden. Das Gleiche gilt auch für das Recht, die Form und die Substanz der Unternehmensressource zu verändern.

Im Hinblick auf einzelfallbezogene Beschränkung von Verfügungsrechten an unternehmensbezogenen Ressourcen sind eine Fülle von Regelungen zu nennen. Derartige Einschränkungen beziehen sich zum einen auf die kapitalmarktbezogenen Verfügungsrechte und zum anderen auf die arbeitsmarktbezogenen.[1] Im Hinblick auf den Kapitalmarkt existieren Ein-

---

1 Vgl. ausführlich Wenger (1993), Sp. 4503 ff.

schränkungen, z. B. aufgrund von Stimmrechtsbeschränkungen, der Bege-
bung von Vorzugsaktien, von vingulierten Namensaktien sowie aufgrund
des Depotstimmrechts der Banken oder der Regelungen zur Thesaurierung. Bei den arbeitsmarktbezogenen Einschränkungen der Verfügungsrechte ist insb. an die Regelungen der unternehmens- bzw. betriebsbezo-
genen Mitbestimmung zu denken, an Streikrechte oder Rechte, die sich
aufgrund des Kündigungsschutzes ergeben. Folgt man der Argumentation
der neuen Institutionenökonomie, so führen sämtliche dieser Einschränkungen dazu, dass externe Effekte entstehen, die nicht über den Preis
kompensiert werden und die somit letztlich die effiziente Allokation der
unternehmensbezogenen Ressourcen beeinträchtigen. Es wird argumentiert, dass schon allein die Tatsache, dass der Gesetzgeber derartige Einschränkungen definieren muss, ein Indiz für Ineffizienz ist, da anderenfalls die handelnden Akteure von sich aus entsprechende Regelungen
vereinbaren würden.[1] Allerdings bleibt unklar, ob eine derartige Einschränkung der Verfügungsrechte nicht implizit bereits im Kaufpreis der
Ressource enthalten ist – zumindest ist sich der Erwerber über die Einschränkungen zum Zeitpunkt des Kaufes bewusst, wenn man z. B. an den
Erwerb von Aktien eines mitbestimmten Unternehmens denkt.

Die Analyse des Einflusses existenter Verfügungsrechte im Hinblick auf
die Nutzung unternehmensspezifischer Ressourcen ermöglicht somit eine
Erklärung ihrer ökonomischen Konsequenzen im Hinblick auf die effiziente Strukturierung institutionalisierter Prozesse.

Die ökonomische Analyse der existenten Verfügungsrechtsstruktur gestaltet sich in der Realität jedoch äußerst schwierig. Die Einschränkung der
ressourcenbezogenen Verfügungsrechte sind zum einen auf Aktivitäten
externer Gruppen (i. d. R. des Gesetzgebers) zurückzuführen. Zum anderen auf Entscheidungen der unternehmensbezogenen Interessengruppen,
die verfassungsmäßige Regeln als Ergebnis eines Konfliktaustragungsprozesses institutionalisieren. Die direkte Zurechenbarkeit der ökonomischen
Konsequenz einzelner Einschränkungen ist im Regelfall jedoch nicht möglich. Am Beispiel der zustimmungspflichtigen Geschäfte durch den Auf-

---

1 Vgl. Jensen/Meckling (1979), S. 496 ff.

sichtsrat sei dies verdeutlicht. Je umfangreicher der Katalog der zustimmungspflichtigen Geschäfte ist, desto weniger ist das Verfügungsrecht der
Aktionäre im Hinblick auf die Nutzung ihrer Unternehmensressource eingeschränkt. Entsprechend müsste sich hieraus ein Effizienzvorteil ergeben.
Zwar können die Aktionäre über die Festlegung der Satzung einen entsprechenden Katalog beschließen (nach § 111 Abs. 4 Satz 2 kann dies auch
der Aufsichtsrat beschließen), die Zustimmung erfolgt jedoch nicht durch
sie direkt, sondern durch den Aufsichtsrat. Hier kann es jetzt aber wieder
zu einer Einschränkung der Verfügungsrechte der Aktionäre kommen,
wenn der Aufsichtsrat der paritätischen Mitbestimmung unterliegt und
der Vorstand nicht explizit einen entsprechenden Beschluss der Hauptversammlung verlangt (§ 111 Abs. 4 Satz 3 AktG). Zwei Effekte laufen somit
im Hinblick auf die effiziente Gestaltung der Verfügungsrechtsstruktur in
entgegengesetzte Richtung. Insbesondere muss bezweifelt werden, ob eine
Ausweitung des Katalogs zustimmungspflichtiger Geschäfte in Unternehmen, die der paritätischen Mitbestimmung unterliegen, überhaupt dazu führt, dass die Verfügungsrechte der Aktionäre weniger stark eingeschränkt werden.

2.3.3   Unternehmensverfassung vor dem Hintergrund der Agenturtheorie

Der Konfliktaustragungsprozess im Hinblick auf die Fixierung unter-
nehmensverfassungsmäßiger Regeln zur innerbetrieblichen Arbeitsteilung
führt dazu, dass bei einer Vielzahl von Beziehungen Rechte und Pflichten
von Auftraggebern (Principal) und Auftragnehmern (Agent) existieren.
Derartige Strukturen lassen sich im Hinblick auf ihre ökonomischen Konsequenzen mit Hilfe des Principal-Agent-Ansatzes analysieren.[1] Der auch
als Agenturtheorie bezeichnete Ansatz untersucht die vertragliche Gestaltung derartiger Beziehungen zwischen Auftraggeber und Auftragnehmer

---

1   Vgl. hierzu ausführlich Jensen/Meckling (1976), S. 305 ff.; Fama (1980), S. 288 ff.;
    Pratt/Zeckhauser (1985); Eisenhardt (1989), S. 57 ff.; Elschen (1991); Franke
    (1993), Sp. 37 ff. Hutzschenreuter (1998), S. 22 ff. und Kräkel (2004), S. 22 ff.

unter der Bedingung, dass asymmetrische Informationsbeziehungen[1] zwischen den Akteuren existieren. Der Auftragnehmer verfügt über entscheidungsrelevante Informationen, die dem Auftraggeber nicht zugänglich sind. Ferner kann der Auftragnehmer Handlungen durchführen, die für den Auftraggeber nicht erkennbar sind. Beide Aspekte führen dazu, dass der Auftragnehmer aufgrund seines opportunistisch geprägten Nutzenmaximierungsverhaltens Optionen ergreift, die den Interessen des Auftraggebers zuwider laufen.

Die Beispiele derartiger Auftraggeber-Auftragnehmer-Konstellationen in einem Unternehmen sind vielfältig. Zu denken wäre hier z. B. an die Beziehung von Arbeitgeber und Arbeitnehmer oder aber von Eigentümer und Geschäftsführer, Aufsichtsrat und Vorstand, Fremdkapitalgeber und Geschäftsführung sowie Vorgesetzter und Mitarbeiter.

Das grundlegende Problem einer derartigen Konstellation ergibt sich daraus, dass a priori nicht davon auszugehen ist, dass zwischen Auftraggeber und Auftragnehmer identische Ziele existieren. Zielkonflikte sind wahrscheinlich. Entsprechend der Verhaltensannahme des Opportunismus wird jede Gruppe versuchen, ihre Ziele auch auf Kosten der anderen Gruppe durchzusetzen. Existente Informationsasymmetrien wie auch Unsicherheiten verschärfen dieses Problem. Hieraus resultieren die in der Theorie als Agency-Probleme diskutierten Phänomene der adversen Selektion, des moral hazard sowie – in der mehrperiodigen Betrachtung – das sog. „hold-up"-Problem.[2] Entsprechend muss ein Auftraggeber sicher stellen, dass der Auftrag in seinem Sinne durchgeführt wird. Eine derartige Sicherstellung verursacht Kosten, sog. Agenturkosten.[3] Diese ergeben sich daraus, dass der Auftraggeber Sicherungsmaßnahmen ergreift, um den Agenten daran zu hindern, seine Ziele auf Kosten des Auftragnehmers zu

---

1 Vgl. Spremann (1990), S. 561 ff.

2 Vgl. Arrow (1985), S. 37 ff.

3 Vgl. auch Ang/Cole/Lin (2000), S. 81 ff., die zeigen, dass die Struktur der Eigentümer nicht ohne Einfluss auf die Höhe der Agenturkosten ist. Vgl. ferner zur Diskussion der Reichweite bzw. der Grenzen von Aufklärungspflichten Fleischer (2001).

verwirklichen. Konkret lassen sich folgende Arten von Agenturkosten unterscheiden:

- Kosten der Vertragsgestaltung,

- Kosten der Informationsbeschaffung,

- Kosten, die aufgrund von Kontrollaktivitäten anfallen sowie

- Wohlfahrtsverluste, die sich daraus ergeben, dass das Nutzenmaximum des Principals verfehlt wird.

Der Principal wird versuchen, seine Agenturkosten zu minimieren. Dies erfolgt in erster Linie über die Gestaltung von Verträgen sowie durch die Einführung von Kontrollsystemen.[1] Betrachtet man als Beispiel die Principal-Agent-Beziehung einer Aktiengesellschaft mit Blick auf das Verhältnis Vorstand zu Aufsichtsrat/Hauptversammlung,[2] so ergeben sich unterschiedliche Möglichkeiten der Vertragsgestaltung. Sie sind darauf gerichtet, den Vorstand (Auftragnehmer) dazu zu veranlassen, seine Aktivitäten nicht im Gegensatz zu den Zielen der Anteilseigner auszurichten. Folgende Möglichkeiten der Vertragsgestaltung ergeben sich: direkte Gewinnbeteiligung, Durchschnittstantieme auf Umsatz und/oder Gewinn bezogen sowie Stock Options. Im Hinblick auf Kontrollsysteme lassen sich Verfahrens- und Resultatskontrollen voneinander unterscheiden. Resultatskontrollen knüpfen an der Messung und Bewertung einzelner Ergebnisse und Kennzahlen an, während Verfahrenskontrollen versuchen, den Leistungsprozess mit Hilfe von Wirtschaftsprüfern oder ähnlichen Institutionen zu kontrollieren.

Auch hier ist natürlich wieder zu fragen, ob ein derartiger theoretischer Ansatz es wirklich ermöglicht, ökonomische Konsequenzen von verfassungsmäßigen Regelungen auf Unternehmensebene zu analysieren. Die

---

1   Vgl. Schewe/Littkemann (1999), S. 1483 ff.

2   Vgl. hierzu ausführlich Hutzschenreuter (1998), S. 99 ff. sowie ferner Theisen (1993), Sp. 4219 ff. und Martens (2000).

Komplexität der Unternehmensrealität wird dazu führen, dass die Analyse von Principal-Agenten-Strukturen allenfalls Anhaltspunkte im Hinblick auf mögliche Ineffizienzen gibt. Umfangreiche Hierarchien mit der Vielzahl von darin enthaltenen Principal-Agenten-Beziehungen machen es sicherlich schwierig, eine eindeutige Zurechnung von ökonomischen Konsequenzen zu gewährleisten.[1] Darüber hinaus muss auch beachtet werden, dass die Komplexität der unternehmerischen Aufgabenbewältigung es unumgänglich macht, dass Principal-Agenten-Beziehungen im Zuge einer effizienten Arbeitsteilung existieren. Eine Principal-Agenten-Beziehung lässt sich also nicht vermeiden. Es gilt sie bewusst herbeizuführen und im Zuge der Unternehmensverfassung effizient zu gestalten.[2]

Von einem gänzlich anderen Prämissenhintergrund geht die sog. „Stewardship-Theorie" aus, die ebenfalls Auftraggeber-Auftragnehmer-Beziehungen analysiert.[3] Der zentrale Unterschied ergibt sich im zugrunde gelegten Menschenbild. Hier unterscheidet sich die „Stewardship-Theorie" diametral von der „Agency-Theorie" und kommt insofern im Hinblick auf die ökonomische Fundierung der Konfliktaustragung im Rahmen der Unternehmensverfassung auch zu anderen Lösungen. Man kann die „Stewardship-Theorie" insofern auch als Gegenentwurf zur Agency-Theorie mit Blick auf die Beziehung Unternehmensleitung – Eigenkapitalgeber verstehen.[4] Die sich daraus ergebenden Probleme sollen jedoch an dieser Stelle nicht weiter vertieft werden.

---

1   Vgl. Hauschildt (1999), S. 67.

2   Vgl. hierzu auch Valcárcel (2001), S. 210 ff., die die Überwachung delegierter Entscheidungen als ein zentrales Problem der Unternehmensverfassung sieht.

3   Vgl. Davis/Schoorman/Donaldson (1997), S. 20 ff.

4   Vgl. Sundaramurthy/Lewis (2003), S. 398 ff.

2.3.4   Unternehmensverfassung vor dem Hintergrund der Transaktionskostentheorie

Der dritte Teilbereich der neuen Institutionenökonomik ist der sog. Transaktionskostenansatz. Die ökonomische Analyse der Transaktionskosten stellt den Kern der neuen Institutionenökonomik dar.[1]

Transaktionskosten entstehen bei der Bestimmung, Übertragung und Durchsetzung von Verfügungsrechten für einen bestimmten Leistungsaustausch. Soweit es zu einer Koordination der Leistung über den Markt kommt, fallen Transaktionskosten, z. B. als sog.

- Anbahnungskosten (Information über potenzielle Transaktionspartner oder deren Koalitionen),

- Vereinbarungskosten (Zeitkosten für Verhandlungen, Vertragsformulierung und Einigung),

- Abwicklungskosten (Kosten der Steuerung und des Managements der arbeitsteiligen Auftragsabwicklung),

- Kontrollkosten (Kosten zur Überwachung der Termintreue und Qualität) sowie

- Nachbesserungs- bzw. Anpassungskosten (Kosten für die nachträgliche qualitative, quantitative, preisliche und terminliche Anpassung)

an.

Die im Rahmen der Unternehmensverfassungsdiskussion relevanteren Kosten treten als Koordinationskosten bei der Koordination des Leistungsaustausches über die Hierarchie auf.[2] Zu nennen sind hier

---

1   Vgl. hierzu ausführlich Picot (1993), Sp. 4194 ff. sowie Picot/Dietl/Franck (2002).

2   Vgl. hierzu auch Hauschildt (1997), S. 153 ff.

- Einrichtungskosten (Kosten für Kommunikation und Information sowie Investition),

- Anlaufkosten (Kosten, die die Hierarchie aufgrund ihrer Funktionsweise verursacht),

- Interaktionskosten (prozessbezogene Kosten des Informationsaustausches bei Arbeitsteilung) sowie

- Kontrollkosten (Kosten, die im Hinblick auf die Einhaltung von Terminen, Qualitätsstandards, Mengen und Ähnliches resultieren).

Die Höhe dieser Kosten wird nachhaltig von zwei Faktoren beeinflusst. Zum einen der Spezifität einer Transaktionsbeziehung und zum anderen der Unsicherheit, die mit der Transaktionsbeziehung einhergeht. Unterstellt man weiter, dass sich entsprechende Transaktionskosten messen lassen, so kann jede Transaktion ökonomisch im Hinblick auf die mit ihr in Zusammenhang stehenden Transaktions- bzw. Koordinationskosten bewertet werden. Das ökonomische Kalkül zeigt dabei, ob die gewählte Organisationsform für eine Transaktion als effizient zu bezeichnen ist. Im Hinblick auf die Diskussion der Unternehmensverfassung würde dies bedeuten,[1] dass Transaktionen, die unter dem Regelwerk einer gesetzten Unternehmensverfassung stattfinden, nur dann ökonomisch als effizient anzusehen sind, wenn die mit ihnen in Zusammenhang stehenden Transaktionskosten niedriger sind als im Fall, dass die Transaktion über den Markt oder über hybride Formen koordiniert wird. Die Transaktionskosten bzw. ihre ökonomische Analyse gibt damit einen Hinweis darauf, wo die Regelungen der Unternehmensverfassung unter Effizienzgesichtspunkten beginnen bzw. enden sollten.

Für die theoretische Fundierung einer ökonomischen Analyse unternehmensverfassungsrechtlicher Regelungen ist jedoch die Transaktionskostentheorie im Vergleich zur Theorie der Verfügungsrechte und dem Principal-Agent-Ansatz nur von nachrangiger Bedeutung. Ihr Hauptau-

---

1 Vgl. hierzu auch Williamson (1979), S. 233 ff. und Ehrmann (1990), S. 837 ff.

genmerk richtet sich auf die Frage, ob Transaktionen zwischen Marktpart-
nern durchzuführen sind oder innerhalb einer hierarchischen Organisation
bzw. in etwaigen Hybridformen. Unter dem Stichwort Unternehmensverfassung bietet der Transaktionskostenansatz insofern nur Anhaltspunkte
für eine ökonomische Fundierung der Make-or-buy-Entscheidung.[1] Es lassen sich allenfalls Transaktionskosten, interpretiert in der Form der Koordinationskosten, im Hinblick auf existente verfassungsmäßige Regeln analysieren.

2.4   Fazit der theoretischen Diskussion

Abschließend lässt sich festhalten, dass eine geschlossene Theorie der
Unternehmensverfassung einstweilen noch nicht existiert. Es lassen sich
aber durchaus Bausteine identifizieren, die es ermöglichen, einen theoretischen Bezugsrahmen aufzuspannen. Einen solchen zeigt Abb. 2-4.

Die Unternehmung – hier mehr oder minder verstanden als Ort des
Austragens von Interessenkonflikten – wird in ihrer Verhaltensweise
durch extern bestimmte Regeln der Unternehmensverfassung maßgeblich
beeinflusst. In diesem Zusammenhang sind insbesondere die Vorgaben
des Gesetzgebers zu nennen. Zwar besitzt ein Unternehmen hierauf sicherlich auch gewisse Einflussmöglichkeiten über Verbände oder Ähnliches, jedoch sind diese Einflussmöglichkeiten bezogen auf das Einzelunternehmen derart gering, dass sie hier zu vernachlässigen sind. Auch soll
in diesem Zusammenhang nicht weiter untersucht werden, welche Prozesse für die Ausgestaltung der „externen" Unternehmensverfassung
maßgebend sind. Dies würde für eine Schrift, die einen betriebswirtschaftlichen Fokus besitzt, sicherlich zu weit führen. Allerdings heißt dies nicht,
dass derartige Regelungen nicht auf ihre ökonomisch relevanten Effekte

---

1   Vgl. Hauschildt (1999), S. 68.

hin zu untersuchen sind. Fragen, wie z. B. der Einfluss der deutschen Mitbestimmungsregelungen auf den Erfolg bzw. die effiziente Gestaltung der betrieblichen Entscheidungsprozesse, sind hier durchaus von Interesse.

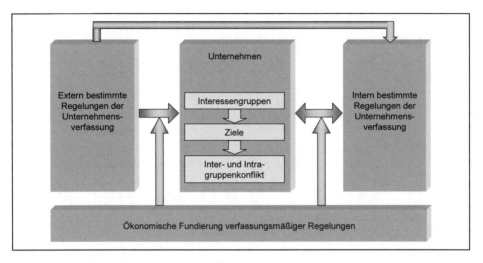

Abb. 2-4: Theoretischer Bezugsrahmen der Unternehmensverfassung

Im Hinblick auf die „internen" Regeln der Unternehmensverfassung kann nicht nur davon ausgegangen werden, dass diese den Konfliktaustragungsprozess der Interessengruppen maßgeblich beeinflussen, es muss auch beachtet werden, dass es eben dieser Konfliktaustragungsprozess – besser: das Ergebnis dieses Prozesses – ist, welcher die „interne" Unternehmensverfassung determiniert. Zwar sind auch hier Einflüsse der „externen" Verfassung von Relevanz, wenn man z. B. an die Umsetzung des Deutschen Corporate-Governance-Kodex über den § 161 AktG im Unternehmen denkt, diese sind im Allgemeinen jedoch als nicht so gravierend zu bezeichnen. Die „externe" Verfassung setzt meistens den Rahmen, der durch die „interne" Verfassung zu konkretisieren ist. Hier bestehen deutliche Freiheitsgrade, die je nach Ergebnis des Konfliktaustragungsprozesses vom Unternehmen genutzt werden

Auch die Regelungen der „internen" Unternehmensverfassung gilt es wiederum auf ihre ökonomische Qualität hin zu prüfen. Dies insbesondere vor dem Hintergrund, dass die Gefahr besteht, dass bestimmte Interessengruppen derartige Regelungen nutzen, um individuelle ökonomische Vorteile zu Lasten anderer zu generieren.

3 Grundstrukturen der Unternehmensverfassung

Bei den grundlegenden Strukturen der Unternehmensverfassung gilt es zwischen dem jeweiligen Leitungssystem und der gewählten Rechtsform zu unterscheiden. Beide Aspekte sind nicht unabhängig voneinander. Sie werden von der Standortentscheidung des Unternehmens determiniert. Es ist dies die nationale Gesetzgebung, die die „externen" Verfassungsregeln bestimmt. Je nach Standort des Unternehmens gelten unterschiedliche Rechtsformen sowie unterschiedliche Leitungssysteme. Abb. 3-1 zeigt dies für Kapitalgesellschaften im Überblick.

Je nach Wahl oder Wechsel[1] der Rechtsform bzw. des zulässigen Leitungssystems hat dies Einfluss im Hinblick auf die Einschränkung der Leitungsfunktion. Der Umfang der Leitungskompetenz des Unternehmensführungsorganes kann durch das Einräumen von Kontrollbefugnissen bzw. Interessenvertretungsbefugnissen, die anderen Institutionen gewährt werden, in nicht unerheblichem Maße eingeschränkt werden. Der konkrete Umfang einer derartigen Einschränkung wird durch die Rechtsform bzw. das dahinter stehende Leitungssystem determiniert.

---

1 Vgl. ausführlich zu den vielfältigen Problemen im Rahmen derartiger Veränderungsprozesse Schewe (2003); Schewe/Littkemann/Schröter (2004), S. 111 ff.

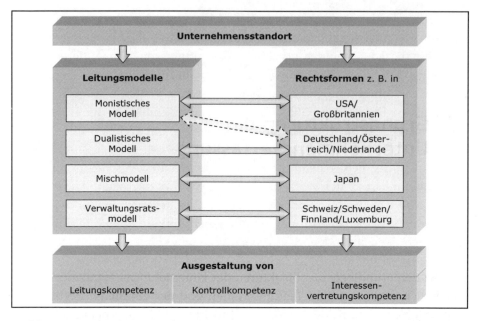

Abb. 3-1: Rechtsform und Leitungssystem als Funktion der Standort-entscheidung

3.1   Leitungsmodelle

3.1.1   Funktion von Leitungsmodellen

Leitungsmodelle regeln grundlegende Befugnisse im Zuge der Unternehmensverfassung. Leitungsmodelle werden insofern auch als „Spitzenverfassung" eines Unternehmens bezeichnet.[1] Sie dienen der Institutionalisierung der zentralen Organe der Unternehmensführung. Mit ihnen wird nicht nur festgelegt, welche Organe mit der Unternehmensführung betraut sind, sondern auch über welche grundlegenden Befugnisse diese Organe

---

1   Vgl. Bleicher/Wagner (1993), S. 1 ff.

verfügen.[1] Dabei ist zu beachten, dass derartige Leitungsmodelle nur den groben Rahmen spezifizieren. Für die detaillierte Ausgestaltung ergeben sich für die Unternehmen erhebliche Gestaltungsspielräume, deren Ausnutzung den agierenden Interessengruppen obliegt. Allerdings: die primäre Entscheidungskompetenz zur Wahl eines bestimmten Leitungsmodells obliegt den Eigentümern. Sie sind es, die zum Zeitpunkt der Unternehmensgründung mit ihrer Standortentscheidung die Weichen für ein bestimmtes Leitungsmodell stellen. Allerdings darf in diesem Zusammenhang nicht der Fehler gemacht werden, die Standortentscheidung einzig unter dem Aspekt der Wahl des Leitungsmodells zu sehen. Andere Aspekte, wie z. B. das Vorhandensein spezifischer Ressourcen oder die Nähe zu Kunden, spielen hier oftmals eine deutlich stärkere Rolle. Vielfach wird sich auch der Fall finden, dass die Wahl des Leitungsmodells unbewusst erfolgt. Sie ergibt sich quasi zwangsläufig mit der Entscheidung für einen bestimmten Standort.

Leitungsmodelle regeln unterschiedliche Kompetenzen und tragen damit zur Institutionalisierung der Leitungsorgane bei. Wie Abb. 3-2 zeigt, sind hierbei prinzipiell drei Kompetenzfelder zu unterscheiden: die Leitungskompetenz, die Interessenvertretungskompetenz sowie die Kontrollkompetenz.

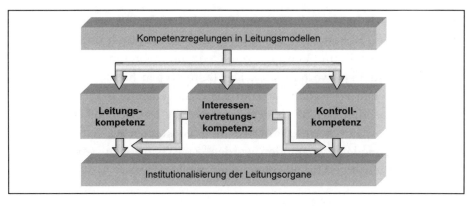

Abb. 3-2: Kompetenzregelungen in Leitungsmodellen

---

1   Vgl. zu den in diesem Zusammenhang sich ergebenden Machtprobleme Remer (1992), Sp. 1279 ff.

Die Leitungskompetenz regelt die Frage, wer bzw. welche Gruppe aus dem Kreis der Interessengruppen/Stakeholder befugt bzw. verpflichtet ist, die Geschäfte des Unternehmens zu führen sowie das Unternehmen nach außen hin zu vertreten. Die Kontrollkompetenz – wenn das Leitungsmodell eine solche vorsieht – knüpft an denjenigen Organen an, die mit Leitungskompetenzen ausgestattet sind. Ihre Handlungen gilt es vor dem Hintergrund eines a priori festgelegten Rahmens kritisch zu würdigen. Darüber hinaus kann die Kontrollkompetenz jedoch auch soweit reichen, dass von ihr die personelle Besetzung der Organe mit Leitungskompetenz abhängig ist.

Die Institutionalisierung der Leitungs- und Kontrollkompetenzen wird ggf. noch durch das Einräumen spezieller Interessenvertretungskompetenzen limitiert. Das heißt je nach Leitungsmodell existieren bestimmte Regelungen, die die Mitwirkung bestimmter Interessengruppen bei der Besetzung der Leitungs- und Kontrollorgane zu Lasten anderer Gruppen regeln. Zu denken ist in diesem Zusammenhang z. B. an die Besetzung der Position des Arbeitsdirektors nach dem deutschen Montanmitbestimmungsgesetz oder an generelle Regelungen zur Arbeitnehmermitbestimmung auf Unternehmensebene, wie sie sich bei immerhin 13 von 25 EU-Mitgliedstaaten finden.[1]

In der Praxis haben sich für Kapitalgesellschaften unterschiedliche Leitungsmodelle etabliert,[2] die sich im wesentlichen dadurch unterscheiden, inwieweit Kontroll- und Leitungskompetenz auf mehrere voneinander getrennte Institutionen verteilt sind. Die Extremtypen hierbei sind das im angelsächsischen Wirtschaftsraum existente so genannte monistische System und das dualistische System, welches in Deutschland praktiziert wird.[3] Beide später noch erläuterten Modelle können als Extremformen der Leitungsmodelle verstanden werden. Zwischen ihnen haben sich jedoch noch vielfältige Mischformen herausgebildet. Auf zwei dieser Misch-

---

1   Vgl. o. V. (2004 b), S. 54.

2   Vgl. auch Ostermeyer (2001), S. 221 ff.

3   Vgl. zum Problem der Konvergenz beider Systeme Bleicher (1981), S. 66 ff.

formen soll hier kurz eingegangen werden: das japanische Modell und das schweizerische Modell.[1]

Das japanische Modell fußt ursprünglich auf dem deutschen Handels- und Gesellschaftsrecht und wurde nach Ende des zweiten Weltkrieges durch US-amerikanische Vorschriften zum Gesellschaftsrecht ergänzt. Entsprechend existiert ergänzend zum Torishimariyaku-Kai, welcher über Leitungs- und Kontrollkompetenzen ähnlich dem angelsächsischen Board of Directors verfügt, ein so genannter Kansajaku-Kai, dessen Kontroll-kompetenz sich im Gegensatz zum dualistischen System auf die Prüfung der Rechnungslegung beschränkt. Zu berücksichtigen ist ferner, dass im Torishimariyaku-Kai nur so genannte „inside" Direktoren vertreten sind, was letztlich die Wirksamkeit der Durchführung der Kontrolle ein-schränkt. Interessenvertretungskompetenz besitzen im japanischen Lei-tungsmodell nur die Anteilseigner.

Das schweizerische Leitungsmodell ist durch einen Verwaltungsrat ge-kennzeichnet. In ihm ist sowohl die Leitungs- als auch die Kontrollkompe-tenz institutionalisiert. Es scheint insofern sehr ähnlich zum monistischen System. Es ergeben sich jedoch auch wesentliche Unterschiede: Zu den gravierendsten gehört sicherlich die Regelung, dass die Mitglieder des Verwaltungsrates selbst auch Anteilseigner der Gesellschaft sein müssen. Vor dem Hintergrund der oben erörterten Principal-Agenten-Problematik stellt diese Regelung gänzlich andere Anforderungen an die Ausgestal-tung insbesondere der Kontrollkompetenz. Allerdings muss hier ein-schränkend festgestellt werden, dass es das schweizerische Leitungs-modell auch zulässt, dass der Verwaltungsrat ein Organ zur Geschäfts-leitung institutionalisiert, welches nicht aus Personen des Verwaltungs-rates besteht. Ebenso wie im japanischen Leitungsmodell besitzen auch im schweizerischen Leitungsmodell nur die Anteilseigner eine Interessenver-tretungskompetenz.

Es ist jedoch nicht zwingend, dass im Verwaltungsratsmodell die Inte-ressenvertretungskompetenz generell auf die Anteilseigner beschränkt

---

1   Vgl. hierzu ausführlich Gerum (1998 b), S. 135 ff. sowie Bleicher/Leberl/ Paul (1989), S. 235 ff. Vgl. ferner auch Schewe/Kleist/Mahlstedt (2004).

bleibt. So kennen z. B. das für Schweden, Finnland oder Luxemburg prägende Verwaltungsratsmodell eine Interessenvertretungskompetenz auch der Arbeitnehmer.[1] Das heißt der eingliedrige Verwaltungsrat unterliegt in diesen Ländern der Arbeitnehmermitbestimmung.

Im Folgenden werden die Grundzüge des monistischen und des dualistischen Leitungssystems vorgestellt. Dabei wird sich an denjenigen Ausprägungen der Leitungsmodelle orientiert, wie sie für die USA und Deutschland Gültigkeit besitzen. Allerdings gelten die dargestellten Eigenheiten der beiden Leitungsmodelle so oder ähnlich auch in anderen Ländern, die eines der beiden Leitungsmodelle als Verfassungsmodell für Kapitalgesellschaften vorsehen.

3.1.2   Das monistische System

3.1.2.1   Grundstruktur

Das monistische Modell ist das Modell der Unternehmensführung im angelsächsischen Wirtschaftsraum.[2] Im Gegensatz zum sog. dualistischen Modell ist beim monistischen Modell die Leitungs- und Kontrollkompetenz zu einem Organ zusammengefasst. Das monistische Modell kennt nur ein Organ der Unternehmensleitung, den sog. „Board of Directors". Der Board of Directors führt die täglichen Geschäfte. Die Mitglieder des Board werden vom Shareholder Meeting gewählt. Die Interessenvertretungskompetenz bleibt auf die Anteilseigner beschränkt. Eine Vertretung der Arbeitnehmer im Führungsgremium des Board of Directors ist im US-amerikanischen und im britischen System also nicht vorgesehen.

Auch im deutschen Wirtschaftsraum findet sich das monistische Modell als Leitungsmodell für Kapitalgesellschaften. Es ist dies das Leitungsmo-

---

1   Vgl. o. V. (2004 b), S. 54.

2   Vgl. hierzu ferner Bleicher/Leberl/Paul (1989), S. 123 ff.; Bleicher (1992 a), Sp. 441 ff.; Gerum (1998 b), S. 141 ff.

dell, wie es im GmbHG kodifiziert ist. Mit Ausnahme von großen GmbHs[1] wird die Leitungskompetenz von der Geschäftsführung wahrgenommen (es sei denn, es handelt sich um im Gesellschaftsvertrag kodifizierte zustimmungspflichtige Geschäfte). Die Kontrollkompetenz obliegt ausschließlich der Gesellschafterversammlung. Diese erstreckt sich dabei auch auf die Kompetenz zur Bestellung der Geschäftsführung. Soweit es sich um den hier beschriebenen Typ der GmbH handelt, besitzen nur die Gesellschafter eine Interessenvertretungskompetenz. Abb. 3-3 zeigt die Grobstruktur des monistischen Modells der Unternehmensleitung.

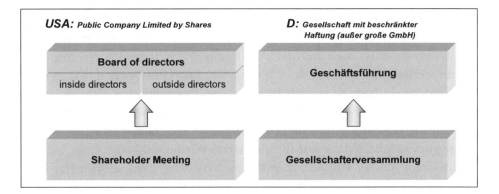

Abb. 3-3: Grundstruktur des monistischen Leitungsmodells

Eine derartig klar gezogene Zuordnung der Kompetenzen auf die einzelnen Verfassungsorgane, wie sie das GmbHG vorschreibt, findet sich im Boardsystem allerdings nicht. Hier sind die Kompetenzzuordnungen wie folgt geregelt:

3.1.2.2 Shareholder Meeting

Die Funktion des Shareholder Meetings ähnelt derjenigen der Hauptversammlung im deutschen Aktienrecht. Das Shareholder Meeting besitzt Kontrollkompetenz, die auch die Bestellungs- bzw. Abberufungskompetenz im Hinblick auf die Boardmitglieder umschließt. Wesentliche Aufgabe des Shareholder Meeting ist insofern die Wahl bzw. Abwahl der

---

1 Vgl. hierzu die Regelungen des § 77 Abs. 1 BetrVG 1952.

Boardmitglieder sowie der Erlass der sog. „by-laws", der Satzung der Corporation. Damit einher geht auch die Entscheidungskompetenz des Shareholder Meetings bei wesentlichen Fragen der Unternehmensführung, z. B. bei Fusionen oder ähnlichen Geschäftsvorfällen.

Die Stimmenkumulierung (Stimmenübertragung) bei Abstimmungen im Shareholder Meeting ist möglich falls dies die Satzung gestattet. Ebenso ist auch der Verkauf des Stimmrechts, ohne dass ein Eigentum an der Gesellschaft erworben wird, an Privatpersonen oder Gruppen möglich. Man spricht in diesem Zusammenhang von sog. Proxy-Stimmen. Die Proxy-Stimmen ähneln damit den im deutschen Recht bekannten Depotstimmrechten, allerdings mit einem zentralen Unterschied: der Inhaber von Proxy-Stimmen muss sich bei der Abstimmung im Shareholders Meeting nicht mit dem Eigentümer des Papiers abstimmen. Im Gegensatz zum Depotstimmrecht handelt es sich also bei einer Proxy-Stimme nicht um eine General- bzw. Einzelvollmacht, die der Aktionär seiner Depotbank gibt. Durch die Errichtung derartiger Proxy-Commitees besteht für das Board eine gute Möglichkeit, selbst für die eigene Wiederwahl zu sorgen, indem Mittel zum Ankauf von Aktionärsstimmen zur Verfügung gestellt werden. Es ist dabei auch zulässig, dass das Unternehmen dem Proxy-Committee seine Infrastruktur zur Werbung um Aktionärsstimmen zur Verfügung stellt. Die Kontrollkompetenz des Shareholder Meeting wird damit faktisch konterkariert.

3.1.2.3   Board of Directors

Die Leitungskompetenz bei der US-amerikanischen Stock-Corporation wird vom sog. Board of Directors wahrgenommen.[1] Darüber hinaus besitzt dieser Board aber auch die Aufgabe, die Geschäftsführungstätigkeit zu kontrollieren.[2] Man bezeichnet diese beiden Aufgaben auch als Managementfunktion und Treuhand-(Trustee-)Funktion. Zur Durchführung dieser Aufgaben bildet der Board of Directors meist mehrere Ausschüsse, sog.

---

1   Vgl. zur Funktion des Board of Directors ausführlich Bleicher (1992 a), Sp. 441 ff. sowie Thomée (1974), S. 185 ff. und Tricker (2000).

2   Vgl. hierzu ausführlich auch Graziano/Luporini (2003), S. 495 ff.

„Committees". Diesen Ausschüssen werden bestimmte Aufgaben zugewiesen. Das Audit Committee besitzt dabei z. B. die Aufgabe der Vorbereitung der Abschlussprüfung. Es nimmt im Wesentlichen Kontrollaufgaben
wahr. Mit den eigentlichen Managementaufgaben wird das sog. Executive
Committee betraut. Darüber hinaus findet sich meist auch ein sog. Nominating Committee bzw. ein Compensation Committee. Aufgabe dieses
Ausschusses bzw. dieser Ausschüsse sind Fragen im Hinblick auf die Er-
nennung von Führungspersonen in der Unternehmung sowie Fragen, die
mit der Entlohnung dieser Personen im Zusammenhang stehen.

Die Zusammensetzung des Board of Directors besteht aus sog. unter-
nehmensinternen bzw. unternehmensexternen Mitgliedern. Sie werden als
Inside-Directors (auch management director) bzw. Outside-Directors
(auch independent director) bezeichnet. Die Outside-Direktoren nehmen
ihr Amt dabei im Regelfall nur als Nebentätigkeit wahr, während die Inside-Direktoren hauptamtlich tätig sind. Meist umfasst der Board of Directors zwischen 10 und 15 Mitglieder. Die Mehrheit davon sind i. d. R. Outside-Direktoren. Die US-amerikanische Stock-Corporation wird im
Regelfall nur von drei bis fünf Inside-Direktoren geführt.

Die zentrale Führungspersönlichkeit ist dabei der sog. Chief Executive
Officer (CEO), der kollegial in das Board eingebunden ist. Er wird vom
Board of Directors ernannt.

In vielen US-amerikanischen Unternehmen wird der CEO auch gleichzeitig von dem Board in die Funktion des Chairman of the Board (COB)
gewählt. Letztlich unterstreicht dies die herausgehobene Stellung, die der
CEO in einer Stock-Corporation inne hat. Die tatsächliche Führungsarbeit
in US-amerikanischen Aktiengesellschaften wird von sog. Officers durchgeführt. Diese Officers sind unterhalb des Board of Directors angesiedelt
und dem CEO hierarchisch unterstellt. Man kann sie als Mitglieder des
Top-Managements bezeichnen. Zu nennen sind hier z. B. die Position des
CFO, des Chief Financial Officer, oder die des Chief Planning Officer, die
teilweise allerdings ebenfalls dem Board of Directors angehören können.
Damit delegiert der Board einen Teil der Leitungsfunktion an den CEO
bzw. den Führungsapparat, der ihm unterstellt ist. Bestimmte Entscheidungen, die insbesondere in den „By-laws" und der „Board Resolution"

kodifiziert sind, fallen jedoch weiterhin in den primären Zuständigkeitsbereich des Board.

Zwar besitzt der Board of Directors die Bestellungskompetenz im Hinblick auf die Berufung des CEO, in der Praxis zeigt sich jedoch häufig, dass auch der ehemalige bzw. noch amtierende CEO einer Gesellschaft versucht, eine Person seines Vertrauens als seinen Nachfolger berufen zu lassen. Dies lässt sich aktuell am Beispiel des Disney-Konzerns beobachten:

„COO Robert Iger soll von Platz zwei an die Spitze des Disney-Konzerns rücken. So jedenfalls will es der amtierende Chef Michael Eisner. Der durch die Kritik zahlreicher Aktionäre zunehmend unter Druck geratene Eisner muss seinen Kandidaten nun gegen den Willen früherer Direktoren durchsetzen."

Quelle: o. V.: Kronprinz als Wertehüter,
in: www.manager-magazin.de/koepfe/artikel/0,2828,316813,00.html –
letzter Zugriff am 08.09.2004

Bleicher[1] spricht, insbesondere mit Blick auf die Position der Inside-Direktoren, von einem „doppelten Hut", den diese Personen aufhaben. Ihnen obliegt die eigentliche Kontrollfunktion, sie sind aber andererseits an der Handlungsautonomie des Board interessiert. Dies ist natürlich nicht unproblematisch im Hinblick auf die Wahrnehmung ihrer Leitungs- und der Kontrollkompetenzen. Auf der einen Seite ernennen die Board-Mitglieder – also auch die Inside-Direktoren – den CEO, auf der anderen Seite sind die Inside-Direktoren – was der Regelfall ist – in ihrer Funktion als Mitglieder des Top-Managements dem CEO teilweise hierarchisch unterstellt. Zumindest im Hinblick auf die Inside-Direktoren ist die Kontrollkompetenz somit faktisch erheblich eingeschränkt. Der eher kollegiale Zuschnitt des Board of Directors mit seiner Trustee- und Management-Funktion wird durch die teilweise Existenz von klar definierten Unterstellungsbeziehungen stark ausgehöhlt. Insofern ist es auch nicht verwunderlich, dass die Inside-Direktoren im Regelfall nicht den Ausschüssen ange-

---

1 Vgl. Bleicher (1992), Sp. 446.

hören, die den Board bei der Wahrnehmung seiner Kontrollkompetenz unterstützen.

Neben der Position des COB und des CEO existiert meist noch eine wei-
tere herausgehobene Position im Zuge der Leitung US-amerikanischer
Stock Corporations: die Position des President, die oftmals auch als Chief
Operating Officer (COO) bezeichnet wird. Auch diese Position kann in
Personalunion vom CEO wahrgenommen werden, was seine Positions-
macht letztlich noch weiter steigert.[1]

Die Zulässigkeit von Proxy-Stimmen führt nun dazu, dass die Interessenvertretungskompetenz ebenfalls nicht so klar geregelt ist wie dies vielfach auf den ersten Blick vermutet wird. A priori ist es sicherlich richtig,
dass nur den Anteilseignern eine Interessenvertretungskompetenz zuge-
standen wird. Fragen der Mitbestimmung der Arbeitnehmer sind dem US-
amerikanischen System gänzlich fremd. Allerdings ermöglicht es die Existenz von Proxy-Stimmen im Prinzip jedem finanzkräftigen Interessenten,
seine Interessen im Shareholder Meeting zu vertreten. Dies führt dazu,
dass die Interessenvertretungskompetenz nicht auf eine Interessengruppe
beschränkt bleiben muss, da das Stimmrecht ohne Bindung übertragen
werden kann.

Die Ausführungen zeigen, dass sich im US-amerikanischen Leitungsmodell eine Fülle von Freiheitsgraden ergeben, die dazu führen, dass die
organisatorische Ausgestaltung des Board und damit die Verteilung von
Leitungs- und Kontrollkompetenzen höchst unterschiedlich sein kann.[2]
Die in der Literatur in diesem Zusammenhang entwickelten Boardtypolo-
gien weisen dem Board im Prinzip unterschiedlich starke Kontrollfunktionen im Hinblick auf die Geschäftsführungskompetenz des CEO zu.[3] Aber

---

1   Vgl. hierzu auch Bleicher (1992 a), Sp. 449, wonach es nicht zwingend ist, dass
    Stock Corporations diese Positionen ausweisen.

2   Vgl. auch Rosenstein/Wyatt (1997), S. 229 ff.; Klein (1998), S. 275 ff. sowie Gra-
    ziano/Luporini (2003), S. 495 ff.

3   Vgl. hierzu Vance (1983), S. 8 ff. und Bleicher/Leberl/Paul (1989), S. 228 ff.

auch Aspekte wie „Prestige" oder „Fundraising" werden bestimmten Boardtypen zugeschrieben.[1]

Welche Freiheitsgrade Unternehmen bei der Ausgestaltung der Boardverfassung besitzen, zeigt das Beispiel der Cendant Corporation, welche sich im Zuge eines Vergleichs aufgrund einer Aktionärssammelklage zusätzlich zur Zahlung einer Entschädigungssumme auch zu Änderungen ihrer Boardverfassung verpflichtete:

„Zusätzlich zu den Entschädigungszahlungen verpflichtete sich Cendant zu folgenden Änderungen seiner Unternehmensstruktur:

- *Das Board of Directors musste spätestens zwei Jahre nach In-Kraft-Treten des Vergleichs mehrheitlich mit vom Unternehmen unabhängigen Mitgliedern besetzt sein.*

- *Die Ausschüsse, die sich mit Wirtschaftsprüfung, Vergütung, und Nominierung von Führungskräften befassen (Audit, Compensation, Nominating Committees), dürfen nur mit unabhängigen Mitgliedern (Non-executive Directors) besetzt sein.*

- *Cendant musste sicherstellen, dass alle Aufsichtsratsmitglieder jedes Jahr neu gewählt werden.*

- *Cendant verpflichtete sich, Preisänderungen bei Aktienbezugsrechten für das Management (Stock Option Re-pricing) nur noch mit vorheriger Zustimmung der Aktionäre vorzunehmen."*

*Quelle: Sturman, D.: Mit Klagen die Corporate Governance verbessern,
in: www.manager-magazin.de/geld/artikel/0,2828,247860,00.html –
letzter Zugriff am 08.09.2004*

3.1.2.4 Beispiel der Board-Struktur der General Electric Company

Die Struktur des monistischen Leitungsmodells und ihre faktische Ausgestaltung sei am Beispiel des Unternehmens General Electric (Stand: September 2004) verdeutlicht:

---

1   Vgl. Mintzberg (1983), S. 91 ff.

- **Board of Directors:** Der Board of Directors hat 16 Mitglieder. Davon sind vier Mitglieder so genannte „Management Directors" und 12 Mitglieder so genannte „Independent Directors". Chairman of the Board und gleichzeitig CEO ist Jeffrey R. Immelt. Weitere Management Directors sind Sir William Castell (Vice Chairman), Dennis D. Dammerman (Vice Chairman) und Robert C. Wright (Vice Chairman). Als „Independent Directors" fungieren James I. Cash jr., Ann M. Fudge, Claudio X. Gonzalez, Andrea Jung, A. G. Lafley, Kenneth G. Langone, Ralph S. Larsen, Rochelle B. Lazarus, Sam Nunn, Roger S. Penske, Robert J. Swieringa und Douglas A Warner III.

- **Ausschüsse:** Der Board of Directors hat vier Ausschüsse gebildet, von denen das „Audit Committee" (5 Mitglieder), das „Management Development and Compensation Committee" (5 Mitglieder) und das „Nominating and Corporate Governance Committee (7 Mitglieder) ausschließlich mit „Independent Directors" besetzt sind. Aufgabe dieser Ausschüsse ist es, den Board bei der Wahrnehmung seiner Kontrollkompetenz und seiner Bestellungskompetenz zu unterstützen. Es ist insofern sinnvoll, dass in diesen Ausschüssen keine „Management Directors" vertreten sind. Im vierten Ausschuss, dem „Public Responsibilities Committee" (9 Mitglieder), sind neben den „Independent Directors" auch die vier „Management Directors" vertreten. Dieser Ausschuss unterstützt den Board bei seiner Leitungsfunktion. Seine Funktion wird wie folgt umschrieben: „(...) reviews and oversees the company's position on corporate social responsibilities and issues of public significance that affect investors and other GE key stakeholders." Es ist insofern sicherlich notwendig, dass auch „Management Directors" diesem Ausschuss angehören.

Die herausgehobene Stellung des CEO im Board wird deutlich, wenn man sich veranschaulicht, dass drei der Board-Mitglieder über ihre Zugehörigkeit zum „Executive Office" dem CEO untergeordnet sind. Es sind dies sämtliche übrigen „Management Directors". Sie bilden die Gruppe der Senior Executive Officers. Darüber hinaus umfasst die Geschäftsleitung noch 9 „Senior Corporate Officers" und 26 „Corporate Staff Officers", von denen jedoch keiner im „Board of Directors" vertreten ist.

Betrachtet man die faktische Ausgestaltung der Board-Besetzung bei General Electric, so kommt man nicht umhin, hier schon fast eine Annäherung an das dualistische System festzustellen. Der konsequente Ausschluss der „Management Directors" von der Ausschussarbeit, die sich mit Fragen der Kontrolle beschäftigen, sowie ihre zahlenmäßig vergleichsweise schwache Einbindung in den Board of Directors legt den Schluss nahe, dass der Board einem Aufsichtsrat ähnlich hier eher kontrolliert als das Unternehmen führt. Dieser Trend ist auch bei anderen US-amerikanischen Unternehmen zu beobachten. So sind z. B. bei der Microsoft Corporation nur zwei von acht Personen des Board of Directors auch im Executive Office vertreten.[1]

3.1.3   Das dualistische System

3.1.3.1   Grundstruktur

Das dualistische Modell ist das dem deutschen Aktienrecht zugrunde liegende Konzept der Unternehmensleitung.[2] Kennzeichnend für dieses Modell ist die strikte Trennung der Leitungsfunktion, die primär vom Vorstand wahrgenommen wird, von der Kontrollfunktion, die dem Aufsichtsrat zugeordnet ist.[3] Diese beiden Funktionen sind im monistischen System noch in einem Organ zentralisiert, während im dualistischen Modell hier eine dezentrale Aufgabenverrichtung vonstatten geht. Diese dezentrale Aufgabenverteilung erleichtert anscheinend auch, dass die Interessenvertretungskompetenz im dualistischen Leitungsmodell meist nicht auf die Eigenkapitalgeber beschränkt bleibt. Meist werden den Arbeitnehmern bestimmte Mitbestimmungsrechte eingeräumt. So kennen z. B. die Niederlande oder Österreich die so genannte „Drittelparität", während

---

1   Es handelt sich dabei um William H. Gates III. (Chairman of the Board und Chief Software Architect) und Steven A. Ballmer (CEO).

2   Dieses Modell der Unternehmensleitung findet sich z. B. noch in Italien, den Niederlanden und Österreich sowie optional in Frankreich.

3   Vgl. zum dualistischen System Chmielewicz (1986), S. 3 ff.; Theisen (1987); Lutter (1995), S. 5 ff.

in Deutschland – wie später noch ausführlich erläutert wird – unterschiedliche Mitbestimmungsformen existieren. Abb. 3-4 zeigt die Grundstruktur des dualistischen Leitungsmodells.

Abb. 3-4: Grundstruktur des dualistischen Leitungsmodells

Die Eigentümer und die Belegschaft wählen ihre Vertreter in den Aufsichtsrat, der seinerseits den Vorstand bestellt und kontrolliert.

3.1.3.2   Hauptversammlung

Das Organ der Hauptversammlung vertritt die Interessen der Aktionäre.[1] Sie ist vergleichbar dem Shareholder Meeting im monistischen System. Die Hauptversammlung tagt regelmäßig einmal im Geschäftsjahr. An der Hauptversammlung nehmen neben den Aktionären auch der Vorstand und der Aufsichtsrat teil. Dabei ist es jedoch meist üblich, dass auch diejenigen Banken, bei denen die Aktionäre ihre Aktien deponiert haben, ebenfalls an der Hauptversammlung teilnehmen und ihr Depotstimmrecht ausüben. Die Interessenvertretungsfunktion ist damit streng genommen nicht auf die Anteilseigner beschränkt.

Je nach Art der ausgegebenen Aktien besitzen die Aktionäre unter Umständen unterschiedliche Rechte. Im Regelfall ist eine Stammaktie dadurch gekennzeichnet, dass mit ihr ein Stimmrecht und ein Recht auf Ausschüttung entsprechend ihres Wertes verbunden ist. Davon abweichend existieren aber auch Vorzugsaktien und Aktien mit kumuliertem Stimmrecht. Vorzugsaktien sind im Gegensatz zu Stammaktien dadurch gekennzeich-

---

1   Vgl. hierzu ausführlich Jansch (1999) sowie ferner Lutter (2004), Sp. 399 ff.

net, dass sie den Aktionären einen Vorzug bei der Dividende einräumen, indem diese etwas höher ausfällt. Quasi als Gegenleistung haben Vorzugsaktionäre dabei auf ihr Stimmrecht in der Hauptversammlung verzichtet. Eine Kumulierung von Stimmrechten tritt oftmals bei kommunalen Eigentümern auf, die einen höheren Stimmenanteil in der Hauptversammlung besitzen als es ihrem Kapitalanteil entsprechen würde.

Zu den wesentlichen Aufgaben der Hauptversammlung gehören sämtliche Fragen, die das Aktienkapital und den verfassungsmäßigen Aufbau der Gesellschaft betreffen. Zu nennen sind hier insbesondere die Entscheidungen im Hinblick auf die Verwendung des Bilanzgewinns, Satzungsänderungen, Fusionen, Auflösung der Gesellschaft sowie die Herabsetzung bzw. die Heraufsetzung des Aktienkapitals. In diesen Bereichen besitzt die Hauptversammlung Entscheidungskompetenzen, die klar darauf abzielen, die Leitungskompetenzen des Vorstandes einzuschränken. Ohne die Zustimmung der Hauptversammlung lässt sich in diesen Fällen keine Entscheidung des Vorstandes oder möglicherweise des Aufsichtsrates umsetzen.

Darüber hinaus besitzt die Hauptversammlung auch Kontrollfunktionen, indem sie den Vorstand und den Aufsichtsrat entlastet bzw. den Gremien insgesamt oder einzelnen Mitgliedern die Entlastung verweigert. Gestärkt wird diese Kontrollkompetenz noch dadurch, dass der Hauptversammlung die Wahl bzw. Abwahl der Kapitalvertreter im Aufsichtsrat obliegt.[1]

3.1.3.3   Aufsichtsrat

Der Aufsichtsrat steht als gesondertes Organ zwischen der Hauptversammlung und dem Vorstand. Er ist damit das wesentliche Merkmal des dualistischen Modells im Vergleich zum monistischen. Die Kontrollkompetenz wird insofern von der Leitungskompetenz institutionell getrennt verankert. Die Größe des Aufsichtsrates und dessen Besetzung hängt von der Anzahl der im Unternehmen beschäftigten Mitarbeiter ebenso ab wie

---

1   Vgl. ferner Franks/Mayer (2001), S. 943 ff.

von der Branche, in der die Unternehmung tätig ist. Es greifen hier die Vorschriften der Mitbestimmung der Arbeitnehmer auf Unternehmensebene. Diese Mitbestimmung ist an die Zahl der Beschäftigten gebunden. So gilt z. B. die paritätische Mitbestimmung erst bei Aktiengesellschaften mit mehr als 2.000 Arbeitnehmern. Die Montanmitbestimmung gilt für Unternehmen, deren hauptsächliches Tätigkeitsfeld im Kohle- und Stahlbereich zu finden ist.

Mitglied im Aufsichtsrat kann nach § 100 AktG nur eine natürliche, unbeschränkt geschäftsfähige Person werden. Explizit von der Mitgliedschaft im Aufsichtsrat ausgeschlossen sind natürliche Personen, wenn sie bereits in zehn Aufsichtsräten anderer Gesellschaften ein Mandat innehaben oder sie gesetzliche Vertreter eines von der Gesellschaft abhängigen Unternehmens sind oder sie gesetzlicher Vertreter einer anderen Kapitalgesellschaft sind, deren Aufsichtsrat ein Vorstandsmitglied der Gesellschaft stellt. Bestellt werden die Mitglieder des Aufsichtsrates, soweit es sich um diejenigen handelt, die von der Kapitalseite zu bestellen sind, von der Hauptversammlung. Die Vertreter der Arbeitnehmer werden entsprechend den Vorschriften des Mitbestimmungsgesetzes bzw. des Mitbestimmungsergänzungsgesetzes, des Betriebsverfassungsgesetzes 1952 oder des Montan-Mitbestimmungsgesetzes gewählt. Ist der Aufsichtsrat bestellt, so wählt er sich aus seiner Mitte einen Vorsitzenden und mindestens einen Stellvertreter.

Nach § 107 Abs. 3 AktG kann der Aufsichtsrat aus seiner Mitte einen oder mehrere Ausschüsse bilden. Diese Ausschüsse dienen insb. dazu, Beschlüsse des Aufsichtsrates vorzubereiten oder die Ausführung dieser Beschlüsse zu überwachen. Im Regelfall bildet ein Aufsichtsrat meistens einen Ausschuss, der als Aufsichtsratpräsidium fungiert. Dieser Ausschuss ist mit dem Aufsichtsratsvorsitzenden und seinem(n) Stellvertreter(n) besetzt und führt die täglichen Aufsichtsratsgeschäfte und ist meist auch für Fragen der Vergütung der Vorstandtätigkeit zuständig. Darüber hinaus wird in der Regel auch ein Prüfungsausschuss gebildet, der die Abschlussprüfung vorbereitet sowie ein Vermittlungsausschuss bzw. ein Beteiligungsausschuss entsprechend der Vorschriften des Mitbestimmungsgesetzes.

Zum besseren Verständnis der Aufgaben der einzelnen Ausschüsse eines Aufsichtsrates sei dies am Beispiel der Siemens AG erläutert. Bei der Charakterisierung der Ausschussaufgaben wurden die Formulierungen der Siemens AG verwandt. Zu berücksichtigen ist ferner, dass in sämtlichen Ausschüssen auch Vertreter der „Arbeitnehmerbank" des Aufsichtsrates vertreten sind (sie sind mit * gekennzeichnet).

Aufsichtsratsausschüsse der Siemens AG (Stand: 2004)

Ausschuss	Aufgaben	Mitglieder
Aufsichtsrats-Präsidium	Das Präsidium befasst sich mit grundlegenden Fragen der Geschäftspolitik und Geschäftsführung, insbesondere mit Vorstandsangelegenheiten; es unterbreitet dem Aufsichtsrat Vorschläge für die Bestellung und Abberufung von Vorstandsmitgliedern und stellt Beschäftigungs- und Vergütungsgrundsätze für den Vorstand auf; es schließt die Anstellungsverträge mit den Vorstandsmitgliedern ab und legt jährlich die Höhe der variablen und Aktien-basierten Vergütungen fest. Das Präsidium unterbreitet dem Aufsichtsrat Vorschläge für die Besetzung von Aufsichtsratsausschüssen und – durch die Anteilseignervertreter – Empfehlungen für Wahlvorschläge von Aufsichtsratsmitgliedernder Anteilseigner. Es entscheidet über die Zustimmung zu Geschäften mit Vorstandsmitgliedern und den ihnen nahe stehenden Personen und Unternehmen. Das Präsidium überprüft regelmäßig die Corporate-Governance-Grundsätze des Unternehmens und unterbreitet Verbesserungsvorschläge.	Dr. Karl-Hermann Baumann (AR-Vorsitzender) Ralf Heckmann* (1. stellv. AR-Vorsitzender) Dr. Josef Ackermann (2. stellv. AR-Vorsitzender)

Prüfungs-ausschuss	Dem Prüfungsausschuss obliegen die Vorbereitung der Jahres- und Konzernabschlussprüfung durch den Aufsichtsrat, die Prüfung der Quartalsabschlüsse, die Gestaltung der Beziehungen zum Abschlussprüfer (insbesondere Auftragserteilung, Festlegung der Prüfungsschwerpunkte und des Prüfungshonorars sowie die Kontrolle der Unabhängigkeit) und die Beziehungen zur unternehmensinternen Bilanzrevision.	Dr. Karl-Hermann Baumann (AR-Vorsitzender) Ralf Heckmann* (1. stellv. AR-Vorsitzender) Dr. Josef Ackermann (2. stellv. AR-Vorsitzender) Heinz Hawreliuk* Dr. Henning Schulte-Noelle
Vermittlungs-ausschuss § 31 Abs. 3, Abs. 5 MitbestG	Der gesetzlich zu bildende Vermittlungsausschuss unterbreitet dem Aufsichtsrat Vorschläge für die Bestellung bzw. den Widerruf der Bestellung von Vorstandsmitgliedern, wenn im ersten Wahlgang die erforderliche Mehrheit von zwei Dritteln der Stimmen der Aufsichtsratsmitglieder nicht erreicht wird.	Dr. Karl-Hermann Baumann (AR-Vorsitzender) Ralf Heckmann* (1. stellv. AR-Vorsitzender) Dr. Josef Ackermann (2. stellv. AR-Vorsitzender) Heinz Hawreliuk*
Beteiligungs-ausschuss § 32 MitbestG	Der Beteiligungsausschuss ist für Beschlüsse über die Ausübung von Beteiligungsrechten an anderen Unternehmen zuständig.	Dr. Karl-Hermann Baumann (AR-Vorsitzender) Dr. Josef Ackermann (stellv. AR-Vorsitzender) Dr. Albrecht Schmidt

Quelle: www.siemens.de/Daten/siecom/HQ/CC/Internet/About_Us/WORKAREA/ about_ed/templatedata/Deutsch/file/binary/ausschuesse_aufsichtsrat_de_ 1054002.pdf – letzter Zugriff am 05.10.2004.

Nach § 113 Abs. 1 AktG kann den Aufsichtsratsmitgliedern für ihre Tätigkeit eine Vergütung gewährt werden.[1] Eine derartige Vergütung wird im Regelfall jedoch nur bei größeren Aktiengesellschaften geleistet. Bei kleineren Aktiengesellschaften hat sich eher das Prozedere etabliert, dass hier eine Aufwandsentschädigung für die Teilnahme an den Aufsichtsratssitzungen gezahlt wird. Um die Höhe der Vergütung deutlich zu machen, sei das Beispiel der DaimlerChrysler AG gewählt.

Vergütung der Aufsichtsratstätigkeit bei Mandaten im Aufsichtsrat der DaimerChrysler AG (Stand 2004):

„Die Vergütung des Aufsichtsrates wird in der Satzung der Daimler-Chrysler AG durch die Hauptversammlung festgelegt.

Die Satzung der DaimerChrysler AG sieht derzeit vor, dass die Mitglieder des Aufsichtsrates zusätzlich zu einem Auslagenersatz nach Abschluss des Geschäftsjahres ein festes Honorar erhalten. Dieses Honorar beläuft sich auf je EUR 75.000,– für das einzelne Mitglied, das dreifache dieses Betrages für den Vorsitzenden, das zweifache dieses Betrages für den stellvertretenden Vorsitzenden des Aufsichtsrats sowie den Vorsitzenden des Prüfungsausschusses, das 1,5-fache dieses Betrages für Vorsitzende in sonstigen Ausschüssen und das 1,3-fache für in den Ausschüssen des Aufsichtsrats vertretene Mitglieder. Soweit ein Mitglied des Aufsichtsrats mehrere der genannten Funktionen ausübt, bemisst sich seine Vergütung ausschließlich nach der am höchsten vergüteten Funktion. Darüber hinaus erhalten die Mitglieder des Aufsichtsrats ein Sitzungsgeld von EUR 1.100,– pro Sitzung des Aufsichtsrats.“

Quelle: www.daimlerchrysler.com/dccom/0,,0-5-7160-49-67285-1-0-0-79600-00-135-7155-0-0-0-0-0-0-0,00.html – letzter Zugriff am 05.10.2004.

3.1.3.4 Vorstand

Die Leitungskompetenz einer Aktiengesellschaft obliegt dem Vorstand, der unter eigener Verantwortung handelt (§ 76 Abs. 1 AktG).[2] Besteht ein

---

1 Vgl. zu Fragen der Vergütung auch Schmid (1997), S. 67 ff.

2 Vgl. hierzu im Überblick Grundei (2004), Sp. 1442 ff.

Vorstand aus mehreren Personen, so sind diese nur befugt, gemeinschaftlich die Geschäftsführung wahrzunehmen (§ 77 Abs. 1 AktG). Soll von diesem Grundsatz der gemeinschaftlichen Geschäftsführung abgewichen werden, so bedarf dies einer Kodifizierung in der Satzung oder in der Geschäftsordnung des Vorstandes. Derartige Regelungen dürfen aber nicht so weit gehen, dass Minderheiten im Vorstand die Geschäftspolitik des Vorstandes insgesamt festlegen können. Eine a priori herausgehobene Stellung, wie sie der CEO im monistischen System einnimmt, kennt das dualistische Leitungsmodell nicht.

Besteht der Vorstand aus mehreren Personen, so ist nach § 84 Abs. 1 AktG ein Mitglied zum Vorsitzenden des Vorstandes zu benennen. Diese Benennung erfolgt durch den Aufsichtsrat. Das heißt der Vorstand wählt nicht aus seiner Mitte heraus den Vorstandsvorsitzenden. Soweit das Unternehmen unter das Mitbestimmungsgesetz fällt, ist zwingend vorgeschrieben, dass ein Mitglied des Vorstandes als Arbeitsdirektor zu bestellen ist. Dieser Arbeitsdirektor darf, soweit das Unternehmen unter die Montanmitbestimmung fällt, nicht gegen die Stimmen der Arbeitnehmer im Aufsichtsrat ernannt werden.

Die Geschäftsführungskompetenz des Vorstandes geht einher mit der Repräsentationsfunktion (§ 78 AktG). Das heißt der Vorstand vertritt die Gesellschaft gegenüber Dritten gerichtlich und außergerichtlich. Wird durch eine Satzung nichts anderes bestimmt, so vertreten sämtliche Vorstandsmitglieder nur gemeinschaftlich die Gesellschaft. Ferner besitzt der Vorstand eine Informationspflicht gegenüber dem Aufsichtsrat (§ 90 AktG). Es werden so die informatorischen Grundlagen für die Wahrnehmung der Kontrollfunktion durch den Aufsichtsrat bzw. die Hauptversammlung geschaffen. Der Gesetzgeber hat diese Informationspflicht sowohl hinsichtlich des Informationsgegenstandes als auch hinsichtlich des Informationszeitpunktes und des Informationsortes im Detail festgelegt. Danach ist dem Aufsichtsrat

- über die zukünftige Geschäftspolitik,

- über grundsätzliche Fragen der Investitions-, Finanz- und Personalplanung,

- über die Rentabilität des Eigenkapitals und der Gesellschaft,

- über die Umsatzsituation und die Lage des Unternehmens sowie

- über Geschäfte, „die für die Rentabilität oder Liquidität der Gesellschaft von erheblicher Bedeutung sein können"[1]

zu berichten. Der Aufsichtsrat soll insofern rechtzeitig unterrichtet werden, so dass er gegebenenfalls noch Gelegenheit besitzt, steuernd ein-
zugreifen.

Der Vorstand ist darüber hinaus verpflichtet, den Jahresabschluss und
den Lagebericht für das abgelaufene Geschäftsjahr aufzustellen und diese
unverzüglich nach Aufstellung dem Aufsichtsrat vorzulegen (§ 170 Abs. 1
AktG). Darüber hinaus hat der Vorstand seinen Vorschlag über die Verwendung des Bilanzgewinns, welchen er der Hauptversammlung machen
will, ebenfalls dem Aufsichtsrat zuzuleiten (§ 170 Abs. 2 AktG).

3.1.4   Vergleichende Beurteilung des monistischen und des dualistischen Systems

Es soll an dieser Stelle nicht die Diskussion dahingehend geführt werden, welches dieser beiden Verfassungssysteme zu präferieren sei. Diese
Diskussion ist in der Literatur bereits hinlänglich geführt worden, ohne
dass sich dabei ein einheitlicher Tenor ergeben hat. Insofern sollen an dieser Stelle auch nur die Vorteile und Nachteile, die mit den einzelnen Ver-
fassungssystemen verbunden sind, aufgezeigt werden.[2]

Tab. 3-1 fasst den Stand der Diskussion zusammen:

---

1   § 90 Abs. 1 Nr. 4 AktG.

2   Vgl. hierzu ausführlich Zapp (1985); Bleicher/Wagner (1993), S. 11 ff.; Potthoff
    (1996), S. 253 ff.; Tegtmeier (1998) sowie Götz (2000).

	Monistisches Leitungsmodell	Dualistisches Leitungsmodell
Stärken	• Hohe Flexibilität bei der Aufgabenverteilung im Hinblick auf die Ausgestaltung von Leitungs- und Kontrollkompetenz (z. B. Stärkung der Outside-Direktoren führt zum Ausbau der Kontrollkompetenz). • Machtposition des CEO ermöglicht schnelle und damit effiziente Entscheidungsstrukturen. • Anpassung des Board an Unternehmensgröße und Fähigkeiten der agierenden Direktoren flexibel möglich.	• Autonome Entscheidungskompetenz des Vorstands (keine Absprache mit Aufsichtsrat notwendig; Ausnahme: zustimmungspflichtige Entscheidungen). • Entscheidungsferne des Aufsichtsrates führt zu unabhängigerer Kontrolle (Outside-Direktoren sind in die Board-Entscheidungen eingebunden). • Vermeidung der Personenabhängigkeit des Vorstandes durch Gleichheit der Vorstandsmitglieder (Verhinderung von Machtpotenzialen).
Schwächen	• Kräfteverhältnisse im Board sind für Dritte nur schwer durchschaubar. • Neutralität der Kontrolle ist eingeschränkt, da Outside-Direktoren bei maßgeblichen Entscheidungen einbezogen werden. • Machtmonopol des CEO schwer kontrollierbar, da CEO über Stimmrechtsvollmachten die Wahl des Board beeinflussen kann.	• Geringere Sitzungsfrequenz des Aufsichtsrates im Vergleich zur Board-Sitzung führt zu schlechter formulierten Aufsichtsräten. • Aufsichtsratsvorsitzender entwickelt ein unkontrolliertes Machtpotenzial. • Taktieren in mitbestimmten Aufsichtsräten weicht Kontrollfunktion auf (Koalition von Vorstand und Arbeitnehmervertretern gegen Anteilseigner).

Tab. 3-1: Stärken und Schwächen unterschiedlicher Leitungssysteme

Es sei an dieser Stelle darauf verwiesen, dass ein Unternehmen hinsichtlich eines bestimmten Verfassungssystems an sich kaum Wahlmöglichkeiten besitzt. Je nach Sitz des Unternehmens gelten die dort gültigen Vorschriften. Entsprechend müsste ein Unternehmen, will es von einem

Verfassungsmodell zum anderen Verfassungsmodell wechseln, den Hauptsitz des Unternehmens in ein entsprechendes Land verlegen. Dies ist aufgrund vielfältiger Lock-in-Effekte allerdings nur schwer möglich.

Von den genannten Stärken und Schwächen, die beide Leitungssysteme auszeichnen, ist ein Aspekt sicherlich der bedeutsamste: Es ist dies die starke Stellung des CEO im monistischen System. Diese starke Stellung führt dazu, dass Entscheidungen im monistischen System deutlich schneller und auch effizienter zu fällen sind als im dualistischen System. Auf der anderen Seite birgt natürlich diese Machtfülle des CEO auch Gefahren in sich. Da hier eine Kontrolle des Managementhandels[1] deutlich schwieriger ist, ist die Qualität des Managementhandels ganz entscheidend von der Qualität des handelnden CEO und seiner Integrität abhängig. Zu denken sei hier z. B. nur an die Skandale im Zusammenhang mit den Firmen Enron oder aber Tyco und der Verantwortlichkeit der dort handelnden CEOs.

Vor dem Hintergrund der omnipotenten Stellung des CEO – die noch verstärkt wird, wenn er in Personalunion die Funktion des COB inne hat – erhebt sich im monistischen Modell wesentlich eher die Frage nach einer effizienten Kontrolle des Managementhandelns als im dualistischen System. Hier gilt es Maßnahmen zu ergreifen, die es erlauben, dass die Kontrollkompetenz durch die Outside-Direktoren auch nachhaltig wahrgenommen wird. Auf der anderen Seite kann das dualistische System aufgrund seiner institutionalisierten Trennung von Leitungs- und Kontrollkompetenz nicht als automatisch dem monistischen System überlegen bezeichnet werden. Auch hier ist die Qualität der Kontrollkompetenz entscheidend. Die bloße institutionelle Trennung reicht nicht aus. Es muss Kontrollkompetenz in der Institution Aufsichtsrat ebenso vorhanden sein wie hinreichende Kontrollinformation. In diesen Bereichen gilt es, das dualistische System zu stärken.

---

1   Vgl. Götz (2000).

Die Gefahr, die mit der mächtigen Stellung des CEO im monistischen System einher geht, zeigen die Prozesse gegen ehemalige CEOs in den USA:

„Kozlowski und Swartz sind wegen Betrug angeklagt. Den beiden wird vorgeworfen, ihren früheren Arbeitgeber Tyco um rund 600 Millionen Dollar erleichtert zu haben. Kozlowski war von 1992 bis Juni diesen Jahres Tyco-Vorstand und dabei wegen des Aufstiegs von Tyco zum zweitgrößten Mischkonzern weltweit einer der meist bewunderten Vorstände der USA. Nach den hartnäckigen Gerüchten über Bilanztricks, den damit einhergehenden Kursverfall der Tyco-Aktie und Berichten über persönliche Bereicherungen musste er seinen Hut nehmen und gilt daher neben dem ehemaligen Enron-Chef Kenneth Lay als Beispiel für die Maßlosigkeit amerikanischer Unternehmensvorstände."

Quelle: Sturman, D.: Mit Klagen die Corporate Governance verbessern, in: www.manager-magazin.de/koepfe/artikel/0,2828,216221,00.html – letzter Zugriff am 13.09.2004

3.2 Rechtsformen

3.2.1 Funktion von Rechtsformen

Die Diskussion der Unternehmensverfassung wird vielfach als Diskussion der Rechtsformen geführt.[1] Es werden insofern nur diejenigen Regelungen betrachtet, bei denen aus Sicht des Unternehmens nur ein geringer Gestaltungsspielraum besteht. Es handelt sich bei den Rechtsformen um Regelungen, die den „externen" Regelungen der Unternehmensverfassung zuzurechnen sind. Allerdings darf dieser „externe" Charakter der Regelungen nicht dahingehend verstanden werden, dass überhaupt keine Gestaltungsmöglichkeiten existieren. Am auffälligsten wird dies daran, dass der Gesetzgeber nur bestimmte Rechtsformen vorgibt, andere werden von den Unternehmen selbst erst entwickelt. Am deutlichsten wird dies bei

---

1 Vgl. hierzu ausführlich Werder (1986).

den so genannten Mischformen, d. h. bei den Kombinationen von Perso-
nen- und Kapitalgesellschaften. So wurde z. B. die Rechtsform der GmbH
& Co. KGaA erst 1997 aufgrund einer Entscheidung des Bundesgerichts-
hofes überhaupt anerkannt.

Insbesondere bei wachsenden Unternehmen zeigt sich, dass die Rechtsform eines Wandels bedarf. Rechtsformen haben ihre ganz spezifischen
Stärken und Schwächen, die es in den unterschiedlichen Stadien des Un-
ternehmenswachstums zu nutzen gilt. Oftmals sind es Unternehmenskrisen, die dann den Anstoß zur Änderung der Rechtsform geben, wie dies
bei der Tengelmann-Gruppe der Fall war:

*„In dem Interview kündigte Haub [Geschäftsführer der Tengelmann-
Gruppe] gleichzeitig eine Änderung der Rechtsform von Tengelmann an.
Den Eigentümern sei klar, dass die Konstruktion einer OHG langfristig
nicht mehr trage, sagte Haub. Ein neues Modell, das auch Aspekte wie die
Rolle der Familie im Management oder Ausstiegsklauseln einzelner Fami-
liengesellschafter berücksichtigen soll, werde derzeit entwickelt. Tengel-
mann ist einer der größten Handelskonzerne Deutschland. Neben der
Marke Tengelmann gehören Kaiser's, Plus, Obi, KiK und A + P zu dem
Unternehmen. Die Familie Haub gilt als eine der reichsten in Deutschland."*

*Quelle: Schlitt, P.: „Das hat uns keiner zugetraut",
in: www.manager-magazin.de/koepfe/artikel/0,2828,157981,00.html –
letzter Zugriff am 31.08.2004*

Der Gesetzgeber hat höchst unterschiedliche Verfassungsangebote konzipiert, die sich je nach Unternehmen in bestimmte Richtungen hinein
entwickeln lassen.[1] Die vom Gesetzgeber festgelegten Rechtsformen für
wirtschaftliches Handeln gelten als Verfassungsangebote an Unternehmen. Es stellt sich insofern für Unternehmen das Entscheidungsproblem,
eine bestimmte für sich effiziente Rechtsform zu wählen. In der Regel besteht kein Rechtsformzwang. Ausnahmen sind hier zum Beispiel die
Rechtsform des Versicherungsvereins auf Gegenseitigkeit als eine typische
Rechtsform ausschließlich für Versicherer oder die bergrechtliche Gewerkschaft für Unternehmen, die in diesem Industriezweig tätig sind.

---

1   Vgl. ausführlich zu den unterschiedlichen Rechtsformen Schmidt (2002).

Diese Bündelangebote des Gesetzgebers sind jedoch in ihrer Struktur nicht soweit fixiert, als das sie keine Möglichkeiten der Ausgestaltung für das Unternehmen mehr besitzen. Die Unternehmen haben die Freiheit, die Rechtsform jeweils individuell anzupassen. Zu denken ist hier z. B. an die Möglichkeiten, die die Satzung einer Aktiengesellschaft bieten.

Die zentralen Entscheidungsträger eines Unternehmens werden diejenige Rechtsform wählen, die aus ihrer Sicht am besten geeignet ist, die gesetzten Unternehmensziele zu verwirklichen. Um dies zu beurteilen werden in der Literatur eine Vielzahl von Kriterien genannt.[1]

Die wichtigsten Kriterien sind hierbei folgende:

- **Haftungsverhältnisse:** Rechtsformen unterscheiden sich danach, ob die Eigentümer beschränkt oder unbeschränkt mit ihrem Privatvermögen im Insolvenzfall haften. Eine beschränkte Haftung bezieht sich auf die Höhe der geleisteten Kapitaleinlage, eine weitergehende Haftung mit Blick auf das Privatvermögen ist ausgeschlossen. Unbeschränkt ist die Haftung, wenn sie sich auch auf das Privatvermögen erstreckt.

- **Fremdkapitalbeschaffung:** Das Kriterium der Möglichkeit der Fremdkapitalbeschaffung ist eng mit der Haftungsfrage verbunden. Bei beschränkter Haftung ist die Möglichkeit naturgemäß weniger gut gegeben als bei unbeschränkter Haftung. Hier spielt das Sicherheitsdenken der Fremdkapitalgeber die entscheidende Rolle.

- **Eigenkapitalbeschaffung:** Die Möglichkeit der Beschaffung „neuen" Eigenkapitals richtet sich danach, ob es leicht möglich ist, neue Gesellschafter und damit „neues" Gesellschaftskapital für das Unternehmen zur Verfügung zu stellen bzw. ob die „Alt"-Eigentümerstruktur in der Lage ist, nennenswertes Eigenkapital zur Verfügung zu stellen.

- **Gewinn- und Verlustbeteiligung:** Hier sind Fragen zu klären, die sich darauf richten, in welchem Ausmaß die einzelnen Gesellschafter an

---

1 Vgl. hierzu auch Kolbeck (1993), Sp. 3741 ff. Vgl. ferner Dörner (1994); Kessler/Schiffers/Teufel (2002).

Gewinnen und Verlusten der Gesellschaft zu beteiligen sind. Insbesondere die Frage, ob hier eine Gleichbeteiligung vorherrschen soll, muss beantwortet werden.

- **Leitungs-, Kontroll- und Interessenvertretungskompetenz:** Je nach Wahl der Rechtsform sind diese Funktionen in unterschiedlich starkem Ausmaß kodifiziert; dies gilt insbesondere für die Institutionalisierung der Funktionen.

- **Rechnungslegungs-, Prüfungs- und Publizitätspflicht:** Mit der Rechtsform gehen auch unterschiedliche Vorschriften einher, die das Ausmaß dieser Pflichten betreffen. In der Konsequenz zeichnen sich insofern einige Rechtsformen durch eine wesentlich größere „Verschwiegenheit" aus als andere.

- **Steuerbelastung:** Je nach Rechtsform knüpft die Besteuerung der Gewinne an unterschiedliche Steuergesetze an, was aus Sicht der Gesellschafter zu unterschiedlichen Steuerbelastungen führen kann.[1]

Die Kriterien zur Wahl einer bestimmten Rechtsform setzen letztlich an den Funktionen der einzelnen Rechtsform an. Eine Rechtsform setzt den strukturell-institutionellen Rahmen, in welchem sich das unternehmerische Handeln vollzieht. Dabei geht die Funktion der Rechtsform deutlich weiter, als dies bei der Frage des Leitungsmodells der Fall ist. Es wird nicht nur – aber auch – festgelegt, wie die Leitungs-, Kontroll- und Interessenvertretungskompetenz zu gestalten ist. Darüber hinaus wird geregelt, wie in groben Zügen der Geschäftsverkehr zwischen den beteiligten Interessengruppen zu gestalten ist. Fragen der Verteilung der Wertschöpfung wie auch Fragen der Haftung stehen hier sicherlich im Vordergrund. Rechtsformen erfüllen damit in Ergänzung zu den vorne diskutierten Leitungsmodellen eine weitere Funktion: sie schaffen Rechtssicherheit für die beteiligten Interessengruppen. Das heißt unter verfassungstheoretischer Perspektive werden über die Rechtsform für ausgewählte Konfliktfelder die Eckpunkte der Konfliktaustragung festgelegt. Es wird z. B. bestimmten

---

1   Vgl. hierzu ausführlich Jacobs (2002); Heinhold/Bachmann/Hüsing (2004).

Gesellschaftern bei einer Kommanditgesellschaft die (Rechts-)Sicherheit gegeben, dass sie im Insolvenzfall nur mit ihrer Einlage haften. Oder aber, dass Gesellschafter einer offenen Handelsgesellschaft einen Anspruch auf einen bestimmten Gewinn besitzen. Dabei ist allerdings zu berücksichtigen, dass zum Teil die Funktion der Gewährung von Rechtssicherheit erst über die Kombination unterschiedlicher Gesetzeswerke zum Tragen kommt. Zu denken ist beispielsweise an die Vorschriften des Publizitätsgesetzes (PublG).

Die Entscheidung für eine bestimmte Rechtsform wird oftmals an der steuerlichen Belastung festgemacht. Dass die sich hierbei ergebenden Unterschiede oftmals nicht leicht zu berechnen sind, zeigt das folgende Beispiel:

„Nach einer aktuellen Studie des Zentrums für Europäische Wirtschaftsforschung (ZEW) zahlt eine Personengesellschaft im verarbeitenden Gewerbe 3,27 Prozent weniger Steuern als eine bis auf die Rechtsform identische Kapitalgesellschaft. Als Grund für den Vorteil nennt das ZEW die im Jahr 2001 neu eingeführte Gewerbesteueranrechnung. Personengesellschaften und Einzelunternehmer profitieren von der Anrechnung der Gewerbesteuer auf die Einkommensteuer. Diese reduziert die Gewerbesteuerbelastung erheblich. Im Ergebnis wird dadurch sogar der für die Personengesellschaft berechnete Belastungsnachteil bei der Einkommensteuer, der Kirchensteuer und dem Solidaritätszuschlag überkompensiert."

Quelle: o. V.: Steuervorteil für Personengesellschaften,
in: www.manager-magazin.de/unternehmen/mittelstand/0,2828,252665,00.html –
letzter Zugriff am 31.08.2004

3.2.2   Rechtsformen im Überblick

Bereits oben wurde gezeigt, dass der vom Gesetzgeber vorgegebene Rahmen der Unternehmensverfassung sowohl im Hinblick auf die Institutionalisierung eines bestimmten Leitungssystems als auch mit Blick auf die Wahl einer bestimmten Rechtsform abhängig ist vom Unternehmensstandort. Je nach Land, in welchem eine Gesellschaft ansässig ist, sind unterschiedliche Rechtsformen möglich. Dabei ist allerdings zu beachten, dass diese Rechtsformen sich von Land zu Land nicht fundamental unterscheiden, sondern – wie die Tab. 3-2 zeigt – durchaus vergleichbar sind.

D/A/ CH	OHG (D, A), Kollektivgesellschaft (CH)	KG	GmbH	AG
F	société en nom collectif	société en commandite simple	société à responsabilité limitée (S.A.R.L.)	société anonyme (S.A.)
	(-)	(-)	(50.000 FFR)	(nicht börsennotiert: 250.000 FFR; börsennotiert: 1,5 Mio. FFR)
	1. Kap. Art. 10 ff.	2. Kap. Art. 23 ff.	3. Kap. Art.34 ff.	4./5. Kap. Art. 70 ff.
	Code de Sociétés – Loi N° 66 – 537 (24.07.1966) sur les sociétés commerciales, Dècret N° 67 – 236 v. 23.03.1967			
GB	ordinary partnership	limited partnership	(private) limited company (Ltd.)	(public) limited company (plc.)
	(-)	(-)	(-)	(50.000 GBP)
	Partnership Act 1890	Limited Partnership Act		
I	società in nome collettivo	società in accomandita semplice	società a responsabità limitata (S.r.l.)	società per azioni (S.o.A.)
	(-)	(-)	(20 Mio. ITL)	(200 Mio. ITL)
	§§ 2291 ff. Codice civile	§§ 2313 ff. Codice civile	§§ 2472 ff. Codice civile	§§ 2325 ff. Codice civile
NL	vennootschap onder firma (V.O.F.)	commanditaire vennootschap (C.V.)	beslotenen vennootschap met beperkte aansprakelijkheid (B.V.)	naamloze vennootschap (N.V.)
	(-)	(-)	(40.000 NLG)	(100.000 NLG)
	Art. 15 – 34 Wetboek van Koophandel	Art. 15 – 34 Wetboek van	Art. 2: 175 – 274 Burgerlijk Wetboek	Art. 2: 6 – 164 Burgerlijk Wetboek
E	compañia coleciva	sociedad comanditaria	sociedad de responsabilidad limitada (S.r.l.)	sociedad anónima (S.A)
	(-)	(-)	(0,5 Mio. ESP)	(10 Mio. ESP)
	Art. 125 ff. Código de comercio	Art. 145 ff. Código de comercio	Ley de sociedades de responsabilidad limitada	Ley de sociedades anónimas
USA	general partnership	limited partnership	close corporation (Inc./Corp.)	public corporation (Inc./Corp.)
	(-)	(-)	(-) ☐	(-) ☐
	Uniform Partnership Act (UPA)	Revised Uniform Limited Partnership Act (RULPA)	Model Statutory Close Corporation Supplement (M.S.C.C.S.)	Revised Model Business Corporation Act (R.M.B.C.A.)
J	Gomei Kaisha	Goshi Kaisha	Yûgengaisha	Kabushiki Kaiska (Inc./Ltd.)
	(-)	(-)	(3 Mio. JPY)	(10 Mio. JPY)
	Shôhô	Shôhô	Yûgengaishahô	Shôhô
(-) keine Mindestkapitalvorschriften		☐ in manchen Bundesstaaten 1.000 USD		

Quelle: Kutschker/Schmid (2004), S. 638.

Tab. 3-2: Rechtsformen ausgewählter Länder im Überblick

Der Gesetzgeber hat für Unternehmen, die ihren Firmensitz in Deutschland haben, eine Vielzahl von Rechtsformen zur Wahl gestellt.[1] Abb. 3-5 zeigt die wichtigsten sowie die sich daraus ergebenden Mischformen im Überblick.

Personengesellschaften
- Gesellschaft des bürgerlichen Rechts
- offene Handelsgesellschaft (oHG)
- Kommanditgesellschaft (KG)
- stille Gesellschaft

Kapitalgesellschaften
- „kleine" Aktiengesellschaft (AG)
- Aktiengesellschaft (AG)
- Europäische Aktiengesellschaft (SE)
- Bergrechtliche Gewerkschaft
- Gesellschaft mit beschränkter Haftung (GmbH)

Mischformen
- Kommanditgesellschaft auf Aktien (KGaA)
- Aktiengesellschaft und Co. KG (AG & Co. KG)
- Gesellschaft mit beschränkter Haftung und Co. KG (GmbH & Co. KG)
- Gesellschaft mit beschränkter Haftung und Co. KGaA (GmbH & Co. KGaA)

Abb. 3-5: Wesentliche Rechtsformen in Deutschland

Grundsätzlich werden Personen und Kapitalgesellschaften unterschieden. Die wesentlichen Merkmale beider Gruppen lassen sich anhand der Ausgestaltung der Selbstorganschaft, der Rechtsfähigkeit und der Gestaltungsfreiheit festmachen. Für Personengesellschaften ergeben sich folgende Charakteristika:

- **Selbstorganschaft**: Personengesellschaften werden allein durch die Gesellschafter vertreten, die Übertragung von Geschäftsführung und Vertretung nur auf Externe ist unzulässig.

- **Rechtsfähigkeit:** Die Gesellschafter sind die Träger aller gesellschaftlichen Rechte und Pflichten, d. h. die Personengesellschaften sind nicht selbst rechtsfähig.

---

1 Vgl. hierzu ausführlich Hommelhoff (1993), Sp. 1435 ff.

- **Gestaltungsfreiheit:** Personengesellschaften weisen eine weitgehende Gestaltungsfreiheit auf, d. h. es gibt lediglich Vorschriften zum Schutze des Rechtsverkehrs.

Für Kapitalgesellschaften ergeben sich folgende Charakteristika:

- **Selbstorganschaft:** Bei den Kapitalgesellschaften steht im Gegensatz zu den Personengesellschaften nicht mehr der persönliche Einsatz der Gesellschafter, sondern ihre kapitalmäßige Beteiligung im Vordergrund. Willensbildung, Geschäftsführung und Vertretung sind von der Individualität der Gesellschafter abgelöst und besonderen Organen übertragen.

- **Rechtsfähigkeit:** Kapitalgesellschaften sind stets juristische Personen, rechtlich selbständig und somit Träger von Rechten und Pflichten.

- **Gestaltungsfreiheit:** Kapitalgesellschaften sind deutlich engere Möglichkeiten der Gestaltung der Gesellschaftsstruktur gesetzt als es dies bei Personengesellschaften der Fall ist. Allerdings wird der Wechsel der Gesellschafter deutlich vereinfacht.

Bei den folgenden detaillierten Ausführungen zu einzelnen Rechtsformen erfolgt eine Beschränkung auf Kapitalgesellschaften. Sie sind es, bei denen der Gesetzgeber verfassungsmäßige Institutionen geschaffen hat, bei denen Leitungs-, Kontroll- und Interessenvertretungskompetenz auf mehrere Institutionen verteilt sind bzw. sein könnten. Nicht näher betrachtet werden insofern sämtliche Personengesellschaften sowie die als Rechtsform nur vereinzelt anzutreffenden Genossenschaften. Wenn in dem nachfolgenden Abschnitt die Aktiengesellschaft nur in ihrer Ausprägung als „kleine Aktiengesellschaft" behandelt wird, so ist dies darauf zurückzuführen, dass die wesentlichen allgemeinen Verfassungselemente einer Aktiengesellschaft bereits zur Illustration des dualistischen Leitungsmodells herangezogen wurden und auf eine entsprechende Wiederholung zum Zweck der Vollständigkeit verzichtet wurde. Entsprechend beschäftigt sich der nächste Abschnitt mit den, insbesondere von kleinen und mittleren Unternehmen gewählten, Rechtsformen der GmbH und der sog. kleinen Aktiengesellschaft sowie der für Großunternehmen konzipierten Europäischen Aktiengesellschaft.

3.2.3 Gesellschaft mit beschränkter Haftung (GmbH)

3.2.3.1 Gegenstand der GmbH

Mit der Gesellschaft mit beschränkter Haftung[1] (GmbH) hat der Gesetzgeber im Gegensatz zu den gängigen anderen Rechtsformen wie der Aktiengesellschaft, der Genossenschaft oder der Personengesellschaft die künstliche Schaffung einer Rechtsform vorgenommen. Während die o. g. Rechtsformen bereits vor der Kodifizierung durch den Gesetzgeber entstanden sind, entspringt die GmbH der Überlegung, dass für die Abwicklung des Wirtschaftsgeschehens die beiden zentralen Rechtsformen Aktiengesellschaft und Personengesellschaft ungeeignet erscheinen. Es war Ziel des 1892 in Kraft getretenen GmbH-Gesetzes, den Vorteil der engen Beziehung von Unternehmen und Gesellschaftern, wie er bei der Personengesellschaft der Fall ist, mit dem Vorteil der beschränkten Haftung der Aktiengesellschaft zu verbinden. Die Rechtsform der GmbH erwies sich als äußerst attraktiv und wurde von vielen Unternehmen gewählt. Die wesentlichen verfassungsmäßigen Regelungen des deutschen GmbHG wurden später von vielen europäischen und außereuropäischen Ländern übernommen.

Die GmbH stellt eine Kapitalgesellschaft mit eigener Rechtspersönlichkeit dar. Die verfassungsmäßigen Regelungen sind im GmbHG niedergelegt. Als Kapitalgesellschaft kann die GmbH aus einem oder mehreren Gesellschaftern bestehen. Als Rechtsform wird sie vor allem von kleinen und mittleren Unternehmen gewählt, bei denen die Gesellschafter nicht gewillt sind, die Haftung für etwaige Verluste auch auf ihr Privatvermögen auszudehnen. Die Haftung der GmbH ist auf die geleistete Kapitaleinlage,

---

1 Vgl. ausführlich zur Rechtsform der GmbH Baumbach et al. (2000); Bartl et al. (2002) sowie Schmidt (2002), S. 983 ff.

d. h. das Gesellschaftsvermögen, beschränkt.[1] Im Hinblick auf den Unternehmenszweck wird vom Gesetzgeber keine Einschränkung vorgenommen. Entsprechend des § 1 GmbHG kann die GmbH zu jedem zulässigen
Zweck – sei er nun gewerblich oder nicht gewerblich – gegründet werden.
Unabhängig vom Geschäftszweck unterliegt die GmbH jedoch den für
Vollkaufleute geltenden Vorschriften (§ 13 Abs. 3 GmbHG). Sie ist damit
eine Handelsgesellschaft im Sinne des § 6 HGB.

Die GmbH ist für viele Unternehmer diejenige Rechtsform, welche
– einmal von der Gesellschaft des Einzelkaufmanns abgesehen – bei Unternehmensgründung gewählt wird. Dabei ist allerdings zu bedenken,
dass die GmbH oftmals nicht in Reinform gewählt wird, sondern in der
Form der Komplementär-GmbH, wie sie Gegenstand der GmbH & Co. KG
ist. Allerdings führt nicht zuletzt die hohe Insolvenzzahl (Tab. 3-3), die
Unternehmen der Rechtsform GmbH aufweisen, dazu, dass der GmbH ein
eher zweifelhaftes Renommee im Rechtsverkehr eingeräumt wird.[2] Oftmals sind es Defekte in der Kontrolle der Leitungskompetenz der GmbH,
die es Unternehmen dieser Rechtsform erleichtern, Gläubiger mit unseriö-
sen Geschäftspraktiken zu schädigen. Letztlich wird wohl nur eine Ver-
schärfung der Haftung dazu beitragen können, hier regulierend wirken zu
können.

---

1   Diese im Gesetz geregelte Beschränkung der Haftung der Gesellschafter darf
    jedoch nicht darüber hinweg täuschen, dass die Banken die Kreditgewährung
    an die Gesellschaft vielfach mit einer persönlichen Bürgschaft der Gesellschaf-
    ter verbinden. Insofern kann von einer beschränkten Haftung nur bedingt ge-
    sprochen werden.

2   Vgl. Schmidt (2002), S. 991 ff.

Rechtsform	Insolvenzen		Insolvenzhäufigkeit bezogen auf 1.000 Unternehmen	
	2002	2003	2002	2003
Einzelunternehmen	13.554	15.041	66	74
Personengesellschaften (oHG, KG)	3.194	3.269	86	88
Gesellschaft m. b. H.	19.770	20.034	238	241
Aktiengesellschaften, KGaA	631	508	420	339
Sonstige Rechtsformen	430	468	80	87

Quelle: Statistisches Bundesamt

Tab. 3-3: Insolvenz und Rechtsform

Vergleicht man die Insolvenzhäufigkeit bezogen auf 10.000 Unternehmen, so ist der Unterschied zu den voll haftenden Personengesellschaften eklatant. Wobei jedoch nicht übersehen werden sollte, dass auch innovative Geschäftsideen einer Rechtsform bedürfen, die das Geschäftsrisiko kalkulierbar macht.

3.2.3.2   Organe der GmbH

Mit der Organstruktur orientiert sich die GmbH am monistischen Leitungssystem. Nur für große Gesellschaften mit beschränkter Haftung sieht der Gesetzgeber ein weiteres Organ vor: den Aufsichtsrat. Die GmbH kann als Rechtsform also sowohl eine monistische als auch eine dualistische Leitungsstruktur aufweisen.

Die zentralen Organe der Gesellschaft sind die Gesellschafterversammlung und die oder der Geschäftsführer. Dabei wird die Gesellschafterversammlung als das oberste Organ der Willensbildung der Gesellschaft angesehen. Die Aufgaben der Gesellschafterversammlung sind im § 46 Nr. 1

bis 8 GmbHG festgelegt. In diesem Zusammenhang von besonderer Bedeutung sind:[1]

- die Feststellung des Jahresabschlusses und die Entscheidung über die Ergebnisverwendung,

- die Bestellung und Abberufung von Geschäftsführern sowie

- die Bestimmung der Regeln zur Prüfung und Überwachung der Geschäftsführung.

Darüber hinaus können noch weitere Zuständigkeiten in den Kompetenzbereich der Gesellschafter bzw. der Gesellschafterversammlung fallen. Nach § 45 Abs. 1 GmbHG können derartige Befugnisse allumfassend sein. Dies richtet sich insbesondere auf die Kompetenzen im Hinblick auf die Führung der Geschäfte der Gesellschaft. Einzige Bedingung ist, dass entsprechende Befugnisse im Gesellschaftsvertrag festgelegt sind. Die Gesellschafter bzw. die Gesellschafterversammlung besitzt demnach a priori sowohl die Leitungs- als auch die Kontrollkompetenz im Hinblick auf die Geschäftsführung der Gesellschaft. In der praktischen Umsetzung dieser Kompetenzen wird jedoch die Leitungskompetenz teilweise oder vollständig an die Geschäftsführung abgetreten. Eine derartige Delegation der Kompetenz kann jedoch von den Gesellschaftern jederzeit rückgängig gemacht werden.

Abstimmungen in der Gesellschafterversammlung erfolgen mit der einfachen Mehrheit der abgegebenen Stimmen (§ 47 Abs. 1 GmbHG). Dabei bemisst sich die jeweilige Stimmenzahl der Gesellschafter nach ihrem jeweiligen Geschäftsanteil. Für grundsätzliche Beschlüsse, wie z. B. Änderungen des Gesellschaftsvertrages oder die Herauf- bzw. Herabsetzung des Kapitals sieht der Gesetzgeber qualifizierte Mehrheiten vor.

---

1   Dabei ist zu beachten, dass die Gesellschafter zur Fassung von Gesellschaftsbeschlüssen nicht zwingend zu einer Gesellschaftsversammlung zusammentreten müssen. § 48 Abs. 2 GmbHG sieht hier auch die Zustimmung/Ablehnung von Anträgen durch Rundschreiben u. ä. vor.

Die Gesellschaft wird gerichtlich und außergerichtlich von dem oder den Geschäftsführern vertreten (§ 35 Abs. 1 GmbHG). Allerdings handelt es sich in diesem Fall um eine weisungsgebundene Vertretung der Gesellschaft, deren Bindungscharakter über den Gesellschaftsvertrag geregelt ist (§ 35 Abs. 2 GmbHG). Hier liegt ein zentraler Unterschied zur Aktiengesellschaft. Dort leitet nach § 76 Abs. 1 AktG der Vorstand die Gesellschaft in eigener Verantwortung, d. h. er ist nicht weisungsabhängig. Eine derart schwache Stellung des Geschäftsführers ist insbesondere dann zu verzeichnen, wenn eine Fremdorganschaft im Sinne des § 6 Abs. 2 GmbHG vorliegt, d. h. ein Gesellschafter nicht gleichzeitig auch Geschäftsführer der Gesellschaft ist.

In der Rechtsform der GmbH besitzt der Mehrheitsgesellschafter damit eine herausragende Stellung. Auch ohne dass er den Geschäftsführer stellt, bestimmt er die Geschäftsführung. Insofern kommt es bei der GmbH nicht nur zu einer engen Verzahnung von Leitungs- und Kontrollkompetenz, sondern auch zu einer erheblichen Einschränkung der Interessenvertretungskompetenz von Minderheitsgesellschaftern. Vor dem Hintergrund der Verteilung bzw. besser Kumulierung der zentralen Kompetenzen der Unternehmensverfassung ist es auch nicht verwunderlich, dass sich die Rechtsform der GmbH, insbesondere in Holding-Organisationen, großer Beliebtheit erfreut. Sie ermöglicht die Führung der Gesellschaft „mit unsichtbarer Hand".[1]

Neben den beiden Organen der Gesellschafterversammlung und der Geschäftsführung kann bzw. muss eine GmbH auch einen Aufsichtsrat institutionalisieren. Wird ein Aufsichtsrat vom Gesetzgeber nicht gefordert, aber vom Gesellschaftsvertrag vorgeschrieben, so spricht man von einem fakultativen Aufsichtsrat (§ 52 Abs. 1 GmbHG). Die Kompetenz sowie die Zusammensetzung des fakultativen Aufsichtsrates ergeben sich damit aus den entsprechenden Regelungen des Gesellschaftsvertrages. Der Gesetzgeber trifft somit keine Festlegung im Hinblick auf die Ausgestaltung der Kontrollkompetenzen. Dies fällt in den Kompetenzbereich der Gesellschafter, die hier entsprechende Regelungen im Gesellschaftsvertrag treffen.

---

1   Schmidt (2002), S. 1069.

Folglich können die Kompetenzen des fakultativen Aufsichtsrates von Gesellschaft zu Gesellschaft höchst unterschiedlich sein.

Ein etwas anderes Bild ergibt sich für den Fall, dass die Gesellschaft gezwungen ist einen Aufsichtsrat zu bilden. Da dieser Zwang von den unternehmensbezogenen Mitbestimmungsregelungen des MontanMitbestG, des BetrVG 1952 oder des MitbestG ausgeht wird dieser Aufsichtsrat auch als „mitbestimmter Aufsichtsrat" bezeichnet. Da sämtliche Mitbestimmungsgesetze den Zwang zur Mitbestimmung an der Zahl der Beschäftigten festmachen, ist ein solcher zwangsweise einzurichtender Aufsichtsrat bereits ab einer Beschäftigtenzahl von 500 zu bilden. Hier greift die Regelung des § 77 Abs. 1 BetrVG 1952.

Die Kompetenzen (Rechte und Pflichten) des „mitbestimmten" Aufsichtsrates richten sich nach den einschlägigen Vorschriften des Aktiengesetzes. D. h. es gelten hier die Vorschriften des § 90 Abs. 3, 4, 5 Satz 1 und 2, §§ 95 bis 114, 116, 118 Abs. 2, § 125 Abs. 3, § 171 sowie des 268 Abs. 2 AktG. Die GmbH-Verfassung ändert sich entsprechend zwingend im Hinblick auf die Bestellung und Abberufung der Geschäftsführer. Die entsprechende Kompetenz geht von der Gesellschafterversammlung auf den Aufsichtsrat über. Soweit die Gesellschaft dem § 25, 31 MitbestG unterliegt, kann der Gesellschaftsvertrag in dieser Hinsicht keine anderweitige Vorgehensweise festlegen. Diese Kompetenzverlagerung darf jetzt jedoch nicht dahingehend interpretiert werden, dass die Geschäftsführung eigenverantwortlich im Sinne eines Vorstandes einer Aktiengesellschaft agieren kann. Die Weisungsgebundenheit der Geschäftsführung an Beschlüsse der Gesellschafterversammlung bleibt auch weiterhin bestehen.[1]

3.2.3.3   Gründung einer GmbH

Zur Gründung einer GmbH[2] sind ein oder mehrere Personen notwendig (§ 1 GmbHG). Die Errichtung der GmbH erfolgt durch die notarielle Beur-

---

1   Vgl. Schmidt (2002), S. 1110 und die dort zitierte kommentierende Literatur.

2   Neben der Gründung einer Gründung einer GmbH kann eine GmbH auch durch Formwechsel oder durch Verschmelzung bzw. Spaltung entstehen. Die

kundung des von sämtlichen Gründern unterzeichneten Gesellschaftsvertrages (§ 2 Abs. 1 GmbHG). Die Mindestanforderungen an den Gesellschaftsvertrag sind folgende (§ 3 GmbHG):

- Es muss die Firma und der Sitz der Firma genannt werden.

- Ebenso ist der Gegenstand des Unternehmens im Gesellschaftsvertrag
  anzugeben.

- Neben dem Betrag des Stammkapitals ist auch die von jedem Gesellschafter auf das Stammkapital zu leistende Einlage zu nennen.

- Schließlich hat der Gesellschaftsvertrag auch Auskunft darüber zu geben, ob die Gesellschaft nur für eine bestimmte Dauer existieren soll
  oder ob Gesellschaftern neben der Leistung ihrer Einlage noch weitere
  Verpflichtungen auferlegt wurden.

Vergleicht man die Freiheit der Gestaltung des Gesellschaftsvertrages einer GmbH mit den entsprechenden Regelungen für eine Aktiengesellschaft, so besitzt die GmbH eine deutlich höhere Gestaltungsfreiheit. Dies
ist insbesondere auf das im GmbH-Recht, im Gegensatz zum Aktienrecht,
nicht vorhandene Prinzip der formellen Satzungsstrenge zurückzuführen.[1]
So darf nach § 23 Abs. 5 AktG die Satzung einer Aktiengesellschaft nur
dann von den Vorschriften des Aktiengesetzes abweichen, wenn es ausdrücklich im Gesetz zugelassen ist. Damit die beschränkte Haftung der
Gesellschaft auch nach außen hin sichtbar wird, muss der Firmennahme
zwingend mit dem Zusatz GmbH versehen werden (§ 4 GmbHG).

Das haftende Stammkapital ist von den Gesellschaftern aufzubringen.
Als Einlage ist eine Geldeinlage ebenso möglich wie eine Sacheinlage, wobei an die Sacheinlage allerdings bestimmte Bedingungen geknüpft sind
(§ 5 Abs. 4 GmbHG). In jedem Fall muss das Stammkapital mindestens
25.000 Euro betragen, wobei ein einzelner Gesellschafter mindestens eine

---

hierfür relevanten Regelungen finden sich im Umwandlungsgesetz (UmwG).
Vgl. hierzu ausführlich Schmidt (2002), S. 331 ff.

1 Vgl. hierzu ausführlich Schmidt (2004), S. 1004.

Einlage von 500 Euro zu leisten hat. Betrachtet man diese vom Gesetzgeber fixierte Höhe des Mindeststammkapitals, so kommt man nicht umhin festzustellen, dass die Haftung der GmbH sich sukzessive über die Jahre verringert hat. Vor der Umstellung der D-Mark auf den Euro betrug die Höhe der Mindesteinlage 50.000 DM. Diese Grenze galt seit 1981. Bezogen auf diesen Zeitpunkt hat sich der Wert der haftenden Mindesteinlage damit mehr als halbiert.

Ferner ist die Gesellschaft zur Eintragung in das Handelsregister anzumelden (§ 7 Abs. 1 GmbHG). Angemeldet werden darf die GmbH jedoch erst, wenn jede Bareinlage zu mindestens 25 Prozent und die Stammeinlage vollständig geleistet ist. Dabei muss sich die Gesamtsumme der Einlagen auf mindestens 12.500 Euro belaufen. Zur Anmeldung sind folgende Unterlagen beizubringen(§ 8 GmbHG):

- Der Gesellschaftsvertrag,

- die Legitimation der Geschäftsführer,

- eine unterschriebene Liste der Gesellschafter (inklusive Name, Geburtsdatum, Wohnort und Höhe der übernommenen Einlage),

- Unterlagen, aus denen der Wert der ggf. geleisteten Sacheinlage hervorgeht, sowie

- die Abgabe einer Versicherung, dass die eingebrachten Sacheinlagen sich in der freien Verfügung der Geschäftsführer befinden.

- Ferner haben die Geschäftsführer eine Versicherung abzugeben, dass keine Umstände vorliegen, die ihrer Bestellung nach § 6 Abs. 2 Satz 3 und 4 GmbHG entgegenstehen

- und es ist anzugeben, welche Vertretungsbefugnisse die Geschäftsführer haben.

- Schließlich haben die Geschäftsführer ihre Unterschrift bei Gericht zu hinterlassen.

Nachdem die registergerichtliche Prüfung der Unterlagen erfolgt ist, wird die Gesellschaft ins Handelsregister eingetragen und diese bekannt gemacht. Der Umfang der Eintragung in das Handelsregister ist in § 10 GmbHG geregelt. Eine Eintragung ist insbesondere dann abzulehnen, wenn die Sacheinlagen überbewertet wurden (§ 9 c GmbHG). Allerdings ist nach herrschender Meinung die dort getroffene Vorschrift ungenau formuliert.[1]

3.2.4　Kleine Aktiengesellschaft

3.2.4.1　Gegenstand der kleinen Aktiengesellschaft

Helmut Baur hatte lange darauf gewartet. „Ich brauchte die Aktiengesellschaft, um die Binder Optik sicher in die Zukunft zu führen." Doch was er für sein Familienunternehmen nicht brauchte, war die Mitbestimmung, bis dahin für jede Aktiengesellschaft (AG) obligatorisch.

„Heute sieht es so aus, als hätten viele ebenso wie Helmut Baur und seine Böblinger Firma auf die Einführung der kleinen Aktiengesellschaft gewartet. Diese AGs, noch nicht börsennotiert und „klein" hinsichtlich der Zahl ihrer Aktionäre, erlebten jedenfalls einen regelrechten Boom, als das Gesetz, das Unternehmen bis 500 Mitarbeiter von der Mitbestimmungspflicht befreit, vom Bundestag im August 1994 seinen Segen bekam."

Quelle: Münster, T. C.: Passender Rahmen, in: Wirtschaftswoche, Nr. 25 vom 12.06.1997, S. 86 - 88.

Die kleine Aktiengesellschaft (das Gesetz für kleine Aktiengesellschaften und zur Deregulierung des Aktienrechts trat am 10.08.1994 in Kraft) oder auch Mittelstands-AG[2] wurde vom Gesetzgeber geschaffen, weil sich gezeigt hatte, dass die herkömmliche Aktiengesellschaft im Mittelstand

---

1　Vgl. Schmidt (2004), S. 1008.

2　Vgl. hierzu ausführlich Seibert/Kiem (2000). Vgl. ferner zum Wesen und zur Gründung der kleinen Aktiengesellschaft Korts/Korts (1997); Bartone (2002); Hölters/Deilmann/Buchta (2002).

nur vergleichsweise wenig gewählt wurde. Als Gründe hierfür wurden immer wieder genannt: die Benachteiligung der Aktiengesellschaft bei der Schenkungs- und Erbschaftsteuer oder aber die an die Aktiengesellschaft gebundenen Regelungen der Arbeitnehmermitbestimmung. Insofern sah sich der Gesetzgeber aufgerufen, eine Rechtsform zu schaffen, die genau genommen nicht als neue, eigenständige Rechtsform zu bezeichnen ist, die sich jedoch dadurch auszeichnet, dass Vorschriften des AktG dahingehend verändert wurden, dass sie für kleine, nicht börsennotierte Unternehmen keine Gültigkeit mehr besitzen.

Die Ziele, die der Gesetzgeber mit seiner Novelle verfolgte, waren zum einen ein besserer Zugang kleiner und mittelständischer Unternehmen zum Kapitalmarkt sowie eine Gleichstellung mit der Rechtsform der GmbH. Man wollte eine Trennung von Geschäftsführung und Kapitaleignern institutionalisieren, was zu besseren Rekrutierungsmöglichkeiten für leitende Manager führt. Schließlich sollte es auch möglich sein, dass Mitarbeiter von kleinen und mittelständischen Unternehmen die Möglichkeiten haben, Aktien ihres Unternehmens zu erwerben.

Dass in diesem Bereich offensichtlich ein Defizit bestand, zeigt nicht zuletzt die Tatsache, dass nach Inkrafttreten des Gesetzes die Anzahl der kleinen Aktiengesellschaften deutlich gestiegen ist. Allerdings sind auch mit dieser Rechtsform nicht nur Vorteile verbunden. Insofern sind Vor- und Nachteile wie bei jeder Rechtsform gegeneinander abzuwägen.

Welche Vorteile besitzt die kleine Aktiengesellschaft?

- **Einfache Kapitalbeschaffung:** Durch die Ausgabe von Aktien kann sich die AG leichter Eigenkapital beschaffen.[1] Sie ist damit deutlich weniger auf Fremdkapital angewiesen als dies bei anderen Rechtsformen der Fall wäre. Dies kommt der im Mittelstand vielfach anzutreffenden Orientierung an Unabhängigkeit deutlich entgegen. Man scheut sich davor, sich in die Abhängigkeit von Kreditinstituten zu begeben. Auf der anderen Seite ist es bei Rechtsformen wie der GmbH oder der KG

---

1   Vgl. hierzu auch Brinkmann (1998).

deutlich schwieriger, aufgrund der vergleichsweise großen Gesell-
schaftsanteile Gesellschafter zu finden. Bei einer Aktiengesellschaft
sind selbst kleinste Anteile in Höhe von 1 Euro möglich. Insofern besteht hier die Möglichkeit, durch die Emission von Anteilsscheinen
auch Bekannte, Freunde oder Geschäftspartner an dem Unternehmen
mit einer kleinen Tranche zu beteiligen.

- **Trennung von Management und Kapital:** Es ist insbesondere ein Problem von familiengeführten mittelständischen Unternehmen, dass sich
  das Management i. d. R. aus Familienmitgliedern rekrutiert und es für
  externe Manager nicht so attraktiv erscheint, hier in eine Geschäftsfüh-
  rungsposition einzutreten. Externe Geschäftsführer scheuen den Einfluss der Familie. Da aber die Managementkapazität der Familien
  i. d. R. beschränkt ist, treten insb. bei Nachfolgeregelungen regelmäßig
  Probleme auf. Das Unternehmen ist dann zwangsläufig auf externe
  Manager angewiesen. Die Rekrutierung derartiger Manager ist bei einer Aktiengesellschaft einfacher als bei einer GmbH oder Personengesellschaft, da der Vorstand bei einer Aktiengesellschaft deutlich au-
  tonomer handeln kann. Er ist nicht in dem Maße an Weisungen der
  Gesellschafter gebunden wie dies beispielsweise bei einer GmbH oder
  einer Kommanditgesellschaft der Fall ist. Insofern gewinnt die kleine
  Aktiengesellschaft an Attraktivität für externe Manager.

- **Mitarbeiterbeteiligung:** Als ein effizientes Führungsinstrument hat es
  sich zusehends erwiesen, Mitarbeiter am Unternehmen, in welchem sie
  beschäftigt sind, zu beteiligen. Dies insbesondere vor dem Hintergrund, dass die Entlohnung der Mitarbeiter zumindest zum Teil davon
  abhängig sein sollte, wie sich der Unternehmenserfolg langfristig entwickelt. Auch hier weist die Aktiengesellschaft klare Vorteile gegenüber der GmbH auf, da die einzelnen Anteile deutlich fungibler sind
  als bei der GmbH und sie sich insofern für Mitarbeiterbeteiligungspro-
  gramme oder Optionspläne eignen.

- **Überwachung der Geschäftsführung:** Die kleine AG ist anders als die
  GmbH oder eine Personengesellschaft dadurch gekennzeichnet, dass
  vom Gesetzgeber zwingend eine Trennung der Unternehmensorgane
  Vorstand und Aufsichtsrat vorgeschrieben wird. Der Eigentümer des

Unternehmens hat insofern bei der AG die Möglichkeit, die Geschäftsführung an externe Manager abzugeben ohne aber den Überblick über das Unternehmen zu verlieren. Der Unternehmer kann sich so aus dem Tagesgeschäft zurückziehen, ohne dass dem Unternehmen jedoch sein Einfluss verloren geht, da z. B. ein umfassender Katalog zustimmungspflichtiger Geschäfte in der Satzung verankert ist. Es erfolgt eine Konzentration auf die wesentlichen strategischen Entscheidungen. Hier ist der Unternehmer weiterhin informiert. Das Unternehmen, d. h. das Management, kann auf die Kenntnisse des Unternehmers jederzeit zurückgreifen.

Neben diesen Vorteilen dürfen jedoch auch einige Nachteile, die die kleine AG im Vergleich mit der GmbH aufweist, nicht übersehen werden:

- **Geringere Gestaltungsmöglichkeiten:** Die Gesellschaft ist aufgrund der sog. Satzungsstrenge an die Vorschriften des AktG gebunden. Nur in sehr wenigen Fällen kann hiervon abgewichen werden.

- **Einrichtung eines Aufsichtsrates:** Für eine Aktiengesellschaft ist es zwingend notwendig, dass neben dem Vorstand auch ein Aufsichtsrat eingerichtet wird. Hierfür müssen geeignete Personen gefunden werden. Der Gesetzgeber schreibt eine Mindestzahl von drei Personen vor, für die entsprechend auch eine Vergütung, zumindest aber eine Aufwandsentschädigung, zu zahlen ist. Die vom Gesetzgeber kodifizierten Rechte des Aufsichtsrates können nicht beschränkt werden.

- **Organisationsaufwand und Stammkapital:** Das AktG schreibt vor, dass mindestens einmal im Jahr eine ordentliche Hauptversammlung durchzuführen ist. Der damit im Zusammenhang stehende Aufwand ist deutlich höher als der einer Gesellschafterversammlung, wie sie z. B. für die GmbH typisch ist. Auch das Stammkapital bei der Aktiengesellschaft ist höher als bei der GmbH. Für die GmbH beläuft es sich auf 25.000 Euro, bei der Aktiengesellschaft auf 50.000 Euro.

Trotz dieser eher im finanziellen Aufwand zu sehenden Nachteile der Aktiengesellschaft überwiegen sicherlich die Vorteile. Es ist insofern auch nicht verwunderlich, dass die kleine Aktiengesellschaft sich bei familiengeführten, mittelständischen Unternehmen großer Beliebtheit erfreut. Die immer wieder in die Diskussion gebrachten kritischen Punkte, wie z. B. die Gefahr, dass unbemerkt Anteile der Aktiengesellschaft von Dritten beschafft werden oder aber dass der Vorstand zu mächtig wird, stellen keine größeren Probleme dar. Letztlich steht es der Aktiengesellschaft frei, über die Schaffung sog. Namensaktien die Übertragungsmöglichkeiten an Dritte einzuschränken. Darüber hinaus steht es Großaktionären frei, auch im Vorstand tätig zu werden. Wenn jedoch die Entscheidung getroffen wird, sich aus dem tagtäglichen Geschäft zurückzuziehen, so geht dies zwangsläufig mit einer größeren Unabhängigkeit des Vorstandes einher. Letztlich ist der Schritt zur Gründung einer kleinen Aktiengesellschaft mit dem bewussten Eintritt in eine klassische Principal-Agenten-Beziehung verbunden. Dies mit allen Problemen, die einem Principal aus dem Handeln des Agenten heraus erwachsen können.

3.2.4.2   Gründung einer kleinen Aktiengesellschaft

Unabhängig von der Wahl der Rechtsform sind bei der Gründung mehrere rechtsformspezifische Schritte zu absolvieren. Am detailliertesten sind diese sicherlich für die Aktiengesellschaft bzw. die kleine Aktiengesellschaft vom Gesetzgeber vorgeschrieben worden. Dies nicht zuletzt vor dem Hintergrund der dort existenten potenziellen Interessenkonflikte. Aus diesem Grund sollen im Folgenden die wichtigsten Fragen, die sich bei der Gründung einer (kleinen) AG ergeben, kurz erläutert werden.[1]

Für die Gründung einer Aktiengesellschaft stehen zwei Wege zur Verfügung. Zum einen kann eine Aktiengesellschaft durch Umwandlung einer bestehenden Gesellschaft gegründet werden, zum anderen gibt sich die Möglichkeit der Neugründung. Für die Umwandlung ist die entsprechende Vorgehensweise im Umwandlungsgesetz (UmwG) geregelt. Bei einer Neugründung sind folgende Aspekte zu berücksichtigen:

- Sowohl juristische als auch natürliche Personen können eine AG gründen. Bei einer Aktiengesellschaft ist auch die Einmanngründung zuläs-

---

1   Vgl. hierzu auch Hahn (1995); Horstig /Jaschinski/Ossola-Haring (2002)

sig (§ 2 AktG). In der Gründungsurkunde muss aufgegliedert werden, wie hoch der Anteil der übernommenen Aktien durch den Gründer ist.

- Die der Gründungsurkunde als Anlage beigefügte Satzung muss folgende Angaben enthalten (§ 23 Abs. 2 AktG):

  - Firma und Sitz der Firma
  - Gegenstand der unternehmerischen Tätigkeit
  - Höhe des Grundkapitals
  - Aufteilung des Grundkapitals in Aktien
  - Angabe, ob Namens- oder Inhaberaktien
  - Zahl der Vorstandsmitglieder
  - Bekanntmachung der Gesellschaft

- Die Gründer einer Aktiengesellschaft müssen den ersten Aufsichtsrat der Gesellschaft bestellen (§ 30 AktG). Darüber hinaus ist von den Gründern auch der Abschlussprüfer für das erste Geschäftsjahr zu bestellen. Beides bedarf einer notariellen Beurkundung. Der Wahl der Aufsichtsratsmitglieder kommt dabei besondere Bedeutung zu. Da die Gründer nicht den Vorstand ernennen dürfen – dies ist Aufgabe des Aufsichtsrates –, muss sichergestellt sein, dass im Aufsichtsrat Personen vertreten sind, die die Interessen der Gründer nachhaltig vertreten. An dieser Stelle haben die Gründer die Entscheidung zu treffen, ob sie möglicherweise selbst in den Aufsichtsrat hinein wollen, dann ist für sie eine Funktion im Vorstand nicht möglich.

- Nachdem die Organe der Gesellschaft bestellt sind – also auch der Vorstand ernannt wurde –, haben die Gründer einen schriftlichen Bericht über die Gründung zu erstatten (§ 32 AktG). Dieser Gründungsbericht wird dann von den Mitgliedern des Vorstandes und des Aufsichtsrates geprüft. In bestimmten Fällen verlangt der Gesetzgeber darüber hinaus eine externe Prüfung durch den sog. Gründungsprüfer. Dieser wird auf Antrag vom zuständigen Amtsgericht bestellt.

- Die Gesellschaft ist im Handelsregister vom Aufsichtsrat, den Gründern und dem Vorstand anzumelden (§ 36 AktG). Dabei ist auf jede Aktie mindestens ein Viertel ihres Nennbetrages einzuzahlen. Liegt der Fall einer Einmann-Aktiengesellschaft vor, muss außerdem der nicht eingezahlte Teil der Einlage durch eine Bankbürgschaft abgesichert werden.

- Der Eintrag im Handelsregister erfolgt nach der gerichtlichen Prüfung der zur Anmeldung beigefügten Unterlagen (§ 38 AktG). Es wird geprüft, ob die gesetzlichen Voraussetzungen eingehalten wurden. Ist dies der Fall, werden im Handelsregister folgende Angaben zur Gesellschaft eingetragen (§ 39 AktG):

  - Firma und Sitz des Unternehmens
  - Gegenstand des Unternehmens
  - Höhe des Grundkapitals
  - Tag der Feststellung der Satzung
  - Vorstandsmitglieder und deren Vertretungsbefugnis
  - Bestimmung über die Dauer der Gesellschaft oder über das genehmigte Kapital

3.2.5 Europäische Aktiengesellschaft (SE)

3.2.5.1 Gegenstand der SE

Die europäische Aktiengesellschaft (SE) – lateinische Abkürzung für Societas Europaea – ist die jüngste Rechtsform in Deutschland.[1] Ihre Grundlage ist das europäische Gemeinschaftsrecht (Verordnung Nr. 2157/2001 des Rates). Seit dem 8. Oktober 2004 ist erstmals eine Gründung derartiger Gesellschaften möglich. Damit geht ein Prozess zu Ende, der mehr als ein Vierteljahrhundert gedauert hat. Bereits im Jahr 1970 legte die EU-Kommission dem EU-Ministerrat einen Entwurf für ein SE-Statut vor. Aufgrund der unüberbrückbaren Differenzen in Fragen der Mitbestimmung der Arbeitnehmer in den Unternehmensorganen wurden entsprechende Beratungen abgebrochen und erst 1982 wieder aufgenommen. 1988 fasste die EU-Kommission ein entsprechendes Memorandum zum EU-

---

1 Vgl. ausführlich zur verfassungsrechtlichen Diskussion dieser Rechtsform Minuth (2003) sowie ferner Werder (1993), S. 82 ff.; Buchheim (2001); Hommelhoff (2001), S. 279 ff.; Theisen/Wenz (2002).

Statut ab. Im Jahr 1989 präsentierte die EU-Kommission erneut einen Vorschlag, der jetzt jedoch Optionen für unterschiedliche Leitungsmodelle wie auch unterschiedliche Mitbestimmungsmodelle beinhaltete. Das jetzt gültige SE-Statut basiert im Kern auf diesem Vorschlag. Allerdings bedurfte es noch einiger Nachbesserungen bis endlich auf dem EU-Gipfel 2000 in Nizza der Durchbruch zu einer entsprechenden EU-Richtlinie gelang.

Die Ausführungen zur Gründung einer SE sind in den Artikeln 15 bis 37 festgehalten. Wie die deutsche Aktiengesellschaft so ist auch die SE eine juristische Person mit in Aktien eingeteiltem Kapital von mindestens 120.000 Euro. Die Ausführungsbestimmungen zur SE orientierten sich am Aktienrecht des jeweiligen Sitzstaates der Gesellschaft. Dies gilt insbesondere für die Kapitalaufbringung, die Kapitalerhaltung, die Kapitalmaßnahmen und die Ausgabe von Wertpapieren.

Der Sitz einer SE muss in dem Mitgliedstaat der EU liegen, in welchem sich die Hauptverwaltung der Gesellschaft befindet. Entsprechend wird die SE in das Register des jeweiligen Sitzstaates eingetragen. In Deutschland wäre dies das Handelsregister. Darüber hinaus muss auch die Abkürzung SE Firmenbestandteil sein.

Hinsichtlich der Organstruktur der SE (Artikel 38 bis 60) wird lediglich vorgeschrieben, dass die SE eine Hauptversammlung der Aktionäre einrichten muss. Darüber hinaus orientieren sich die Organe am jeweiligen Aktienrecht des Sitzstaates, d. h. sowohl das monistische (Artikel 43 bis 45) als auch das dualistische Modell (Artikel 39 bis 42) der Unternehmensführung sind hier anwendbar. Im Hinblick auf die steuerliche Behandlung wird eine SE genauso behandelt wie jedes andere multinationale Unternehmen. Das heißt die SE wird auf Ebene der Gesellschaft oder der Zweigniederlassung nach den geltenden innerstaatlichen Steuervorschriften behandelt. Es ist insofern vorteilhaft, wenn man eine SE durch Verschmelzung vorher rechtlich selbstständiger Gesellschaften gründet, die in mehreren Mitgliedstaaten ansässig sind. Diese SE wird in einem Mitgliedstaat eingetragen und unterhält in mehreren Mitgliedstaaten Zweigniederlassungen. Der Mitgliedstaat, in dem die SE ihren Sitz hat, wird das Welteinkommen der Gesellschaft besteuern. Dabei können jedoch die Verluste und Gewinne der Zweigniederlassungen auf die Steuerschuld angerechnet werden. Dies ist ein entscheidender Vorteil der Rechtsform der europäischen Aktiengesellschaft im Vergleich zu der bisher möglichen nationalen Aktiengesellschaft, da dort bei rechtlich selbstständigen Tochtergesellschaften eine solche Anrechnung in der Praxis kaum möglich war. Dies schließt allerdings nicht aus, dass in denjenigen Mitgliedstaaten, in denen die SE eine Betriebsstätte unterhält, sie auch weiterhin steuerpflichtig ist.

3.2.5.2 Vorteile der europäischen Aktiengesellschaft

Die Vorteile der europäischen Aktiengesellschaft liegen in erster Linie im administrativen Bereich. Für multinationale Unternehmen, die in Europa tätig sind, ergeben sich Vorteile insbesondere im Hinblick auf den Zeit- und Kostenaufwand, der bei der Gründung von Tochtergesellschaften entsteht, die unterschiedlichen nationalen Vorschriften unterliegen. Unternehmen mit Niederlassungen in mehreren Mitgliedstaaten können auf der Grundlage eines einheitlichen Rechts fusionieren und mit einem einheitlichen Management und Berichtssystem überall im Geltungsbereich der europäischen Union tätig werden. Die Vorteile schlagen sich insofern insbesondere im Bereich der deutlich geringeren Verwaltungs- und Rechtskosten nieder sowie in der Einheitlichkeit des Berichtssystems. Länderspezifische Anpassungen entfallen hierbei, was insbesondere für den Fall von Fusionen und Akquisitionen nicht unerheblich ist.[1] Darüber hinaus ermöglicht die europäische Aktiengesellschaft eine höchst flexible Verlegung des Firmensitzes. Möchte ein Unternehmen in der Rechtsform der SE seinen Gesellschaftssitz von Staat A nach Staat B verlegen, so ist es jetzt nicht mehr notwendig, die Gesellschaft in Staat A aufzulösen und in Staat B neu zu gründen. Die Unternehmen besitzen dadurch eine erhöhte Flexibilität in der Möglichkeit, auf bestimmte länderspezifische Gegebenheiten zu reagieren. Der Wettbewerb der Regionen wird durch die Rechtsform der europäischen Aktiengesellschaft deutlich gefördert. Unternehmen werden langfristig ihren Sitz immer dorthin verlegen, wo die attraktivsten Rahmenbedingungen in der europäischen Union vorherrschen. Die Rechtsform der SE stellt bei einem möglichen Länderwechsel somit keinen Hinderungsgrund mehr dar.

---

1   Vgl. hierzu Schewe/Gerds (2001), S. 75 ff. sowie Gerds/Schewe (2004).

Dabei darf allerdings nicht übersehen werden, dass kein Zwang zur Umwandlung einer Gesellschaft in eine SE besteht.[1] Dies gilt auch nicht für Unternehmen, die in mehreren Mitgliedstaaten Zweigniederlassungen haben. Es muss vor diesem Hintergrund kritisch festgestellt werden, dass es vielfach höchst zweifelhaft erscheint, ob Unternehmen aufgrund ihrer bisherigen Gesellschaftsstruktur überhaupt in der Lage sind, diese Umwandlung hin zur SE vorzunehmen. Die existenten Interessenkonflikte zwischen den Stakeholdern wirken hier zementierend. Besonders schwierig dürfte dies für Unternehmen werden, bei denen die öffentliche Hand nennenswerte Anteile hält und bei denen die unternehmensbezogene Mitbestimmung stark ausgeprägt ist. Bei der SE besteht die Gefahr, dass diese Interessengruppen an Einfluss verlieren.

3.2.5.3 Mitbestimmung der Arbeitnehmer in der europäischen Aktiengesellschaft

Die Richtlinie über die Stellung der Arbeitnehmer in der SE (Richtlinie 2001/86/EG des Rates) legt fest, dass bei Gründung einer SE Verhandlungen mit den Arbeitnehmern im Hinblick auf die Institutionalisierung eines Gremiums vorzunehmen sind, die die Mitwirkung der Arbeitnehmer am Unternehmensgeschehen sicherstellt.[2] Kommt bei diesen Verhandlungen keine für beide Seiten zufrieden stellende Einigung zustande, so schreibt der Gesetzgeber vor, dass die Geschäftsleitung der SE dazu verpflichtet ist, regelmäßig über Unternehmensvorgänge zu berichten und die Arbeitnehmervertretung auf der Grundlage dieser Berichte zu unterrichten und zu konsultieren. Explizit angesprochen werden hierbei Produktions- und Verkaufszahlen sowie deren Auswirkungen auf die Belegschaft. Darüber hinaus gilt es, das Arbeitnehmergremium über Änderungen in der Geschäftsleitung zu informieren, über Zusammenschlüsse, Veräußerung von Unternehmen oder Unternehmensteilung sowie mögliche Schließungen und Entlassungen.

---

1   Vgl. zur Umwandlung auch Ruhwinkel (2004).

2   Vgl. hierzu ausführlich Mävers (2002).

Von besonderer Bedeutung ist in diesem Zusammenhang das Zusammenspiel mit der deutschen Mitbestimmung. Für den Fall, dass es bei Gründung einer SE zu keiner zufrieden stellenden Vereinbarung zwischen den Arbeitnehmervertretern und der Unternehmensleitung gekommen ist, gelten die Standardvorschriften über die Arbeitnehmermitbestimmung so wie sie vor der Gründung anzuwenden waren. Durch die Umwandlung in eine SE lässt sich somit das bisher geltende Mitbestimmungsrecht nicht komplett unterlaufen. Hatten die Mehrzahl der Arbeitnehmer vor Gründung einer SE ein Mitwirkungsrecht bei Unternehmensbeschlüssen, so kann dieses Mitwirkungsrecht nicht dadurch ausgeschaltet werden, dass die SE als Holdinggesellschaft oder Gemeinschaftsunternehmen in einen Mitgliedstaat verlegt wird, in welchem diese Mitspracherechte nicht gelten. Es bleibt allerdings zu fragen, ob ein derartiger Fall bei einer grenzüberschreitenden Fusion als realistisch angesehen werden kann, da bei vielen europäischen Ländern die umfangreichen deutschen Regelungen der unternehmensbezogenen Mitbestimmung unbekannt sind. Insofern wird sich die deutsche Mitbestimmung sicherlich nur schwer nach Europa exportieren lassen. Ein Szenario, wonach nur noch für die deutsche Tochtergesellschaft einer europäischen Holding-AG die unternehmensbezogene Mitbestimmung gilt, ist nicht unwahrscheinlich. Wird diese Tochtergesellschaft noch in der Rechtsform der GmbH geführt, so wird aufgrund der Weisungsbefugnis der Holding die unternehmensbezogene Mitbestimmung weiter eingeschränkt.

3.3 Beispiel verfassungsmäßiger Grundstrukturen

Das Zusammenwirken von Leitungsmodell und Rechtsform als Grundpfeiler der Unternehmensverfassung soll im Folgenden am Beispiel der Rechtsform der Borussia Dortmund GmbH & Co. KGaA erläutert werden. Dabei bezieht sich die Darstellung der gewählten Verfassungsregelungen auf den Zeitpunkt des Börsengangs des Unternehmens im Jahr 2001. In der Zwischenzeit haben sich hier zwar einige Änderungen ergeben, die jedoch nicht so gravierend sind, dass sie zwangsläufig berücksichtigt werden müssen. Ziel ist es zu zeigen, wie komplex die zentralen Funktionen der Leitung, der Kontrolle und der Interessenvertretung gestaltet werden und welchen Effekt die Art der personellen Besetzung der verfassungsmäßigen Institutionen für die Unternehmensführung besitzt.

Im April 2000 gliedert der Verein BVB 09 e. V. Dortmund seinen steuerpflichtigen wirtschaftlichen Geschäftsbetrieb auf die Borussia Dortmund GmbH & Co. KGaA aus. Die Struktur des Konzerns Borussia Dortmund zeigt Abb. 3-6 im Überblick.

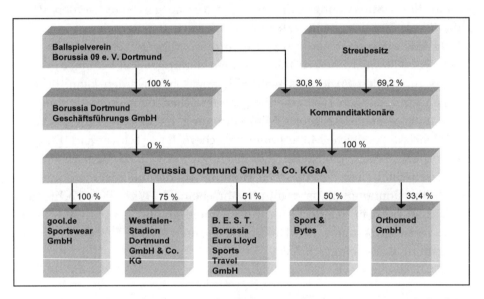

Abb. 3-6: Gesellschaftsstruktur des Konzerns Borussia Dortmund GmbH & Co. KGaA im Überblick (Stand: 08/2001)

Für die Führung des Konzerns Borussia Dortmund von besonderem Interesse ist das Zusammenspiel und die Kompetenzen der jeweiligen Einzelorgane der Gesellschaften.

- Zentrales Organ der Konzernsteuerung ist die Borussia Dortmund Geschäftsführungs GmbH. Sie ist mit einem Stammkapital von 30.000 Euro als persönlich haftende Gesellschafterin (Komplementärin) der Borussia Dortmund GmbH & Co. KGaA ausgestattet. Sie ist jedoch nicht am Kapital der Gesellschaft beteiligt.

- Die Geschäftsführungs-GmbH ist zu 100 % im Besitz des Vereins Borussia Dortmund, der darüber hinaus auch noch 30,8 Prozent der Kommanditanteile an der Borussia Dortmund GmbH & Co. KGaA hält. Es handelt sich dabei um Inhaberstammaktien ohne Nennbetrag (Stückaktien), die an der Frankfurter Wertpapierbörse zum amtlichen Handel zugelassen sind.

Bei der Borussia Dortmund GmbH & Co. KGaA handelt es sich um eine „doppelte" Mischung der Rechtsformen mit nicht unerheblichen Konsequenzen für die Ausgestaltung der Leitungs-, Kontroll- und Interessenvertretungskompetenz.

- Zum einen die Mischung der KG und der AG mit ihrem Charakteristikum, wonach der Komplementär nicht nur für eine bestimmte Zeit, sondern auf Dauer die Geschäftsführung der Gesellschaft innehat. Damit entfällt das bei der AG übliche Recht der Bestellung der Geschäftsführung auf Zeit durch den Aufsichtsrat bzw. indirekt über die Hauptversammlung, was letztlich die Kontrollkompetenz dieser Organe stark einschränkt. In diesem Zusammenhang muss auch beachtet werden, dass außer den bereits in der Satzung verankerten zustimmungspflichtigen Geschäften kein neuer Zustimmungskatalog vom Aufsichtsrat (§ 111 Abs. 4 Satz 2 AktG) bzw. der Hauptversammlung (§ 119 Abs. 1 AktG) verabschiedet werden kann. Dies fällt allein in den Zuständigkeitsbereich des Komplementärs. Die Leitungskompetenz ist damit extrem zentralisiert.

- Zum anderen die Mischung der KG mit der Rechtsform der GmbH. Entgegen dem Grundgedanken der KG, wonach der Komplementär quasi als Preis für seine unbeschränkte Geschäftsführungskompetenz auch unbeschränkt persönlich haftet, wählt die Borussia Dortmund GmbH & Co. KGaA keine natürliche Person als Komplementär, sondern eine GmbH mit der daraus resultierenden beschränkten Haftung; eine Rechtsformkonstruktion, die vom Bundesgerichtshof übrigens erst 1997 in seiner Entscheidung anerkannt wurde.

Diese Form der doppelten Mischung der Rechtsformen hat zur Folge, dass der Verein Borussia Dortmund aufgrund seiner Stellung als alleiniger

Gesellschafter der Borussia Dortmund Geschäftsführungs-GmbH eine herausgehobene Stellung bei der Kontrolle und Bestellung der Komplementärin der GmbH & Co. KGaA besitzt. Ihm obliegt die eigentliche Kontrollkompetenz und nicht dem Aufsichtsrat bzw. der Hauptversammlung. Dies zeigt sich insbesondere bei der Verzahnung des Vereins mit der Geschäftsführungs-GmbH und der Kommanditgesellschaft, wie sie Abb. 3-7 verdeutlicht.

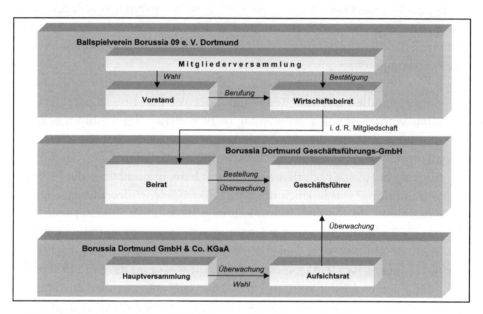

Abb. 3-7: Organstruktur der Leitung des Konzerns Borussia Dortmund (Stand: 08/2001)

Die Geschäftsführer der Borussia Dortmund Geschäftsführungs-GmbH werden vom Beirat der Gesellschaft bestellt. Der Beirat wird gebildet aus den Mitgliedern des Vorstandes und des Wirtschaftsrates (mindestens sieben Mitglieder) des Vereins Borussia Dortmund. Sollte dabei der Fall eintreten, dass Mitglieder des Vorstandes oder des Wirtschaftsrates gleichzeitig Geschäftsführer der GmbH sind, so dürfen diese nicht als Mitglieder in den Beirat der GmbH entsandt werden.

Unübersehbar bei der gewählten Struktur des Konzerns Borussia Dortmund ist insofern die starke Stellung der Geschäftsführung. Diese geht weit über das hinaus, was der Gesetzgeber z. B. dem Vorstand einer Aktiengesellschaft einräumt. Die starke Stellung ergibt sich in erster Linie aus der Kompetenzverteilung zwischen den Gesellschaftsorganen bei der Rekrutierung und Überwachung der Geschäftsleitung. Die gewählte Konstruktion führt dazu, dass sich die Geschäftsführung quasi selbst rekrutiert und überwacht. Erschwerend kommt hinzu, dass vielfältige Funktionen in den einzelnen Gremien i. d. R. in Personalunion übernommen werden. Abb. 3-8 zeigt die personelle Besetzung der einzelnen Gesellschaftsorgane.

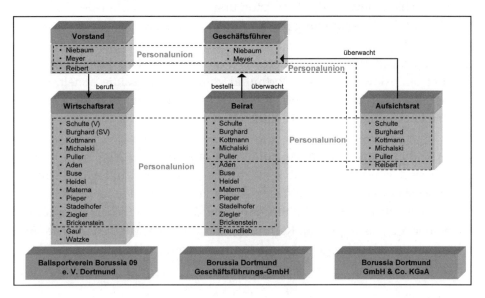

Abb. 3-8: Personelle Besetzung der Gesellschaftsorgane (Stand: 08/2001)

Im Hinblick auf die effiziente Wahrnehmung von Leitungs-, Kontroll- und Interessenvertretungskompetenz ist die Struktur der Borussia Dortmund GmbH & Co. KGaA insofern wie folgt zu beurteilen:

Das hier gewählte Rekrutierungsmodell sichert eine weitgehend autonome Führung des Konzerns Borussia Dortmund. Es stellt damit auch sicher, dass im Zweifelsfall die Interessen des Vereins die Interessen der Aktionäre dominieren. Letztlich sind die Personen des Vorstandes nur der Mitgliederversammlung des Vereins verantwortlich, die über Wiederwahl oder Abwahl entscheidet. Die Interessenvertretungsfunktion der Aktionäre ist stark eingeschränkt. Obwohl sie das Kapital stellen, können sie ihre Interessen deutlich weniger stark vertreten als die Mitglieder des Vereins.

Damit steht und fällt die Qualität der Konzernführung mit der Qualität der handelnden Personen im Vereinsvorstand bzw. der Geschäftsführung. Die Struktur ist durchaus geeignet, ein kompetentes und engagiertes Management ohne gesellschaftsrechtliche „Fesseln" agieren zu lassen. Allerdings, und dieses wurde bereits im Börseneinführungsprospekt herausgestellt[1], macht es den Konzern Borussia Dortmund extrem abhängig von den aktuell handelnden zentralen Entscheidungsträgern. Letztlich muss die Geschäftsführung die Unterstützung der Vereinsmitglieder besitzen und nicht die Unterstützung der Kommanditaktionäre.

Aufgrund dieser Konstellation kann vermutet werden, dass die Attraktivität der Aktie „Borussia Dortmund" einer Vorzugsaktie ähnelt, ohne dass jedoch der fehlende Einfluss auf die Geschäftstätigkeit durch eine erhöhte Dividende kompensiert wird.

Allerdings, und dies muss zumindest aus Sicht des Vereins Borussia Dortmund konstatiert werden, macht die gewählte Struktur der Unternehmensverfassung den Konzern Borussia Dortmund unangreifbar für feindliche Übernahmen. Die Struktur trägt damit dem Sicherheitsempfinden der Vereinsmitglieder Rechnung, die über die Mitgliederversammlung letztlich das einzige relevante Kontrollgremium darstellen.

---

1   Vgl. Deutsche Bank (2000), S. 18: „Der künftige wirtschaftliche Erfolg der Gesellschaft hängt neben der sportlichen Entwicklung wesentlich vom kontinuierlichen Einsatz und der Leistung der Führungskräfte ab. (...) Das Ausscheiden einer Person in einer Schlüsselfunktion könnte sich deutlich negativ auf das Geschäft und den Aktienkurs auswirken."

4 Leitungs- und Kontrollkompetenz im Rahmen der deutschen Unternehmensverfassung

Die im Folgenden dargestellten Regelungen beziehen sich in erster Linie auf große, in Deutschland ansässige Kapitalgesellschaften. Für sie schreibt der Gesetzgeber das dualistische Leitungsmodell explizit vor. Verfassungsmäßige Regelungen, wie sie sich z. B. für die monistischen Leitungsmodelle der Kommanditgesellschaft oder der kleinen GmbH finden, werden an dieser Stelle nicht betrachtet.

4.1 Leitungskompetenz des Vorstandes

Die Leitungskompetenz des Vorstandes wird unter verfassungsrechtlicher Perspektive entscheidend von den organisatorischen Vorgaben des Gesetzgebers geprägt. Dabei ist jedoch wiederum zu beachten, dass institutionelle Vorgaben nicht zwangsläufig die Wirklichkeit der Vorstandsarbeit widerspiegeln müssen,[1] da handelnde Individuen und Interessengruppen versuchen werden, hier prägend Einfluss zu nehmen. Sie ver-

---

1 Vgl. hier die Analysen zur faktischen Organisation der Vorstandsarbeit bei Trenkle (1983); Bleicher/Leberl/Paul (1989); Hoffmann-Becking (1998), S. 497 ff.; Bernhardt/Witt (1999), S. 825 ff.; Oesterle (1999); Oesterle (2003), S. 199 ff.

suchen den Gestaltungsspielraum zu nutzen, den ihnen der Gesetzgeber einräumt.

4.1.1   Struktur der Vorstandsarbeit

Ausdruck einer „ungeschriebenen" Hierarchie ist oftmals das praktizierte Führungsverhalten des Vorstandsvorsitzenden, wie dies auch das Beispiel der Infineon Technologies AG zeigt:

„Fünf Jahre regierte Schumacher den Konzern aus absoluter Machtvollkommenheit und mit totaler Autorität. Arbeitnehmervertreter und Vorstandskollegen monierten regelmäßig seine Alleingänge, Volten und kraftwort-unterlegten Tobsuchtsanfälle. Vorwürfe und Einsprüche hat Schumacher weggedrückt, hart in der Sache, rhetorisch geschliffen, danach blieb stets nur noch ein Satz im Raum hängen: Ich kann's, ihr nicht. Mit eisernem Willen und unerschütterlicher Selbstsicherheit hat der Rheinländer dafür gesorgt, dass Infineon und Schumacher zu einem Synonym verschmolzen. Kein anderes Dax-Unternehmen war so eng mit dem Namen seines ersten Angestellten verknüpft."

Quelle: Kroker, M./Schnaas, D.: Das Komplott,
in: Wirtschaftswoche, Nr. 15 vom 01.04.2004, S. 42 - 45, hier S. 42.

Der Gesetzgeber schreibt vor, dass der Vorstand von einer oder mehreren Personen gebildet werden kann. Gibt die Satzung einer Aktiengesellschaft keine andere Regelung vor, so wird die Geschäftsleitung bei einer Aktiengesellschaft mit mehr als 3 Mio. Euro Grundkapital von mindestens zwei Vorständen wahrgenommen (§ 76 Abs. 2 AktG). Damit ergibt sich für die Mehrzahl der Aktiengesellschaften die Frage nach einer hierarchisch strukturierten Organisation des multipersonalen Vorstandes. Eine derartige hierarchische Organisation des Vorstandes ist vom Gesetzgeber nicht vorgesehen. § 77 Abs. 1 AktG führt aus, dass für den Fall, dass der Vorstand aus mehreren Personen besteht, diese nur gemeinschaftlich zur Geschäftsführung befugt sind. Alle Mitglieder sind insofern gleich. Nach dem Kollegialprinzip tragen alle Vorstandsmitglieder die Verantwortung für die Vorstandsentscheidungen gemeinschaftlich.

Trotz dieses vom Gesetzgeber vorgeschriebenen Kollegialprinzips weist der § 84 Abs. 2 AktG darauf hin, dass für den Fall, dass mehrere Personen zu Vorstandsmitgliedern bestellt wurden, der Aufsichtsrat ein Mitglied zum Vorsitzenden des Vorstandes ernennen kann. Es werden jedoch keine weitergehenden Ausführungen dahingehend gemacht, dass dem Vorstandsvorsitzenden besondere Rechte einzuräumen sind.[1] Lediglich § 77 Abs. 2 AktG führt aus, dass Einzelfragen der Geschäftsführung des Vorstandes in einer Geschäftsordnung geregelt werden können. Diese Geschäftsordnung kann sich entweder der Vorstand selbst erlassen oder aber sie wird im Rahmen der Satzung durch den Aufsichtsrat beschlossen. Für den Fall, dass der Vorstand entsprechende Beschlüsse zur Geschäftsordnung fasst, so müssen diese einstimmig gefasst werden. Damit eröffnet sich jetzt jedoch die Möglichkeit, über eine Geschäftsordnung das Verhältnis der Vorstandsmitglieder zueinander zu hierarchisieren. In der Praxis haben sich folgende Bereiche herausgebildet, bei denen der Vorstandsvorsitzende gegenüber den anderen Vorstandsmitgliedern eine herausgehobene Rolle besitzt, d. h. er über bestimmte Kompetenzen verfügt:[2]

- **Federführungskompetenz:** Hierunter ist zu verstehen, dass der Vorstandsvorsitzende befugt ist, Vorstandssitzungen einzuberufen. Er legt die Tagesordnung fest, insb. die Reihenfolge der einzelnen Tagesordnungspunkte. Ihm obliegt die Verhandlungsführung sowie die Protokollierung der Sitzungen.

- **Koordinationskompetenz:** Der Vorstandsvorsitzende besitzt die Möglichkeit der Koordination zwischen den den jeweiligen Vorstandsmitgliedern zugewiesenen Geschäftsbereichen. Das heißt er besitzt die Kompetenz der aktiven Einwirkung auf andere Vorstände. Dabei besitzt er allerdings im Regelfall kein hierarchisches Potenzial, um eine

---

1 Vgl. Bezzenberger (1996), S. 661 ff.

2 Vgl. hierzu auch die empirischen Befunde bei Leker/Salomo (1998), S. 156 ff. und Salomo (2001), die zeigen, dass neu bestellte Vorstandsvorsitzende entscheidenden Einfluss auf die Wahl des bilanzpolitischen Instrumentariums nehmen. Aus diesem Befund lässt sich darauf schließen, dass Vorstandsvorsitzende sich im Regelfall durch ein deutlich höheres Machtpotenzial auszeichnen als die übrigen Vorstandsmitglieder.

bestimmte Entscheidung nachhaltig durchzusetzen. Auch hier ist er an die Mehrheitsbeschlüsse des Vorstandes insgesamt gebunden.

- **Passives Informationsrecht:** Der Vorstandsvorsitzende kann von seinen Vorstandskollegen jederzeit und rechtzeitig Auskünfte über die einzelnen Vorstandsbereiche anfordern oder weitergehend: Diese Informationen werden selbstständig an den Vorstandsvorsitzenden abgegeben und nicht nur nach dessen Aufforderung.

- **Richtlinienkompetenz:** Der Vorstandsvorsitzende bestimmt die wesentliche strategische Ausrichtung der Unternehmenspolitik. Er vertritt diese gegenüber dem Aufsichtsrat bzw. dem Aufsichtsratsvorsitzenden und nach außen. Letztlich ist hier jedoch das Benehmen mit dem Gesamtvorstand unumgänglich.

- **Dispositionskompetenz:** Bei unternehmensspezifischen Engpässen in einzelnen Bereichen ist der Vorstandsvorsitzende oftmals befugt, über zentrale Ressourcen zu verfügen, um derartige Engpässe zu beseitigen.

- **Ordnungskompetenz:** Der Vorstandsvorsitzende bestimmt über den Geschäftsverteilungsplan. Das heißt er schneidet letztlich die Ressorts der anderen Vorstandsmitglieder zu. Auch hier ist jedoch im Regelfall ein Benehmen mit dem Aufsichtsrat bzw. dem Aufsichtsratsvorsitzenden herzustellen.

Diese Kompetenzen des Vorstandsvorsitzenden können isoliert oder in Kombination auftreten. Die Macht eines Vorstandsvorsitzenden bemisst sich insofern nach dem Ausmaß derartiger Kompetenzen und der Nachhaltigkeit ihrer Nutzung. Das Ausmaß der Wahrnehmung dieser Kompetenzen kann nun – wie einige Autoren vermuten[1] – auch dahingehend interpretiert werden, dass bei deutschen Aktiengesellschaften das vom Gesetzgeber kodifizierte Kollegialprinzip der Vorstandsorganisation zusehends durch ein sich faktisch etablierendes Direktorialprinzip abgelöst wird.

---

1   Vgl. hier insbesondere Erle (1987), S. 7 ff.; Oesterle (1999), S. 204 ff.; Oesterle (2003), S. 203 ff.

Am Beispiel der aktuellen Geschäftsordnung des Vorstandes der Siemens AG werden die herausgehobenen Befugnisse des Vorstandsvorsitzenden deutlich. Diese Befugnisse konzentrieren sich in erster Linie auf die Federführungskompetenz sowie auf die kodifizierten Informationsrechte.

„§ 4 Abs. 2: Der Vorstandsvorsitzende legt im Einvernehmen mit dem Zentralvorstand die Unternehmenspolitik der Siemens Aktiengesellschaft sowie die Grundsätze der Geschäftspolitik des Hauses fest. Diese sind für die Vorstandsmitglieder bei ihrer Geschäftsführung bindend.

§ 11 Abs. 1: Die Mitglieder des Zentralvorstands sind verpflichtet, den Vorstandsvorsitzenden laufend über alle wesentlichen Angelegenheiten ihrer Verantwortungsbereiche zu unterrichten.

§ 11 Abs. 2: Der Vorstandsvorsitzende kann von den Mitgliedern des Zentralvorstands jederzeit Auskunft über Angelegenheiten ihrer Verantwortungsbereiche verlangen.

§ 12 Abs. 1: Der Vorstandsvorsitzende beruft die Sitzungen des Gesamtvorstands und des Zentralvorstands ein. Er und seine Stellvertreter nehmen an allen Sitzungen teil. Sind der Vorstandsvorsitzende und seine Stellvertreter verhindert, an einer Sitzung des Gesamtvorstands oder des Zentralvorstands teilzunehmen, werden die Aufgaben, die dem Vorsitzenden nach diesem § 12 oder nach § 13 dieser Geschäftsordnung obliegen, von demjenigen Vorstandsmitglied der Siemens Aktiengesellschaft wahrgenommen, das der Vorstandsvorsitzende hierzu bestimmt hat, oder, wenn auch dieses Vorstandsmitglied verhindert ist, von dem an Lebensjahren ältesten Mitglied des Zentralvorstands.

§ 12 Abs. 2: Sitzungen des Gesamtvorstands sind einzuberufen, wenn der Vorstandsvorsitzende es für erforderlich hält oder wenn es der Aufsichtsrat oder ein Vorstandsmitglied unter Angabe der zu behandelnden Gegenstände verlangt.

§ 12 Abs. 4: Der Vorstandsvorsitzende legt für die Sitzungen des Gesamtvorstands die Tagesordnung fest, die mit der Einladung spätestens zwei Wochen vor der Sitzung bekannt gegeben wird. Jedes Vorstandsmitglied kann Anträge zur Aufnahme weiterer Gegenstände in die Tagesordnung stellen. Derartige Anträge müssen dem Vorstandsvorsitzenden spätestens eine Woche vor der Sitzung vorliegen; sie werden von ihm unverzüglich den anderen Vorstandsmitgliedern mitgeteilt.

§ 12 Abs. 5: Der Vorstandsvorsitzende kann bestimmen, wer als Gast an einer Sitzung des Gesamtvorstands teilnehmen soll.

§ 13 Abs. 2: Der Vorstandsvorsitzende legt die Tagesordnung für die Sitzungen des Zentralvorstands fest; diese ist spätestens eine Woche vor der Sitzung bekannt zu geben. Jedes Mitglied des Zentralvorstands kann Anträge zur Aufnahme weiterer Gegenstände in die Tagesordnung stellen. Derartige Anträge müssen spätestens drei Tage vor der Sitzung dem Vorstandsvorsitzenden vorliegen und werden von ihm unverzüglich den anderen Mitgliedern des Zentralvorstands mitgeteilt."

Quelle: Geschäftsordnung für den Vorstand der Siemens Aktiengesellschaft, Fassung vom 24. Juli 2002.

4.1.2   Prozess der Vorstandsarbeit

Die bereits oben angesprochenen Instrumente der Geschäftsordnung und des Geschäftsverteilungsplanes (GVP) erfüllen nicht nur die Funktion einer Hierarchisierung der Vorstandsarbeit, sondern, und das ist ihr eigentlicher Zweck, sie dienen der Strukturierung des Prozesses der Geschäftsführungs- und damit der Vorstandstätigkeit. Geschäftsordnung und Geschäftsverteilungsplan sind wichtige Dokumente der Binnenstruktur des Vorstandes. Die Geschäftsordnung regelt dabei die Funktionsweise des Organs Vorstand. Der Geschäftsverteilungsplan legt die Ressortverteilung und damit die Kompetenzen und Aufgaben der einzelnen Vorstandsmitglieder durch detaillierte Auflistung und Beschreibung für jedes Ressort fest.

Im Hinblick auf den Regelungsgrad der Geschäftsordnung muss beachtet werden, dass ein hoher Regelungsgrad meist zu Lasten der Flexibilität bei der Anwendung der Geschäftsordnung geht. In Konfliktfällen gibt sie jedoch nicht immer eine Auskunft darüber, wie zu prozedieren ist. Man sollte sich jedoch davor hüten, eine derartige Geschäftsordnung zu detailliert zu verabschieden. Unflexibilität und damit Schwerfälligkeit der Vorstandsarbeit wären die Folgen. Gerade die Vorstandsarbeit ist oftmals dadurch gekennzeichnet, dass Vorstände auf für das Unternehmen neue Sachverhalte zu reagieren haben. Es ist in so einem Fall höchst kontraproduktiv, wenn hierauf nicht adäquat reagiert werden kann, sondern man sich erst einmal mit der Geschäftsordnung „herumschlagen" muss.

Für den Prozess der Vorstandsarbeit haben sich in der Zwischenzeit vielfältige Spielregeln etabliert, die oftmals ihren Niederschlag in einer schriftlich fixierten Geschäftsordnung für die Vorstandsarbeit finden. Sie tragen dazu bei, dass im Regelfall das kodifizierte Kollegialprinzip der Vorstandsarbeit gesichert ist. Nur im Ausnahmefall ergeben sich hier Regelungen, die eher an ein Direktorialprinzip denken lassen. Die wichtigsten „Spielregeln" sind die folgenden:

- Beschlüsse werden nach Möglichkeit einstimmig gefällt. Bei Meinungsverschiedenheiten werden Beschlüsse aufgeschoben bis sie „entscheidungsreif" sind. Muss aufgrund von Zeitdruck trotzdem eine Entscheidung gefällt werden, so wird das Abstimmungsverhältnis im Regelfall protokolliert. Meist ist bei Mehrheitsentscheidungen auch eine qualifizierte Mehrheit vorgeschrieben. Nur im Ausnahmefall wird dem Vorstandsvorsitzenden das Recht eingeräumt, mit seiner Stimme eine Pattsituation aufzulösen.

- Sind Vorstände bestimmter Ressortbereiche bei der Vorstandssitzung verhindert, so werden in der Regel keine Entscheidungen getroffen, die massive Auswirkungen auf die von ihnen vertretenen Ressorts besitzen. Ausnahmen ergeben sich auch hier nur wieder bei eiligen Entscheidungen. Da es jedoch üblich ist, mit einer gewissen Zeitfrist unter Nennung der Tagesordnungspunkte zur Vorstandssitzung einzuladen, wird so jedem Vorstandsmitglied die Gelegenheit geboten, an entsprechenden Sitzungen teilzunehmen.

- Ist kein stellvertretender Vorstandsvorsitzender institutionalisiert worden, so übernimmt diese Funktion in der Regel das älteste Vorstandsmitglied.

- Der Vorstand kann für die Behandlung besonderer Aufgaben Ausschüsse bilden, die i. d. R. vom Vorstandsvorsitzenden geleitet werden und denen auch Nicht-Vorstandsmitglieder angehören können.

Interessanterweise wird in der tagtäglichen Diskussion dem Geschäftsverteilungsplan wesentlich mehr Bedeutung zugebilligt als der Geschäftsordnung. Hier mögen vordergründige Machtüberlegungen eine Rolle spielen. Leider wird hierbei oftmals verkannt, dass für den Erfolg oder
Misserfolg einer Gesellschaft der Vorstand insgesamt die Verantwortung
trägt. Die Qualität der Vorstandsarbeit wird insofern in erster Linie von
der Qualität der getroffenen Entscheidungen des Vorstandes bestimmt
und nicht so sehr von der Art und Weise, wie Aufgaben auf bestimmte
Vorstandskollegen verteilt sind. Letztlich ist es eine Funktion der Macht
des Vorstandsvorsitzenden, inwieweit ihm über die Geschäftsordnung
spezifische Kompetenzen zugebilligt werden.

Generell sollte die Fixierung der Geschäftsordnung von folgenden Zielen geleitet werden:

- Im Konfliktfall ist ein schnelles Handeln immer dann möglich, wenn
  Regelungen der Konfliktaustragung im Voraus bereits kodifiziert sind.

- Eine Geschäftsordnung wie auch der Geschäftsverteilungsplan muss es
  ermöglichen, die laufenden Geschäfte der Einzelressorts so abzuarbei-
  ten, dass es verhindert wird, dass Einzelentscheidungen der Geschäfts-
  bereiche, die das Unternehmen als Ganzes treffen, der gesamtstrategi-
  schen Ausrichtung der Unternehmenspolitik zuwiderlaufen. Das heißt
  das Gesamtgremium des Vorstandes darf nicht durch Einzelentscheidungen der Ressorts gebunden werden. Umgekehrt ist jedoch auch sicherzustellen, dass ein Minderheitenschutz der Einzelressorts nicht ver-
  letzt wird.

- Eine Geschäftsordnung darf mit ihren Vorgaben nicht dazu führen,
  dass Kreativität und Gestaltungsspielraum auf ein Minimum beschränkt bleiben. Vorstandstätigkeit ist eher im Ausnahmefall Routine-
  tätigkeit. Der Regelfall sind herausfordernde Tätigkeiten, bei denen ein
  Gestaltungsspielraum besteht, der aktiv genutzt werden sollte.

- Schließlich darf der Gedanke der Gesamtverantwortung des Vorstandes – so wie ihn der Gesetzgeber auch fixiert hat – durch die Geschäftsordnung nicht beeinträchtigt werden. Letztlich steht jedes einzelne

Vorstandsmitglied damit auch für Fehlentscheidungen eines anderen Vorstandsmitgliedes ein. Der in der Organisationsforschung vielfach postulierte Anspruch der Einzelverantwortlichkeit findet hier nicht statt.

4.1.3   Einschränkung der generellen Leitungskompetenz

4.1.3.1   Entscheidungskompetenzen bei grundlegenden Unternehmensentscheidungen

Grundlegende Unternehmensentscheidungen zeichnen sich dadurch aus, dass sie für den langfristigen Bestand des Unternehmens von erheblicher Bedeutung sind. Der Gesetzgeber beschränkt in diesem Bereich die Leitungskompetenz des Vorstandes und räumt den Eigenkapitalgebern in der institutionalisierten Form der Hauptversammlung entsprechende Kompetenzen ein.

Bei den Entscheidungskompetenzen der Hauptversammlung, die die Leitungskompetenz des Vorstandes einschränken, ist zwischen ausschließlichen Entscheidungen und substitutiven Entscheidungen zu differenzieren. Die regelmäßige Entscheidungskompetenz besitzt die Hauptversammlung im Hinblick auf die Verwendung des Bilanzgewinns (§ 174 AktG). Die Hauptversammlung ist hierbei an den festgestellten Jahresabschluss gebunden. Die Entscheidungskompetenz erstreckt sich auf die Höhe des Bilanzgewinns, d. h. den an die Aktionäre auszuschüttenden Betrag, die Einstellung in die Gewinnrücklagen, den Gewinnvortrag sowie den zusätzlichen Aufwand aufgrund des Beschlusses. Im Regelfall wird die Hauptversammlung dabei einem Vorschlag des Vorstandes bzw. des Aufsichtsrates folgen.

Neben diesen, einmal im Geschäftsjahr zu treffenden Entscheidungen besitzt die Hauptversammlung ebenfalls eine ausschließliche Entscheidungskompetenz im Hinblick auf unregelmäßig anfallende Entscheidungen. Im Wesentlichen sind dies grundlegende Entscheidungen der

- **Kapitalerhöhung** (§ 182 AktG): Bei den Entscheidungen im Hinblick auf eine Erhöhung des Grundkapitals ist eine qualifizierte Mehrheit von 75 Prozent des Grundkapitals notwendig.

- **Kapitalherabsetzung** (§ 222 AktG): Auch hier ist wiederum eine qualifizierte Mehrheit in Höhe von 75 Prozent des Grundkapitals notwendig.

- **Satzungsänderung** (§ 179 AktG): Bei Änderungen der Satzung ist ebenfalls eine qualifizierte Mehrheit von 75 Prozent des Grundkapitals notwendig. Eine derartige Mehrheit ist bei jeder Satzungsänderung notwendig, es sei denn sie betreffen nur die Fassung der Satzung. Änderungen hierbei kann die Hauptversammlung dem Aufsichtsrat übertragen.

- **Auflösung der Gesellschaft** (§ 262 AktG): Soll die Gesellschaft aufgelöst werden, ohne dass dies bereits in der Satzung der Gesellschaft zu einem bestimmten Zeitpunkt festgelegt wurde oder dass ein Insolvenzverfahren eröffnet wurde, so bedarf auch diese Entscheidung wiederum einer qualifizierten Mehrheit von 75 Prozent des Grundkapitals. Dabei ist es jedoch zulässig, dass die Satzung eine größere Kapitalmehrheit festschreibt bzw. weitere Erfordernisse, die eintreten müssen, damit eine Gesellschaft sich auflöst, bestimmt.

Substitutive Entscheidungskompetenz besitzt die Hauptversammlung in den Fällen, in denen die vom Gesetzgeber vorgesehenen Entscheidungsorgane auf ihre Entscheidungskompetenz verzichten. Ein solcher Fall wird meist nur dann auftreten, wenn Entscheidungen zu treffen sind, die sich durch einen hohen Konfliktgehalt auszeichnen. Im Regelfall stehen dahinter Probleme, die das Unternehmen grundlegend beeinflussen. Im Einzelnen wären hier folgende Kompetenzfelder zu nennen:

- Die Hauptversammlung kann auch über Fragen der laufenden Geschäftsführung entscheiden. Dies ist jedoch nur dann möglich, wenn der Vorstand es verlangt (§ 119 Abs. 2 AktG). Der Vorstand hat damit die Möglichkeit, sich bei bestimmten Entscheidungen „Rückendeckung" durch die Aktionäre zu verschaffen. Dies ist sicherlich nicht unproblematisch, wenn man bedenkt, dass bei großen Aktiengesellschaften damit die Mitbestimmungsmöglichkeiten, die sich über den Aufsichtsrat ergeben, eingeschränkt werden können.

- Eine weitere substitutive Kompetenz besitzt die Hauptversammlung im Hinblick auf die Feststellung des Jahresabschlusses, durch die der – wenn erforderlich – zuvor geprüfte Jahresabschluss rechtswirksam wird. Nach § 173 Abs. 1 AktG können Vorstand und Aufsichtsrat beschließen, die Feststellung des Jahresabschlusses der Hauptversammlung zu überlassen. Die Hauptversammlung hat damit den Jahresabschluss automatisch gebilligt. Die Kompetenz zur Feststellung des Jahresabschlusses durch die Hauptversammlung ist darüber hinaus auch dann gegeben, wenn der Aufsichtsrat den Jahresabschluss, den der Vorstand vorlegt, nicht billigt.

4.1.3.2 Entscheidungskompetenzen bei zustimmungspflichtigen Geschäften

Die hier relevanten Regelungen ergeben sich aus den soeben dargelegten grundlegenden Unternehmensentscheidungen. Zu diesen gehört die Verabschiedung bzw. Änderung der Satzung der Gesellschaft. In ihr oder aber auch durch direkten Beschluss des Aufsichtsrates wird oftmals ein Katalog von Geschäftsvorfällen definiert, welche aufgrund ihrer Konsequenzen für das Fortbestehen des Unternehmens nicht vom Vorstand gefällt werden dürfen. Sie fallen in die Entscheidungskompetenz des Aufsichtsrates.

Die Entscheidungskompetenz des Aufsichtsrates ergibt sich neben der auch als Kontrollkompetenz zu interpretierenden Entscheidungskompetenz im Hinblick auf die Rekrutierung bzw. Abberufung von Vorstandsmitgliedern, also auch aus den in der Satzung oder durch Beschluss des Aufsichtsrates fixierten sog. zustimmungspflichtigen Geschäften nach § 11 Abs. 4 AktG. Mit ihnen geht eine Einschränkung der Leitungskompetenz des Vorstandes einher. Derartige Entscheidungen richten sich in erster Linie auf Sachverhalte, die für die langfristige Existenz des Unternehmens von erheblicher Relevanz sind. Zum Beispiel Beteiligungserwerbe oder -verkäufe, Errichtung von Fabrikationsanlagen und ähnliches.

Der Aufsichtsrat kann dabei jedoch nicht zum Gegenpol des Vorstandes mutieren. Ihm obliegt nicht die letztliche Entscheidungskompetenz. Nach § 111 Abs. 4 Satz 3 AktG kann der Vorstand für den Fall, dass der Aufsichtsrat seine Zustimmung zu zustimmungspflichtigen Geschäften verweigert, verlangen, dass die Hauptversammlung über diese Zustimmung beschließt. Die Hauptversammlung kann dann mit einer Mehrheit von mindestens drei Vierteln der abgegebenen Stimmen das Votum des Aufsichtsrates überstimmen. Entscheidend ist in diesem Zusammenhang, dass die Satzung einer Aktiengesellschaft dieses Prozedere nicht verändern kann.

Bei der Siemens AG bedarf der Vorstand der Zustimmung des Aufsichtsrates für folgende Geschäfte:

„§ 4 Abs. 3: Der Zustimmung des Aufsichtsrats bedürfen:

a) die Jahresplanung einschließlich der Investitionsplanung der Gesellschaft;

b) Erwerb, Veräußerung und Umwandlung von Unternehmen, Unternehmensbeteiligungen und Unternehmensteilen, soweit im Einzelfall der Verkehrswert oder in Ermangelung des Verkehrswerts der Buchwert 2 % des Eigenkapitals der letzten Konzernbilanz erreicht oder übersteigt;

c) Finanzmaßnahmen, soweit deren Wert im Einzelfall 2 % des Eigenkapitals der letzten Konzernbilanz erreicht oder übersteigt; unter diese Zustimmungsbedürftigkeit fallen nicht Finanztransaktionen aus dem Tagesgeschäft, die der Steuerung der Liquidität und übriger Finanzrisiken, wie z. B. des Devisen-, Zins- und ggf. Aktienrisikos dienen, sowie der Rückkauf von eigenen Fremdkapitalemissionen im Einklang mit den Emissionsbedingungen."

Quelle: Geschäftsordnung für den Aufsichtsrat der Siemens Aktiengesellschaft, Fassung vom 26. November 2003.

4.1.3.3 Entscheidungskompetenzen bei Thesaurierung und Ausschüttung

Im Zentrum der hier relevanten Regelungen steht das Konfliktfeld zwischen den Großaktionären bzw. dem Management auf der einen Seite (bei ihnen besteht in diesem Fall eine Interessenkongruenz) und den sog. Kleinaktionären auf der anderen Seite.[1] Es wird im Regelfall davon ausgegangen, dass Großaktionäre und die Unternehmensleitung das Ziel der Gewinnthesaurierung verfolgen. Ein erhöhtes Selbstfinanzierungspotenzial zum Ausbau des Geschäftes ist das Ziel, dem diese Gruppen folgen. Hintergrund ist, dass man sich eher langfristig (die Verträge der Vorstände laufen im Regelfall fünf Jahre mit der Option der Verlängerung) an das Unternehmen gebunden fühlt. Unter der Bedingung, dass dies keine negativen Einflüsse auf die Kursentwicklung besitzt, präferieren Kleinaktionäre vielfach die Ausschüttung statt der Gewinnthesaurierung. Man fühlt sich eher kurzfristig an das Unternehmen gebunden. Man ist bereit zum jederzeitigen Wechsel der Aktienanlage. Man kann seine Aktien in der Regel verkaufen, ohne dass dies den Aktienkurs nachhaltig beeinflusst. Unterstellt man für Kleinaktionäre einen vergleichsweise niedrigen persönlichen Einkommenssteuersatz, so ist die Ausschüttung einer Aktiengesellschaft aufgrund des zurzeit geltenden Halbeinkünfteverfahrens als vergleichsweise attraktiv anzusehen.

Diese unterschiedlichen Zielsetzungen der Interessengruppen führen nun dazu, dass die Frage, welcher Betrag letztlich in die Gewinnrücklagen einzustellen ist, nicht immer konfliktfrei vonstatten geht. Da im Prinzip jeder Aktionär in der Hauptversammlung ein Stimmengewicht besitzt, welches seinem Anteil am Grundkapital entspricht, besteht natürlich die Gefahr, dass Großaktionäre ihre Interessen – das Interesse an der Gewinnthesaurierung – zu Lasten der Kleinaktionäre durchsetzen. Vor diesem Hintergrund sieht sich der Gesetzgeber aufgerufen, hier einen Minderheitenschutz für die Kleinaktionäre im AktG aufzunehmen. Die entsprechenden Regelungen finden sich im § 58 AktG.

Folgendes Prozedere schreibt § 58 AktG im Hinblick auf die Einstellung in die Gewinnrücklagen vor (allerdings besteht die Möglichkeit, dass in der Satzung veränderte Prozentsätze festgeschrieben werden):

---

1   Vgl. Möller (1993), Sp. 782 ff.

- Zu Beginn der Entscheidung über die Verwendung des Jahresüberschusses gilt ein Ausschüttungsverbot für einen Teil des Jahresüberschusses in Höhe von 5 Prozent. Dieser Betrag ist notwendig, um die gesetzlichen Rücklagen aufzufüllen.

- Wenn kein Zwang zur Einstellung in die gesetzlichen Rücklagen mehr besteht, dann dürfen höchstens 50 Prozent des Jahresüberschusses in die Gewinnrücklagen eingestellt werden.

- Da in der Hauptversammlung Satzungsänderungen beschlossen werden können, die die vom Gesetzgeber vorgegebenen Prozentsätze zu Gunsten der Mehrheit der Anteilseigner (dies werden im Regelfall die Großaktionäre sein) verändern, sieht sich der Gesetzgeber gezwungen, potenzielle Minderheiten zu schützen. Dies erfolgt über die sog. Anfechtungstatbestände (§§ 243 ff. AktG).[1] Durch Klage kann ein Beschluss der Hauptversammlung angefochten werden. Diese Anfechtung kann darauf gestützt sein, dass ein Aktionär mit der Ausübung seines Stimmrechtes für sich oder einen Dritten Sondervorteile zum Schaden der Gesellschaft oder anderer Aktionäre zu erlangen sucht und der Beschluss der Hauptversammlung geeignet erscheint, diesem Zweck zu dienen. Wird jedoch als Ausgleich für diesen Schaden den anderen Aktionären ein angemessener Ausgleich gewährt, so besteht kein Anfechtungstatbestand (§ 243 Abs. 2 Satz 2 AktG).

- Die Befugnis zur Anfechtung eines Hauptversammlungsbeschlusses hat nach § 245 AktG jeder in der Hauptversammlung erschienene Aktionär, wenn er gegen den Beschluss Widerspruch zur Niederschrift erklärt hat. Ist ein Aktionär nicht zur Hauptversammlung erschienen, so hat er nur dann das Recht auf Anfechtung, wenn er zur Hauptversammlung zu Unrecht nicht zugelassen worden ist oder die Versammlung nicht ordnungsgemäß einberufen wurde bzw. der Gegenstand der Beschlussfassung nicht ordnungsgemäß bekannt gemacht worden ist. Davon unberührt ist jedoch der Anfechtungstatbestand nach § 243 Abs.

---

1 Im Zuge des Entwurfs des Gesetzes zur Unternehmensintegrität und Modernisierung des Anfechtungsrechts (UMAG), welches zum November 2005 in Kraft treten soll, sind in diesem Zusammenhang einige Novellierungen vorgesehen.

2 AktG: Die Erzielung von Sondervorteilen zum Schaden der Gesellschaft oder anderer Aktionäre durch einzelne Aktionäre.

Im Hinblick auf die Höhe der Gewinnthesaurierung ist die Leitungskompetenz des Vorstandes also ebenfalls eingeschränkt. Zwar wird der Jahresabschluss vom Vorstand aufgestellt, die Kompetenz zur Verwendung des Überschusses besitzt er jedoch nicht. Hier hat der Gesetzgeber Regeln geschaffen, die sicherstellen, dass Minderheiten mit ihren Interessen geschützt werden, da in der Agency-Beziehung zwischen Vorstand und Kleinaktionär dem Principal kaum Möglichkeiten gegeben sind, seine Interessen gegenüber den Handlungsweisen der Agenten zu schützen.

4.2   Leitungskompetenz im Fall der Insolvenz

Die sicherlich gravierendste Form der Einschränkung der Leitungskompetenz des Vorstandes ergibt sich im außergewöhnlichen Fall der Insolvenz. In diesem Fall ist der Vorstand weitestgehend nur noch ausführendes Organ. Die Leitungs- und Kontrollfunktionen sind in diesem Fall neu gestaltet. Die entsprechenden Regelungen finden sich im Insolvenzrecht. Sie werden in den folgenden Abschnitten im Detail erläutert.

4.2.1   Grundlagen

> *„95 Prozent der Pleiteunternehmen in Deutschland werden sofort liquidiert, der Rest meist innerhalb eines Jahres."*
>
> *Quelle: Schumacher, H.: Wie Don Camillo und Peppone, in: Wirtschaftswoche, Nr. 34 vom 12.08.2004, S. 50 - 52, hier S. 51.*

Während das Schuldrecht die konkrete Einzelforderung eines Gläubigers schützt, richtet sich das Insolvenzrecht an alle Gläubiger und erfüllt damit folgende Funktionen:

- **Signalfunktion:** Es wird bei der Insolvenzanzeige allen Gläubigern signalisiert (auch den potenziellen Gläubigern), dass Forderungen gefährdet sind.

- **Schutzfunktion:** Die Insolvenzanzeige schützt den Schuldner vor eigenmächtigen Zugriffen von Gläubigern auf die Insolvenzmasse.

- **Fortführungsfunktion:** Durch die Anzeige der Insolvenz wird sichergestellt, dass das Unternehmen erst einmal ohne Eingriffe von außen auf die Insolvenzmasse fortgeführt werden kann. Man versucht so, eine mögliche Sanierung nicht von vornherein auszuschließen.

Vor dem Hintergrund der Verfassungsdiskussion versteht sich das Insolvenzrecht damit als ein System von Regelungen, die darauf abzielen, im Fall der Existenzkrise eines Unternehmens die zentralen Interessenkonflikte zu lösen. Die Lösung ergibt sich dadurch, dass die Kompetenzen der Leitungsorgane der Gesellschaft neu gestaltet werden.

Das Insolvenzrecht legt für die Existenz einer solchen Krise drei Tatbestände zugrunde. Sie signalisieren, dass ein Unternehmen sich in einer Krisensituation befindet.[1] Für die Gläubiger bedeutet dies, dass ihre Forderungen gefährdet sind. Im Einzelnen sind dies:

- Die Zahlungsunfähigkeit (Illiquidität),
- die Überschuldung und
- die drohende Überschuldung.

Liquidität wird dabei als die Fähigkeit eines Unternehmens verstanden, jederzeit seinen finanziellen Verpflichtungen nachkommen zu können. Illiquidität zeigt sich dadurch, dass ein Unternehmen die fälligen Verbindlichkeiten nicht mehr befriedigen kann. Die Illiquidität äußert sich dabei häufig in

---

1   Vgl. hierzu, auch zu weiteren Krisensignalen Schewe/Leker (1998), S. 877 ff.

- Verbindlichkeiten gegenüber Sozialversicherungsträgern, die nicht oder nur verspätet beglichen werden. Man geht davon aus, dass in Deutschland über zwei Drittel aller Insolvenzen durch Forderungsausfälle bei Sozialversicherungsträgern verursacht werden.

- Nichteinlösen von Wechseln.

- Nichtzahlen von Steuern, wobei allerdings zu bedenken ist, dass die Steuerzahlung relativ lange ausgesetzt werden kann. Der Fiskus ist damit nur selten Auslöser einer Insolvenz.

- Nichtzahlen bestimmter Rechnungen. Hier zeigt es sich, dass Unternehmen oftmals im Rückstand sind mit ihrer Schuldbegleichung gegenüber den Energieversorgern oder den Telefonanbietern.

Überschuldung liegt vor, wenn das Vermögen des Schuldners die Verbindlichkeiten nicht mehr deckt.[1] Allerdings werden die meisten Insolvenzverfahren aufgrund nicht gegebener Liquidität eingeleitet. Überschuldung bzw. drohende Überschuldung spielen in der Insolvenzpraxis eine eher untergeordnete Rolle.

Das deutsche Insolvenzrecht ist durch die Insolvenzrechtsreform vom 01.01.1999 gekennzeichnet. Die heute gültigen Regelungen orientieren sich dabei stark am US-amerikanischen Konkursrecht. Das alte deutsche Konkursrecht kannte keinen Schutz der Insolvenzmasse. Insofern war einziges Ziel der Konkursabwicklung die Befriedigung der Gläubigerinteressen. In diesem Zusammenhang kam es meist zu einer Zerschlagung des Unternehmens. Dies selbst dann, wenn erst einmal nur ein Vergleichsantrag gestellt wurde und noch berechtigte Hoffnung bestand, dass das Unternehmen weiter bestehen konnte. Folgende Kritik wurde immer wieder am alten deutschen Konkursrecht geäußert:[2]

---

1 Vgl. zur Überschuldungsprüfung Möhlmann-Mahlau (2005), S. 4 ff.

2 Vgl. beispielhaft Albach (1984), S. 773 ff.; Bitz (1986); Engelhard (1986), S. 492 ff.; Hesselmann (1990).

- **Zerschlagungsgedanke dominierte den Fortführungsgedanken:** Es herrschte ein Zwang zur frühen Festlegung auf ein Verfahren: Konkurs- oder Vergleichsordnung.

- **Frühzeitige Eröffnung verhindert Massearmut nicht:** Die frühzeitige Konkurseröffnung sollte sicherstellen, dass noch Konkursmasse vorhanden ist. Aber: 75 Prozent aller Konkurse blieben masselos, d. h. das restliche Vermögen deckte nicht die Verfahrenskosten.

- **Ungleichbehandlung der Gläubiger:** Gläubiger mit hohen Schutzrechten werden zuerst befriedigt. Dies beschleunigt die Zerschlagung des Unternehmens.

- **Konkursverfahren als Wertvernichter:** Der Verkauf der Vermögensgegenstände findet unter Zeitdruck statt, d. h. der Konkursverwalter ist in erster Linie als Liquidator zu sehen und nicht als Sanierer.

Das reformierte deutsche Insolvenzrecht orientiert sich am Bundeskonkursgesetz (Bankruptcy Code) der USA.[1] Dieses Gesetz ist dadurch gekennzeichnet, dass es den Konkurs nicht nur für Unternehmen vorsieht, sondern auch für Privatpersonen. Das Gesetz folgt dabei der Ansicht, dass es durchaus möglich sein muss, auch hohe unternehmerische Risiken einzugehen, ohne dass bei einem Scheitern dies für die beteiligten Personen zu einem dauerhaften Stigma wird. Das sog. Fresh-Start-Modell unterstellt, dass ein Scheitern im Konkurs es nicht verhindern darf, dass man nach einer gewissen Zeit wieder neu starten darf. Diese Konkurszielsetzung führt auch dazu, dass in den USA der Konkurs wesentlich „normaler" ist als z. B. in Deutschland. Schaut man sich beispielsweise die Zahlen der Geschäfts- und Privatkonkurse des Jahres 2000 in den USA an und vergleicht diese mit den Zahlen der Insolvenzen in Deutschland, so zeigt sich, dass bezogen auf die Einwohnerzahl in den USA ein Konkurs auf 215 Einwohner entfiel, in Deutschland hingegen ein Konkurs auf 2.050 Einwohner.

---

[1]   Vgl. hierzu ausführlich Klöcker (1988); Möhlmann (1998 a), S. 1 ff.

Im US-amerikanischen Bundeskonkursgesetz sind die für Unternehmen maßgeblichen Regeln im Rahmen eines Konkursverfahrens im sog. Chapter 11 kodifiziert. Dabei ist zu beachten, dass im US-amerikanischen Konkursrecht keine Pflichtanmeldungen vorgesehen sind. Die Anmeldung kann durch den Schuldner oder den Gläubiger erfolgen. Über die Konkursanmeldung wird erreicht, dass eine einheitliche Konkursmasse gebildet wird, die das gesamte inländische und ausländische Vermögen des Schuldners umfasst. Diese Konkursmasse ist gegen alle Eingriffe von außen geschützt. Im Detail sieht das Verfahren nach Chapter 11 wie folgt aus:

Das Konkursverfahren startet mit der Konkursanmeldung durch den Schuldner oder den Gläubiger. Dies hat zur Folge, dass die Konkursmasse geschützt ist und die Geschäfte durch das alte Management weitergeführt werden können. Vom Gericht wird ein Prüfer bestellt, der die finanzielle Lage des Schuldners untersuchen soll.

Anschließend wird ein Gläubigerausschuss gebildet. Sein Ziel ist es, die Interessen der ungesicherten Gläubiger zu vertreten. Allerdings gehören dem Gläubigerausschuss nur die sieben größten ungesicherten Gläubiger an. Aufgabe des Gläubigerausschusses ist ggf. die Erarbeitung eines Sanierungsplans bzw. die Mitwirkung an der Erarbeitung eines solchen.

In den ersten 120 Tagen nach der Konkursanmeldung hat der Schuldner die Möglichkeit, einen Sanierungsplan vorzulegen, der Wege aufzeigen soll, wie die Gläubigerinteressen zu befriedigen sind und wie das Unternehmen anschließend weitergeführt werden kann. Nachdem der Schuldner einen solchen Plan vorgelegt hat bzw. die 120-Tage-Frist verstrichen ist haben auch die Gläubiger bzw. der Gläubigerausschuss das Recht, einen solchen Sanierungsplan vorzulegen.

Kern des Sanierungsplanes ist die Bildung von Klassen von Forderungen einzelner Gläubiger. Ziel dieser Klassenbildung ist es, auf der einen Seite möglichst homogene Klassen zu bilden, auf der anderen Seite die Zahl der Klassen aber nicht zu groß werden zu lassen.

In jeder dieser im Sanierungsplan gebildeten Klassen muss nun dem Sanierungsplan zugestimmt werden, da dieser im Regelfall für jede Klasse einen bestimmten Forderungsverzicht vorsieht. Diejenigen Klassen, die vom Sanierungsplan nicht betroffen sind – dies im Regelfall deshalb, weil auf sie kein Forderungsverzicht zukommt oder aber weil sie eine Barabfindung erhalten –, werden als automatisch zustimmende Klasse gezählt. Als automatisch ablehnende Klasse gezählt werden diejenigen Gläubiger, für die der Sanierungsplan einen 100-%igen Forderungsausfall vorsieht.

Nachdem die einzelnen Klassen dem Sanierungsplan zugestimmt bzw. ihn abgelehnt haben, muss dieser durch das zuständige Gericht bestätigt werden. Eine solche Bestätigung ist unproblematisch, wenn alle Gläubiger bzw. alle Klassen der Gläubiger dem Sanierungsplan zustimmen. Im Regelfall wird es jedoch Gläubigerklassen geben, die den Sanierungsplan ablehnen. In diesem Fall greift die sog. „Cram-Down-Regel". Sie kann vom Gericht angewandt werden und besagt, dass der Sanierungsplan bestätigt werden kann, selbst wenn nicht alle Gläubigerklassen zugestimmt haben, wenn durch den Sanierungsplan keine der Gläubigerklassen unfair diskriminiert wird. Diese Fairness bzw. Unfairness muss vom Gericht festgestellt werden.

Nach erfolgter Bestätigung des Sanierungsplans durch das Gericht wird die Konkursmasse aufgelöst. Sie geht wieder in das Eigentum des Schuldners über. Die Geschäfte können normal weitergeführt werden.

Das als deutlich effizienter im Hinblick auf die Unternehmenssanierung angesehene US-amerikanische Konkursrecht war nun der Ansatzpunkt für die Reform der entsprechenden deutschen Regelungen. Dies führte zu einer Zusammenführung der Konkursordnung und der Vergleichsordnung zu einer einheitlichen Insolvenzordnung. Sie regelt für den außergewöhnlichen Fall der Unternehmensinsolvenz die (vorübergehende) Neustrukturierung von Leitungs- und Kontrollkompetenzen.

4.2.2   Insolvenzantrag

Nach § 1 InsO ist Ziel des Insolvenzverfahrens, die gemeinschaftliche Befriedigung der Gläubiger entweder durch Verwertung und Verteilung des Schuldnervermögens zu erreichen oder durch eine einvernehmliche Regelung zwischen Schuldnern und Gläubigern.[1] Dies erfolgt über den sog. Insolvenzplan. Allerdings besteht im reformierten deutschen Insolvenzrecht auch weiterhin das Primat der Gläubigerbefriedigung. Das heißt die Sanierung des Unternehmens und damit die Fortführung ist dem Ziel der bestmöglichen Gläubigerbefriedigung weiterhin untergeordnet. Es wird nur saniert, wenn es für den oder die Gläubiger vorteilhaft ist. Die Entscheidung über die beiden Optionen des Insolvenzrechts liegt also ausschließlich bei den Gläubigern, einmal unterstellt, dass der Schuldner automatisch an einer Geschäftsfortführung interessiert ist. Öffentliche Interessen können hier allenfalls indirekt eingreifen, indem der Fiskus beispielsweise einen besonderen Beitrag zur Sanierung des Unternehmens leistet.

Die InsO sieht für das Verfahren der Insolvenz folgendes Prozedere vor:

Das Insolvenzverfahren kann nach § 13 InsO über das Vermögen jeder natürlichen und juristischen Person eröffnet werden. Gestellt werden kann ein Eröffnungsantrag sowohl vom Gläubiger als auch vom Schuldner. Der Gläubigerantrag erfolgt, wenn dieser ein rechtliches Interesse an der Eröffnung des Verfahrens hat und der Schuldner seinen Zahlungsverpflichtungen nicht nachkommt.

Als Eröffnungsgrund sieht die InsO allgemein die Zahlungsunfähigkeit (§ 17 InsO) vor. Als zusätzlicher Eröffnungsgrund für juristische Personen ist die Überschuldung in § 19 InsO aufgeführt.[2] Nach § 19 Abs. 2 InsO liegt eine Überschuldung dann vor, wenn das Vermögen des Schuldners die bestehenden Verbindlichkeiten nicht mehr deckt. Bei der Bewertung des

---

1   Vgl. zum Folgenden ausführlich Funke (1995), S. 27 ff.; Dornbach/Mackh/Lang (1999), S. 28 ff.

2   Vgl. hierzu ausführlich Möhlmann (1998 c), S. 1843 ff.

Vermögens des Schuldners ist die Fortführung des Unternehmens zugrunde zu legen, wenn dieses nach den Umständen überwiegend wahrscheinlich erscheint.

Als dritter Eröffnungsgrund sieht der Gesetzgeber die drohende Zahlungsunfähigkeit nach § 18 InsO.[1] Eine drohende Zahlungsunfähigkeit liegt vor, wenn der Schuldner voraussichtlich nicht in der Lage sein wird, die bestehenden Zahlungsverpflichtungen im Zeitpunkt der Fälligkeit zu erfüllen. Als Beispiele für das Auftreten einer drohenden Zahlungsunfähigkeit sind die Sperrung von Krediten, der Ausfall eines wichtigen Kunden, das Auftreten von erheblichen Schadensansprüchen oder aber plötzlich gestellte Steuerforderungen zu sehen. Den Grund der drohenden Zahlungsunfähigkeit kannte das alte Konkursrecht nicht.

Ist ein Insolvenzantrag gestellt worden, so prüft das zuständige Gericht zum einen die Zulässigkeit des Antrages. Das heißt es wird geprüft, ob ein gesetzlicher Insolvenzgrund vorliegt und ob der Antragsteller berechtigt ist, das Insolvenzverfahren zu verlangen. Zum anderen wird geprüft, ob genügend Masse vorhanden ist, um die Durchführung eines Insolvenzverfahrens sicher zu stellen.

Liegt ein gesetzlicher Insolvenzgrund vor und ist eine ausreichende Masse zur Durchführung des Insolvenzverfahrens vorhanden, so eröffnet das zuständige Gericht das Insolvenzverfahren. Für die Eröffnung ist ein sog. Eröffnungsbeschluss nach § 27 InsO notwendig.

Im Eröffnungsbeschluss sind nach § 28 InsO die Gläubiger aufzufordern, ihre Forderungen innerhalb einer bestimmten Frist anzumelden. Ferner haben sie unverzüglich mitzuteilen, welche Sicherungsrechte sie an beweglichen Sachen oder Rechten des Schuldners in Anspruch nehmen.

Darüber hinaus wird das zuständige Gericht bei der Eröffnung des Insolvenzverfahrens einen Insolvenzverwalter nach § 56 InsO bestimmen. Der Insolvenzverwalter hat Maßnahmen zur Kontrolle und Sicherung des

---

1   Vgl. hierzu ausführlich Möhlmann (1998 b), S. 947 ff.

Vermögens des Schuldners durchzuführen sowie die Fortführung des Unternehmens zu prüfen. Damit erlöschen die Leitungskompetenz des Vorstandes sowie die Kontrollkompetenzen der Anteilseigner.

Die Abwicklung eines Insolvenzverfahrens erstreckt sich oftmals über mehrere Jahre, wie die nachfolgenden Beispiele zeigen:

„Acht Jahre überdauerte der Kamerahersteller Minox unter dem Frankfurter Insolvenzverwalter Dirk Pfeil im Konkurs, bis Leica ihn 1995 übernahm. Auch das Buchenfurnierwerk Valentin im hessischen Mittenaar mit 30 Beschäftigten führt Pfeil schon im achten Jahr. Sieben Jahre dauerte es, bis der (...) Insolvenzverwalter Grub den Schneeräumgerätehersteller Schmidt im baden-württembergischen St. Blasien 1997 an den Mann gebracht hatte.“

Quelle: Schumacher, H.: Wie Don Camillo und Peppone,
in: Wirtschaftswoche, Nr. 34 vom 12.08.2004, S. 50 - 52, hier S. 52.

4.2.3 Insolvenzmasse und Insolvenzgläubiger

Über die Insolvenzmasse erfolgt eine Einteilung der Gläubiger in unterschiedliche Kategorien. Die entsprechenden Regelungen finden sich in §§ 35 bis 55 InsO.

Insolvenzgläubiger sind nach § 38 InsO persönliche Gläubiger, die zur Zeit der Eröffnung des Insolvenzverfahrens einen begründeten Vermögensanspruch gegen den Schuldner besitzen. Hiervon zu unterscheiden sind die sog. nachrangigen Insolvenzgläubiger (§ 39 InsO). Insolvenzgläubiger werden als nachrangig bezeichnet, wenn ihre Forderungen folgende Merkmale aufweisen:

- Es handelt sich um laufende Forderungszinsen, die erst nach der Eröffnung des Insolvenzverfahrens anfallen.

- Forderungen, die sich aus Kosten ergeben, die im Zusammenhang mit der Teilnahme am Insolvenzverfahren entstehen.

- Verpflichtungen, die aus Geldstrafen, Geldbußen, Ordnungsgeldern oder Zwangsgeldern heraus resultieren.

- Forderungen, die sich aus unentgeltlichen Leistungen des Schuldners heraus ergeben.

- Forderungen auf Rückgewähr eines kapitalersetzenden Darlehens eines Gesellschafters oder eine entsprechende Forderung.

Forderungen, die zum Zeitpunkt der Eröffnung des Insolvenzverfahrens noch nicht fällig waren, gelten nach der Eröffnung als fällig (§ 41 Abs. 1 InsO).

Aus der Insolvenzmasse ebenfalls ausgeschlossen sind Gegenstände, für die ein Gläubiger ein dingliches oder persönliches Recht geltend machen kann (§ 47 InsO). Das heißt jedoch nicht, dass der Gläubiger eines ausgesonderten Vermögensgegenstandes diesen Gegenstand sofort abziehen kann. Auch ausgesonderte Vermögensgegenstände fallen unter den Insolvenzschutz. Das Unternehmen kann bis zum Ende der Abwicklung des Insolvenzverfahrens mit diesen Gegenständen weiter wirtschaften. Aus der Insolvenzmasse ebenfalls abgesondert sind Ansprüche, die Pfandgläubiger besitzen (§ 50 Abs. 1 InsO).

Bevorrechtigt unter dem Kreis der Gläubiger ist der sog. Massegläubiger (§ 53 InsO). Das heißt aus der Insolvenzmasse sind die Kosten, die im Zusammenhang mit der Durchführung des Insolvenzverfahrens entstehen, sowie die sonstigen Masseverbindlichkeiten vorweg zu entrichten. Als Kosten in diesem Zusammenhang nennt der § 54 InsO explizit die im Rahmen des Insolvenzverfahrens anfallenden Gerichtskosten sowie die Vergütung und die Auslagen des vorläufigen Insolvenzverwalters, des Insolvenzverwalters und der Mitglieder des Gläubigerausschusses. Angaben zu den sonstigen Masseverbindlichkeiten finden sich im § 55 InsO. Zu den Masseverbindlichkeiten zählen im Gegensatz zum alten Konkursrecht jetzt auch die Verbindlichkeiten aus einem Sozialplan, wobei die Höhe der Sozialplanverpflichtungen nicht mehr als ein Drittel der gesamten Masseverpflichtungen betragen darf. Es wird hier also explizit eine Regelung für die Lösung eines zentralen Konfliktes zwischen Arbeitnehmern und

Fremdkapitalgebern bzw. Eigenkapitalgebern im Fall einer Insolvenz geschaffen. Eine Sanierung über betriebsbedingte Kündigungen ist nur dann möglich, wenn die Kapitalgeber Einbußen zugunsten eines Sozialplans akzeptieren.

Die Prüfung, ob die so ermittelte Insolvenzmasse ausreichend ist, um ein ordentliches Insolvenzverfahren abzuwickeln, wird nach § 22 InsO vom sog. vorläufigen Insolvenzverwalter vorgenommen. Dieser vorläufige Insolvenzverwalter wird durch das Amtsgericht bestimmt. Ihm obliegen folgende Aufgaben:

- Er hat das Vermögen des Schuldners zu sichern und zu erhalten.

- Er hat das Unternehmen fortzuführen, um zu verhindern, dass eine erhebliche Verminderung des Vermögens aufgrund des Antrages auf Eröffnung eines Insolvenzverfahrens stattfindet.

- Er hat zu prüfen, ob das Vermögen des Schuldners die Kosten des Verfahrens decken wird.

- Er ist berechtigt, die Geschäftsräume des Schuldners zu betreten und dort Nachforschungen anzustellen. Er kann dabei Einsichtnahme in die Bücher des Schuldners sowie in dessen Geschäftspapiere verlangen.

Kommt der vorläufige Insolvenzverwalter zu dem Urteil, dass das noch vorhandene Vermögen des Schuldners die Kosten des Insolvenzverfahrens nicht deckt, so kommt es zu einer Abweisung des Antrags auf Eröffnung des Insolvenzverfahrens durch das Insolvenzgericht mangels Masse (§ 26 InsO).

4.2.4 Insolvenzverwalter

Ist das Insolvenzverfahren eröffnet worden, so wird vom Insolvenzgericht ein Insolvenzverwalter bestellt (§ 56 InsO).[1] Bei dem Insolvenzver-

---

1 Vgl. hierzu ausführlich Haberbauer/Meeh (1995), S. 2005 ff.

walter handelt es sich um eine natürliche Person, die unabhängig vom Gläubiger und vom Schuldner ist. Unter bestimmten Bedingungen (§ 57 InsO) können jedoch auch die Gläubiger auf der ersten Gläubigerversammlung eine andere Person als Insolvenzverwalter wählen.

Es ist Aufgabe des Insolvenzgerichtes, den Insolvenzverwalter zu beaufsichtigen (§ 58 InsO). Dies kann soweit gehen, dass das Insolvenzgericht bei entsprechender Nichteignung des Insolvenzverwalters diesen auch entlässt (§ 59 InsO). Der Insolvenzverwalter übernimmt damit die Leitungskompetenz des Vorstandes, das Insolvenzgericht die Kontrollkompetenz des Aufsichtsrates.

Der Insolvenzverwalter ist bei schuldhafter Pflichtverletzung schadensersatzpflichtig (§ 60 InsO). Er hat darüber hinaus einen Anspruch auf Vergütung für seine Geschäftsführungstätigkeit (§ 63 InsO). Hierfür existieren Regelsätze in Abhängigkeit vom Wert der Insolvenzmasse. Das zentrale Recht des Insolvenzverwalters ist das Verwaltungs- und Verfügungsrecht über das Vermögen der Insolvenzmasse (§ 90 InsO).[1]

Als eine erste Maßnahme hat der Insolvenzverwalter mit der Eröffnung des Insolvenzverfahrens sämtliche Arbeitsverträge der Arbeiter und Angestellten des insolventen Unternehmens zu kündigen. Dabei kommt es zu einer Verkürzung der im Kündigungsschutzgesetz vorgesehenen Kündigungsfristen. Man will verhindern, dass zu lange Kündigungsfristen die Masseverbindlichkeiten derart anwachsen lassen, dass eine Insolvenzeröffnung unmöglich wird. Entsprechend beläuft sich die längste Kündigungsfrist auf drei Monate.

---

[1] Vgl. hierzu ferner Littkemann/Madrian (2000), S. 75 ff., die die Agency-Problematik im Hinblick auf die Rolle des Insolvenzverwalters diskutieren.

Die Funktion des Insolvenzverwalters ist oftmals mit der eines Vorstands auf Zeit zu vergleichen, wie das folgende Beispiel der Universal Maschinenfabriken GmbH zeigt:

„Viel verdient hat der Insolvenzverwalter mit seinem Universal-Engagement bisher nicht. Nach der komplizierten Vergütungsordnung erhielt er für 72 Monate Arbeit bisher 150 000 Euro und deckt damit, sagt er, gerade mal die Kosten. Finanziell rentieren wird sich sein Universal-Engagement erst, wenn er einen Käufer findet. Und das, meint Pluta, hängt ‚vom Investitionsklima in Deutschland ab'. Ein Neubesitzer bekäme, so Pluta, einen fast schuldenfreien Betrieb, einen guten Markennahmen und eine hoch motivierte Belegschaft. Die allerdings betrachtet seit 1998 das 1947 gegründete Unternehmen quasi als ihr Eigentum. Einen Kaufpreis von 7,5 Millionen Euro hält Pluta zurzeit für angemessen. Weitere 850 000 Euro davon stünden ihm nach der Insolvenzordnung zu, 6,5 Millionen den 400 Gläubigern."

Quelle: Schumacher, H.: Wie Don Camillo und Peppone,
in: Wirtschaftswoche, Nr. 34 vom 12.08.2004, S. 50 - 52, hier S. 52.

4.2.5   Insolvenzplanverfahren

Nach § 218 InsO wird der Insolvenzplan vom Insolvenzverwalter vorgelegt.[1] Allerdings ist auch der Schuldner berechtigt, einen solchen Plan vorzulegen. Die Vorlage erfolgt beim Insolvenzgericht. Bei der Aufstellung des Insolvenzplans durch einen Insolvenzverwalter wirken der Gläubigerausschuss, der Betriebsrat und der Sprecherausschuss der leitenden Angestellten sowie der Schuldner beratend mit. Diesen Gruppen wird also im Rahmen des Insolvenzverfahrens eine Interessenvertretungskompetenz zugebilligt. Eine Entscheidungskompetenz besitzen sie nicht. Die Entscheidungskompetenz der Gläubiger bezieht sich nicht auf den Gläubigerausschuss, sondern – wie gleich noch zu erläutern sein wird – auf einzelne Gläubigerklassen.

---

1   Vgl. hierzu ausführlich Braun (1998), S. 87 ff.; Littkemann/Möhlmann (1999), S. 648 ff.

Der Insolvenzplan besteht aus zwei Teilen: einem darstellenden Teil und einem gestaltenden Teil. Der darstellende Teil (§ 220 InsO) beschreibt, welche Maßnahmen nach der Eröffnung des Insolvenzverfahrens getroffen worden sind bzw. welche Maßnahmen noch beabsichtigt sind, um die Grundlagen für die geplante Gestaltung der Rechte der Beteiligten zu schaffen. Zu denken ist in diesem Zusammenhang z. B. an Vergleichsrechnungen, in denen deutlich wird, wie hoch die Befriedigung der Gläubigerinteressen ausfallen würde bei Betriebsfortführung im Vergleich zur Zerschlagung. Durch den gestaltenden Teil (§ 221 InsO) des Insolvenzplans wird festgelegt, wie sich durch den Insolvenzplan die Rechtsstellung der Beteiligten verändern soll. Hier geht es insb. um Maßnahmen, die darauf abzielen, dem Unternehmen nach Beendigung des Insolvenzverfahrens eine Startposition zu verschaffen, die es ihm ermöglicht, in absehbarer Zeit wieder rentabel zu wirtschaften. Von besonderer Bedeutung sind in diesem Zusammenhang sicherlich Forderungsverzichte bzw. Umschuldungen.

Um hierfür eine entsprechende Informationsgrundlage zu schaffen, schreibt der § 229 InsO vor, dass eine Vermögensübersicht ebenso zu erstellen ist wie eine Ergebnis- und eine Finanzplanung. Hiermit wird eine solide Entscheidungsgrundlage für die Fortführungsentscheidung gelegt.

Darüber hinaus sind im Zuge des Insolvenzplanverfahrens Interessengruppen der Gläubiger zu bilden (§ 222 InsO). Gläubigergruppen mit gleichen wirtschaftlichen Rechten und gleichen wirtschaftlichen Interessen sind zusammenzufassen. Es handelt sich hierbei um die absonderungsberechtigten Gläubiger, die nicht nachrangigen Insolvenzgläubiger sowie die einzelnen Rangklassen der nachrangigen Insolvenzgläubiger. Nachdem der Insolvenzplan aufgestellt wurde, wird er dem Insolvenzgericht zugeleitet. Dieses kann ihn unter bestimmten Bedingungen zurückweisen (§ 231 InsO). Wird der Insolvenzplan durch das Insolvenzgericht nicht zurückgewiesen, so wird der Plan an den Gläubigerausschuss, den Betriebsrat und den Sprecherausschuss der leitenden Angestellten zur Stellungnahme weitergeleitet. Legt der Insolvenzverwalter den Insolvenzplan vor, so wird dieser auch dem Schuldner zur Stellungnahme ausgehändigt. Umgekehrt, wenn der Schuldner den Insolvenzplan vorlegt, so wird dieser dem Insolvenzverwalter zur Stellungnahme vorgelegt.

In einem nächsten Schritt bestimmt das Insolvenzgericht einen Termin, an dem der Insolvenzplan erörtert und verabschiedet wird (§ 235 InsO). Das Stimmrecht der Insolvenzgläubiger ist dabei unterschiedlich (§§ 237 und 238 InsO). So haben z. B. Gläubiger, deren Forderung durch den Insolvenzplan nicht beeinträchtigt wurde, kein Stimmrecht. Jede Gruppe der stimmberechtigten Gläubiger stimmt gesondert über den Insolvenzplan ab (§ 243 InsO). § 244 InsO schreibt vor, dass es zur Annahme des Insolvenzplans durch die Gläubiger erforderlich ist, dass in jeder Gruppe die Mehrheit der abstimmenden Insolvenzgläubiger dem Plan zustimmt und die Summe der Ansprüche der zustimmenden Gläubiger mehr als die Hälfte der Summe der Ansprüche der abstimmenden Gläubiger beträgt. Tritt der Fall ein, dass bei einer Abstimmungsgruppe der Insolvenzplan keine Mehrheit findet, so legt § 245 InsO fest, dass die Zustimmung dieser Abstimmungsgruppe trotzdem erteilt ist, wenn

- die Gläubiger dieser Gruppe durch den Insolvenzplan voraussichtlich nicht schlechter gestellt werden als sie ohne den Plan stünden,

- die Gläubiger dieser Gruppe angemessen an dem wirtschaftlichen Wert beteiligt werden, der auf der Grundlage des Plans den Beteiligten zufließen soll,

- die Mehrheit der abstimmenden Gruppen dem Plan mit den erforderlichen Mehrheiten zugestimmt hat. Die Regelung für die Zustimmung der nachrangigen Insolvenzgläubiger finden sich im § 246 InsO.

In einem nächsten Schritt ist der Insolvenzplan vom Insolvenzgericht zu bestätigen (§ 248 InsO). Dabei hat das Insolvenzgericht nicht nur darauf zu achten, dass der Insolvenzplan von den Insolvenzgläubigern mit Mehrheit verabschiedet wurde, sondern auch, dass der Schuldner dem Insolvenzplan nicht widersprochen hat. Dieser Bestätigungsbeschluss ist nach § 252 InsO bekannt zu geben. Hierdurch soll erreicht werden, dass alle Insolvenzgläubiger, die Forderungen angemeldet haben, über die Regelungen des Insolvenzplans informiert sind.

Ist die Bekanntgabe erfolgt, so treten die im gestaltenden Teil des Insolvenzplans festgelegten Maßnahmen in Kraft. Sobald die Bestätigung des

Insolvenzplans rechtskräftig ist, beschließt nach § 258 InsO das Insolvenzgericht die Aufhebung des Insolvenzverfahrens. Mit der Aufhebung des
Insolvenzverfahrens erlöschen die Ämter des Insolvenzverwalters und der
Mitglieder des Gläubigerausschusses (§ 259 InsO). Der Schuldner erhält
das Recht zurück, über die Insolvenzmasse frei zu verfügen. Er ist dabei
allerdings an die Vorschriften des Insolvenzplans im Hinblick auf den gestalterischen Teil gebunden.

Im Regelfall wird der Insolvenzplan fordern, dass eine Überwachung
der Planerfüllung nach § 260 InsO vorzunehmen ist. Es ist dann wiederum
Aufgabe des Insolvenzverwalters, diese Überwachungsfunktion wahrzunehmen (§ 261 InsO). Entsprechend bestehen auch die Ämter der Mitglieder des Gläubigerausschusses ebenso weiter wie die Aufsicht des Insolvenzgerichtes. Die Aufhebung der Überwachung muss nach § 268 InsO
vom Insolvenzgericht beschlossen werden. Sie erfolgt, wenn die Ansprüche, deren Erfüllung überwacht werden, erfüllt sind oder die Erfüllung
dieser Ansprüche gewährleistet ist oder wenn seit der Aufhebung des Insolvenzverfahrens drei Jahre verstrichen sind und kein Antrag auf Eröffnung eines neuen Insolvenzverfahrens vorliegt. Erst jetzt sind die Lei-
tungs- und Kontrollkompetenzen in ihrer ursprünglichen Form wieder
hergestellt.

4.3   Kontrollkompetenz des Aufsichtsrates

Josef Hermann Abs, ehemaliger Vorstandsvorsitzender der Deutschen
Bank AG und Mitglied in zahlreichen deutschen Aufsichtsräten, zur Bedeutung des Aufsichtsrates:

„Die Hundehütte ist für den Hund, der Aufsichtsrat ist für die Katz'."

Quelle: Ortmann, G.: Alle Macht den Aufsichtsräten,
in: Zeitschrift Führung + Organisation 73 (2004), S. 110 - 111, hier S. 110.

Walter Deuss, ehemaliger Chef der KarstadtQuelle AG, zur Kritik von Vorstand und Aufsichtsrat am Verhalten des ehemaligen Managements:

„Ein guter Hund macht nicht in die Hütte – auch wenn er ausgezogen ist."

Quelle: Bönisch, J. M.: Ein guter Hund macht nicht in die eigene Hütte,
in: Spiegel online, 01.10.2004.
(http://www.spiegel.de/wirtschaft/0,1518,320849,00.html
- letzter Zugriff am 01.10.2004)

4.3.1 Aufgaben des Aufsichtsrates

Die Aufgaben des Aufsichtsrates[1] im Hinblick auf die Ausgestaltung und Wahrnehmung seiner Kontrollkompetenzen sind wie folgt zu sehen:

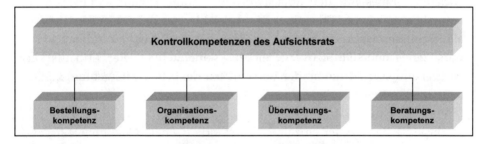

Abb. 4-1: Kontrollkompetenz des Aufsichtsrates

Von einer nachhaltigen Kontrollkompetenz des Aufsichtsrates kann nur dann gesprochen werden, wenn dieser seine Kontrollaktivitäten auch im Konfliktfall gegen die zu kontrollierende Institution – in diesem Fall den Vorstand – auch durchsetzen kann. Insofern bedarf es neben dem kritischen Nachvollziehen der eigentlichen Vorstandsarbeit – hier als Überwachungskompetenz bezeichnet – noch weiterer Kompetenzen, um der Überwachungskompetenz Gewicht zu verschaffen. Zu nennen sind in

---

1 Vgl. ausführlich z. B. Semler (1996); Potthoff/Trescher (2001). Vgl. ferner die empirische Untersuchung zur Praxis der Aufsichtsratsorganisation von Deloitte & Touche (2004) sowie die Untersuchung von Ruhwedel/Epstein (2003), S. 161 ff.

diesem Zusammenhang die Bestellungskompetenz, die Organisationskompetenz sowie die Beratungskompetenz. Diese vier Teilkompetenzen
wirken nicht immer direkt im Hinblick auf die Kontrolle der Leitungsinsti-
tutionen. Vielfach erschließt sich die Kontrollwirkung eher indirekt, wenn
man z. B. an die Sanktionswirkungen denkt, die von der Kompetenz zur
Abberufung von Vorständen ausgeht. Im Folgenden werden diese Teilkompetenzen im Detail erläutert.

4.3.1.1   Bestellungskompetenz

Dem Aufsichtsrat obliegt die Bestellung und die Abberufung des Vorstandes. Dabei sind die Vorschriften des Mitbestimmungsgesetzes bzw.
des Montanmitbestimmungsgesetzes zu beachten.

Mit der Bestellungskompetenz einher geht ebenfalls die Festlegung des
Arbeitsvertrages mit den einzelnen Vorständen. Konkret werden diese
Aufgaben meist vom Präsidium des Aufsichtsrates bzw. dem sog. Präsidialausschusses wahrgenommen. Im Regelfall sind dies der Aufsichtsratsvorsitzende und sein Stellvertreter bzw. seine Stellvertreter. Dabei ist das
Aufsichtsratspräsidium an die Vorschriften des § 87 AktG gebunden. Das
bedeutet konkret,

- dass die Bezüge der einzelnen Vorstände (Gehalt, Gewinnbeteiligung,
  Aufwandsentschädigung, Versicherungsentgelte, Provisionen und Ne-
  benleistungen jeder Art) in einem angemessenen Verhältnis zu den
  Aufgaben dieser Vorstandsmitglieder ebenso stehen wie zur Lage der
  Gesellschaft,

- dass die Vorstandsbezüge im Fall einer Verschlechterung der Verhält-
  nisse des Unternehmens herabgesetzt werden können. Um eine solche
  Variabilität der Vorstandsbezüge sicherzustellen, wird vielfach der
  Weg gewählt, eine fixe Gehaltsantieme mit einer variablen Erfolgs-
  komponente zu versehen. Je höher der fixe Anteil an der Gehaltszah-
  lung desto geringer fällt die Bezügereduktion infolge einer dramatisch
  verschlechterten Ertragslage des Unternehmens aus. Das Problem bei
  der Festsetzung der fixen und variablen Gehaltsbestandteile ergibt sich
  im Regelfall daraus, dass es im Sinn der potenziellen Vorstandsmit-

glieder ist, bei Eintritt in die Vorstandstätigkeit einen möglichst hohen fixen Anteil festzuschreiben. Sie werden im Regelfall nur dann bereit sein, auf diesen hohen fixen Gehaltsanteil zu verzichten, wenn der variable Bestandteil der Vergütung in Erfolgszeiten auch extrem hohe Verdienstmöglichkeiten eröffnet.

Ebenfalls zur Bestellungskompetenz des Aufsichtsrates im Verhältnis zum Vorstand ist die Kompetenz zur Aufhebung des Wettbewerbsverbotes bei Vorstandsmitgliedern nach § 88 AktG zu sehen. Ohne Einwilligung des Aufsichtsrates dürfen Vorstandsmitglieder weder ein Handelsgewerbe betreiben noch im Geschäftszweig der Gesellschaft für eigene oder fremde Rechnung Geschäfte machen. Sie dürfen darüber hinaus auch nicht Mitglied des Vorstandes oder Geschäftsführer oder persönlich haftender Gesellschafter einer anderen Handelsgesellschaft sein. Ausnahmen hiervon bedürfen der ausdrücklichen Einwilligung des Aufsichtsrates.

Ein weiterer Punkt im Rahmen der Bestellungskompetenz bezieht sich auf die Bereitstellung von Unternehmenskrediten an die Vorstandsmitglieder. Eine Aktiengesellschaft darf nach § 89 Abs. 1 AktG ihren Vorstandsmitgliedern ein Darlehen nur aufgrund eines Aufsichtsratsbeschlusses gewähren. Ein solcher Beschluss muss sämtliche Modalitäten, die im Zusammenhang mit der Kreditgewährung zu regeln sind, umfassen.

Bei der Siemens AG obliegt die Bestellungskompetenz dem Präsidium des Aufsichtsrates, welches einen Vorschlag über die Bestellung der Vorstände dem Gesamtaufsichtsrat vorlegt, aber für die konkrete Ausgestaltung der Vorstandsverträge die alleinige Kompetenz besitzt.

„§ 5 Abs. 2: Der Vorsitzende und die Stellvertreter bilden das Präsidium des Aufsichtsrats. Das Präsidium ist für die ihm in der Geschäftsordnung für das Präsidium zugewiesenen Aufgaben zuständig, insbesondere für Vorschläge für die Bestellung und Abberufung von Vorstandsmitgliedern, den Abschluss von Verträgen und die Festlegung der Beschäftigungsbedingungen und der Vergütung sowie für Corporate Governance-Fragen."

Quelle: Geschäftsordnung für den Aufsichtsrat der Siemens Aktiengesellschaft, Fassung vom 26. November 2003.

4.3.1.2   Organisationskompetenz

Die Organisationskompetenz des Aufsichtsrates ergibt sich nach § 77 Abs. 2 AktG. Hiernach ist der Aufsichtsrat autorisiert, die Geschäftsordnung und den Geschäftsverteilungsplan für den Vorstand festzulegen. Dabei kann die Satzung der Gesellschaft Einzelfragen der Geschäftsordnung bindend für den Vorstand regeln. Der Aufsichtsrat gibt damit den prozessualen Rahmen für die eigentliche Vorstandsarbeit vor. Letztlich führen derartige Vorgaben zu einer Limitierung der Leitungskompetenz des Vorstandes. Hier ergeben sich bereits Ansatzpunkte für die Wahrnehmung der Kontrollkompetenz durch den Aufsichtsrat.

Ausgestaltung der Organisationskompetenz des Aufsichtsrates bei der Siemens AG

„§ 4 Abs. 4: Der Aufsichtsrat bestimmt die Bereiche und Zentralabteilungen, in die sich die Siemens Aktiengesellschaft gliedert. Die vom Zentralvorstand im Einzelnen vorgenommene Abgrenzung der Bereiche und der Zentralabteilungen wird dem Aufsichtsrat zur Kenntnis gegeben.“

Quelle: Geschäftsordnung für den Aufsichtsrat der Siemens Aktiengesellschaft, Fassung vom 26. November 2003.

4.3.1.3   Überwachungskompetenz

Die Überwachungskompetenz des Aufsichtsrates erstreckt sich auf die Arbeit des Vorstandes.[1] Die Regelungen im Einzelnen sind im § 111 AktG kodifiziert. Da oftmals angenommen werden muss, dass der Aufsichtsrat bei bestimmten Prüfungsangelegenheit nicht über den notwendigen Sachverstand verfügt, ist er befugt, auch einzelne Mitglieder oder für bestimmte Aufgaben besondere Sachverständige mit der Prüfung zu beauftragen. Generell erteilt der Aufsichtsrat den Prüfungsauftrag für den Jahres- bzw. Konzernabschluss gem. § 290 HGB an den Abschlussprüfer.

---

1   Vgl. hierzu ausführlich Theisen (1993), Sp. 4224 ff.

Folgende Aufgaben sind im Zuge der Überwachungskompetenz dem Aufsichtsrat der Siemens AG explizit vorgegeben:

„§ 3 Abs. 2: Der Aufsichtsrat achtet darauf, dass für Vorstände und Mitarbeiter im Unternehmen Verhaltensmaßstäbe (Business Conduct Guidelines) gelten. Ferner achtet der Aufsichtsrat darauf, dass für den Vorstandsvorsitzenden und den Finanzvorstand sowie bestimmte Mitarbeiter ein Ethikkodex für Finanzangelegenheiten gilt. Die Mitglieder des Aufsichtsrats beachten diese Regeln in deren jeweils geltenden Fassung, soweit sie sich auf Aufsichtsratsmitglieder übertragen lassen.

§ 4 Abs. 2: Der Aufsichtsrat hat den Jahresabschluss, den Lagebericht und den Vorschlag für die Verwendung des Bilanzgewinns sowie den Konzernabschluss und den Konzernlagebericht zu prüfen. Dabei legt er die Ergebnisse der Prüfung durch den Prüfungsausschuss zugrunde. Der Abschlussprüfer nimmt an den Beratungen des Aufsichtsrats über diese Vorlagen teil und berichtet über die wesentlichen Ergebnisse seiner Prüfung. Der Aufsichtsrat stellt den Jahresabschluss und den Konzernabschluss fest. Er beschließt über den Vorschlag des Vorstands für die Verwendung des Bilanzgewinns und den Bericht des Aufsichtsrats an die Hauptversammlung.“

Quelle: Geschäftsordnung für den Aufsichtsrat der Siemens Aktiengesellschaft, Fassung vom 26. November 2003.

Vor dem Hintergrund der in Deutschland geltenden Mitbestimmungsregelungen ist insb. der § 116 Abs. 2 AktG von Bedeutung, der detailliert vorschreibt, dass Aufsichtsratsmitglieder zur Verschwiegenheit über erhaltene vertrauliche Berichte und vertrauliche Beratungen verpflichtet sind. Vertrauliche Informationen, die nur dem Aufsichtsrat zugänglich sind, dürfen somit auch nicht weitergegeben werden. Dies gilt insb. im Hinblick auf die Weitergabe der Informationen an die Belegschaft und die im Betrieb agierenden Betriebsräte. Dass dies in der praktischen Umsetzung höchst problematisch ist, wird nicht zuletzt dadurch unterstrichen, dass vielfach Betriebsräte und/oder Konzernbetriebsräte in Personalunion auch Mitglieder des Aufsichtsrates sind. Letztlich ist jedoch diese Verschwiegenheitspflicht notwendig, will das deutsche dualistische Unternehmensverfassungsmodell auch international bestehen. Insbesondere in den USA wird die in Deutschland praktizierte Mitbestimmung in zentralen Organen der Unternehmensführung höchst skeptisch gesehen.

Wie kritisch das Problem der Verschwiegenheit zum Teil gesehen wird, zeigt das Beispiel der Infineon AG:

„Max Dietrich Kley, kommissarischer Chef von Infineon, will Dieter Scheitor aus dem Aufsichtsrat werfen lassen. Der IG-Metall-Vertreter im Aufsichtsrat soll gegen die Schweigepflicht verstoßen haben. Nach Angaben des Magazins ‚Capital' hat Kley dem Aufsichtsrat in einem Schreiben ein Amtsenthebungsverfahren und Schadenersatzforderungen angekündigt. Der Infineon-Chef ärgere sich darin über Äußerungen Scheitors im Anschluss an die Ablösung des früheren Infineon-Vorstandsvorsitzenden Ulrich Schumacher. Nach dem Rauswurf Ende März ließ sich der IG-Metall-Mann mit den Worten zitieren: ‚Schumachers polarisierende Art und seine unbedachten Prognosen haben in den vergangenen Jahren viel Porzellan zerschlagen'. Der geschasste Chef sei berüchtigt gewesen ‚für seinen selbstherrlichen Führungsstil'."

Quelle: o. V.: Wir sind keine Geheim-Räte,
in: www.manager-magazin.de/koepfe/artikel/0,2828,297468,00.html –
letzter Zugriff am 06.09.2004

4.3.1.4   Beratungskompetenz

Der Gesetzgeber schreibt explizit vor, dass dem Aufsichtsrat Maßnahmen der Geschäftsführung nicht übertragen werden können (§ 111 Abs. 4 Satz 1 AktG). Es wird jedoch nicht ausgeschlossen, dass der Aufsichtsrat dem Vorstand in Einzelfragen beratend zur Seite stehen kann. In vielen Gesellschaften versucht man dies dadurch sicherzustellen, indem man den Aufsichtsrat hochrangig und fachkundig mit Experten besetzt, mit denen der Vorstand Einzelentscheidungen beraten kann. Die Aufgabe des Aufsichtsrates besteht in diesem Fall weniger darin, Lösungen zu präsentieren, als vielmehr kritische Fragen zu stellen, um den Entscheidungsprozess voran zu bringen. Letztlich tragen derartige Fragen auch zur Stärkung der Überwachungskompetenz bei. Eine herausgehobene Rolle spielt in diesem Zusammenhang sicherlich der Aufsichtsratsvorsitzende, der als Bindeglied zwischen Vorstand und Aufsichtsrat fungiert und von daher im Regelfall als erster beratender Ansprechpartner für den Vorstand ist.

Eine derartige Beratungskompetenz ist sicherlich nicht unproblematisch. Für den Gesetzgeber soll der Aufsichtsrat die Geschäftsführung des

Vorstandes kontrollieren und überwachen. Ist jedoch der Aufsichtsrat bzw. einzelne Aufsichtsräte über ihre Beratungskompetenz aktiv in das Unternehmenshandeln eingebunden, so wird eine entsprechende Kontrolle dieses Handelns deutlich erschwert. Insofern sollte auf diese Beratungskompetenz nur im Ausnahmefall zurückgegriffen werden. Im täglichen Geschäft ist darauf zu verzichten.

Die Beratungskompetenz ist bei der Siemens AG wie folgt kodifiziert:

„§ 4 Abs. 1 Satz 2: Er [der Vorstand] erörtert mit ihm [dem Aufsichtsrat] in regelmäßigen Abständen den Stand der Strategieumsetzung und geht auf Abweichungen des Geschäftsverlaufs von den aufgestellten Plänen und Zielen unter Angabe von Gründen ein.

§ 10 Abs. 1 Satz 1: An den Sitzungen des Aufsichtsrats nehmen die Mitglieder des Vorstands in der Regel teil, sofern nicht der Vorsitzende des Aufsichtsrats im Einzelfall eine abweichende Anordnung trifft."

Quelle: Geschäftsordnung für den Aufsichtsrat der Siemens Aktiengesellschaft, Fassung vom 26. November 2003.

4.3.2   Wahrnehmung der Kontrollkompetenz

Die verfassungsrechtlichen Gestaltungsmöglichkeiten der Ausübung der Kontrollkompetenz durch den Aufsichtsrat sowie die faktisch existenten Machtpotenziale der agierenden Interessengruppen führen dazu, dass je nach Unternehmen die Kontrollkompetenz in einem höchst unterschiedlichen Licht erscheint. Je nach Machtverteilung zwischen Aufsichtsrat, Vorstand, Hauptversammlung ist ein Aufsichtsrat mehr oder minder gut geeignet, die vom Gesetzgeber vorgegebene Kontrollverantwortung auch wirklich wahrzunehmen.[1] Die existente Machtverteilung hängt dabei im Regelfall von den vorherrschenden situativen Gegebenheiten ab. Also z. B. von der Frage, ob hinter dem Aufsichtsrat ein Großaktionär steht oder ob es sich eher um eine Publikumsgesellschaft handelt. Derartige situative

---

1   Vgl. auch Wenger (1996), S. 175 ff.

Rahmengrößen versucht man nun mit Hilfe so genannter Typologien in ein trennscharfes Grobraster zu überführen, um daraus Erklärungen für bestimmte Einflüsse und Abhängigkeiten zu gewinnen.

Ehemalige Manager, die in vielen Aufsichtsräten Mandate wahrnehmen, müssen nicht zwangsläufig in jedem Aufsichtsrat eine machtvolle Position einnehmen, wie das Beispiel von Klaus Liesen zeigt:

„Ein paar Tage hat Klaus Liesen ausgespannt in den Schweizer Bergen. Seit den Siebzigerjahren besitzt er in Tavanasa im noblen Engadin eine Eigentumswohnung. Ausgedehnte Spaziergänge, Skilanglauf und, immer noch, schnelle Pistenabfahrten schaffen Ausgleich vom Geschäft. Gleich nach der Rückkehr sitzt er wieder im VW-Jet und fliegt nach Wolfsburg.

Formal ist der 68-Jährige der mächtigste Manager Deutschlands. Er ist Aufsichtsratschef und damit oberster Repräsentant von zwei Weltkonzernen: Allianz und Volkswagen. Auch bei der Ruhrgas steht er an der Spitze des Kontrollgremiums, demnächst wird auch die fusionierte Veba-Viag hinzukommen. Bei Mannesmann, Preussag und der Deutschen Bank ist er Mitglied. Nur Allianz-Chef Henning Schulte-Noelle und WestLB-Lenker Friedel Neuber haben ähnlich viele Mandate.

Doch seine Macht ist nicht ungebrochen. Manchmal besteht sie nur auf dem Papier. Gewaltigen Einfluss besitzt er bei Ruhrgas. Als Chefkontrolleur kann er es sich dort leisten, ein Machtwort zu sprechen ('Das Unternehmen kenne ich besonders gut'). Schwankend ist seine Macht bei VW, schwach bei der Allianz. Als Allianz-Chef Henning Schulte-Noelle die Fusion von Deutscher und Dresdner Bank verhandelte, war Liesen im Urlaub."

Quelle: Wildhagen, A.: Eine Allianz für Liesen, in: Wirtschaftswoche, Nr. 13 vom 23.03.2000, S. 114 - 116, hier S. 114.

In der Literatur existieren eine Vielzahl von sog. Typologien, die sich zum Ziel setzen, unterschiedliche Ausprägungen des Verhaltens bzw. des Auftretens des Aufsichtsrates zu charakterisieren. Dabei ist zwischen Ideal- und Realtypen zu unterscheiden. Idealtypen werden anhand von theoretisch deduzierten Kriterien entwickelt. Eine empirische Überprüfung derartiger Typologien findet nicht statt. Im Gegensatz dazu sind Realtypen zu sehen. Bei ihnen steht ihre empirische Evidenz im Vordergrund. Das

heißt es wird der Versuch unternommen, eine Typenbildung so vorzunehmen, wie sie sich in der Realität zeigt. Dabei ist es unerheblich, welche
typenbildenden Faktoren Grundlage für eine Typologie sind. Entscheidend ist, dass sich die deduzierten Typen signifikant voneinander unterscheiden. Insofern sind Realtypen eher beschreibender Natur, wohingegen
Idealtypen bereits erklärende Elemente in sich vereinigen.

Zwei ausgewählte Typologien sollen nachfolgend kurz vorgestellt werden.[1]

4.3.2.1 Idealtypologie: Aufgabenwahrnehmung durch Vorstand und Aufsichtsrat

Bleicher/Leberl/Paul[2] analysieren das Verhalten von Vorstand und Aufsichtsrat. Sie untersuchen dabei inwieweit Vorstand und Aufsichtsrat die
ihnen vom Gesetzgeber zugeordneten Aufgaben auch wirklich wahrnehmen. Sie messen also die Intensität der Aufgabenwahrnehmung. Die Vari-
ablenausprägung in ihrer Typologie ist dabei dichotom, d. h. Aufgaben
werden entweder mit einer starken Intensität wahrgenommen oder sie
werden mit einer schwachen Intensität wahrgenommen. Die Intensität der
Aufgabenwahrnehmung ist von situativen Faktoren abhängig, wie z. B.
dem Einfluss der Eigentümerfamilie, der wirtschaftlichen Situation des
Unternehmens und der Persönlichkeitsstruktur der einzelnen Vorstände
bzw. Aufsichtsräte (handelt es sich z. B. um einen charismatischen Unter-
nehmenslenker oder möglicherweise um eine graue Eminenz). Blei-
cher/Leberl/Paul entwickeln entsprechend dieser Variablen vier Idealtypen. Tab. 4-1 zeigt diese im Überblick.

---

1   Vgl. zu weiteren Typologien Vogel (1980), S. 271 ff. und Gerum/Steinmann/
    Fees (1988), S. 147 ff.

2   Vgl. Bleicher/Leberl/Paul (1989), S. 117 ff.

		Vorstand	
		schwach	**stark**
Aufsichtsrat	**schwach**	FALL 1	FALL 2
	stark	FALL 3	FALL 4

Tab. 4-1: Aufsichtsrat-Vorstand Typologie nach Bleicher/Leberl/Paul (1989)

Im Fall 1 ist sowohl die Intensität der Aufgabenwahrung aufseiten des Vorstandes als auch aufseiten des Aufsichtsrates schwach ausgeprägt. Das heißt die Vorschriften im AktG scheinen nur Alibicharakter zu besitzen, möglicherweise agieren im Hintergrund graue Eminenzen, die das Unternehmensgeschehen beeinflussen.

Im Fall 2 ist der Vorstand das alleinige Machtzentrum des Unternehmens. Der Aufsichtsrat kommt seinen Verpflichtungen, die ihm der Gesetzgeber vorschreibt, nur in sehr begrenztem Maß nach. Es ist dies der Fall, bei dem hinter dem Aufsichtsrat keine großen Aktionäre stehen, sondern das Aktienkapital auf viele Köpfe verteilt ist. Dem Vorstand fällt es insofern leicht, eine dominante Rolle zu spielen. Möglicherweise geht diese Rolle so weit, dass der Vorstand ganz gezielt sich „seinen Aufsichtsrat" aussucht und ihn per Akklamation durch die Hauptversammlung bringt. Allenfalls die Regelungen der Mitbestimmung könnten hier noch als Regulativ wirken. Ein starker Vorstand und ein schwacher Aufsichtsrat ergibt sich auch für den Fall, dass ein oder mehrere Vorstandsmitglieder zugleich Großaktionär der Gesellschaft sind. Zu denken ist hier z. B. an viele Start-Up-Unternehmen sowie an Wirtschaftsprüfungsunternehmen. Der Vorstand sucht sich hier praktisch seinen Aufsichtsrat selbst aus. Das einzige Machtpotenzial, das dem Aufsichtsrat in dieser Situation noch bleibt, ist der Imageschaden für das Unternehmen, wenn der oder die Aufsichtsräte von ihren Posten aufgrund von unüberbrückbaren Konflikten mit dem Vorstand zurücktreten.

Im Fall 3 ist das Machtverhältnis genau umgekehrt. Der Vorstand ist relativ schwach, der Aufsichtsrat hingegen sehr stark. Es ist dies im Regelfall die Situation einer konzernabhängigen Aktiengesellschaft. Aber auch die Familien-Aktiengesellschaft würde man bei diesem Typ wohl ansiedeln. Er ist generell dadurch gekennzeichnet, dass die zentralen, wichtigen Entscheidungen immer im Aufsichtsrat fallen. Das bedeutet nicht, dass sämtliche dieser Entscheidungstatbestände auch im Rahmen einer Satzung als zustimmungspflichtige Geschäfte zu kodifizieren sind. Oftmals wird der Aufsichtsrat auch „um Rat gefragt". Er gibt dann dem Vorstand vor, wie zu entscheiden ist.

Der vierte Fall ist der mit dem höchsten Konfliktpotenzial. Sowohl Vorstand als auch Aufsichtsrat nehmen ihre Aufgaben sehr intensiv wahr. Es ist dies der Idealfall einer effizienten Steuerung im Rahmen der Unternehmensverfassung. Der Vorstand ist für das tagtägliche Geschäft zuständig, der Aufsichtsrat nimmt seine Kontrollkompetenz aktiv wahr.

Leider bleibt bei dieser Typologie ungeklärt, inwieweit diese einzelnen Typen auch wirklich in der Realität anzutreffen sind. Dies gilt insb. für den Fall 1, bei dem sowohl der Vorstand als auch der Aufsichtsrat ihre Aufgaben nur schwach wahrnehmen. Es muss hier immer wieder überlegt werden, ob ein solcher Fall überhaupt auftritt. Darüber hinaus bleibt auch die Frage unbeantwortet, bei welchem Typ die höchste Effizienz in der Unternehmensführung zu erwarten ist. Ist dies wirklich im Fall 4 der Fall, bei dem sowohl der Vorstand als auch der Aufsichtsrat ihre Rolle im Sinne des Gesetzgebers sehr intensiv wahrnehmen, oder aber sind doch die Typen 2 oder 3 deutlich erfolgreicher, da bei ihnen ein vergleichsweise niedrigeres Konfliktpotenzial anzutreffen ist? Entweder führt der Vorstand oder aber es führt der Aufsichtsrat.

4.3.2.2 Realtypologie: Aufsichtsratsstruktur und Aufgabenwahrnehmung

Der von Gerum[1] eingeschlagene Weg versucht, eine Typologie der Aufsichtsräte aufzuzeigen, wie sie sich in der Unternehmensrealität der deutschen Aktiengesellschaften zeigt. Gerum bezieht sich hierbei auf unabhän-

---

1   Vgl. Gerum (1991), S. 719 ff.

gige, private, mitbestimmte Aktiengesellschaften. Nicht einbezogen in die Untersuchung werden daher kleine Aktiengesellschaften und konzernabhängige Aktiengesellschaften. Insofern ist hier ein Unterschied zu sehen im Vergleich zur soeben vorgestellten Typologie von Bleicher/Leberl/Paul, die für ihre Typologie Allgemeingültigkeit für sämtliche Aktiengesellschaften beanspruchen.

Gerum unterscheidet zwei Dimensionen: Die erste Dimension wird als unternehmenspolitische Kompetenz bezeichnet. Sie gibt an, inwieweit ein Vorstand unabhängig vom Aufsichtsrat agieren kann. Konkret lässt sich das ablesen am Katalog zustimmungspflichtiger Geschäfte. Ist dieser umfangreich, ist die unternehmenspolitische Kompetenz des Aufsichtsrates relativ hoch bzw. die des Vorstandes vergleichsweise gering. Die zweite Dimension wird als personelle Zusammensetzung bezeichnet. Hier wird untersucht, inwieweit die Mitglieder des Aufsichtsrates auch wirklich Eigentümer des Unternehmens sind. Gerum bezeichnet einen Aufsichtsrat als aktionärsdominant, wenn sich dieser im Hinblick auf die Vertreter der Eigentümer dadurch auszeichnet, dass die Aufsichtsräte auch kapitalmäßig am Unternehmen beteiligt sind. Darüber hinaus wird von der Dominanz von Nicht-Beteiligten gesprochen, wenn auf der Aktionärsseite Aufsichtsräte gewählt wurden, bei denen eine Kapitalbeteiligung nicht vorliegt. Es ist dies der typische Fall der Publikumsgesellschaft, wo Schlüsselpersonen im Aufsichtsrat sitzen, die aber nicht über eine Kapitalbeteiligung dem Unternehmen verbunden sind. Der Vorstand kooptiert in diesem Fall durch die Vergabe der Aufsichtsratsmandate. Ein Aufsichtsratsmandat versteht sich in diesem Zusammenhang auch als Instrument des effizienten Beziehungsmanagements.

Auch bei dieser Typologie ergeben sich wieder vier Typen, die diesmal jedoch als Realtypen zu bezeichnen sind. Tab. 4-2 zeigt sie im Überblick.

Personelle Zusammen-setzung des Aufsichts-rats	Unternehmenspolitische Kompetenz des Aufsichtsrats	
	Hoch	Niedrig
Aktionärsdominanz	Leitungsaufsichtsrat [13 %]	Kontrollaufsichtsrat [23 %]
Dominanz von Nicht-Beteiligten	Unternehmenspolitischer Aufsichtsrat [37 %]	Repräsentations-aufsichtsrat [27 %]

Tab. 4-2: Aufsichtsratstypologie nach Gerum (1991)

Am häufigsten mit 37 % der untersuchten Fälle tritt der sog. „unternehmenspolitische Aufsichtsrat" in Erscheinung. Dieser Typ ist dadurch gekennzeichnet, dass auf der einen Seite ein großer Katalog zustimmungspflichtiger Geschäfte existiert, auf der anderen Seite aber der Vorstand sich nicht mit einem aktionärsdominierten Aufsichtsrat auseinandersetzen muss. Das heißt der Vorstand kann hier nicht als prinzipiell schwach im Vergleich zum Aufsichtsrat eingestuft werden. In diesem Fall wird sich vielfach die Situation ergeben, dass der Aufsichtsrat und der Vorstand aktiv die Unternehmenspolitik bestimmen. Durch die Teilnahme des Aufsichtsrates an der Unternehmenspolitik gelingt es dem Vorstand, seine eigene Tätigkeit abzusichern. Zu kurz kommt in diesem Fall ganz klar die Kontrollfunktion des Aufsichtsrates im Hinblick auf die Vorstandstätigkeit.

Mit 27 % ist der „Repräsentationsaufsichtsrat" der am zweithäufigsten auftretende Typ. Er ist dadurch gekennzeichnet, dass der Vorstand vergleichsweise mächtig ist. Es gibt nur einen sehr kleinen Katalog zustimmungspflichtiger Geschäfte. Darüber hinaus dominieren auch Nicht-Beteiligte im Aufsichtsrat. Das heißt der Vorstand hat hier die Möglichkeit, sich den Aufsichtsrat „selbst zu wählen" – zumindest soweit es die Vertreter der Anteilseigner betrifft. Der Vorstand steuert insofern das Unternehmen alleine, Kontrolle findet so gut wie nicht statt. Auch eine Mitentscheidung des Aufsichtsrates ist allenfalls bei den wenigen noch verbliebenen zustimmungspflichtigen Geschäften der Fall. Die Kontrollfunktion des Aufsichtsrates reduziert sich insofern auf die Kontrolle, die möglicherweise durch die Vertreter der Mitarbeiter im Aufsichtsrat wahrgenommen wird.

Am dritthäufigsten tritt der „Kontrollaufsichtsrat" in Erscheinung. Er ist dadurch gekennzeichnet, dass zwar nur ein sehr geringer Katalog an zustimmungspflichtigen Geschäften existiert, aber der Aufsichtsrat als aktionärsdominant bezeichnet werden kann. Es ist dies im Prinzip die klassische Situation, bei der sich die Eigentümer aus der Geschäftsleitung zurückgezogen haben und nur noch ihrer Kontrollfunktion nachkommen. Diese Kontrollfunktion wird aber im Regelfall sehr intensiv wahrgenommen. Der Aufsichtsrat ist insofern vergleichsweise mächtig, da sich zumindest die Vertreter auf der Kapitalseite sicher sein können, dass ihre Entscheidungen voll und ganz auch von der Hauptversammlung getragen werden.

Der am wenigsten anzutreffende Typ des Aufsichtsrates ist der des sog. „Leitungsaufsichtsrates". Dieser Typ ist dadurch gekennzeichnet, dass zum einen ein umfangreicher Katalog zustimmungspflichtiger Geschäfte existiert und dass auf der anderen Seite der Aufsichtsrat aktionärsdominant zusammengesetzt ist. Dies wird vielfach bei sog. Familien-Aktiengesellschaften der Fall sein. Die Geschäftsführung des Vorstandes ist dabei allenfalls noch Fiktion. Sämtliche wichtigen strategischen Entscheidungen werden von den Eigentümern, die im Aufsichtsrat vertreten sind, getroffen. Eine Kontrolle der Unternehmensleitung findet somit faktisch nicht statt, da der Aufsichtsrat seine Kontrollkompetenz zugunsten der Leitungskompetenz aufgegeben hat. Ganz im Gegensatz zu den Vorstellungen des Gesetzgebers. Dies wird umso eher der Fall sein, wenn es sich bei Unternehmen, die in diese Gruppe der Aufsichtsräte fallen, um Unternehmen handelt, für die die Mitbestimmung im Rahmen des Mitbestimmungsgesetzes bzw. des Montanmitbestimmungsgesetzes nicht gilt. In diesem Fall findet eine Kontrolle faktisch nicht mehr statt.

Mit seiner Typologie gelang es Gerum, fast 90 Prozent der untersuchten Aktiengesellschaften zu klassifizieren, allerdings werden insgesamt auch nur 62 Aktiengesellschaften untersucht. Es zeigt sich dabei, dass eine Vielzahl der deutschen Aktiengesellschaften nicht bzw. nur unzureichend im Sinne der Vorstellungen des Gesetzgebers gesteuert wurden. Es ist insofern auch nicht verwunderlich, dass insb. seit den 90er Jahren vehement diskutiert wurde, über welche Defekte die Aufsichtsratstätigkeit, insb. in Deutschland, verfügt.

4.3.3 Probleme bei der Wahrnehmung der Kontrollkompetenz

Viele Probleme bei großen Aktiengesellschaften sind auf die unzureichende Wahrnehmung der Kontrollkompetenz durch den Aufsichtsrat zurückzuführen. Höchstwahrscheinlich ließen sich derartige Probleme bei einer besseren Wahrnehmung der Kontrollkompetenz nicht gänzlich verhindern, ihre negativen Auswirkungen wären aber möglicherweise geringer. Ein entsprechendes Beispiel hierfür ist der Fall der Metallgesellschaft AG in den Jahren 1991 bis 1994:

„Auf der Herbstpressekonferenz im November 1993 über das Geschäftsjahr 1992/93 bezifferte der Vorstandsvorsitzende der Metallgesellschaft AG den Konzernverlust mit 347 Mio. DM und führte dabei aus ‚das vergleichbare Vorjahresergebnis (1991/92 sei geschönt und mit effektiv 650 Mio. DM negativ gewesen'. Gleichzeitig prognostizierte er für das nächste Geschäftsjahr eine ‚Rückkehr in die Gewinnzone'.

Was im Dezember 1993 als Liquiditätsengpaß im Kontext mit Öltermingeschäften an der New York Mercantile Exchange bezeichnet wurde, entwickelte sich zu dem bekannten Unternehmensskandal mit den sich abzeichnenden gravierenden Verlusten. In einer außerordentlichen Aufsichtsratssitzung im Dezember 1993 wurde der Vorstandsvorsitzende und einige seiner Kollegen abgelöst. Sondersitzungen wurden einberufen und ein Sanierer zum Vorstandsvorsitzenden bestellt. [...]

Interessant ist in diesem Zusammenhang, dass der Aufsichtsrat vor Abberufung des Vorstandsvorsitzenden im Dezember 1993, also einen Monat vorher, dessen Vertrag um eine weitere volle Amtsperiode verlängerte. Das gegen ihn eingeleitete Strafverfahren endete mit einem Vergleich und bestätigt, dass Regressansprüche an Vorstände auch in Fällen eindeutigen Missmanagements kaum durchsetzbar sind."

Quelle: Hofmann, R./Hofmann, I.: Corporate Governance – Überwachungseffizienz und Führungskompetenz in Kapitalgesellschaften, München/Wien 1998, S. 172 - 174.

Nicht zuletzt spektakuläre Managementfehler bei großen Aktiengesellschaften sind Ausgangspunkt für eine umfassende Kritik an der Unternehmensaufsicht, wie sie aktuell stattfindet. In Deutschland wird in diesem Zusammenhang vielfach die Rolle bzw. das Verhältnis des Aufsichtsrates zum Vorstand kritisiert. Folgende Problemaspekte gilt es in diesem
Zusammenhang näher zu betrachten:[1]

- **Auswahl der Aufsichtsratsmitglieder:** Die Qualität der Aufsichtsräte
  bzw. der Arbeit des Aufsichtsrates insgesamt hängt nicht zuletzt von
  den handelnden Personen ab. Bei großen deutschen Aktiengesellschaften sind dies zwei Gruppen von Personen, die Kapitalvertreter und die
  Arbeitnehmervertreter. In Umkehrung der Gesetzesnorm scheint der
  Vorstand die Aufsichtsratsmitglieder zu bestellen. Dieser Eindruck entsteht, wenn er sie der Hauptversammlung vorschlägt. Auf der Seite der
  Arbeitnehmervertreter dominieren die Betriebsräte bzw. unternehmensexterne Vertreter der Gewerkschaft. Es werden also nicht Personen für den Aufsichtsrat rekrutiert, von denen man annehmen kann,
  dass von ihnen eine nachhaltige Kontrolle der Vorstandstätigkeit ausgeht. Es werden möglicherweise Aufsichtsratsmitglieder rekrutiert, die
  Ziele externer Interessengruppen vertreten. Diese Interessen sind oftmals eher allgemeinpolitischer Natur, als dass sie sich an dem zu kon-
  trollierenden Unternehmen orientieren.

---

1   Vgl. hierzu bereits Gutenberg (1970), S. 1 ff.; Albach et al. (1988) sowie Werder
    (1998), S. 1193 ff.

Vielfältige Aussagen machen deutlich, dass das Problem der Zusammensetzung des Aufsichtsrats im Hinblick auf dessen Kontrollfunktion hinlänglich bekannt ist. Insbesondere die Interessenkongruenz von Vorstand und Arbeitnehmervertretern scheint hier eine zentrale Rolle zu spielen:

> *„Henkel [ehemaliger Präsident des BDI] verweist darauf, dass es in Pressemitteilungen über Vorstandsbestellungen häufig heiße, sie seien einstimmig erfolgt. Er kommentiert dies so: ‚Natürlich ist in der Regel Konsens anzustreben. Aber es könnte auch sein, dass in Deutschland ab und zu Entscheidungen nicht optimal getroffen werden, weil man ein Auge auf die Arbeitnehmerbank haben muss, auf der neben den Betriebszugehörigen meist auch noch drei externe Gewerkschaftsmitglieder sitzen'. Theodor Baums, Aktienrechtsexperte und Vorsitzender Regierungskommission Corporate Governance, erklärt die Zufriedenheit vieler Manager mit der Mitbestimmung damit, dass sie ihnen eine wirksame Kontrolle vom Hals hält. Rolf Breuer, Aufsichtsratschef der Deutschen Bank, räumt ein, dass man in Gegenwart der Arbeitnehmervertreter ungern den Vorstand rüffelt. Wolfgang Kaden, Chefredakteur des Manager-Magazins hat in seiner Dankesrede für den Ludwig-Erhard-Preis gesagt, er sei immer wieder verblüfft gewesen, wenn er in Gesprächen mit den Vorstandsvorsitzenden großer Unternehmen so gut wie nie Kritik an der Mitbestimmung gehört habe, selbst in vertraulichen Gesprächen nicht. Im Gegenteil: Die meisten hätten ausdrücklich die so genannte paritätische Mitbestimmung gelobt. Die Mitbestimmung stärkt den Vorstand*
> *Allmählich dämmerte Kaden, warum das so ist: ‚Die Mitbestimmung schwächt die Position des Kontrollorgans und stärkt somit die Position des Vorstands; sie erfreut sich vor allem deswegen so hoher Wertschätzung bei den Topmanagern, weil sie deren Macht ausweitet.'"*
>
> *Quelle: Nahrendorf, R.: Zeit für einen Tabubruch,*
> *in: www.trend-zeitschrift.de/trend95/9510.html – letzter Zugriff am 29.06.2004*

- **Fragwürdige Rekrutierungskriterien:** Es ist nicht die Kontrollkompetenz, die die Auswahl der Mitglieder des Aufsichtsrates lenkt, es sind andere Aspekte, die in diesem Zusammenhang eine Rolle spielen, wie z. B. die Präferenz für Schlüsselpersonen im Verflechtungsnetzwerk der Unternehmen. Es wird hier nicht umsonst immer wieder der Begriff der „Deutschland-AG" in die Diskussion geworfen. Aufgrund existenter Überkreuzbeteiligungen großer Unternehmen dominieren im Aufsichtsrat vielfach Manager und nicht so sehr „echte" Unternehmer, die in nennenswerter Weise mit „eigenem Geld" am Unternehmen beteiligt sind. Es findet sich darüber hinaus auch oftmals der Fall, dass ehemalige Vorstandsvorsitzende bzw. Vorstandsmitglieder nach Erreichen der Altersgrenze in den Aufsichtsrat überwechseln. Es wird hier immer wieder argumentiert, dass so die Erfahrung und das Wissen im Unternehmen bleibt. Allerdings muss zumindest die Frage erlaubt sein, ob Personen, die in der Vergangenheit Managementverantwortung getragen haben, jetzt Kontrollverantwortung tragen können. Eine Kontrollverantwortung, die möglicherweise dazu führt, dass eigene, vergangene Entscheidungen höchst kritisch zu hinterfragen wären. Schließlich ist auch das Depotstimmrecht bzw. die Hausbankfunktion als kritisch im Hinblick auf die Rekrutierung der Aufsichtsratspersonen zu werten. Wird dieses Depotstimmrecht dazu genutzt, bestimmte Personen, die den Interessen der vertretenen Banken nahe stehen, für den Aufsichtsrat zu bestellen, so ist die Wahrscheinlichkeit, dass hier das Vorsichtsprinzip der Banken die Innovationsfreude der Unternehmer dominiert, höchst wahrscheinlich.

Trotz vielfacher Kritik scheint es immer noch üblich zu sein, direkt vom Vorstandsvorsitz zum Aufsichtsratsvorsitz zu wechseln, wie das Beispiel der Münchener Rückversicherung zeigt:

„Die Regeln der Corporate Governance scheinen für den Münchener Versicherungskonzern nicht zu gelten. Trotz massiver Kritik einzelner Aktionäre wurde Ex-Chef Hans-Jürgen Schinzler zum neuen Vorsitzenden des Kontrollgremiums gewählt. (...) Bei der Hauptversammlung am Mittwoch in München hatten Aktionärsvertreter den Wechsel an die Aufsichtsratsspitze als ‚Automatismus' kritisiert und Schinzler nahe gelegt, auf das Amt zu verzichten."

Quelle: o. V.: Schinzler wird Aufsichtsratschef,
in: www.manager-magazin.de/koepfe/artikel/0,2828,301656,00.html –
letzter Zugriff am 31.08.2004

- **Einbindung des Aufsichtsratsvorsitzenden:** Die Informationen zwischen Vorstand und Aufsichtsrat sind und können auch nicht gleich verteilt sein. Es gibt hier eine Vielzahl von Asymmetrien, die sich nicht unbedingt positiv auf die Wahrnehmung der Kontrollkompetenz des Aufsichtsrates auswirken. In diesem Zusammenhang ist die überragende Rolle des Aufsichtsratsvorsitzenden bzw. seines Stellvertreters von besonderer Bedeutung, da sie als primäre Ansprechpartner des Vorstandes fungieren. Sie sind deutlich besser informiert als die übrigen Aufsichtsratsmitglieder. Es besteht dabei die Gefahr, dass der Aufsichtsratsvorsitzende bzw. sein Stellvertreter durch den intensiven Dialog mit dem Vorstand in bestimmte unternehmenspolitische Entscheidungen bereits eingebunden sind. Insofern wird hier die Kontrollverantwortung des Aufsichtsrates insgesamt beeinträchtigt. In diesem Zusammenhang muss auch als kritisch gesehen werden, dass oftmals ein intensiver Kontakt zum Abschlussprüfer nicht stattfindet. Allenfalls der Aufsichtsratsausschuss, der mit der Vorbereitung der Abschlussprüfung befasst ist, wird hier in einen entsprechenden Dialog eintreten. Dies gilt jedoch nicht für sämtliche Mitglieder des Aufsichtsrates.

- **Durchführung der Aufsichtsratssitzung:** Letztlich führt die asymmetrische Informationsverteilung zwischen Vorstand und Aufsichtsrat dazu, dass die eigentliche Aufsichtsratstätigkeit sehr ritualisiert abläuft. Es ist eine einseitige Informationsversorgung zu beobachten. Oftmals findet kein freier Dialog statt, es werden Standardfragen gestellt und Standardantworten gegeben. Das Konsensstreben im Gremium dominiert eindeutig.

In diesem Zusammenhang wird immer wieder argumentiert, dass eine wirksame Tätigkeit des Aufsichtsrates nur dann sichergestellt sein kann, wenn die einzelnen Mitglieder im Aufsichtsrat sich dieser Tätigkeit auch nachhaltig widmen können. Diese Nachhaltigkeit bezieht sich zum einen darauf, dass gute Kenntnisse über das Unternehmensgeschehen ebenso vorliegen wie die Bereitschaft, sich zeitlich intensiv mit dem Unternehmen auseinanderzusetzen. Dass diese Bedingungen erfüllt sind, wird vielfach bezweifelt. Es wird dies an mehreren Indizien festgemacht: zu große Aufsichtsräte, zu seltene Sitzungen, zu knappe Sitzungsdauern sowie unzureichende Vorabinformationen. Darüber hinaus wird immer wieder bemängelt, dass die eigentlichen Aufgaben des Aufsichtsrates zunehmend auf die Ausschüsse verlagert werden. Dies in erster Linie auf den Präsidialausschuss, in dem der Aufsichtsratsvorsitzende und sein Stellvertreter bzw. seine Stellvertreter sitzen. Die übrigen Aufsichtsratsmitglieder sind entsprechend vom

laufenden Geschäft des Aufsichtsrates ausgeschlossen. Letztlich führt
dies dazu, dass vielfach beklagt wird, dass die eigentliche Aufsichtsratssitzung – insbesondere bei großen mitbestimmten Aufsichtsräten –
eher einem sozialen Ereignis ähnelt und weniger einer Arbeitskonfe-
renz, auf der die Tätigkeit des Vorstandes nachhaltig kontrolliert wird.

In jüngster Zeit scheint sich jedoch auch in diesem Bereich ein Wandel zu
vollziehen. Die Arbeit der Mitglieder des Aufsichtsrats wandelt sich von
einer bloßen Repräsentationsfunktion hin zu einer evaluierten Manage-
mentleistung, wie das Beispiel der Celanese AG zeigt:

*„Ob der Aufsichtsrat auch tatsächlich für den Erfolg von Celanese arbeitet,
wird in einer Effizienzanalyse geprüft: Jedes Mitglied muss – auf einem
ausführlichen Fragebogen – seinen eigenen Beitrag in den Ausschüssen
und im Kontrollgremium sowie die Arbeit der gesamten Runde beurteilen.
2002 startete Celanese mit dem so genannten Board Audit zunächst im
Finanz- und Auditausschuss. In diesem Jahr nehmen erstmals alle Aufsichtsratsmitglieder daran teil.“*

*Quelle: Schaudwet, C./Ruess, A.: Offene Tür,
in: Wirtschaftswoche, Nr. 39 vom 18.09.2003, S. 88 - 96, hier S. 91.*

4.4   Kontrollkompetenz der Hauptversammlung

4.4.1   Aufgaben der Hauptversammlung

Die Kontrollkompetenz der Hauptversammlung entfaltet sich eher auf
indirektem Wege, da sie sich im Prinzip auf die Bestellungskompetenz
und die Entlastungskompetenz beschränkt. Eine Überwachungskompetenz, wie sie z. B. explizit für den Aufsichtsrat vorgesehen ist, existiert
nicht (siehe Abb. 4-2).

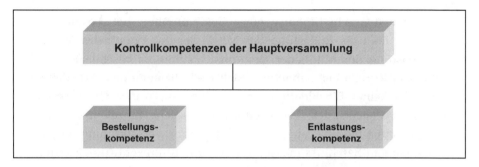

Abb. 4-2: Kontrollkompetenzen der Hauptversammlung

Ihre Kontrollwirkungen entfalten diese Kompetenzen nur dadurch, dass die zu bestellenden bzw. zu entlastenden Institutionen die hieraus möglicherweise resultierenden negativen Konsequenzen antizipieren und dies bei der Ausübung ihrer Kompetenzen berücksichtigen.

Konkret umschließt die Bestellungs- bzw. Entlastungskompetenz der Hauptversammlung folgende Aufgaben: Zentrale Aufgabe der Hauptversammlung ist sicherlich die Bestellung der Mitglieder des Aufsichtsrates (§ 119 Abs. 1 AktG). Dies gilt allerdings nur für denjenigen Teil der Aufsichtsratsmitglieder, die nicht nach dem Mitbestimmungsgesetz oder dem Mitbestimmungsergänzungsgesetz oder dem Betriebsverfassungsgesetz 1952 zu wählen sind. Das heißt für die Aufsichtsratsmitglieder, die die Kapitalseite vertreten.

Des Weiteren wird von der Hauptversammlung der Abschlussprüfer bzw. der Gründungsprüfer bestellt. Hierbei ist die Hauptversammlung allerdings an den Vorschlag des Aufsichtsrates gebunden. Da dieser bei großen Kapitalgesellschaften paritätisch besetzt ist, wird der Vorschlag auf einen Prüfer fallen, der beiden Interessengruppen entgegen kommt. Entsprechend ist der Vorschlag des Aufsichtsrates auch nicht als ein zentrales Kontrollinstrument der Anteilseigner in ihrer Funktion als Prinzipale zum Schutz vor so genannten „hidden actions" oder „hidden informations" der beauftragten Agenten, d. h. des Vorstandes, zu sehen. Insofern ist es auch nicht verwunderlich, dass eine strenge „shareholder-value"-Prüfung vom Prüfer nicht zu erwarten ist. Zumal auch ein entsprechender Prüfungsauftrag vom Gesetzgeber nicht fixiert wird.

In den ersten acht Monaten eines Geschäftsjahres hat die Hauptversammlung über die Entlastung der Mitglieder des Vorstandes und über die Entlastung der Mitglieder des Aufsichtsrates zu beschließen (§ 120 AktG). Der Regelfall ist dabei die kollektive Entlastung des Gremiums. Es kommt zu keiner Einzelentlastung einzelner Mitglieder des Vorstandes bzw. des Aufsichtsrates. Wird jedoch eine solche Einzelentlastung gewünscht, so ist hierüber ein Beschluss der Hauptversammlung herbeizuführen. Diesem Beschluss müssen mindestens 10 Prozent des Grundkapitals zustimmen. Nur wenn dieses Quorum erreicht wird, ist eine Einzelentlastung der Mitglieder möglich.

Nicht geregelt wird vom Gesetzgeber die Entlastung des Abschlussprüfers. Obwohl dieser wie der Vorstand und der Aufsichtsrat von der Hauptversammlung bestellt wird, findet eine Entlastung nicht statt. Es fehlt also eine Validierung der Arbeitsleistung des Abschlussprüfers durch die Hauptversammlung. Vor dem Hintergrund, dass die Hauptversammlung bei der Bestellung des Abschlussprüfers an den Vorschlag des Aufsichtsrates gebunden ist, ist die nicht vorhandene Entlastungskompetenz gegenüber dem Abschlussprüfer als problematisch zu werten. Sie beeinträchtigt darüber hinaus auch das Machtgleichgewicht von Prinzipal und Agent, da Sanktionspotenzial im Hinblick auf eine effiziente Kontrolle nicht besteht.

Wenn man sich die Kontrollkompetenzen der Hauptversammlung anschaut, so fällt auf, dass die Hauptversammlung, obwohl sie den Vorstand zu entlasten hat, keine Kompetenz der Bestellung besitzt. Das zentrale Sanktionspotenzial fehlt der Hauptversammlung damit. Es kommt insofern auch hier zu einer Einschränkung der Verfügungsrechte der Anteilseigner.

Dass der Ablauf der Hauptversammlung vielfach kritisch gesehen wird, zeigen die nachfolgenden Äußerungen.

„In einem Gastbeitrag für die ‚Börsen-Zeitung' sprach sich der ehemalige Vorstandsvorsitzende der Deutschen Bank, Breuer, für massive Änderungen bei den jährlichen Aktionärstreffen aus. ‚Für einen großen Teil der deutschen Hauptversammlungen gilt leider: Die Veranstaltung ist in ihrer derzeitigen Form historisch überholt und wenig effizient', so Breuer wörtlich.

Durch Pflichtmitteilungen und Quartalsberichte haben die Hauptversammlungen ihre frühere Aufgabe als Informationsveranstaltung verloren, schrieb der frühere Deutsche-Bank-Chef. Auf vielen Hauptversammlungen werde zudem ‚die Unsitte gepflegt, dass Aktionäre Reden in epischer Breite und oftmals zu Themen halten, die nichts mit der Gesellschaft zu tun haben'. Seiner Ansicht ist die Aktionärsdemokratie mittlerweile zu einer ‚Diktatur der Minderheiten' geworden. ‚Die Aktionäre sollten sich darauf beschränken, Fragen zur Tagesordnung zu stellen', verlangte Breuer."

Quelle: o.V.: Breuer will lästige Aktionäre ausbremsen,
in: Spiegel online, 24.09.2003.
(http://www.spiegel.de/wirtschaft/0,1518,266955,00.html
– letzter Zugriff am 24.09.2003)

4.4.2 Durchführung der Hauptversammlung

4.4.2.1 Ablauf der Sitzung

Hauptversammlungen deutscher Aktiengesellschaften verlaufen nach einem stark standardisierten Prozedere. Dieses beginnt mit der Einberufung der Hauptversammlung durch den Vorstand. Zugleich wird die Tagesordnung bekannt gemacht. In der Bekanntmachung der Tagesordnung sind bereits Vorschläge zur Beschlussfassung durch den Vorstand und den Aufsichtsrat zu machen. Bei Tagesordnungspunkten, die sich auf die Wahl des Abschlussprüfers beziehen, sind diese Vorschläge zur Beschlussfassung nur vom Aufsichtsrat vorzulegen.

Dass derartige Diskussionen nicht frei von Tumulten bleiben können, zeigt das Beispiel der Hauptversammlung der Didier-Werke AG im Jahre 1997:

„Wenn es ums liebe Geld geht, steigen Aktionäre auch schon einmal auf die Barrikaden. Einen solchen Aufstand der Kleinkapitalisten erlebten Management und Aufsichtsrat der Didier-Werke AG auf der außerordentlichen Hauptversammlung (HV) im Oktober des vergangenen Jahres [1997]. Höhepunkt des Tumults: Ein Aktionär erklärte lauthals den Versammlungsleiter für abgesetzt, der Vorstandschef wurde mit Beleidigungen – ‚notorischer Lügner und Betrüger' – überschüttet, Kleinaktionäre empörten sich lauthals, sie seien ‚primitiv und skrupellos für einen Judaslohn verkauf worden'.

Hintergrund der Revolution: Der Baustofflieferant Didier, der vor allem feuerfeste Keramik herstellt, sollte vom österreichischen Konzern Radex-Heraklith (RH) übernommen werden. Die freien Aktionäre fühlten sich vom neuen Großaktionär über den Tisch gezogen, das Abfindungsangebot war in ihren Augen viel zu niedrig. Deshalb verlangten einige größere Kleinaktionäre eine Sonderprüfung. Ihr einziges Problem: Sie besaßen zwar eine ausreichende Zahl Aktien, konnten diesen Besitz jedoch nicht für die erforderlichen drei Monate vor der Hauptversammlung nachweisen. Als Ausweg blieb ihnen nur ein raffiniert ausgeklügelter Sabotageakt. Sie mussten die Hauptversammlung so lange hinauszögern, dass vor Mitternacht keine Beschlüsse gefasst werden konnten. Dann muß die Veranstaltung zu einem späteren Zeitpunkt wiederholt werden.

Die Überrumpelung des offensichtlich überforderten österreichischen Versammlungsleiters Walter Ressler glückte. Der Vorstandsvorsitzende der RH-Industrieholding und Didier-Aufsichtsratschef wurde zunächst stundenlang mit Anträgen zur Geschäftsordnung bombardiert. Dann kam er viel zu spät auf die Idee, die Redezeit der Aktionäre, die sich zu Wort gemeldet hatten, zu verkürzen. Als er gegen 21 Uhr schließlich ankündigte, er wolle die Rednerliste schließen, prasselte nochmals eine Fragenlawine auf den Notar hernieder. Gegen 23 Uhr unternahm Ressler dann einen Abstimmungsversuch. Doch zuvor waren nicht alle schriftlich angemeldeten Redner zu Wort gekommen. Es brach wieder Tumult aus, jeder brüllte oder krächzte, sogar Prügel wurden angedroht. 20 Minuten später musste der sichtlich ramponierte Ressler aufgeben. Keine Abstimmung, Verlegung der Hauptversammlung, die Aufständler hatten ihr Ziel erreicht. Vive la Révolution!"

Quelle: Henry, A./Spegel, H.: Mit Thermoskanne und Henkelmann, in: Wirtschaftswoche, Nr. 17 vom 16.04.1998, S. 210 - 218, hier S. 210.

Nach § 124 Abs. 4 AktG dürfen keine Beschlüsse über Gegenstände der Tagesordnung gefasst werden, die nicht ordnungsgemäß bekannt gemacht worden sind. Anträge von Aktionären, die darauf abzielen, in der Hauptversammlung einem Vorschlag des Vorstandes bzw. des Aufsichtsrates zu widersprechen, und die darauf abzielen, die anderen Aktionäre zu veranlassen, für diesen Gegenantrag zu stimmen, sind nach § 126 Abs. 1 AktG jedem Aufsichtsratsmitglied und jedem Aktionär zugänglich zu machen. Hiervon kann nur Abstand genommen werden, wenn ein Gegenantrag und dessen Begründung aufgrund der in § 126 Abs. 2 AktG genannten Gründe zutrifft.

Die Leitung der Hauptversammlung übernimmt der Vorsitzende des Aufsichtsrates. Die an der Hauptversammlung teilnehmenden Aktionäre bzw. ihre Vertreter haben sich in ein Verzeichnis der erschienenen Aktionäre einzutragen. Dieses Verzeichnis enthält Angaben über Name, Wohnort und Summe der vertretenen Aktien unter Angabe der Gattung. Dieses Verzeichnis ist nach § 129 Abs. 4 AktG den Teilnehmern vor der ersten Abstimmung zugänglich zu machen.

An einer Hauptversammlung sollen ebenfalls die Mitglieder des Vorstandes und des Aufsichtsrates teilnehmen. Allerdings: Gute Gründe erlauben hier die Abwesenheit. Darüber hinaus ist es auch möglich, dass in bestimmten Fällen von der Teilnahme von Mitgliedern des Aufsichtsrates abgesehen werden kann, wenn sie im Wege einer Ton- bzw. Bildübertragung zur Sitzung zugeschaltet werden können (§ 118 Abs. 2 AktG). Der gesamte Sitzungsverlauf einer Hauptversammlung wird notariell beurkundet.

Im Zentrum der Hauptversammlung steht die Vorlage des Jahresabschlusses durch den Vorstand. Der Vorstand berichtet über das abgelaufene Geschäftsjahr und umreißt die zukünftige Entwicklung. Zur Vorlage des Jahresabschlusses wie auch zu den anderen Tagesordnungspunkten schließt sich im Regelfall eine Diskussion im Plenum an. Eine solche Diskussion folgt dabei vielfach alt eingeübten Ritualen. Es existiert die schweigende Mehrheit ebenso wie der professionelle Analytiker. Ebenso findet sich das pflichtmäßige Bekunden abweichender Meinungen im Auftrag einzelner Aktionäre. Großaktionäre nutzen das Forum der Hauptversammlung als Diskussionsbasis in der Regel nicht. Ihnen stehen meist direktere Wege der Kommunikation mit dem Vorstand zur Verfügung. Auch institutionelle Finanzanalysten greifen meist auf andere Wege im Zuge des Investor-Relations-Managements zurück. Darüber hinaus finden sich jedoch auch Kritiker, die das Forum der Hauptversammlung nutzen, um unternehmensexterne Gruppeninteressen zu propagieren.

4.4.2.2   Funktion der Sitzungsleitung

Hitzige Hauptversammlungen sind somit die Stunde des Vorsitzenden der Hauptversammlung, also des Aufsichtsratsvorsitzenden. Prinzipiell hat jeder Aktionär ein Rederecht. Bedingung ist allerdings, dass er zur Tagesordnung spricht, wobei es zulässig ist, die Redezeit generell zu beschränken. Im Allgemeinen wird hierbei von zehn Minuten ausgegangen. Eine spezielle Beschränkung darf bei fünf Minuten liegen. Entsprechend ist vor der Hauptversammlung zu überlegen, welche Strategie gegenüber „allzu giftigen" Kritikern einzuschlagen ist. Folgende Punkte könnten hierbei berücksichtigt werden:

- Generell könnten Hauptversammlungen, bei denen verstärkte Kritik zu erwarten ist, nicht nur für einen Tag anberaumt werden, sondern es könnte nach Möglichkeit bereits für zwei Tage geladen werden. Man erspart sich so eine Verlegung der Hauptversammlung mit den dafür notwendigen neuen Einladungen zu einem entsprechenden Termin.

- Die Gestaltung der Rednerliste zeichnet ebenfalls einen erfahrenen Versammlungsleiter aus. So hat es sich herausgestellt, dass es durchaus sinnvoll ist, „Lobreden" nach vorne auf die Rednerliste zu setzen und die Redebeiträge von „Querulanten" nach hinten. Oftmals erlöscht die Aufmerksamkeit des Auditoriums bei langen Redebeiträgen, die Wirtschaftspresse hat ihre Fotos gemacht und die Artikel geschrieben, damit diese noch am nächsten Tag gedruckt werden.

- Darüber hinaus besitzt der Versammlungsleiter auch das Recht, Kritiker, wenn sie z. B. ihre Redezeit nachhaltig überziehen, aus dem Versammlungssaal zu verweisen. Allerdings sollte man von derartigen Handlungen Abstand nehmen. Sie wirken sich oftmals negativ auf das

Image eines Unternehmens aus. So fanden sich z. B. die Fotos des Hinauswurfs von Kritikern auf der Hauptversammlung der Daimer-Benz AG 1993 durch den Aufsichtsratsvorsitzenden, Hilmar Kopper, am Tag darauf in vielen Medien wieder. Dies trotz eines Fotografierverbotes, welches für die Hauptversammlung galt.

• Darüber hinaus sind natürlich auch „Ablenkungsmanöver" denkbar. Diese reichen von unerträglichen Versammlungsbedingungen bis hin zu einem reichhaltigen Buffet, welches parallel zur Versammlung in den Vorräumen gereicht wird.

Das nachfolgende Beispiel zeigt am Beispiel der Praktiker Bau- und Heimwerkermärkte AG, wie versucht wurde, die Hauptversammlung im Sinne von Vorstand und Aufsichtsrat durchzuführen:

„Beruhigungspillen fürs Aktionärsvolk verfehlen ihre Wirkung nicht. Auf der Hauptversammlung der Praktiker Bau- und Heimwerkermärkte AG in Saarbrücken im vergangenen Jahr hätte der schwächelnde Aktienkurs die Anteilseigner eigentlich auf die Palme bringen müssen. Seit der Emission vor gut zwei Jahren zu 47 Mark ist der Kurs auf rund 24 Mark gefallen. Doch eine großzügige Naturaldividende besänftigte die Gemüter. Der Vorstand ließ ein üppiges Buffet mit Spießbraten, Tortellini, Fischfilet und Mousse au Chocolat auffahren. Da ein Großteil der Aktionäre aus der Region kommt, ‚wäre es aus unserer Sicht falsch verstandener ‚Shareholder-Value', darauf nicht in angemessener Weise einzugehen', teilt Praktiker mit. Außerdem deckten sich die Heimwerker unter den Aktionären im Foyer mit Werkzeugkoffern, Sägeblättern und Schleifscheiben ein, die der Vorstand dort ‚zur Begutachtung' hatte aufbauen lassen. ‚Zum Trost eine Zange', titelte am folgenden Tag die ‚Saarbrücker Zeitung'.

Quelle: Henry, A./Spegel, H.: Mit Thermoskanne und Henkelmann, in: Wirtschaftswoche, Nr. 17 vom 16.04.1998, S. 210 - 218, hier S. 218.

Das nachfolgende Beispiel zeigt am Beispiel der F. Reichelt AG, wie versucht wurde, die Hauptversammlung im Sinne von Vorstand und Aufsichtsrat durchzuführen:

Aushungern. Die entgegengesetzte Strategie gilt sogar in Militärkreisen als verpönt – das Aushungern. Doch rücksichtslose Großaktionäre schrecken offenbar sogar davor nicht zurück. Auf die Spitze getrieben wurde diese Taktik vor einigen Jahren beim Hamburger Pharmahandelsunternehmen F. Reichelt AG. Dort standen einige Verträge mit Protestpotential auf der Tagesordnung. Wohl damit der Widerstand gegen den Großaktionär im Rahmen bliebe, gab es von morgens 10 bis abends 23 Uhr bei subtropischen Saaltemperaturen weder Speis noch Trank – für die Aktionäre. ‚Die Offiziellen verschanzten sich derweil auf dem Podium hinter ihren Getränkevorräten‘, erinnert sich Professor Wenger.

Trotzdem scheiterte die Taktik: Das genötigte Aktionärsvolk organisierte eine Nachschublinie in den nächsten Fastfood-Shop und hielt so die Stellung. Sie boten Vorstand und Aufsichtsrat sogar noch Pommes an.“

Quelle: Henry, A./Spegel, H.: Mit Thermoskanne und Henkelmann, in: Wirtschaftswoche, Nr. 17 vom 16.04.1998, S. 210 - 218, hier S. 218.

4.4.2.3 Beispiel der Durchführung einer Hauptversammlung

Das erfolgreiche Durchführen einer Hauptversammlung ist insbesondere immer dann gefährdet, wenn sich im Vorwege bereits Konflikte zwischen zentralen Interessengruppen andeuten, die über erhebliche Machtpotenziale verfügen. Ein Beispiel hierfür ist die Hauptversammlung der Commerzbank AG im Jahr 2001. Die zentrale Konfliktlinie verlief hier zwischen dem Vorstand bzw. dem Aufsichtsrat auf der einen Seite und einem „neuen" Großaktionär auf der anderen Seite. Die Bedeutung eines erfolgreichen Managements der Hauptversammlung durch Vorstand und Aufsichtsrat ergab sich insbesondere dadurch, dass das Abstimmungsverhalten der Hauptversammlung im Vorwege schlecht kalkulierbar erschien, da sich ca. 80 Prozent des Aktienkapitals in Streubesitz befanden. Die vielfach zu beobachtende Sicherung der Stimmenmehrheit durch frühzeitige Einbindung der Interessen der Großaktionäre in die zu beschließenden Sachverhalte war in diesem Fall also nicht möglich.

Die Ausgangssituation bei der Commerzbank AG wird dabei wie folgt beschrieben:

„Die Commerzbank versucht offenbar 40 widerspenstige Aktionäre vor ihrer Hauptversammlung am kommenden Freitag einzuschüchtern. Sie droht damit, alle 40 Namen zu veröffentlichen. In einem Brief deutet ein Anwalt der Bank an, man könne auf Nachfrage dazu gezwungen sein, berichtet das ‚Handelsblatt'. Die Aktionäre hatten im Vorfeld der Aktionärsversammlung eine Ergänzung der Tagesordnung durchgesetzt. Sie beantragen die Bestellung von Sonderprüfern und eine Satzungsänderung. Auch wollen sie dem Vorstand das Vertrauen entziehen.

Am Markt rechnet man damit, dass einige prominente Aktionäre zu den Initiatoren gehören. Vermutlich wäre eine Veröffentlichung ihres Namens nicht in ihrem Interesse. Von den 40 Aktionären sind bislang nur zwei bekannt, Clemens Vedder und Klaus Peter Schneidewind.

Beide stecken auch hinter dem Finanzinvestor Cobra, der offiziell knapp zehn Prozent der Commerzbank-Aktien hält. Cobra versucht seit mehr als einem Jahr, die Commerzbank-Anteile mit Gewinn an einen Investor zu veräußern.

Um sicher zu gehen, dass die Aktionäre auf der Hauptversammlung in ihrem Interesse abstimmen, bemüht sich die Bank intensiv, große Investoren fest auf ihre Seite zu holen. Sorgen macht dem Vorstand der hohe Streubesitzanteil von rund 80 Prozent und die in der Vergangenheit geringe Präsenz von Aktionären auf den Hauptversammlungen."

Quelle: o. V.: Commerzbank droht Aktionären, in: Spiegel online, 21.05.2001.
(http://www.spiegel.de/wirtschaft/unternehmen/0,1518,135118,00.html
- letzter Zugriff am 21.05.2001)

Dass der Aufsichtsrat der Commerzbank AG unter Umständen mit einer turbulenten Hauptversammlung rechnete, zeigt sich auch anhand der Einladung zu dieser Hauptversammlung:

- Die Tagesordnung der Hauptversammlung weist nicht nur die üblichen Punkte der Vorlage des Jahresabschlusses und der Gewinnverwendung auf. Es finden sich in den Ergänzungen zur Tagesordnung auch diejenigen Gegenstände der Beschlussfassung, die von einer Minderheit beantragt worden sind und die im Gegensatz zur Absicht von Vorstand und Aufsichtsrat stehen.

- Es wird die Hauptversammlung nicht nur für einen Tag anberaumt, sondern für den Fall, dass die Tagesordnung nicht vollständig abgearbeitet werden kann, wird gleichzeitig zur Fortsetzung der Hauptversammlung am darauf folgenden Tag geladen.

- Teilnahmerecht und Stimmrecht bei der Hauptversammlung besitzen nicht sämtliche Aktionäre, die am Tag der Versammlung Eigentümer der Aktien sind. Der Aktienbesitz muss mindestens vier Monate vor dem Hauptversammlungstermin nachgewiesen werden. Man möchte damit verhindern, dass nur gezielt zur Hauptversammlung Aktienbestände aufgebaut werden, um das Stimmengewicht in der Hauptversammlung nachhaltig zu beeinflussen.

Nicht nur die professionelle Vorbereitung der Hauptversammlung, sondern auch Gespräche zwischen den Beteiligten im Vorwege der Hauptversammlung führten dazu, dass der allgemein erwartete Konflikt auf der Hauptversammlung ausblieb. Nicht zuletzt das äußere Erscheinungsbild einer Gesellschaft sowie das davon abhängige Vertrauen der Investoren führten dazu, dass darauf verzichtet wurde, die vergleichsweise öffentliche Plattform der Hauptversammlung zur Austragung zentraler Konflikte zu nutzen.

Einladung zur Hauptversammlung der Commerzbank AG im Jahr 2001:

EINLADUNG

Wir laden unsere Aktionäre zu der am Freitag, dem 25. Mai 2001, ab 10.00 Uhr, in der Jahrhunderthalle Frankfurt, Frankfurt am Main-Höchst, Pfaffenwiese, stattfindenden ordentlichen Hauptversammlung ein.

Sollte die Tagesordnung an diesem Tag nicht abschließend behandelt werden können, wird die Hauptversammlung am Samstag, dem 26. Mai 2001, ab 10.00 Uhr, an gleicher Stelle fortgesetzt.

TAGESORDNUNG

1. *Vorlage des festgestellten Jahresabschlusses und des Lageberichts der Commerzbank AG für das Geschäftsjahr 2000 mit dem Bericht des Aufsichtsrats, Vorlage des Konzernabschlusses und des Konzernlageberichts für das Geschäftsjahr 2000*

2. *Beschlussfassung über die Verwendung des Bilanzgewinns [...]*

3. *Entlastung des Vorstands für das Geschäftsjahr 2000 [...]*

4. *Entlastung des Aufsichtsrats für das Geschäftsjahr 2000 [...]*

5. *Wahl des Abschlussprüfers für das Geschäftsjahr 2001 [...]*

6. *Ermächtigung zum Erwerb eigener Aktien nach § 71 Abs. 1 Nr. 7 Aktiengesetz [...]*

7. *Zustimmung der Hauptversammlung zu einem Unternehmensvertrag der Commerzbank AG mit einer Tochtergesellschaft [...]*

8. *Ergänzungswahl zum Aufsichtsrat [...]*

9. *Anpassung der Hinterlegungsvorschriften und Satzungsänderung [...]*

10. *Anpassung bestehender Ermächtigungen [...]*

ERGÄNZUNG DER TAGESORDNUNG

Auf Verlangen von 40 Aktionären, vertreten durch Herrn Rechtsanwalt Dr. Thomas Heidel aus der Rechtsanwaltskanzlei Meilicke Hoffmann & Partner, Bonn, wird die vorstehende Tagesordnung durch Bekanntmachung der nachfolgenden Tagesordnungspunkte 11, 12, 13 und 14 zur Beschlussfassung ergänzt. Der vollständige Text hierzu ist als Anlage zu den Tagesordnungspunkten 11 bis 14 abgedruckt.

11. *Bestellung von Sonderprüfern gemäß § 142 Abs. 1 AktG zur Prüfung von Vorgängen der Geschäftsführung, namentlich Maßnahmen der Kapitalbeschaffung unter Ausschluss des Bezugsrechts, gegenüber bestimmten Aktionären der Gesellschaft [...]*

12. *Vertrauensentzug gegenüber dem Vorstand im Hinblick auf sein Verhalten bei den Kapitalerhöhungen aus genehmigtem Kapital unter Bezugsrechtsausschluss der Altaktionäre [...]*

13. *Satzungsänderungen [...]*

14. *Geltendmachung von Ersatzansprüchen der Gesellschaft gegenüber Mitgliedern des Vorstands und des Aufsichtsrats sowie den in § 117 Abs. 1 und Abs. 3 AktG genannten Personen auf Grund eines Mehrheitsbeschlusses der Hauptversammlung oder eines Minderheitsverlangens von Aktionären [...]*

Zur Teilnahme an der Hauptversammlung und zur Ausübung des Stimmrechts sind diejenigen Aktionäre berechtigt, die – gemäß § 123 Abs. 3 Satz 1 Aktiengesetz in der durch das am 25. Januar 2001 in Kraft getretene Gesetz zur Namensaktie und zur Erleichterung der Stimmrechtsausübung (NaStraG) geänderten Fassung – spätestens am 18. Mai 2001 während der üblichen Geschäftsstunden bei einer Hinterlegungsstelle ihre Aktien für die Zeit bis zur Beendigung der Hauptversammlung hinterlegen und die Ausstellung einer Eintrittskarte beantragen.

Hinterlegungsstellen sind [...]

Aktionäre können ihr Stimmrecht in der Hauptversammlung auch durch einen Bevollmächtigten, beispielsweise ein Kreditinstitut oder eine Aktionärsvereinigung, ausüben lassen.

Frankfurt am Main, im April 2001

COMMERZBANK Aktiengesellschaft

Der Vorstand

4.4.3 Machtverhältnisse in der Hauptversammlung

Unabhängig vom Verlauf der Hauptversammlung sind unterschiedliche Rechte der Aktionäre voneinander zu trennen.

- **Allgemeine Rechte des Aktionärs:** Hier ist in erster Linie das Rederecht zu nennen mit den bereits oben genannten Beschränkungen. Darüber hinaus besitzt der Aktionär auch ein Auskunftsrecht entsprechend § 131 AktG.[1] Dieses Auskunftsrecht beschränkt sich allerdings auf Aspekte, die zur sachgemäßen Beurteilung des Gegenstandes der Tagesordnung erforderlich sind. Dabei ist zu beachten, dass nach § 131 Abs. 3 AktG der Vorstand in bestimmten Fällen auch die Auskunft verweigern darf. Dies gilt insb. dann, wenn aus der Auskunft ein nicht unerheblicher Nachteil für die Gesellschaft resultiert. Wird eine solche Auskunftsverweigerung protokolliert, so bleibt dem Aktionär nur die Möglichkeit, die Auskunft über eine gerichtliche Entscheidung zu erzwingen. Ein letztes allgemeines Recht der Aktionäre ist das Antragsrecht, d. h. das Recht auf Aufnahme von Diskussions- und Entscheidungspunkten auf die Tagesordnung. Dabei ist zu berücksichtigen, dass in der Satzung der Gesellschaft möglicherweise Vorschriften dahingehend bestehen, dass eine bestimmte Zeitdauer vorgeschrieben ist, in der die Aktien vor Ladung zur Hauptversammlung bereits gehalten werden müssen, damit ein solches Antragsrecht besteht.

- **Stimmrechte der Aktionäre:** Allgemein üblich ist das gewichtete Stimmrecht, d. h. die Höhe der Stimmrechte ergibt sich aus der jeweiligen Höhe der Aktiennennbeträge. Im Regelfall werden Entscheidungen mit einfacher Stimmenmehrheit der Anwesenden getroffen. Vom Gesetzgeber bzw. von der Satzung vorgeschrieben können qualifizierte Mehrheiten bei bestimmten Entscheidungen sein. Ebenso findet sich der Fall, dass das Stimmrecht nach oben hin beschränkt ist, d. h. es gibt sog. Höchststimmrechte. Sie sollen davor schützen, dass die Gesellschaft überfremdet wird. Sie stärken letztlich das Unternehmen als In-

---

1 Im Zuge des Entwurfs des Gesetzes zur Unternehmensintegrität und Modernisierung des Anfechtungsrechts (UMAG), welches zum November 2005 in Kraft treten soll, sind in diesem Zusammenhang einige Novellierungen vorgesehen.

stitution und schwächen die Anteilseigner als Aktionäre. Das sicherlich bekannteste Unternehmen, welches sich dieser verfassungsrechtlichen Konstruktion bedient, ist die Volkswagen AG. Ferner existiert in einer Hauptversammlung auch das Auftrags- oder Depotstimmrecht. Hierbei wird das Stimmrecht der Aktionäre durch die Kreditinstitute aufgrund einer Vollmacht oder einer Weisung des Aktionärs wahrgenommen. Schließlich ist auch der Stimmrechtsausschluss vorgesehen. Dieser besteht insb. bei Vorzugsaktien.

- **Minderheitenrechte:** Zum Schutz von Kleinaktionären gegenüber Großaktionären hat der Gesetzgeber bei bestimmten kritischen Entscheidungen Minderheitenrechte vorgesehen. So reichen bereits 10 Prozent des Aktienkapitals aus, um eine Abstimmung über die individuelle Entlastung einzelner Mitglieder von Vorstand und Aufsichtsrat zu erreichen. Darüber hinaus ist auch das Quorum für eine außerordentliche Hauptversammlung sehr gering. Bereits 5 Prozent des Kapitals reichen aus, damit zu einer außerordentlichen Hauptversammlung eingeladen werden muss. Dies gilt insb. wenn Gefahr für die Gesellschaft besteht.

Schützenswert sind Minderheiten ferner im Hinblick auf eine zu geringe Beteiligung an der Gewinnausschüttung sowie im Hinblick auf eine überproportionale Haftung im Insolvenzfall. Der Gesetzgeber hat beide Problemfelder geregelt: Über die Gewinnverwendung beschließt die Mehrheit der Aktionäre in der Hauptversammlung. Dieser Beschluss ist für alle Aktionäre bindend. Nach § 174 Abs. 1 HGB ist die Hauptversammlung dabei an den festgestellten Jahresabschluss gebunden. Es ist also nicht möglich, Minderheiten von einer Gewinnausschüttung auszuschließen. Jeder Aktionär ist an dem ausgeschütteten Betrag entsprechend der Höhe seines Anteils am Aktienkapital beteiligt. Die Haftung der Aktiengesellschaft ist beschränkt auf das Gesellschaftsvermögen, welches jeder Aktionär bereits anteilig eingezahlt hat (§ 1 Abs. 1 AktG). Auch hier ist also eine Diskriminierung bestimmter Aktionärsgruppen nicht möglich.

Je stärker die Machtungleichgewichte sind, desto wahrscheinlicher ist das Aufbrechen von entsprechenden Konflikten, wie das Beispiel Aventis zeigt:

„Der gerade fusionierte Pharmariese Sanofi-Aventis will als Mehrheitseigner bei Hoechst die verbliebenen Aktionäre unter Börsenwert abfinden. Nur noch zwei Prozent der Aktien sind im Streubesitz. Aventis wolle beim geplanten Squeeze-out lediglich ‚rund 50 Euro' pro Aktie zahlen, berichtet die Tageszeitung ‚Die Welt' vorab aus ihrer Montagausgabe. Sie beruft sich auf interne Unterlagen. Sanofi-Aventis hatte vor einer Woche die Zwangsabfindung der restlichen Hoechst-Aktionäre – das so genannte squeeze out – beschlossen, aber noch keine Beträge genannt. Am Freitag wurde das Papier an der Börse mit 53,10 Euro gehandelt, nachdem am Wochenanfang mit 55,10 Euro ein neues 52-Wochen-Hoch erreicht worden war."

Quelle: o. V.: Aventis will Hoechst-Aktionäre unter Börsenwert abfinden, in: Financial Times Deutschland, 29.08.2004. (http://www.ftd.de/ub/in/1093671005940.html - letzter Zugriff am 08.09.2004)

4.4.4 Probleme bei der Wahrnehmung der Kontrollkompetenz

Fragt man sich, wie die Stellung der Hauptversammlung als Forum zur Austragung von Interessenkonflikten im Rahmen der Unternehmensverfassung zu werten ist, so gilt es folgende Punkte zu erwähnen:

- Die Hauptversammlung besitzt nur einen indirekten Einfluss auf den Vorstand und äußert sich im Regelfall nicht zu unternehmenspolitischen Fragen. Ausnahmen sind hier sicherlich besondere Ereignisse wie z. B. eine beabsichtigte Unternehmensfusion.

- Zu beachten ist jedoch die substitutive Kompetenz der Hauptversammlung als letzte Instanz, falls sich Aufsichtsrat und Vorstand nicht einigen können, z. B. über die Höhe der Ausschüttung bzw. Gewinnverwendung. Da es hier um eine für das Unternehmen essenzielle Entscheidung geht, hat der Gesetzgeber einen Entscheidungsmechanismus festgelegt, der einen Entschluss auf jeden Fall garantiert.

- Die zentrale Funktion der Hauptversammlung ist die Herstellung von Öffentlichkeit. Öffentlichkeit im Hinblick auf positive wie auch negative Aspekte des Unternehmensgeschehens. Dabei muss wohl in Kauf genommen werden, dass ausufernde Lobpreisungen auf Vorstand und Aufsichtsrat ebenso an der Tagesordnung sind wie die ausufernden Klagen von enttäuschten Minderheiten.

Leider kann man sich oftmals des Eindrucks nicht erwähren, dass in der Hauptversammlung vorgefertigte Entscheidungen nur noch „abgenickt" werden. Dies trifft insb. immer dann zu, wenn Aktiengesellschaften von wenigen Großaktionären dominiert werden und bereits im Vorfeld alle wichtigen Entscheidungen abgeklärt wurden.

Aus den zentralen Aufgaben der Hauptversammlung, d. h. der Wahl und Abberufung der Vertreter des Kapitals im Aufsichtsrat sowie der Entlastung des Vorstandes und der Aufsichtsratsmitglieder, erwächst der Hauptversammlung im Prinzip ein schlagkräftiges Sanktionsrecht, welches sicherstellen soll, dass die Kontrollfunktion effizient wahrgenommen wird. Nicht ohne Grund wird die Hauptversammlung vielfach auch als das oberste Organ im dualistischen Leitungsmodell angesehen. In der praktischen Umsetzung der verfassungsmäßigen Regelungen fallen jedoch der Idealtyp und der Realtyp oftmals weit auseinander.

Es wird in diesem Zusammenhang immer wieder die „Inkompetenz" des Aktionärs gegeißelt.[1] Dies gilt insbesondere für den Fall, dass das Aktienkapital durch einen hohen Anteil Streubesitz gekennzeichnet ist. Eine wirksame Kontrolle wird meist nur von so genannten institutionellen Anlegern wahrgenommen, die im Regelfall über andere Einflussmöglichkeiten verfügen als es die Plattform der Hauptversammlung bietet. Hinzu kommt, dass die Interessenlage zwischen diesen Aktionärsgruppen höchst unterschiedlich ist, was letztlich auch Konsequenzen für die Art und Weise der Ausübung der Kontrollfunktion besitzt.

---

1   Vgl. Gerum/Steinmann/Fees (1988), S. 25 oder Theisen (1987), S. 67 ff.

Die Wahrnehmung der Kontrollfunktion durch die Eigentümer wird noch dadurch erschwert, dass es äußerst schwierig ist, den Vorstand für sein Handeln zur Verantwortung zu ziehen. Das folgende Beispiel mag ein Beleg dafür sein:

> *„In der Praxis ist es allerdings ausgesprochen schwierig, bei den Organen einer Gesellschaft Regress zu nehmen. Das musste zuletzt die Berlin Hyp, eine Tochter der Bankgesellschaft Berlin, erfahren. Sie scheiterte beim Landgericht Berlin mit dem Versuch, sich bei ihren früheren Vorständen wegen einer ‚fahrlässigen' Kreditvergabe verlorenes Geld zurückzuholen. Der Grund: Sowohl der Vorstand (nach Paragraf 93 Aktiengesetz) als auch der Geschäftsführer (nach Paragraf 43 GmbH-Gesetz) müssen ‚nur' mit der Sorgfalt eines ordentlichen und gewissenhaften Geschäftsleiters operieren."*
>
> *Quelle: Rölz, P.: Plumper Versuch,*
> *in: www.manager-magazin.de/magazin/artikel/0,2828,296350,00.html*
> *– letzter Zugriff am 08.09.2004*

4.5   Kontrollkompetenz des Abschlussprüfers

4.5.1   Aufgaben der Abschlussprüfung

Der Abschlussprüfer besitzt einen Prüfungsauftrag für den Jahresabschluss und den Konzernabschluss gem. §§ 316 ff. HGB.[1] Der Jahres- bzw. Konzernabschluss wird vom Vorstand aufgestellt (§ 264 Abs. 1 HGB). Der Aufsichtsrat hat die Aufgabe, die Geschäftsführung des Vorstandes zu ü-

---

1   Vgl. hierzu auch die vorläufig bis 31.12.2004 gültigen Regelungen des § 292 a HGB, wonach Konzerngesellschaften unter bestimmten Bedingungen von der Aufstellung eines handelsrechtlichen Konzernabschlusses befreit sind. Für die Aufstellung gelten dann die internationalen Rechnungslegungsgrundsätze des IAS/IFRS oder des US-GAAP. Der Prüfungsauftrag des Abschlussprüfers bezieht sich dann auf den Konzernabschluss, der nach diesen international anerkannten Rechnungslegungsgrundsätzen aufgestellt wurde.

berwachen (§ 111 Abs. 1 AktG). Der geprüfte Abschluss stellt dabei eine zentrale Informationsquelle für die Wahrnehmung der Kontrollkompetenz dar. Da der Aufsichtsrat zur Vorbereitung der Prüfung des Jahres- bzw. Konzernabschlusses durch den Abschlussprüfer einen entsprechenden Ausschuss einrichtet, ist es nur konsequent, dass der Aufsichtsrat auch den Prüfungsauftrag an den Abschlussprüfer erteilt (§ 111 Abs. 2 AktG).[1] Bestellt wird der Abschlussprüfer allerdings von der Hauptversammlung (§ 119 Abs. 1 Satz 4 AktG).[2] Interessant ist in diesem Zusammenhang, dass die Hauptversammlung zwar den Abschlussprüfer bestellt, es aber nicht zu einer Entlastung des Abschlussprüfers kommt. Das heißt die Qualität der Arbeit des Abschlussprüfers wird quasi nicht „zertifiziert". Dies ist umso verwunderlicher als die Hauptversammlung sowohl den Aufsichts-rat als auch den Vorstand entlastet. Der Abschlussprüfer hängt insofern in der Luft.

Indirekt kommt eine Qualitätssicherung dadurch zustande, dass der Abschlussprüfer jährlich neu bestellt wird. Es ist insofern denkbar, dass für den Fall, dass die Hauptversammlung oder der Aufsichtsrat mit der Prüfungsleistung unzufrieden sind, es zu einem Wechsel des Abschluss-prüfers kommt. Allerdings lässt der Gesetzgeber die Wiederbestellung des Abschlussprüfers ohne Weiteres zu. Die Wiederbestellung des Abschluss-prüfers ist bei Aktiengesellschaften sogar die Regel. Nach sieben Jahren ununterbrochener Prüfungstätigkeit schreibt jedoch der Gesetzgeber den Wechsel[3] der Wirtschaftsprüfungsgesellschaft (§ 319 Abs. 3 HGB) bzw. des Abschlussprüfers (§ 319 a Abs. 1 HGB) vor.[4]

---

1   Vgl. hierzu auch Theisen (1994), S. 809 ff.

2   Vgl. zur Bestellung des Abschlussprüfers in anderen europäischen Ländern Kaas (1996), S. 453 ff.

3   Vgl. hierzu auch Marten (1995), S. 703 ff.; Summer (1998), S. 327 ff.; Niehus (2003), S. 1637 ff. und Quick (2004), S. 488 ff. Vgl. hierzu bereits Luik (1976), S. 237 ff.

4   Die Vorschriften des § 319 a HGB tritt zum 1. Januar 2005 in Kraft. Sie ist Ge-genstand des Bilanzrechtsreformgesetzes.

Folgende Funktionen werden der Abschlussprüfung im Regelfall zugewiesen:

- **Prüfungsfunktion:** Der Gegenstand und der Umfang der Prüfung ist im § 317 HGB geregelt. Geprüft werden der Jahresabschluss, der Lagebericht, der Konzernabschluss, der Konzernlagebericht und der Abhängigkeitsbericht. Geprüft wird auf formale Richtigkeit der Aufstellung, d. h. es wird geprüft, ob die Gesetz- und Ordnungsmäßigkeit der Rechnungslegung sichergestellt ist.[1] Nach § 317 Abs. 4 HGB ist bei börsennotierten Aktiengesellschaften – zu fragen ist warum nur dort – außerdem zu beurteilen, ob der Vorstand ein Überwachungssystem, wie es § 91 Abs. 2 AktG – für alle Aktiengesellschaften – vorsieht, eingerichtet hat, welches in der Lage ist, gefährliche Entwicklungen für den Fortbestand des Unternehmens frühzeitig zu erkennen.

- **Informationsfunktion über das Prüfungsergebnis:** Die Informationsfunktion kommt darin zum Ausdruck, dass der Abschlussprüfer über das Ergebnis seiner Prüfungstätigkeit in einem schriftlichen Prüfungsbericht Auskunft geben muss. Über die Art der Informationen, die Gegenstand des Prüfungsberichtes sind, wurden vom Gesetzgeber detaillierte Vorschriften erlassen.

Wenn der Aufsichtsrat den Prüfungsauftrag erteilt, ist er auch der Adressat des Prüfungsberichtes. Allerdings ist dem Vorstand vor Zuleitung des Prüfungsberichtes an den Aufsichtsrat Gelegenheit zu geben, zu diesem Stellung zu nehmen (§ 321 Abs. 5 HGB).

---

1 Vgl. hierzu auch Ewert (1990).

Zur besseren Illustration der vom Gesetzgeber vorgeschriebenen Inhalts-bestandteile des Prüfungsberichtes wird im Folgenden der § 321 Abs. 2 HGB in seinem Wortlaut zitiert:

„Im Hauptteil des Prüfungsberichts ist festzustellen, ob die Buchführung und die weiteren geprüften Unterlagen, der Jahresabschluss, der Lagebe-richt, der Konzernabschluss und der Konzernlagebericht den gesetzlichen Vorschriften und den ergänzenden Bestimmungen des Gesellschaftsver-trags oder der Satzung entsprechen. In diesem Rahmen ist auch über Be-anstandungen zu berichten, die nicht zur Einschränkung oder Versagung des Bestätigungsvermerks geführt haben, soweit dies für die Überwa-chung der Geschäftsführung und des geprüften Unternehmens von Be-deutung ist. Es ist auch darauf einzugehen, ob der Abschluss insgesamt unter Beachtung der Grundsätze ordnungsmäßiger Buchführung ein den tatsächlichen Verhältnissen entsprechendes Bild der Vermögens-, Finanz- und Ertragslage der Kapitalgesellschaft oder des Konzerns vermittelt. Da-zu ist auch auf wesentliche Bewertungsgrundlagen sowie darauf einzuge-hen, welchen Einfluss Änderungen in den Bewertungsgrundlagen ein-schließlich der Ausübung von Bilanzierungs- und Bewertungswahlrechten und der Ausnutzung von Ermessensspielräumen sowie sachverhaltsge-staltende Maßnahmen insgesamt auf die Darstellung der Vermögens-, Fi-nanz- und Ertragslage haben. Hierzu sind die Posten des Jahres- und des Konzernabschlusses aufzugliedern und ausreichend zu erläutern, soweit diese Angaben nicht im Anhang enthalten sind. Es ist darzustellen, ob die gesetzlichen Vertreter die verlangten Aufklärungen und Nachweise er-bracht haben."

Quelle: Handelsgesetzbuch in der Fassung vom 1. Dezember 2003.

- **Beglaubigungsfunktion:** Nach § 322 Abs. 1 HGB hat der Abschluss-prüfer das Ergebnis der Prüfung mit einem Bestätigungsvermerk zu versehen. Der Bestätigungsvermerk lässt sich als zusammenfassendes Ergebnis der Prüfung interpretieren. Ein solcher Bestätigungsvermerk besagt lediglich, dass keine Einwände gegen die verfassten Rechen-werke bestehen. Der Bestätigungsvermerk ist nicht mit einem Quali-tätssiegel im Hinblick auf die Geschäftsführung zu verwechseln. Dar-über wird vom Abschlussprüfer keine Aussage gemacht. Der Be-stätigungsvermerk dient in erster Linie der Öffentlichkeit, um deutlich zu machen, dass keine Einwände gegen die Art und Weise, wie der

Jahres- bzw. der Konzernabschluss sowie die entsprechenden Lageberichte aufgestellt wurden, bestehen.

Eine zentrale Aufgabe bei der Abschlussprüfung stellt nicht erst seit der Neufassung des § 321 HGB die Anfertigung des Prüfungsberichtes dar. Der Prüfungsbericht dient primär der Information des Aufsichtsrates. Im Prüfungsbericht sind die zu berichtenden Sachverhalte klar vorgegeben. Die Prüfungspflichten des Abschlussprüfers sind damit umrissen. Der Prüfungsbericht steht somit im Dienste der Wahrnehmung der Kontrollkompetenz durch den Aufsichtsrat, indem er geeignete Kontrollinformationen bereitstellt. Anscheinend ist sich der Gesetzgeber darüber bewusst, dass ohne genaue Vorgaben die Qualität des Prüfungsberichtes eher dürftig ausfallen wird. Nicht anders ist es zu erklären, dass der Gesetzgeber sehr kleinlich diejenigen Aspekte auflistet, über die der Prüfungsbericht Auskunft geben soll. Neben dem Hauptteil des Prüfungsberichtes (§ 321 Abs. 2 HGB), der sich im Wesentlichen auf die Prüfung der Rechnungslegung erstreckt, werden darüber hinaus vom Gesetzgeber die folgenden Aspekte genannt, über die zu berichten ist:

- Abgabe einer Stellungnahme zur im Lagebericht vom Vorstand skizzierten Beurteilung der wirtschaftlichen Lage des Unternehmens. Dabei ist auf die Beurteilung des Fortbestandes des Unternehmens und dessen zukünftige Entwicklung einzugehen. Dies allerdings nur insoweit, als die geprüften Unterlagen eine entsprechende Beurteilung ermöglichen.

- Bericht über Verstöße oder Unrichtigkeiten im Hinblick auf gesetzliche Vorschriften sowie über Tatsachen, die den Bestand oder die Entwicklung des Unternehmens wesentlich beeinträchtigen können. Ferner ist über erkannte Verstöße einzelner Personen im Unternehmen gegen Gesetz, Gesellschaftsvertrag oder Satzung zu berichten.

- Abgabe einer Stellungnahme, wie ein vom Vorstand nach § 317 Abs. 4 HGB zu institutionalisierendes internes Überwachungssystem zu beurteilen ist. In diesem Zusammenhang ist darauf einzugehen, ob Maßnahmen notwendig erscheinen, die darauf abzielen, dieses Überwachungssystem zu verbessern.

Bevor der Prüfungsbericht dem Aufsichtsrat vorgelegt wird, ist dem Vorstand Gelegenheit zu geben, hierzu Stellung zu nehmen (§ 321 Abs. 5 Satz 2 HGB).

Die Ausführungen des Gesetzgebers zeigen, dass man gewillt ist, die Qualität des Prüfungsberichtes deutlich zu stärken. Er soll eines der zentralen Instrumente zur Sicherstellung der nachhaltigen Wahrnehmung der Kontrollkompetenz des Aufsichtsrates sein. Mittlerweile haben sich aufbauend auf die gesetzlichen Regelungen Standards entwickelt, die die Qualität der Prüfung und damit auch des Prüfungsberichtes stärken sollen. Es sind dies in erster Linie die vom Institut der Wirtschaftsprüfer (IDW) festgestellten „deutschen Grundsätze ordnungsmäßiger Abschlussprüfung" sowie die „International Standards on Auditing".

4.5.2 Probleme bei der Wahrnehmung der Kontrollfunktion

Die Kritik an der Praxis der Abschlussprüfung[1] wird meist an zwei Punkten geübt: Zum einen an der Qualität des Bestätigungsvermerks des Abschlussprüfers und zum anderen an der Art der Geschäftsbeziehung des Abschlussprüfers zum zu prüfenden Unternehmen.

Im Hinblick auf den Bestätigungsvermerk wird immer wieder moniert, dass hier allenfalls ein Gütesiegel für die formelle Korrektheit der Rechnungslegung abgegeben wird, nicht jedoch für die Qualität des Managements im abgelaufenen Geschäftsjahr. Insbesondere wird bemängelt, dass das Rederecht zur Krisenwarnung von den Abschlussprüfern kaum wahrgenommen wird. Nur selten wird der Bestätigungsvermerk mit Zusätzen versehen. Noch seltener findet man den Fall, dass der Bestätigungsvermerk eingeschränkt oder sogar gänzlich versagt wird.

---

1 Vgl. hierzu auch Schildbach (1996), S. 1 ff.; Orth (2000); Ewert (2002), Sp. 2386 ff. und Stefani (2002).

Der Gesetzgeber gibt im § 322 Abs. 1 Satz 3 HGB die wesentlichen Eckpunkte zur Formulierung des Testats vor und trägt somit nicht unerheblich zu einer Fehlinterpretation des Bestätigungsvermerks bei, in dem der uninformierte Leser hieraus leicht den Eindruck gewinnen kann, dass gegen die Qualität der Unternehmensführung insgesamt keine Einwände bestehen. Zur Verdeutlichung sei die entsprechende Gesetzespassage an dieser Stelle wiedergegeben:

„Sind vom Abschlussprüfer keine Einwendungen zu erheben, so hat er in seinem Bestätigungsvermerk zu erklären, dass die von ihm nach § 317 durchgeführte Prüfung zu keinen Einwendungen geführt hat und dass der von den gesetzlichen Vertretern der Gesellschaft aufgestellte Jahres- oder Konzernabschluss aufgrund der bei der Prüfung gewonnenen Erkenntnisse des Abschlussprüfers nach seiner Beurteilung unter Beachtung der Grundsätze ordnungsmäßiger Buchführung ein den tatsächlichen Verhältnissen entsprechendes Bild der Vermögens-, Finanz- und Ertragslage des Unternehmens oder des Konzerns vermittelt."

Quelle: Handelsgesetzbuch in der Fassung vom 1. Dezember 2003.

Im Hinblick auf die organisatorische Verflechtung zwischen dem Abschlussprüfer und dem zu prüfenden Unternehmen wird immer wieder bemängelt, dass vielfältige Interessenverbindungen bestehen, die einer sachgerechten Prüfung bzw. Testierung zuwider laufen.[1] Das Management bzw. der Vorstand einer Aktiengesellschaft ist daran interessiert, dass der Bestätigungsvermerk ohne Zusätze erfolgt. Da anderenfalls negative Konsequenzen vonseiten des Aufsichtsrates bzw. vonseiten der Hauptversammlung zu erwarten wären. Auf der anderen Seite ist das Wirtschaftsprüfungsunternehmen daran interessiert, seinen Mandanten nicht zu verlieren. Es möchte zumindest in dem Maße, wie es der Gesetzgeber erlaubt, für ein Unternehmen, insb. wenn dies ein bedeutender Kunde ist, tätig werden. Vor dem Hintergrund dieser Interessenkonstellation ist es im Hinblick auf die Qualität der Abschlussprüfung wichtig, dass der Aufsichtsrat und die Hauptversammlung im Verhältnis zum Vorstand eine starke Stellung einnehmen. Sie sind es, die letztlich darüber befinden, welcher Abschlussprüfer den Auftrag zur Abschlussprüfung erhält. Sind hin-

---

1 Vgl. hierzu ausführlich Stefani (2002). Vgl. ferner Quick (2002), S. 622 ff.

gegen beide Institutionen vergleichsweise schwach im Machtgefüge zum Vorstand, so besteht die Gefahr, dass der Vorstand „seinen" Wirtschaftsprüfer im Aufsichtsrat wie in der Hauptversammlung „durchdrückt".

Darüber hinaus kann es sicherlich auch als wenig dienlich im Hinblick auf die Qualität der Abschlussprüfung bezeichnet werden, dass die Hauptversammlung einen Abschlussprüfer zwar bestellt, aber ihn nicht entlastet, wie dies noch beim Aufsichtsrat und beim Vorstand der Fall ist. Würde eine Entlastung auch des Abschlussprüfers greifen, so wäre bei einer Nichtentlastung des Abschlussprüfers Öffentlichkeit dahingehend hergestellt, dass hier die Qualität der Abschlussprüfung gerügt wird.

4.6 Kontrollkompetenz durch Informationsversorgung

Die Leitungskompetenz des Vorstandes wird nicht nur durch Kompetenzen verfassungsbezogener Institutionen kontrolliert, sondern auch durch nicht institutionalisierte Kontrollkompetenzen. Entsprechende Vorschriften richten sich in erster Linie auf die Bereitstellung eines unternehmensbezogenen Informationsangebotes. Diese Informationen sollen es Interessengruppen ermöglichen, in bestimmter – mehr oder weniger stark institutionalisierter – Form „kontrollierend" tätig zu werden. Inwieweit derartige Kontrollinformationen auch zu entsprechenden Sanktionen führen, bleibt aus Sicht des Gesetzgebers jedoch meistens offen. Hier sind die Interessengruppen gefordert, denen im Zweifelsfall nur das Sanktionspotenzial der „Kündigung der Beziehung" zum Unternehmen bleibt. Denkt man in diesem Zusammenhang z. B. an die Gruppe der Kapitalgeber, so kann ein Rückzug hier durchaus als eine sehr nachhaltige Sanktionsmaßnahme gewertet werden.

Zu den gesetzlich kodifizierten Regelungen, die ihren Fokus auf die Informationsversorgung richten, sind insbesondere die Vorschriften zur Unternehmenspublizität zu nennen, die explizit regeln, welche Informationen, wann und in welcher Form den Interessengruppen zur Verfügung gestellt werden sollen. Darüber hinaus sind jedoch auch die Regelungen des Börsenrechts zu nennen, da hier in Abhängigkeit vom jeweiligen Handelssegment bestimmte von Unternehmen zu erfüllende Informationsstandards geregelt sind. Auf beide Aspekte – die Publizitätsvorschriften und das Börsenrecht – soll im Folgenden detaillierter eingegangen werden.

4.6.1 Regelungen zur Publizität

Damit sich (potenzielle) Eigen- und Fremdkapitalgeber ein Bild von der Bonität des Unternehmens machen können,[1] schreibt der Gesetzgeber die Offenlegung der Rechnungslegung in bestimmtem Umfang vor. Dies schließt nicht aus, dass auch freiwillig Informationen publiziert werden. Das heißt unter Publizität wird damit allgemein die Offenlegung von Informationen für eine Vielzahl von Adressaten verstanden. Es handelt sich um Informationen, die aus wirtschaftlicher Sicht von Bedeutung sind. Diese Offenlegung kann freiwillig erfolgen oder aber ist obligatorisch aufgrund von gesetzlichen Vorschriften. An dieser Stelle erfolgt jedoch eine Beschränkung auf die Vorschriften zur Offenlegung der Rechnungslegung (§§ 325 bis 329 HGB).[2]

Der Umfang, in dem über die Rechnungslegung zu berichten ist, richtet sich zum einen danach, welche Größe das Unternehmen aufweist und zum anderen, in welcher Rechtsform es geführt wird. Dabei hat allerdings das Kriterium Rechtsform nach Einführung des Kapitalgesellschaften- und Co-Richtlinie-Gesetz (KapCoRiLiG) an Bedeutung verloren, da hiernach für haftungsbeschränkte Personengesellschaften dieselben Kriterien gelten wie für Kapitalgesellschaften.

Für alle nicht haftungsbeschränkten Personengesellschaften richtet sich die Publizität der Rechnungslegung nach § 1 bzw. § 9 des PublG. § 1 führt

---

1 Vgl. hierzu auch Milgrom/Roberts (1992), S. 495 ff. und Breuer (1998), S. 177 ff.

2 Vgl. ferner zur Publizität und ausgewählten Problemaspekten KPMG (2000); Theile (2000), S. 215 ff.; Feinendegen/Nowak (2001), S. 371 ff.; Pellens/Fülbier (2002), S. 631 ff. und Hellermann (2004).

aus, inwieweit nicht haftungsbeschränkte Personengesellschaften zur Rechnungslegung verpflichtet sind. Diese Verpflichtung knüpft an die Unternehmensgröße an. Hiernach sind Unternehmen zur Rechnungslegung verpflichtet, wenn für den Tag des Ablaufs eines Geschäftsjahres – den so genannten Abschlussstichtag – und für die zwei darauf folgenden Abschlussstichtage jeweils mindestens zwei der drei nachfolgenden Merkmale zutreffen:

- Die Bilanzsumme übersteigt den Betrag von 65 Mio. Euro.

- Die Umsatzerlöse des Unternehmens im Geschäftsjahr übersteigen den Wert von 130 Mio. Euro.

- Die Anzahl der Beschäftigten im Geschäftsjahr betrug im Durchschnitt mehr als 5.000 Arbeitnehmer.

Nach § 9 Abs. 1 PublG sind diejenigen Unternehmen, die zur Rechnungslegung verpflichtet sind, gezwungen, den Jahresabschluss und die entsprechenden Unterlagen, wie sie im § 325 Abs. 1 HGB bezeichnet werden, zu publizieren. Die Publizität erfolgt, indem das Unternehmen die entsprechenden Unterlagen zum Handelsregister des Sitzes des Unternehmens einreicht.

Für Kapitalgesellschaften und entsprechend den Regelungen des KapCoRiLiG auch für haftungsbeschränkte Personenhandelsgesellschaften gelten ähnliche Größenvorschriften wie für Personengesellschaften:

Größe der Kapitalgesellschaften	Bilanzsumme (BS) in Mio. Euro	Umsatzerlöse (UE) in Mio. Euro	Beschäftigtenzahl (BZ)
klein	BS ≤ 3,438	UE ≤ 6,875	BZ ≤ 50
mittel	3,438 < BS ≤ 13,75	6,875 < UE ≤ 27,50	50 < BZ ≤ 250
groß	BS > 13,75	UE > 27,50	BZ > 250

Tab. 4-3: Größenmerkmale der Publizität bei Kapitalgesellschaften

Je nach Unternehmensgröße ist der Publizität in unterschiedlichem Umfang nachzukommen. Dabei ist jedoch generell zu beachten, dass – soweit sie offen zu legen sind – die Rechnungslegungsunterlagen unverzüglich nach Vorlage bei den Gesellschaftern, jedoch spätestens zwölf Monate nach dem Abschlussstichtag zu publizieren sind. Betrachtet man den maximalen Zeithorizont, so ist es allerdings fraglich, ob bei derart „alten" Informationen noch von einer nicht institutionellen Kontrollkompetenz gesprochen werden kann.

Im Wesentlichen gilt es dabei, zwei Grundarten der Publizität zu unterscheiden:

- **Register- und Hinweispublizität:** Diese Form der Publizität findet sich bei kleinen und mittleren Kapitalgesellschaften bzw. haftungsbeschränkten Personengesellschaften. In einem ersten Schritt werden die erforderlichen Unterlagen zum Handelsregister des Sitzes des Unternehmens eingereicht. In einem zweiten Schritt wird die Einreichung im Bundesanzeiger bekannt gemacht.

- **Bundesanzeigerpublizität:** Diese Form der Publizität gilt für große Unternehmen. In einem ersten Schritt werden hier die Unterlagen der Rechnungslegung im Bundesanzeiger veröffentlicht. In einem zweiten Schritt erfolgt dann die Einreichung der Unterlagen der Rechnungslegung zum Handelsregister des Sitzes der Gesellschaft.

Bei den zu publizierenden Unterlagen handelt es sich um die Bilanz, die Gewinn- und Verlustrechnung, den Anhang, den Lagebericht, den Bestätigungs- oder Versagensvermerk des Abschlussprüfers, den Bericht des Aufsichtsrates, das Ergebnis, die Beteiligungsliste und – soweit dies nicht bereits im Jahresabschluss enthalten ist – der Vorschlag und der Beschluss über die Ergebnisverwendung. Kleine und mittlere Gesellschaften müssen hier nicht sämtliche dieser Unterlagen veröffentlichen. Für sie existieren Offenlegungserleichterungen. Diese beziehen sich insb. auf ihre Gewinn- und Verlustrechnung und den Lagebericht. Die Gründe hierfür sind darin zu sehen, dass es insb. bei kleinen Unternehmen vergleichsweise einfach erscheint, aus den Daten der Erfolgsrechnung auf unternehmensstrategische Verhaltensweisen zu schließen.

Abb. 4-3 zeigt die offen zu legenden Unterlagen im Detail.

	Kapitalgesellschaften/haftungsbeschränkte Personen-handelsgesellschaften		
Unterlagen	Kleine § 325 Abs. 1/ § 326	Mittelgroße § 325 Abs. 1/ § 327	Große § 325 Abs. 2
Bilanz	HR (verkürzt aufgestellt)	HR (verkürzte Gliederung)	BAnz
GuV	-	HR (verkürzt aufgestellt)	BAnz
Anhang	HR (ohne Angaben zur GuV)	HR (verkürzt aufgestellt und ohne Angaben zu § 285 Nr. 2, 5, 8a, 12)	BAnz
Lagebericht	-	HR	BAnz
Bestätigungs- oder Versagungs- vermerk	-	HR	BAnz
Bericht des Auf- sichtsrates	-	HR	BAnz
Jahresergebnis	HR	HR	BAnz
Vorschlag und Beschluss über Ergebnis- verwendung*	HR (beachte § 325 Abs. 1 Satz 1)	HR (beachte § 325 Abs. 1 Satz 1)	BAnz (beachte § 325 Abs. 1 Satz 1)
Beteiligungsliste	HR	HR	HR

*   Soweit diese Angaben nicht bereits aus dem Jahresabschluss ersichtlich sind.

Legende:

BAnz $\hat{=}$ Bekanntmachung der Unterlagen im Bundesanzeiger sowie Einreichung der Unterlagen und Bekanntmachung beim Handelsregister.

HR $\hat{=}$ Einreichung der Unterlagen beim Handelsregister sowie Angabe im Bundesanzeiger, bei welchem Handelsregister (mit Register-Nummer) die Unterlagen eingereicht worden sind.

Quelle: Baetge/Kirsch/Thiele (2003), S. 40.

Abb. 4-3: Publizitätspflichten bei Kapitalgesellschaften und haftungsbeschränkten Personenhandelsgesellschaften

Die Publizität erfüllt ihre Funktion im Rahmen der Kontrollkompetenz allerdings nur, wenn sie auch tatsächlich befolgt wird. Schaut man sich die

Praxis deutscher Unternehmen im Hinblick auf die Publizität ihrer Rechnungslegung an, so ist das Ergebnis geradezu erschreckend. Es wird davon ausgegangen, dass im Jahr 2001 nur 5 Prozent der publizitätspflichtigen Unternehmen ihrer Publizitätspflicht überhaupt nachkommen. Andere europäische Länder, wie z. B. Großbritannien, weisen eine deutlich höhere Publizitätsrate auf, die in der Größenordnung von 90 Prozent liegt.

Als Gründe für diese extrem mangelhafte Publizität wird von den Unternehmen oftmals Unkenntnis über die Publizitätspflichten bzw. technische Probleme bei deren Umsetzung angegeben. Man kann sich aufgrund des geringen Anteils an publizierten Rechnungslegungsunterlagen allerdings des Eindrucks nicht erwehren, dass von Seiten der Unternehmen systematisch die Publizität verweigert wird. Unternehmen scheinen Wettbewerbsnachteile durch die Publizität zu befürchten. Insbesondere der Fall der Informationsasymmetrie ist in diesem Zusammenhang von Bedeutung. Man gibt keine Informationen preis, da auch der Wettbewerb keine Informationen im Hinblick auf die Rechnungslegung publiziert.

Die Konsequenzen, die ein Unternehmen zu erwarten hat, wenn es der Offenlegung nicht nachkommt, sind vergleichsweise gering. § 334 Abs. 1 Ziff. 5 HGB stuft das Nichtnachkommen der Offenlegungsverpflichtung als Ordnungswidrigkeit ein, die nach § 334 Abs. 3 HGB mit einer Geldbuße von bis zu 25.000 Euro geahndet werden kann. Die Höchstsumme der Geldbuße von 25.000 Euro ist vergleichsweise gering, wenn man sich vor Augen führt, dass als mittelgroße Kapitalgesellschaft noch ein Unternehmen bezeichnet wird, das 27 Mio. Euro Umsatz im Geschäftsjahr erwirtschaftet. Ein weiterer Umstand verschärft dies noch: Nach § 335 a Satz 3 HGB werden Registergerichte bei fehlender Offenlegung der entsprechenden Unterlagen nicht von Amts wegen tätig. Hierfür ist vielmehr ein Antrag eines beliebigen Dritten notwendig. Dabei ist zu bedenken, dass diese Ausweitung des Antragsrechts auf „einen beliebigen Dritten" erst durch das KapCoRiLiG in das deutsche Handelsrecht aufgenommen wurde.

4.6.2   Regelungen des Börsenrechts

4.6.2.1   Grundlagen

Die verfassungsmäßigen Regelungen zur Informationsversorgung im Zuge des Börsenrechts haben sich seit dem 19. Juli 2004 entscheidend verändert:

„Da entschied der Bundesgerichtshof (BGH) eine Klage gegen die Gründer des Internetunternehmens Infomatec, Alexander Häfele und Gerhard Harlos: Anleger können jetzt von Vorständen, die falsche Pflichtmitteilungen herausgegeben haben, Schadensersatz verlangen. ‚Jeder, der den Kapitalmarkt bewusst fehlerhaft informiert, muss künftig damit rechnen, dass er persönlich Schadensersatz leisten muss', sagt der Münchner Anwalt Klaus Rotter, der das Urteil erstritten hat.

Aktien- und Börsengesetze machten Schadensersatzklagen bisher fast unmöglich. Industrie- und Bankenlobby haben bei der Gesetzgebung fleißig mitgearbeitet. Ihr Argument, Schadensersatzansprüche machten unternehmerisches Handeln unmöglich und vergraulten die Unternehmen vom Finanzplatz Deutschland, beeindruckte den Gesetzgeber. Anlegeranwälte scheiterten regelmäßig bei dem Versuch, aus dem Börsen- und Wertpapierhandelsgesetz eine Haftung der Vorstände abzuleiten. Die Vorschriften schützen allein den Kapitalmarkt als Abstraktum, keine Einzelpersonen, so die deutschen Gerichte übereinstimmend."

Quelle: Kusitzky, A./Reimer, H.: Cash abnehmen, in: Wirtschaftswoche,
Nr. 31 vom 22.07.2004, S. 140 - 143, hier S. 140 f.

Das Börsengesetz (BörsG) regelt vor allem die Organisation der als Börse zugelassenen Marktveranstaltungen, den Handel an der Börse und die Fragen der Börsentermingeschäfte. Das Börsenrecht regelt damit den Handel sämtlicher Wertpapiere, die von potenziellen Eigenkapitalgebern zu erwerben sind.[1]

---

1   Vgl. allgemein zum Börsenrecht Groß (2002); Claussen (2003) und Kümpel/
    Hammen (2003).

Vor dem Hintergrund der Corporate-Governance-Diskussion in Deutschland ist das gesamte Börsenrecht reformiert worden. Die dort gemachten Änderungen gehen deutlich über das hinaus, was an dieser Stelle unter dem Aspekt der Unternehmensverfassung zu betrachten ist, da dort insbesondere der Handel mit Wertpapieren neu geregelt wurde. Die entsprechenden Änderungen finden sich im Wertpapierhandelsgesetz (WpHG) aus dem Jahre 2001.

Eine zentrale Rolle kommt in diesem Zusammenhang der neu geschaffenen Bundesanstalt für Finanzdienstleistungsaufsicht (BAFin) in Bonn zu. Die Einhaltung der Bestimmungen des WpHG unterliegen der Überwachung der BAFin. Die BAFin setzt durch, dass kursrelevante, neue Nachrichten aus börsennotierten Unternehmen sofort veröffentlicht werden und verfolgt sog. Insiderverstöße. Weitere Aufgaben des BAFin sind die Überwachung der Einhaltung der sog. Wohlverhaltensregeln der Marktteilnehmer. Darüber hinaus sorgt die Bundesanstalt für Publizität beim Erwerb wesentlicher Beteiligungen bei börsennotierten Unternehmen. Die Errichtung des BAFin und die Aktivitäten der Bundesanstalt haben insb. dazu geführt, das die Transparenz des Wertpapierhandels in Deutschland deutlich zugenommen hat. Ob in diesem Zusammenhang bereits von einem fairen Handel gesprochen werden kann, soll an dieser Stelle nicht weiter erörtert werden.

Im Rahmen der folgenden Ausführungen werden nur diejenigen Regelungen betrachtet, die für eine institutionale Informationsversorgung durch das Unternehmen von Bedeutung sind. Nur sie sind Gegenstand der Unternehmensverfassung. Entsprechende Regelungen finden sich im BörsG. Dabei ist allerdings zu beachten, dass das BörsG wie auch das WpHG in erster Linie den Handel mit Wertpapieren regeln. Insofern werden hier primär Regelungen festgelegt, die die Verfassung des Handelsplatzes der Wertpapiere bestimmen und nicht – bis auf die im Folgenden vorgestellten Regelungen – Regelungen, die die Verfassung des Unternehmens bestimmen.

4.6.2.2 Zulassung zum Börsenhandel

Die Regelungen des BörsG legen Qualitätsstandards zur Zulassung von Wertpapieren zum Wertpapierhandel fest. Die Überwachung dieser Qualitätsstandards ist Aufgabe der sog. Zulassungsstelle. Streng genommen gilt diese Überwachung jedoch nur für Wertpapiere, die im sog. amtlichen Handel gehandelt werden.

Je nach Handelsart sind unterschiedliche Qualitätsstandards zu erfüllen: Den höchsten Qualitätsstandard weist der Börsenhandel im amtlichen Handel auf. Danach folgt der Börsenhandel im geregelten Markt, der Börsenhandel im geregelten Freiverkehr sowie der Handel im nicht geregelten Freiverkehr. Letzterem ist jeglicher Qualitätsstandard versagt worden.

Die Bedingungen für die Zulassung zum amtlichen Handel sind in § 30 Abs. 3 BörsG zu finden. Konkretisiert werden diese Bedingungen für die Zulassung zum amtlichen Handel dann in § 32 BörsG. Dabei lässt der Gesetzgeber erhebliche Freiräume im Hinblick auf die Regelungsdichte. Man möchte damit in der Lage sein, mit Rechtsverordnungen schnell auf Änderungen im Handelsgebaren an den Wertpapierbörsen reagieren zu können. Über Rechtsverordnungen hat die Bundesregierung Vorschriften zu erlassen im Hinblick auf

- die Voraussetzung der Zulassung, insb.
  - die Anforderungen an den Emittenten,
  - die Anforderungen an die zuzulassenden Wertpapiere,
  - den Mindestbetrag der Emission,
  - das Erfordernis, den Zulassungsantrag auf alle Aktien derselben Gattung oder auf alle Schuldverschreibungen derselben Emission zu erstrecken,
- die Sprache und den Inhalt des Prospektes, der im Weiteren nach verschiedenen Anforderungen zu konkretisieren ist,
- den Zeitpunkt der Veröffentlichung des Prospektes und
- das Zulassungsverfahren.

Die Zulassungsvoraussetzungen für die Teilnahme am geregelten Markt und am Freiverkehr finden sich in §§ 49 ff. BörsG.

Über die Zulassung zum Börsenhandel wacht die sog. Zulassungsstelle. Ihre Funktion ist in § 31 BörsG geregelt. Mindestens die Hälfte der Mitglieder der Zulassungsstelle müssen Personen sein, die sich nicht berufsmäßig am Börsenhandel mit Wertpapieren beteiligen. Man will insofern vermeiden, dass Interessenkonflikte auftreten, wenn nur Wertpapierhändler über die Zulassung von Wertpapieren zum Börsenhandel entscheiden.

Offenbar werden von einigen Unternehmen die Pflichten, wie sie die Zulassung zum Börsenhandel vorsehen, nicht in dem Maße eingehalten, wie sie das Gesetz vorsieht:

„Namhafte ausländische Konzerne, die in Deutschland offiziell an der Börse notiert sind, verstoßen laufend gegen das Wertpapierrecht. Unternehmen wie Agfa-Gevaert, Coca-Cola, Colgate-Palmolive, Fiat, General Motors, Gillette, IBM, McDonald's, Unilever oder Telecom Italia haben in Deutschland noch nie eine Ad-hoc-Mitteilung veröffentlicht. Als Unternehmen, die in den Börsensegmenten amtlicher Handel oder geregelter Markt notiert werden, sind sie aber verpflichtet, kursrelevante Nachrichten zu melden. Die Bundesanstalt für Finanzdienstleistungsaufsicht (BaFin) ermahnte 2003 zwar US-Unternehmen, unternahm aber sonst nichts."

Quelle: o. V.: Meldepflicht ignoriert, in: Wirtschaftswoche, Nr. 37 vom 02.09.2004, S. 8.

4.6.2.3 Börsenprospekthaftung

Die Informationen, die notwendig sind, um eine Zulassung zum amtlichen Handel zu erlangen, werden bei Emission des Wertpapiers im sog. Börsenprospekt niedergelegt.[1] Dieser Börsenprospekt wird i. d. R. von ei-

---

1 Mit dem Inkrafttreten des Anlegerschutzverbesserungsgesetzes (AnSVG) zum 30.10.2004 wird eine Prospektpflicht auch erstmals für nicht in Wertpapieren verbriefte Unternehmensbeteiligungen eingeführt. Damit gilt die Prospektpflicht jetzt auch für Beteiligungen an Personenhandelsgesellschaften, Genossenschaften, stillen Beteiligungen, BGB-Gesellschaften, GmbH-Anteilen sowie an ausländischen Unternehmen anderer Rechtsformen.

nem Emissionskonsortium derjenigen Banken erlassen, die die Emission des Wertpapiers betreiben. § 44 Abs. 1 BörsG nimmt dieses Emissionskonsortium neben dem eigentlichen Emittenten des Wertpapiers nun in die Verantwortung für die Richtigkeit der Angaben im Börsenprospekt.

Der Erwerber von Wertpapieren kann von denjenigen, die für den Prospekt die Verantwortung übernommen haben, und von denjenigen, von denen der Erlass des Prospektes ausgeht, als Gesamtschuldner die Übernahme der Wertpapiere gegen Erstattung des Erwerbspreises und des Ausgabepreises verlangen. Dies gilt für Wertpapiere, die aufgrund eines Prospekts zum Börsenhandel zugelassen sind, in dem für die Beurteilung der Wertpapiere wesentliche Angaben unrichtig und unvollständig sind,

Die Emissionsbanken werden also mit in die Haftung genommen, da man unterstellt, dass nur sie die fachliche Kompetenz und die Marktmacht besitzen, die Angaben des Emittenten auf ihren Wahrheits- und Vollständigkeitsgehalt hin zu überprüfen. Begründet wird dies auch mit der Höhe des Umsatzes, der bei den Banken aufgrund der Wertpapieremissionen anfällt.

4.7 Unternehmensverfassung im Umbruch: Die Corporate-Governance-Reform

4.7.1 Grundlagen

Die institutionalisierten Regelungen der Unternehmensverfassung befinden sich seit einigen Jahren verstärkt im Umbruch. Nicht zuletzt spektakuläre Unternehmenskrisen waren der Anstoß dafür, dass unter dem Stichwort „Corporate Governance" eine vielschichtige Diskussion im Hinblick auf eine Stärkung der Leistungsfähigkeit der Unternehmensverfassung geführt wird. Die aktuelle Governance-Debatte ist insofern als eine Etappe auf dem lang andauernden Weg der Bestimmung der Unternehmensverfassung zu interpretieren. So erstreckte sich die Diskussion z. B. in den siebziger Jahren auf Fragen der Unternehmensmitbestimmung oder in den sechziger Jahren auf die Reform des Aktiengesetzes: Heutzutage steht bei der Corporate-Governance-Diskussion die Organisation der unternehmerischen Leitungs- und Kontrollkompetenzen im Vordergrund.[1] Vor dem Hintergrund des konflikttheoretischen Ansatzes der Unternehmensverfassung verfolgt die Corporate-Governance-Diskussion das Ziel, einen Interessenausgleich zwischen den beteiligten Anspruchsgruppen herzustellen. So verstanden geht die Corporate-Governance-Problematik allerdings deutlich weiter als sie von einigen Autoren verstanden wird, die im Modell der neuen Institutionenökonomie argumentieren und das Corporate-Governance-Problem vielfach auf die Agency-Problematik von Managern und Aktionären reduzieren.[2] Der Kranz der relevanten Interessengruppen ist wie oben ausgeführt deutlich weiter. Auch sie besitzen ein Kontrollinteresse, welches nicht nur daraus resultiert, dass sie Eigenkapital zur Verfügung stellen. Nicht zuletzt für die deutsche Corporate-Governance-Diskussion ist eine Verengung auf die Agency-Problematik wenig hilfreich, da vom in Deutschland kodifizierten dualistischen Modell, welches eine ausgeprägte Interessenvertretungskompetenz der Arbeitnehmer kennt, die Austragung der Interessenkonflikte deutlich komplexer institutionalisiert ist als dies z. B. im US-amerikanischen Leitungssystem der Fall ist.

Die zentralen Fragestellungen der Corporate-Governance-Diskussion sind folgende:

- Inwieweit werden handelnde Manager für ihre Entscheidungen und Handlungen von unterschiedlichen Interessengruppen zur Verantwortung gezogen?[3]

- Wie kann sichergestellt werden, dass Manager nicht nur ihre Individualziele verfolgen?

---

1 Vgl. Keasey/Thompson/Wright (1997), S. 2. Vgl. ferner zur Begriffslegung der Corporate Governance Werder (2004 a), Sp. 160 f.

2 Vgl. z. B. Hart (1995), S. 678 ff.; Shleifer/Vishny (1997), S. 737 ff.

3 Vgl. zum Problem der Haftung von Vorstand und Aufsichtsrat Dilger (2004), S. 441 ff.

- Wie kann gewährleistet werden, dass nur qualifiziertes Management in Führungspositionen gelangt?

Wie leicht es offenbar Spitzenmanagern fällt, die Ressourcen eines Unternehmens für persönliche Zwecke zu verwenden, zeigt das Beispiel des US-amerikanischen Zeitungskonzerns Hollinger:

„Im November 2003 war Black als Vorstandsvorsitzender von Hollinger International, einem der größten Zeitungskonzerne weltweit, zurückgetreten. Damals war ihm vorgeworfen worden, acht Millionen Dollar für private Zwecke verwendet zu haben. Jetzt veröffentlichte eine Kommission unter der Leitung von Richard Breeden, ehemaliger Vorsitzender der US-Börsenaufsicht SEC, genaue Untersuchungsergebnisse.

Luxus, private Exzesse, Vetternwirtschaft: Der Untersuchungsbericht schildert auf über 500 Seiten peinliche Vorwürfe. 23 Millionen Dollar habe Hollinger für private Flüge der Blacks bezahlt, darunter eine Reise nach Bora Bora. Für die Geburtstagsfeier seiner Frau in einem New Yorker Edelrestaurant habe Black der Firma knapp 43.000 Dollar in Rechnung gestellt. Drei Abendessen für den ehemaligen US-Außenminister Henry Kissinger und seine Frau habe sich die Firma 28.480 Dollar kosten lassen."

Quelle: Rettig, D.: Lord Nimmersatt,
in: www.manager-magazin.de/koepfe/artikel/0,2828,316095,00.html
– letzter Zugriff am 08.09.2004

Ziel der Corporate Governance ist es also zu verhindern, dass Machtdominanzen entstehen, da sie verhindern, dass eine effiziente Unternehmensführung möglich wird. Nur wenn Macht gleich verteilt ist, ist die Kontrolle der Macht auch gewährleistet.

Feindliche Übernahmen und Bilanzskandale haben die Frage der Unternehmensführung und der Unternehmenskontrolle in den Mittelpunkt des öffentlichen Interesses gerückt und damit Corporate Governance zu einem aktuellen Thema gemacht. International wird heute von Corporate Governance gesprochen, wenn es um die tatsächliche und um die vom Gesetzgeber gewünschte Verteilung der Aufgaben zwischen Aufsichtsrat, Vorstand und Eigentümern geht.

Das Corporate-Governance-Problem ist höchst vielschichtig. Die Literatur hierzu ist schon fast nicht mehr zu überschauen. Dies insbesondere, weil eine Vielzahl von Fragestellungen in diesem Zusammenhang diskutiert wird.[1] Da sich die vorliegende Schrift im Kern mit Fragen der Unternehmensverfassung beschäftigt, soll an dieser Stelle primär der Prozess der deutschen Corporate-Governance-Aktivitäten nachgezeichnet werden. Allerdings stellen diese Aktivitäten vielfach nur einen Reflex auf internationale Maßnahmen zur Verbesserung der Corporate Governance dar, wie z. B. die Errichtung der Regierungskommission „Corporate Governance" als Reaktion auf die OECD-Principles.

4.7.2 Überblick über den Reformprozess

Die Diskussion um die Defekte der Corporate Governance hat auch vor dem Wirtschaftsstandort Deutschland nicht Halt gemacht.[2] International sind hier z. B. der Sarbanes-Oxley-Act in den USA, der Loi de Sécurité Financière in Frankreich oder der Tabaksblat Report in den Niederlanden zu erwähnen. Vor dem Hintergrund zunehmender Globalisierung und der damit in Zusammenhang stehenden Internationalisierung der Kapitalströme sah sich auch der deutsche Gesetzgeber aufgerufen, hier entsprechende Modifikationen an den einschlägigen Gesetzestexten vorzunehmen. Man versuchte so die Corporate Governance deutscher Aktiengesellschaften zu verbessern, um sie vergleichbar zu machen zu derjenigen US-amerikanischer Stock-Corporations.[3] Der Reformprozess durchlief mehrere Schritte.[1] Abb. 4-4 zeigt ihn im Überblick.

---

1 Vgl. hierzu Daily/Dalton/Cannella (2003), S. 371 ff., die einen umfassenden Überblick über den Stand der Forschung zum Corporate-Governance-Problem in den USA liefern. Vgl. ferner Tricker (2000) und den dortigen Wiederabdruck zahlreicher Veröffentlichungen zum Problem der Corporate Governance. Vgl. auch Learmount (2002); Hommelhoff (2003) und Mallin (2004).

2 Vgl. z. B. Hommelhoff (1997), S. 17 ff.; Malik (1999); Berrar (2001); Wentges (2002); Hackethal/Schmidt/Tyrell (2003), S. 664 ff. und Witt (2003).

3 Vgl. hierzu ferner die Vielzahl von Studien, die sich zum Ziel gesetzt haben, das Problem der Corporate Governance theoretisch zu analysieren, wie z. B.

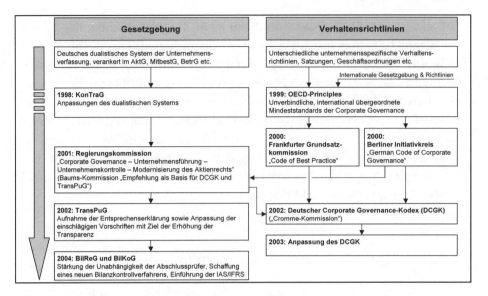

Abb. 4-4: Corporate Governance in Deutschland

Ein erster Schritt im aktuell diskutierten Reformprozess erfolgte im Jahre 1998 mit der Verabschiedung des Gesetzes zur Kontrolle und Transparenz im Unternehmensbereich (KonTraG).

Die OECD veröffentlichte 1999 auf internationaler Ebene die „Grundsätze der Unternehmensführung und -kontrolle".[2] Diese Grundsätze führten dazu, dass auch der deutsche Gesetzgeber sich mit diesen Vorgaben beschäftigte. Nach einigen privaten Ansätzen setzte die Bundesregierung im Jahr 2000 eine Regierungskommission unter dem Vorsitz von Prof. Dr. Theodor Baums ein, entsprechende Richtlinien zu erarbeiten. Im Juli 2001 übergab diese Kommission dem Bundeskanzler ihren Bericht mit ca. 150 Empfehlungen. Grundsätzlich unangetastet blieb dabei, dass deutsche dualistische System der Unternehmensverfassung. Es wurde hier nicht für ein monistisches System optiert, auch für Änderungen im Hinblick auf die Unternehmensmitbestimmung sah die Kommission keinen Anlass. Diese

---

Werder (1995), S. 2177 ff.; Andretsch/Weigand (2001), S. 83 ff.; Valcárcel (2002), S. 141 ff.

1   Vgl. hierzu auch Theisen (2003), S. 441 ff.

2   Vgl. hierzu auch Gerum (2004), Sp. 175.

Entscheidung wurde nicht zuletzt vor dem Hintergrund getroffen, dass Änderungen in diesen beiden Bereichen zurzeit politisch in Deutschland nicht durchsetzbar sind. Man hätte anderenfalls den Erfolg der gesamten Kommissionsarbeit gefährdet. Der größte Anteil der Empfehlungen im Hinblick auf die Verbesserung der Corporate Governance richtete sich auf die Bedingungen zur Arbeit des Aufsichtsrates.

Als Ergebnis der Kommissionsarbeit setzte das Bundesjustizministerium im Sommer 2001 eine weitere Kommission unter Vorsitz des Thyssen-Krupp-Aufsichtsratsvorsitzenden, Dr. Gerhard Cromme, ein. Sie hatte die konkrete Aufgabe, aufbauend auf die Empfehlungen einen deutschen Corporate-Governance-Kodex zu erarbeiten. Im Februar 2002 wurde ein solcher Kodex veröffentlicht und durch das neue Transparenz- und Publizitätsgesetz (TransPuG) im Sommer 2002 für börsennotierte Aktiengesellschaften verbindlich.

4.7.3 Auswirkungen des KonTraG

Als ein erstes Ergebnis der aktuell geführten Corporate-Governance-Diskussion müssen die gesetzlichen Regelungen, die sich aus der Novelle im Rahmen des KonTraG heraus ergeben haben, gesehen werden.

Im Vergleich zum „alten" Aktienrecht ergaben sich durch das KonTraG die folgenden Änderungen. Sie beziehen sich nicht nur auf die Tätigkeit des Aufsichtsrates, sie beziehen sich ebenso auf Stimmrechte, auf die Arbeit des Abschlussprüfers bzw. der Abschlussprüfung sowie im Hinblick auf die Risikoberichterstattung und das Risikomanagement.

4.7.3.1 Auswirkungen des KonTraG im Hinblick auf die Arbeit des Aufsichtsrates

Die wesentlichen Änderungen, die sich hier ergeben, zeigt Tab. 4-4:

„altes" Recht	KonTraG
Mehrfachmandate sind auf 10 begrenzt	Mehrfachmandate sind auf 10 begrenzt, aber Mandate als Vorsitzender werden doppelt gerechnet
Name, Beruf, Wohnort des Aufsichtsratsmitgliedes sind anzugeben	wie vorher, jedoch zusätzlich sind die hauptberufliche Tätigkeit und weitere Mandate anzugeben
Mindestens zwei Pflichtsitzungen des Aufsichtsrates pro Jahr	Mindestens vier Aufsichtsratssitzungen bei börsennotierten Unternehmen, Offenlegung der Sitzungshäufigkeiten und der Ausschussbildung
Schadensersatzansprüche gegen den Aufsichtsrat verlangen 10 Prozent-Quorum der Anteile	Senkung des Quorums auf 5 Prozent oder 500.000 Euro, gilt aber nur bei „grober" Pflichtverletzung
keine Regelung zur Transparenz der Mandate	börsennotierte Unternehmen müssen alle Mandate ihrer Organmitglieder in anderen Kontrollgremien offen legen
keine Regelung zu Berichtsinhalten des Vorstandes	Vorstand muss Aufsichtsrat über Finanz-, Investitions- und Personalplanung informieren

Tab. 4-4: Änderungen des KonTraG mit Blick auf den Aufsichtsrat

Im Zentrum der Regeln steht hier, dass für die eigentliche Aufsichtsratsarbeit deutlich mehr Zeit verwandt werden muss.[1] In der Konsequenz führte das dazu, dass die Zahl der Mandate begrenzt und dass die Frequenz der Aufsichtsratssitzungen erhöht wurde. Mit den Reformen des KonTraG steht somit den Aufsichtsräten eine deutlich erhöhte Kapazität zur Verfügung, um ihrem Kontrollauftrag gerecht zu werden. Ob von der erhöhten Kapazität auch gleich auf eine höhere Qualität der Arbeit zu schließen ist, sei dahin gestellt.

4.7.3.2   Auswirkungen des KonTraG im Hinblick auf Stimmrechte und Aktienerwerb

Die wesentlichen Änderungen zu diesem Bereich fasst Tab. 4-5 zusammen:

---

1   Vgl. hierzu ausführlich Theisen (1999), S. 203 ff.

„altes" Recht	KonTraG
Höchststimmrechte: satzungsgemäß zulässig	verboten, alte Rechte verfallen nach 2 Jahren
Mehrfachstimmrechte: mit behördlicher Genehmigung im Ausnahmefall erlaubt	verboten, alte Rechte verfallen nach 5 Jahren
Wechselseitig beteiligte Unternehmen: dürfen Stimmrechte nicht ausüben, wenn ihr Anteil 25 Prozent übersteigt	Verbot der Ausübung des Stimmrechts bei der Wahl von Aufsichtsratsmitgliedern
Erwerb eigener Aktien: verboten, einige Ausnahmeregelungen	erlaubt bis zu 10 % durch Beschluss der Hauptversammlung
Bezugsrechte für Führungskräfte: nur bei Optionsanleihen und Wandelschuldverschreibungen	erlaubt als sog. „naked warrants" (Optionsscheine ohne zugrundeliegende Schuldverschreibung)

Tab. 4-5: Änderungen des KonTraG mit Blick auf die Stimmrechte

Zielsetzung des KonTraG in diesem Bereich war es sicherzustellen, dass Anteilseigner generell nur noch in dem Maße die Geschicke des Unternehmens mitbestimmen sollten, wie sie auch wirklich Eigentümer des Unternehmens sind. Das heißt das Auseinanderfallen von Stimmenzahl und Anteil am Grundkapital sollte soweit möglich vermieden werden. Dies traf insb. auf das Mehrfachstimmrecht zu, welches in vielen Gesellschaften, insb. für Einrichtungen der öffentlichen Hand, galt.

4.7.3.3 Auswirkungen des KonTraG im Hinblick auf Abschlussprüfer und Abschlussprüfung

Die wesentlichen Änderungen für diesen Bereich stellt Tab. 4-6 im Überblick dar:

„altes" Recht	KonTraG
Unabhängigkeit: kein Mandat, wenn Umsatz mit einem Klienten über 50 Prozent des Gesamtumsatzes beträgt	kein Mandat, wenn in den vergangenen 5 Jahren Umsatzanteil über 30 Prozent lag
Prüferwechsel: keine Regelung	Prüferwechsel (Person bzw. Gesellschaft) vorgeschrieben, wenn binnen 10 Jahren mehr als 6-mal geprüft wurde
Haftung des Abschlussprüfers: auf 250.000 Euro begrenzt	je nach Größe der AG zwischen 1 und 4 Mio. Euro
Bestellung: Vorschlag durch den Vorstand, Wahl durch Hauptversammlung	Vorschlag durch Aufsichtsrat, Wahl durch Hauptversammlung
Teilnahme an der Aufsichtsratssitzung zur Feststellung des Jahresabschlusses: fakultativ, Einladung des Aufsichtsrates	obligatorisch
Prüfungsbericht: Aushändigung an alle Mitglieder kann durch Aufsichtsratsbeschluss ausgeschlossen werden	Aushändigung obligatorisch

Tab. 4-6: Änderungen des KonTraG mit Blick auf den Abschlussprüfer und die Abschlussprüfung

Die Reformen in diesem Bereich wurden von den Überlegungen geleitet, dass man hier eine zu enge Verbindung zwischen Vorstand und Abschlussprüfer vermeiden wollte.[1] Dies gilt insb. im Hinblick auf die Rekrutierung des Abschlussprüfers. Während im alten Recht der Vorschlag noch vom Vorstand kam, wird das Vorschlagsrecht im KonTraG jetzt dem Aufsichtsrat zugewiesen. Es ist jetzt diejenige Instanz zuständig, der vom Gesetzgeber die zentrale Kontrollkompetenz zugewiesen wurde. Darüber hinaus wird die Abhängigkeitsbeziehung zwischen Abschlussprüfer und zu prüfendem Unternehmen gelockert. Dies bezieht sich insb. auf die Vorschriften im Hinblick auf den Prüferwechsel.[2] Allerdings kann man auch

---

1   Vgl. hierzu auch Baetge/Lutter (2003).

2   Vgl. hierzu kritisch Herzig/Watrin (1995), S. 775 ff.; Weißenberger (1997), S. 2315 ff.

nicht sagen, dass eine generelle Unabhängigkeit zwischen Abschlussprüfer und zu prüfendem Unternehmen gesichert ist. Auch hier gibt es wieder Interessen, die u. U. die Prüfungsleistung beeinträchtigen.

Das Problem der Haftung der Wirtschaftsprüfung für die Qualität des Testats findet in jüngster Zeit immer häufiger seinen Niederschlag in Schadenersatzklagen, wie dies auch das Beispiel der Insolvenz des thüringer Baustoffhändlers Mühl zeigt. Ob sich derartige Forderungen auch durchsetzen lassen, ist jedoch keineswegs sicher:

„Er habe Klage wegen ‚erheblicher Zweifel an den Bilanzen und an der Bilanzprüfung' gegen die Wirtschaftsprüfungsgesellschaft Pricewaterhouse-Coopers (PwC) beim Landgericht Frankfurt eingereicht, sagte Mühl-Insolvenzverwalter Rolf Rombach am Donnerstag in Erfurt. ‚Es geht um einen zweistelligen Millionenbetrag', bestätigte er damit einen Bericht von ‚Börse Online'. Termin für die mündliche Verhandlung ist laut Rombach in der zweiten Juni-Hälfte. (...) Laut Klageschrift sollen Ende der 90er Jahre mehr als 100 Millionen Mark als ‚künstliche Erträge' ausgewiesen worden sein. Die Ex-Vorstände des Unternehmens haben das laut ‚Börse Online' bestritten. Die Gewinne seien durch den Warenumschlag tatsächlich realisiert worden. Die Schadenersatzforderung von Rombach gegen PwC soll sich auf 39 Millionen Euro belaufen. Die Dauer des Insolvenzverfahrens ist laut Rombach auch durch den Prozess noch völlig offen. ‚Das Vermögen der Gesellschaft wird nach wie vor verwertet', sagte er. Das Geschäft am früheren Konzernsitz in Kranichfeld bei Weimar sowie in einer Niederlassung im hessischen Hungen sei vom früheren Vorstandschef Thomas Wolf aus der Insolvenzmasse gekauft und weitergeführt worden."

Quelle: o. V.: Klage gegen PwC,
in: www.manager-magazin.de/unternehmen/artikel/0,2828,298629,00.html
– letzter Zugriff am 28.05.2004

4.7.3.4 Auswirkungen des KonTraG im Hinblick auf die Risikoberichterstattung und das Risikomanagement

Im „alten" AktG (nach der Aktienrechtsreform von 1965) gab es keine Hinweise auf eine Risikoberichterstattung bzw. auf Maßnahmen des Risikomanagements. Es kann insofern auch als ein „Schönwettergesetz" bezeichnet werden. Dies änderte sich erst mit Inkrafttreten des KonTraG. § 289 Abs. 1 HGB schreibt nun zwingend vor, dass im Lagebericht auch auf die Risiken der zukünftigen Entwicklung einzugehen ist. § 91 Abs. 2 AktG fordert darüber hinaus, dass der Vorstand geeignete Maßnahmen zu treffen hat, damit der Fortbestand der Gesellschaft nicht durch unerkannte Entwicklungen gefährdet ist. Der Gesetzgeber schreibt explizit vor, dass ein entsprechendes Risikoüberwachungssystem einzurichten ist, welches frühzeitig auf gefährdende Entwicklungen aufmerksam macht.

Das Problem dieser Vorschriften ist jetzt jedoch,[1] dass der Begriff des Risikos nicht eindeutig definiert wurde. Konkretisiert wurde der Risikobegriff erst zum 03.04.2001, also drei Jahre nach Inkrafttreten des KonTraG durch die Regelungen des DRS 5 (Deutscher Rechnungslegungs-Standard). Nach DRS 5.9 wird Risiko als die „Möglichkeit von negativen zukünftigen Entwicklungen der wirtschaftlichen Lage des Konzerns" verstanden. Unzulässig nach DRS 5.26 ist dabei eine Saldierung von Chancen und Risiken. Es sind detailliert die Risiken für die Vermögens-, Finanz- und Ertragslage anzugeben. Diese Risiken können jedoch nach bestimmten Risikokategorien aufgeschlüsselt werden. So können z. B. Branchenrisiken, leistungswirtschaftliche Risiken oder Personalrisiken angegeben werden. Interessant bei dieser Bestimmung des Risikobegriffes ist jetzt jedoch, dass der deutsche Rechnungslegungs-Standard primär die Berichterstattung über die Risiken der zukünftigen Entwicklung des Konzerns im Konzernlagebericht regelt und nicht die Risikoberichterstattung, wie sie für den allgemeinen Jahresabschluss bzw. Lagebericht gilt. Nichtsdestoweniger wird eine entsprechende Anwendung dieses Risikobegriffes für alle Unternehmen empfohlen.

Bei diesem juristisch geprägten Risikobegriff ist zu beachten, dass er sich nur bedingt mit dem betriebswirtschaftlichen Risikoverständnis verträgt, da keine Angaben zu den Eintrittswahrscheinlichkeiten gefordert werden. Es geht dem Gesetzgeber lediglich darum, unsichere Ereignisse aufzulisten. Die für betriebliche Entscheidungen notwendige Abschätzung der (zumindest relativen) Wahrscheinlichkeit des Eintritts des Ereignisses unterbleibt. Ein derart eingeengtes Risikoverständnis kann möglicherweise damit erklärt werden, dass eine solche Abschätzung der Wahrschein-

---

1   Vgl. Baetge/Kirsch/Thiele (2003), S. 732 ff.

lichkeiten nur schwer möglich ist. Auf der anderen Seite schreibt jedoch der Gesetzgeber die Prüfung eines betrieblichen Überwachungssystems (unter den Bedingungen des § 317 Abs. 4 HGB) vor. Dass ein leistungsfähiges Überwachungssystem ohne die Abschätzung von Eintrittswahrscheinlichkeiten auskommt, ist höchst zweifelhaft. Zumindest die Abschätzung relativer Wahrscheinlichkeit des Eintritts unterschiedlicher Szenarien wird in der Regel stattfinden.

Ziel im Sinne einer leistungsfähigen Corporate Governance muss es ferner sein, eine derartige Risikoberichterstattung nicht nur für den Lagebericht zu produzieren, sondern ein integriertes Risikomanagementsystem zu etablieren, welches quasi „automatisch" die entsprechenden Angaben im Lagebericht produziert. Ein solches Risikomanagementsystem findet sich in den Unternehmen oftmals nicht. Der Regelfall ist, dass mit der Erstellung des Risikoberichts zum Jahresende begonnen wird, ohne dass diese eine systematische Einbindung des Risikomanagements in die Geschäftsprozesse nach sich zieht. Hier müsste sichergestellt sein, dass dieses Risikomanagementsystem mit den betrieblichen Prozessen eng verzahnt ist. Derartige Risikoinformationen sollten bereits zur Grundlage für betriebliche Entscheidungen genommen werden und nicht nur für die Komplettierung des Lageberichtes. Risiken dürfen nicht nur erfasst werden, sie müssen auch bewertet und ausgewertet werden. Nur so kann sichergestellt werden, dass die betrieblichen Prozesse auch vor dem Hintergrund der existenten Risiken adäquat gesteuert werden. Die Risikoberichterstattung im Lagebericht wäre dann quasi nur noch ein „Nebenprodukt" des Risikomanagements. Das Risikomanagement besitzt damit eine zentrale Funktion für die Steuerung betrieblicher Entscheidungen und nicht nur eine Funktion bei der Aufstellung des Lageberichtes.

Die Siemens AG verweist in ihrer Risikoberichterstattung auf die Verzahnung ihrer Risikopolitik mit anderen Instrumenten der Geschäftsplanung. Ob dies bereits als ein funktionierendes Risikomanagementsystem zu verstehen ist, wird jedoch nicht deutlich. Die folgende Textpassage gibt die einführenden Bemerkungen zur Risikoberichterstattung im Lagebericht wieder. Darüber hinaus wird detailliert auf folgende Risiken eingegangen: Geschäftsrisiken, operative Risiken, Lieferantenrisiken, Personalrisiken, Kreditrisiken, Finanzmarktrisiken, Aktienkursrisiken sowie Fremdwährungs- und Zinsrisiken.

„Unserer Risikopolitik entsprechend sind wir auf nachhaltiges Wachstum ausgerichtet, wobei aber nur solche Risiken eingegangen werden, die im Rahmen der Wertschaffung unvermeidbar, jedoch kontrollierbar sind. Risikomanagement ist daher ein grundlegender Teil der Planung und Ausführung unserer Geschäftsstrategien. Unsere Risikopolitik und das interne Kontroll- und Risikomanagementsystem werden vom Zentralvorstand (ein Gremium des Vorstands, dem unter anderem sowohl der Vorsitzende des Vorstands als auch der Finanzvorstand angehören) festgelegt. Das Management der Bereiche übernimmt diese Grundsätze entsprechend unserer Organisations- und Verantwortungs-Hierarchie. Jede Geschäftseinheit und jeder Bereich ist für die Risiken verantwortlich, die er in seinem regionalen und internationalen Geschäft eingeht. Um das Maß der Risiken, denen wir ausgesetzt sind, zu messen, zu überwachen, zu kontrollieren und zu handhaben, bedienen wir uns einer Reihe von hoch entwickelten Management- und Kontrollsystemen. Besonderes Gewicht haben dabei unsere konzernweite strategische Unternehmensplanung und das damit in Verbindung stehende Berichtswesen. Strategische Unternehmensplanung ermöglicht es uns, potenzielle Risiken lange vor wesentlichen Entscheidungsfindungen abzuschätzen, während das damit in Verbindung stehende Berichtswesen eine angemessene Überwachung während der Durchführung und Abwicklung von Unternehmensprozessen ermöglicht. Unser internes Prüfungswesen überprüft in regelmäßigen Zeitabständen die Zweckmäßigkeit und Effizienz unseres Risikomanagements und unserer Kontrollsysteme. Auf diese Weise sollen Vorstand und Aufsichtsrat in angemessener Zeit über wesentliche Risiken informiert werden. Wir verweisen hierzu auf unsere ausführlichen Erläuterungen im Abschnitt ‚Corporate-Governance-Bericht'."

Quelle: Siemens AG (Hrsg.): Lagebericht 2003, München 2004, S. 102.

4.7.4 Auswirkungen des deutschen Corporate-Governance-Kodex

Zur Erarbeitung des vorgeschlagenen Kodex wurde im September 2001 die Regierungskommission „Deutscher Corporate-Governance-Kodex" eingesetzt. Am 26.02.2002 legte die Kommission den deutschen Corporate-Governance-Kodex vor. Das Ziel ihrer Arbeit fasst ihr Vorsitzender Cromme wie folgt zusammen.

„Lassen Sie mich ganz zu Beginn erläutern, was das Ziel unserer Arbeit war: Wir wollen mit dem Corporate Governance-Kodex den Standort Deutschland für internationale – und nationale – Investoren attraktiver machen, in dem wir alle wesentlichen – vor allem internationalen – Kritikpunkte an der deutschen Unternehmensverfassung und -führung aufgegriffen und einer Lösung zugeführt haben. Diese Kritikpunkte sind:

- *mangelhafte Ausrichtung auf Aktionärsinteressen;*

- *duale Unternehmensverfassung mit Vorstand und Aufsichtsrat;*

- *mangelnde Transparenz deutscher Unternehmensführung;*

- *mangelnde Unabhängigkeit deutscher Aufsichtsräte;*

- *und eingeschränkte Unabhängigkeit des Abschlussprüfers."*

Gerhard Cromme (Vorstand Thyssen-Krupp und Vorsitzender der Regierungskommission) bei der Vorstellung des Deutschen Corporate-Governance-Kodex

Die im Kodex enthaltenen Regelungen sind, soweit sie über die gesetzlichen Vorschriften hinaus gehen, nicht verbindlich. Gleichwohl erhofft sich die Regierungskommission, dass sich die Unternehmen einer Befolgung des Kodex aufgrund des Drucks der Anleger nicht entziehen können. Man empfahl in diesem Zusammenhang dem Gesetzgeber eine sog. Entsprechungserklärung in die einschlägigen Gesetze mit aufzunehmen, so dass Unternehmen verpflichtet werden zu erklären, ob sie die im Kodex gemachten Empfehlungen umsetzen bzw. an welcher Stelle sie diesen Empfehlungen nicht folgen.

Der deutsche Corporate-Governance-Kodex wird jährlich überprüft und ggf. an nationale und internationale Entwicklungen angepasst. Er richtet sich primär an börsennotierte Unternehmen. Nichtsdestoweniger wird auch nicht börsennotierten Unternehmen die Beachtung des Kodex empfohlen.

Die Regelungen des Kodex umfassen Fragen zu folgenden Bereichen:

- zum Aktionärsrecht und zur Hauptversammlung

- zum Zusammenwirken von Vorstand und Aufsichtsrat

- Einzelfragen zu Vorstand und Aufsichtsrat (u. a. Aufgaben und Zuständigkeiten, Zusammensetzung und Vergütung, Interessenkonflikte, Ausschussbildung im Aufsichtsrat)

- Grundsätze der Transparenz

- Aspekte der Rechnungslegung und Abschlussprüfung

Beispielhaft seien an dieser Stelle einige Einzelempfehlungen des Kodex genannt, die gegenüber der bisherigen Führungspraxis in Deutschland beachtenswerte Neuerungen darstellen:

- Empfehlung zur Zwischenberichterstattung

- Aufstellung des Konzernabschlusses und der Zwischenberichte innerhalb von 90 bzw. 45 Tagen

- keine Aktien mit Mehrfachstimmrechten, Vorzugsstimmrechten oder Höchststimmrechten

- individualisierte Offenlegung der Vergütung von Vorstands- und Aufsichtsratsmitgliedern

- leistungsbezogene Vergütung nicht nur für Vorstände, sondern auch für Aufsichtsräte

- Forderung nach einem intensiven Zusammenwirken von Vorstand und Aufsichtsrat

- Aufstellung von Konzernabschluss und Zwischenberichten unter Beachtung international anerkannter Rechnungslegungsgrundsätze

Die Empfehlungen, die hier im Kodex festgeschrieben sind, stellen das Ergebnis auch eines Konfliktaustragungsprozesses in der Regierungskommission dar. Insofern werden im Rahmen des Kodex die Eckpfeiler der deutschen Unternehmensverfassung nicht angetastet. Dies gilt insb. für das dualistische Führungsmodell und für die Rechnungslegung deutscher Unternehmen, die sich am True-and-Fair-View-Prinzip orientiert und die ein den tatsächlichen Verhältnissen entsprechendes Bild der Vermögens-, Finanz- und Ertragslage des Unternehmens vermitteln soll. Letztlich ist jedoch nicht zu übersehen, dass auch Elemente der angelsächsischen Unternehmensverfassung in den Kodex eingeflossen sind, obwohl sie zum Teil im Widerspruch zur deutschen Gesetzgebung stehen. Wenn z. B. im Kodex gefordert wird, dass Vorstand und Aufsichtsrat zum Wohl des Unternehmens eng zusammenarbeiten sollen, dann verträgt sich das nur bedingt mit den Vorschriften des Aktiengesetzes. Hier schreibt der § 111 Abs. 1 AktG vor, dass der Aufsichtsrat die Geschäftsführung des Vorstandes zu überwachen hat. Die Wahrnehmung einer solchen Kontrollkompetenz gestaltet sich eher schwierig, wenn man an der Geschäftsführung bereits durch die enge Zusammenarbeit mit dem Vorstand aktiv beteiligt ist. Insofern kann eine solche Regelung nur als Reflex auf das monistische System gewertet werden, in welchem alle Boardmitglieder eine einheitliche Aufgabe haben, die sich sowohl auf die Unternehmensführung als auch auf die Kontrolle der Unternehmensführung bezieht.

Da der deutsche Corporate-Governance-Kodex selbst nicht gesetzlich fixiert ist, besteht die Möglichkeit, ihn als ein innovatives und flexibles Instrument schnell an zukünftige Veränderungen anzupassen. Dass derartige Anpassungen sicherlich notwendig sind, zeigt z. B. die Empfehlung zu einer leistungsbezogenen Vergütung der Aufsichtsrattätigkeit. Die vom deutschen Aktieninstitut und von Towers Perrin[1] gemachten Empfehlungen zur Aufsichtsratsvergütung werden z. B. von Fallgatter höchst kritisch bewertet.[2] Da die variable Vergütung von Aufsichtsräten und Vorständen

---

1   Vgl. Towers Perrin (2004).

2   Vgl. Fallgatter (2003), S. 703 ff. Vgl. ferner zum Problem der Aufsichtsratsvergütung Knoll/Knoesel/Probst (1997), S. 236 ff.; Ziegler/Kramarsch (2003), S. 20 ff.

an unterschiedlichen Bezugsgrößen anzuknüpfen hat, führt, so Fallgatter, der gemachte Vorschlag unter anreiztheoretischer Perspektive zu keiner verbesserten Unternehmensüberwachung durch die Aufsichtsräte.

Bereits zum 04.06.2003 wurde der Kodex überarbeitet, um aktuelle Veränderungen aufzugreifen. Die wesentlichen Überarbeitungen finden sich hierbei im Abschnitt 4.2 des Kodex. Dieser Abschnitt beinhaltet Anregungen und Empfehlungen im Hinblick auf die Zusammensetzung und Vergütung von Vorständen. Es wurde die ursprüngliche Anregung, die Vorstandsvergütung im Anhang des Konzernabschlusses individualisiert zu publizieren, in die Empfehlungen des Abschnittes 4.2.4 aufgenommen. Ferner wurden folgende Empfehlungen des Abschnittes 4.2.3 wie folgt verändert:

- Es müssen sämtliche Vergütungsbestandteile für sich alleine genommen sowie in der Summe angemessen sein.

- Es soll ein Indexierung von Aktienoptionen und vergleichbaren Ausgestaltungen auf anspruchsvolle, relevante Vergleichsparameter erfolgen.

- Für außergewöhnliche nicht vorhergesehene Entwicklungen soll der Aufsichtsrat eine Begrenzungsmöglichkeit (Cap) vereinbaren.

- Auf der Internetseite der Gesellschaft soll in allgemein verständlicher Form veröffentlicht und im Geschäftsbericht erläutert werden, welche Grundzüge das Vergütungssystem aufweist bzw. wie die konkrete Ausgestaltung der langfristigen variablen Vergütung aussieht.

- Im Geschäftsbericht sollen ferner Angaben zum Wert von Optionen veröffentlicht werden.

- Über die Grundzüge des Vergütungssystems und dessen Veränderung soll der Aufsichtsratsvorsitzende die Hauptversammlung informieren.

Ein Blick auf die Aussagen deutscher Vorstände zeigt, dass der DCG-Kodex – zumindest aber einzelne Empfehlungen bzw. Anregungen – höchst unterschiedlich beurteilt werden:

„Wir werden die Gehälter [der Vorstände] nicht offen legen, so lange es irgend geht."

Wolfgang Reitzle, Vorstandsvorsitzender der Linde AG
(Quelle: Wirtschaftswoche, Nr. 25 vom 10.06.2004, S. 82.)

„[Es besteht die Gefahr einer unerwünschten] Nivellierung von Vergütungsdifferenzen"

Wolfgang Bernotat, Vorstandsvorsitzender der E.On AG
(Quelle: Wirtschaftswoche, Nr. 25 vom 10.06.2004, S. 82.)

„Durch ein Zuviel an Corporate-Governance-Regeln [wird] eine Wertevernichtung durch Bürokratie stattfinden."

Max Dietrich Kley, Vorstandsvorsitzender der Infineon AG
(Quelle: Wirtschaftswoche, Nr. 25 vom 10.06.2004, S. 82.)

„Eine kodexkonforme, verantwortungsvolle und transparente Unternehmensführung [wird] auf Dauer zu einer Steigerung des Unternehmenswertes [beitragen]."

Harry Roels, Vorstandsvorsitzender der RWE AG
(Quelle: Wirtschaftswoche, Nr. 25 vom 10.06.2004, S. 83.)

4.7.5 Auswirkungen des TransPuG

Das Transparenz- und Publizitätsgesetz (TransPuG) wurde am 19.07.2002 verkündet. Kernpunkt des TransPuG ist die rechtliche Einbindung des von einer Regierungskommission erarbeiteten deutschen Corporate-Governance-Kodex für börsennotierte Aktiengesellschaften mittels der sog. Entsprechungserklärung gem. § 161 AktG („explain or complain"). Diese Entsprechungserklärung gilt für alle börsennotierten Gesellschaften und muss einmal jährlich abgegeben werden. Es ist explizit aufzulisten, in welchen Bereichen den Empfehlungen des deutschen Corporate-Governance-Kodex gefolgt wird bzw. in welchen Bereichen davon abgewichen wird. Diese Erklärung ist den Aktionären dauerhaft zugänglich zu machen.

Betrachtet man die großen deutschen börsennotierten Aktiengesellschaften, so zeigt sich, dass diese in ihren Entsprechungserklärungen gem. § 161 AktG dem deutschen Corporate-Governance-Kodex im Wesentlichen folgen. Eine Untersuchung der Entsprechungserklärungen bei sämtlichen DAX- bzw. MDAX-Unternehmen zeigt,[1] dass den wesentlichen Abschnitten des deutschen Corporate-Governance-Kodex entsprochen wird. Abweichungen von den dortigen Empfehlungen in nennenswertem Umfang gibt es bei folgenden Abschnitten:

- Abschnitt 4.2.2: Der Kodex empfiehlt hier, dass die Vorstandsverträge und die Struktur des Vergütungssystems für den Vorstand im gesamten Aufsichtsrat beraten und regelmäßig überprüft werden sollen. Von dieser Regelung weichen eine nennenswerte Zahl von Unternehmen ab. Sie weisen diese Aufgaben meist nur ihrem Präsidialausschuss zu. Das Ergebnis wird nicht im Aufsichtsrat insgesamt diskutiert. Da im Präsidialausschuss des Aufsichtsrates im Regelfall auch die Vertreter der Arbeitnehmerseite sitzen, ist hier nicht nachzuvollziehen, warum einige Unternehmen den Empfehlungen des Abschnittes 4.2.2 nicht entsprechen.

- Abschnitt 4.2.3: Die Abweichungen von diesem Abschnitt des Kodex beziehen sich im Regelfall sämtlich auf die Indexierung der variablen Vergütungspläne des Vorstandes. Es gibt hier Aktiengesellschaften, die prinzipiell über keine derartigen Optionspläne verfügen. Ein anderer Teil argumentiert, dass es international unüblich wäre, Aktienoptionspläne mit einem Erfolgsziel zu verbinden.

- Empfehlung 4.2.4: Der Kern dieser Empfehlung richtet sich darauf, die Vergütung der Vorstandsmitglieder individualisiert im Anhang des Konzernabschlusses zu veröffentlichen. Dieser Empfehlung wird von einem Teil der Unternehmen nicht nachgekommen. Es werden hierfür

---

1   Vgl. Towers Perrin (2004).

unterschiedliche Erklärungen abgegeben. Zum Beispiel, dass die Individualisierung der Gehälter den Persönlichkeitsschutz und damit die Privatsphäre der Vorstandsmitglieder gefährdet. Darüber hinaus wird darauf verwiesen, dass die Angabe der Gesamtvergütung an alle Vorstandsmitglieder ausreichend ist, um zu beurteilen, ob die Vorstandsgehälter angemessen sind.

- Empfehlung 5.4.5: Der Kern dieser Empfehlung richtet sich darauf, dass analog zu der Vergütung der Vorstände auch die Vergütung der Aufsichtsratsmitglieder individualisiert im Anhang des Konzernabschlusses ausgewiesen werden soll. Auch hier finden sich Unternehmen, die mit ähnlicher Argumentation wie oben dieser Empfehlung nicht entsprechen.

- Empfehlung 6.6: Diese Empfehlung bezieht sich auf die Angabe von Aktientransaktionen von Organmitgliedern und ihnen nahe stehende Personen. Diejenigen Unternehmen, die von dieser Empfehlung abweichen, verzichten darauf, entsprechende Aktientransaktionen im Anhang des Konzernabschlusses zu veröffentlichen. Nichtsdestoweniger entsprechen diese Unternehmen den gesetzlichen Forderungen des § 15 WpHG.

Trotz dieser Abweichungen von den Empfehlungen des deutschen Corporate-Governance-Kodex muss festgestellt werden, dass der überwiegende Anteil der großen deutschen börsennotierten Aktiengesellschaften den Empfehlungen des deutschen Corporate-Governance-Kodex entspricht.

Neben dieser zentralen Vorschrift des § 161 AktG werden im TransPuG weitere Empfehlungen der Regierungskommission, die zu einer Reform des Aktien- und Bilanzrechts sowie zu größerer Transparenz und Publizität beitragen sollen, umgesetzt. Im Einzelnen sind hierbei folgende Aspekte zu erwähnen:

- Stärkung der Rechte des Aufsichtsrates, der künftig vom Vorstand darüber unterrichtet werden muss, inwieweit die Geschäftsentwicklung von der zugrunde liegenden Planung abweicht (§ 90 Abs. 1 Ziff. 1

AktG). Ferner ist dem Aufsichtsrat regelmäßig über die Arbeit der Aufsichtsratsausschüsse zu berichten (§ 107 Abs. 3 Satz 3 AktG). Ferner
sind mindestens vier Aufsichtsratssitzungen (zwei pro Halbjahr)
durchzuführen (§ 110 Abs. 3 AktG).

- Neben der Barausschüttung ist jetzt auch die Sachdividende in Form
  von Wertpapieren zugelassen (§ 179 Abs. 2 Ziff. 2 AktG).

- Gesellschaften besitzen nach § 118 Abs. 3 AktG jetzt ein Wahlrecht im
  Hinblick auf die Form der Öffentlichkeit, die sie bei der Hauptver-
  sammlung anstreben. In diesem Zusammenhang ist insb. die Ton- und
  Bildübertragung der Hauptversammlung von Bedeutung.

- Die Berichtspflicht des Abschlussprüfers nach § 321 AktG wird dahingehend angepasst, dass über Beanstandungen, die nicht zu einer Einschränkung oder Versagung des Bestätigungsvermerkes geführt haben,
  aber für die Überwachung des geprüften Unternehmens gleichwohl
  von Bedeutung sind, zu berichten ist.

- Bei allen börsennotierten Gesellschaften ist nach § 91 Abs. 2 AktG das
  einzurichtende Risikofrüherkennungssystem ebenfalls Gegenstand der
  Jahresabschlussprüfung.

Dass die Regeln zur Corporate Governance wohl eher Zwang als Freiwil-
ligkeit darstellen, zeigt eine Untersuchung von PricewaterhouseCoopers:

*„Zwar hat die Einführung von Richtlinien für eine verantwortungsvolle Un-
ternehmensführung das Risikomanagement börsennotierter Unternehmen
weltweit verbessert. Die Mehrheit der Topmanager aber sieht die Erfüllung
der Corporate-Governance-Regeln als lästige Pflicht, um Ärger mit Auf-
sichtsbehörden zu vermeiden. Die eigentlichen Ziele, mehr Transparenz,
besseres Management und stärkerer Dialog mit wichtigen Interessengruppen, werden kaum beachtet. Das belegt eine Umfrage der Wirtschaftsprüfungsgesellschaft PricewaterhouseCoopers unter mehr als 200 Unternehmen weltweit."*

Quelle: Katzensteiner, T. (Red.): Lästige Pflichtübung, in: Wirtschaftswoche,
Nr. 19 vom 29.04.2004, S. 80.

4.7.6   Auswirkungen des BilReG/BilKoG

Am 29. Oktober 2004 wurden das Bilanzrechtsreformgesetz (BilReG) und das Bilanzkontrollgesetz (BilKoG) vom Bundestag verabschiedet. Beide Gesetzeswerke treten zum 1. Januar 2005 in Kraft. Im Zuge der Diskussion der Corporate Governance sind zwei Änderungen von besonderer Bedeutung: Die Stärkung der Unabhängigkeit der Abschlussprüfer sowie die Schaffung eines neuen Bilanzkontrollverfahrens.

Vor dem Hintergrund der Empfehlungen der deutschen Corporate-Governance-Kommission und der EU-Kommissionsempfehlung zur Unabhängigkeit der Abschlussprüfer wurde im Zuge des BilReG die Unabhängigkeit der Wirtschaftsprüfer bei der Abschlussprüfung nachhaltig gestärkt. Es sollte insbesondere gesichert werden, dass der Wirtschaftsprüfer nicht neben der Abschlussprüfung auch noch Interessenvertreter des zu prüfenden Unternehmens ist.

Ferner soll ausgeschlossen werden, dass die Abschlussprüfung sich nicht auf vorangegangene Dienstleistungen des Wirtschaftsprüfers richtet (Selbstprüfungsverbot). Die entsprechenden gesetzlichen Regelungen finden sich im novellierten § 319 HGB sowie im neu geschaffenen § 319 a HGB. Von der Abschlussprüfung ist danach ein Wirtschaftsprüfer auszuschließen, wenn aufgrund geschäftlicher, finanzieller oder persönlicher Beziehungen die Besorgnis der Befangenheit besteht (§ 319 Abs. 2 HGB). Eine solche Abhängigkeit ist nach § 319 Abs. 3 HGB insbesondere beim Vorliegen folgender Sachverhalte zu vermuten:

- Besitz von Anteilen an der zu prüfenden Gesellschaft,

- gesetzlicher Vertreter, Arbeitnehmer oder Aufsichtsratsmitglied des zu prüfenden Unternehmens,

- Mitwirkung an der Buchhaltung, der Aufstellung des Jahresabschlusses oder der internen Revision des zu prüfenden Unternehmens.

Besondere Gründe des Ausschlusses des Wirtschaftsprüfers von der Abschlussprüfung liegen nach § 319 a Abs. 1 HGB insbesondere vor, wenn

- mehr als 15 Prozent der Gesamteinnahmen der beruflichen Tätigkeit in den letzten fünf Jahren Prüfung ein Zeitraum von mindestens drei Jahren verstrichen ist.

Unter Unternehmensverfassungsgesichtspunkten tragen diese Regelungen insofern dazu bei, die Wahrnehmung der Kontrollkompetenzen des Abschlussprüfers zu stärken. Interessenkonflikte sollen zumindest teilweise vermieden werden. Ob jedoch somit eine vollständige Unabhängigkeit des Abschlussprüfers vom zu prüfenden Unternehmen sichergestellt ist, lässt sich nur schwer beantworten.

Dass entsprechende Regelungen, wie sie der § 319 und der § 319 a HGB vorsehen, höchstwahrscheinlich noch nicht die Qualität der Abschlussprüfung garantieren, ist wohl auch dem Gesetzgeber bewusst. Anders ist es nicht zu erklären, dass mit dem BilKoG eine neue Institution geschaffen wird, die sich der Qualitätssicherung der Abschlussprüfung annimmt.

Das BilKoG führt ein zweistufiges „Enforcement-Verfahren" ein, welches zum Ziel hat, die Rechtmäßigkeit geprüfter Unternehmensabschlüsse zu kontrollieren. Dieses Verfahren soll für alle kapitalmarktorientierten Unternehmen[1] ab dem 1. Juli 2005 gelten.

- In einer ersten Stufe wird eine privatrechtlich organisierte Prüfstelle für Rechnungslegung tätig, wenn Hinweise auf Unregelmäßigkeiten oder Fehler bei der Aufstellung des Jahresabschlusses bestehen. Hierzu wurde am 14. Mai 2004 die „Deutsche Prüfstelle für Rechnungslegung (DPR) e. V." gegründet.

- Verweigert ein Unternehmen die Zusammenarbeit mit der Prüfstelle, so geht in einer zweiten Stufe die Prüfkompetenz auf die Bundesanstalt

---

1   Es sind hier diejenigen Unternehmen gemeint, deren Wertpapiere an einer deutschen Börse zum Handel im amtlichen oder geregelten Markt zugelassen sind.

für Finanzdienstleistungsaufsicht (BaFin) über. Die Prüfung kann jetzt mit hoheitlichen Mitteln durchgesetzt werden.

Ob ein solches „Enforcement-Verfahren" tatsächlich zu einer qualitativ hochwertigeren Aufstellung der Jahresabschlüsse führt, kann zurzeit noch nicht abschließend beurteilt werden.[1]

---

1 Vgl. weiterführend hierzu auch Baetge/Thiele/Matena (2004), S. 201 ff.

5 Interessenvertretungskompetenz der Arbeitnehmer im Rahmen der deutschen Unternehmensverfassung

Neben der Leitungs- und Kontrollkompetenz, die im Zuge der Unternehmensverfassung geregelt werden, kennt die deutsche Unternehmensverfassung auch eine Interessenvertretungskompetenz, die nicht auf die Eigenkapitalgeber beschränkt ist, sondern auch den im Unternehmen beschäftigten Mitarbeitern bzw. den im Unternehmen vertretenen Gewerkschaften eingeräumt wird. Bei den Beziehungen zu den Mitarbeitern handelt es sich um ein dauerhaftes Verhältnis, bei welchem die Arbeitnehmer ein ausgeprägtes Interesse am Fortbestand des Unternehmens besitzen. Es ist letztlich das Interesse an einem gesicherten Arbeitsplatz in Verbindung mit der Sicherung des Einkommens, welches die Beziehung Unternehmen zu seinen Arbeitnehmern auch zu einem politischen Problem werden lässt. Die Beziehung „Unternehmer" – „Arbeitnehmer" stellt eines der zentralen Konfliktfelder im Rahmen der Unternehmensverfassung dar und war über ein Jahrhundert lang immer wieder Anlass für vielfältige, zum Teil höchst kontroverse politische Auseinandersetzungen. Entsprechend sieht der Gesetzgeber sich hier aufgerufen, auch dieses Verhältnis mit einem verfassungsmäßigen Regelwerk zu steuern.

In Deutschland geht diese Steuerung dabei so weit, dass den Arbeitnehmern eine zentrale Kompetenz zur Vertretung ihrer Interessen selbst in den Leitungsorganen der Gesellschaft eingeräumt wurde. Andere Länder, wie z. B. die USA, kennen entsprechende Kompetenzen nicht. Allerdings ist die deutsche Regelung auch kein Einzelfall. In Europa existieren eine Vielzahl von Ländern, bei denen den Mitarbeitern Interessenvertretungs-kompetenzen eingeräumt werden.[1]

Im Rahmen der folgenden Ausführungen wird sich darauf beschränkt, die deutschen Regelungen der Arbeitnehmermitbestimmung nachzu-zeichnen. Es wird hier nicht der Versuch unternommen, einzelne dieser Regelungen einer detaillierten ökonomischen Effizienzanalyse zu unter-ziehen. Hierzu existieren in der Literatur bereits eine Vielzahl von Unter-suchungen, die allerdings zu keinem – und das verwundert sicherlich nicht – einheitlichen Urteil kommen.[2] Je nach politischem Standort werden die existenten Mitbestimmungsregelungen entweder als effizient oder aber als ineffizient im Hinblick auf die Unternehmensführung angesehen.

5.1 Geschichtliche Entwicklung der Institutionalisierung der Interessen-vertretungskompetenz der Arbeitnehmer

Die verfassungsmäßige Etablierung von Regelungen zur Wahrnehmung der Interessenvertretungskompetenz durch die Beschäftigten des Unter-nehmens lässt sich als das Ergebnis eines Konfliktaustragungsprozesses zwischen Arbeitnehmern und Arbeitgebern begreifen. Sie hat ihren Ur-sprung in der geschichtlichen Entwicklung. Die Regelungen sind dabei

---

1   Vgl. hierzu ausführlich OECD (1994); Höland (2000); Altmeyer (2003 a), S. 64 f.; Altmeyer (2003 b), S. 68 ff.; Altmeyer (2003 c), S. 66 f.; Gohde (2003 a), S. 64 ff.; Gohde (2003 b), S. 60 ff.; Kirr (2003), S. 64 ff. Vgl. ferner zur europäischen Per-spektive Gerum (1992 a), S. 147 ff.

2   Vgl. hierzu beispielhaft die Arbeiten von Jensen/Meckling (1979), S. 469 ff.; Ge-rum (1998 a); Schmid/Seger (1998), S. 453 ff.; Frick/Kluge/Streeck (1999); Frick/Speckbacher/Wentges (1999), S. 745 ff.; Dilger (2002 b) sowie Werder (2003). Vgl. ferner die detaillierte Übersicht zum Stand der Forschung im Be-reich der betrieblichen Mitbestimmung bei Frege (2002), S. 221 ff.; Osterloh (1992), Sp. 1362 ff.; Osterloh (1993).

vielfach das Ergebnis geänderter gesellschaftspolitischer Rahmenbedingungen. Man wird viele Erscheinungen nicht richtig interpretieren, wenn man diese geschichtliche Entwicklung nicht berücksichtigt.

Wie das nachfolgende Beispiel zeigt, reicht die Diskussion der unternehmerischen Mitbestimmung bis weit ins 19. Jahrhundert hinein.

„Der Arbeiter ist nicht der gleichberechtigte Teilhaber des Arbeitgebers ... er ist dessen Untergebener, dem er Gehorsam schuldig ist ... die Zwischenschiebung einer regelmäßigen Instanz zwischen Arbeitgeber und Arbeiter ist unzulässig."

Quelle: Denkschrift des „Centralverbands deutscher Industrieller" aus dem Jahre 1887, in: www.bundesregierung.de/top/dokumente/Artikel/ix_30723.htm ?template=single&id=30723&script=1&ixef=_30723 – letzter Zugriff am 25.10.2004

Folgende Meilensteine auf dem Weg zur heutigen Institutionalisierung einer Interessenvertretungskompetenz der Arbeitnehmer lassen sich festmachen:[1]

- **1848:** Die verfassungsgebende Nationalversammlung in der Paulskirche berät über den Entwurf einer Gewerbeordnung, in dem u. a. auch die Gründung von Fabrikausschüssen vorgesehen ist.

- **1891:** Im Rahmen der Novelle der Gewerbeordnung des deutschen Reiches wird es Arbeitgebern freigestellt, Arbeiterausschüsse einzurichten.

- **1905:** Aufgrund des Arbeitskräfteengpasses im Steinkohlebergbau war es den Arbeitnehmern und ihren Gewerkschaften möglich, mit Hilfe von großen Arbeitskämpfen (in den Jahren 1899 und 1905) eine Novellierung des preußischen Berggesetzes zu erreichen. Diese Novelle legte die Einführung von Arbeiterausschüssen in Bergbaubetrieben mit mehr

---

1 Vgl. Hamel (1993), Sp. 425 f.; Oesterle (1996), S. 451 ff. sowie Halbach et al. (1997), S. 362 ff. Vgl. zur Entwicklung und zum Aufbau von Gewerkschaften und Arbeitgeberorganisationen in Deutschland Hentze/Kammel (2001), S. 139 ff.

als 100 Beschäftigten verbindlich fest. In sozialen Fragen erhielten diese Ausschüsse eingeschränkte Informations- und Anhörungsrechte.

- **1916:** Vor dem Hintergrund des Ersten Weltkrieges verschärfte sich der Arbeitskräfteengpass in den deutschen Industriebetrieben. Man gab hier dem Drängen von Gewerkschaften nach, um Streiks und Arbeitskämpfe zu verhindern. Das vaterländische Hilfsdienstgesetz sah vor, dass in Betrieben mit mehr als 50.000 Beschäftigten Arbeiter- und Angestelltenausschüsse zu bilden sind. Diese Ausschüsse besitzen ein Anhörungsrecht in vorwiegend sozialen Angelegenheiten. Dies ist jedoch nicht als Interessenvertretungskompetenz im heutigen Sinn zu werten. Allerdings führten diese Ausschüsse dazu, dass das Konfliktpotenzial zwischen Arbeitgebern und Arbeitnehmern deutlich gesenkt wurde, da jetzt eine Institution geschaffen wurde, in der Arbeitnehmer ihre Wünsche und Beschwerden vortragen konnten.

- **1920:** Nach dem Ende des Ersten Weltkrieges und den damit in Deutschland einhergehenden politischen Umwälzungen war die Arbeitnehmerseite im politischen Konfliktaustragungsprozess deutlich gestärkt. Dies zeigt sich insb. am Betriebsrätegesetz vom 04.02.1920. Dieses Gesetz verlangt, dass in Betrieben mit mehr als 20 Beschäftigten ein Betriebsrat gebildet wird. Dieser besitzt Mitbestimmungsrechte bei bestimmten sozialen, personellen und wirtschaftlichen Angelegenheiten. Darüber hinaus schrieb das Betriebsrätegesetz auch vor, dass eine Entsendung von Betriebsratsmitgliedern in den Aufsichtsrat einer Aktiengesellschaft möglich ist. Mit diesem Gesetz wurde somit erstmalig den Arbeitnehmern eine nennenswerte Interessenvertretungskompetenz im Rahmen der Regelungen der Unternehmensverfassung eingeräumt. Letztlich sind diese Regelungen nur dadurch zu erklären, dass in den Zeiten nach dem Ersten Weltkrieg starke revolutionäre Tendenzen das politische Klima in Deutschland prägten.

- **1922:** Als konsequente Weiterentwicklung der Mitbestimmung wird das Gesetz über die Entsendung von Betriebsratsmitgliedern in den Aufsichtsrat verabschiedet. Es sieht eine Mitbestimmung auf Unternehmensebene vor, indem ein bis zwei Betriebsräte zusätzlich ein Mandat im Aufsichtsrat von Kapitalgesellschaften besitzen. Auch diese

Regelung ist sicherlich ein Reflex der damaligen allgemeinen politischen Lage in Deutschland.

- **1933:** Nach der Machtergreifung der Nationalsozialisten wird der Entwicklungsprozess des Einräumens einer Interessenvertretungskompetenz der Arbeitnehmer unterbrochen. Das Gesetz zur Ordnung der nationalen Arbeit setzt das Betriebsrätegesetz außer Kraft. Ebenso werden Gewerkschaften und Arbeitgeberverbände aufgelöst. Arbeitnehmer und Arbeitgeber werden in der Deutschen Arbeitsfront zusammengefasst.

- **1945:** Nach Ende des Zweiten Weltkrieges werden in Unternehmen Betriebsräte in Anlehnung an das Betriebsrätegesetz von 1920 gebildet.

- **1946:** Der gesetzliche Rahmen zur Bildung von Betriebsräten wird anschließend durch das Kontrollratsgesetz Nr. 22 geschaffen. Ihm folgten dann einzelne Ländergesetze.

- **1951:** Vor dem Hintergrund umfangreicher Streikdrohungen in den Industrien des Bergbaus und der Stahl verarbeitenden Industrie und nach konfliktträchtigen außer- und innerparlamentarischen Auseinandersetzungen wurde am 21.05.1951 das Montan-Mitbestimmungsgesetz (Montan-MitbestG) verabschiedet, welches eine paritätische Mitbestimmung der Arbeitnehmer in den Aufsichtsratsgremien der Unternehmen vorsieht. Diese Form der Mitbestimmung gilt allerdings nur für Unternehmen des Bergbaus und der eisen- und Stahl erzeugenden Industrie mit mehr als 1.000 Beschäftigten. Hier wird den Beschäftigten eine weiter reichende Interessenvertretungskompetenz eingeräumt. Vor dem Hintergrund der Verstrickung der deutschen Schwerindustrie in die NS-Politik und damit in den Zweiten Weltkrieg gab es massive politische Bestrebungen, nicht nur der Siegermächte, diese „kriegswichtigen" Industrien gesellschaftlich zu kontrollieren. Dies führte letztlich dazu, dass auch „externe" Personen in den Leitungsgremien der Unternehmen vertreten waren.

- **1952:** Bisher fehlte in Deutschland ein einheitliches Betriebsverfassungsgesetz. Es existieren nur einzelne Ländergesetze. Insofern sah sich der Gesetzgeber aufgerufen, ein neues Betriebsverfassungsgesetz (BetrVG) zu verabschieden. Das BetrVG regelt die Interessenvertretungskompetenzen der Arbeitnehmer in sozialen, personellen und wirtschaftlichen Angelegenheiten. Es kodifiziert darüber hinaus die sog. Drittelbeteiligung der Arbeitnehmer am Aufsichtsrat bei Aktiengesellschaften oder Kommanditgesellschaften auf Aktien sowie bei Gesellschaften mit beschränkter Haftung und bergrechtlichen Gewerkschaften mit mehr als 500 Arbeitnehmern.

- **1955:** Die bisher geltenden Regelungen der Betriebsverfassung gelten nicht für den öffentlichen Dienst. Dies holte das Personalvertretungsgesetz nach.

- **1956:** Verabschiedung des Montan-Mitbestimmungsgesetz-Ergänzungsgesetz (Montan-MitbestGErgG) zur Sicherung der Montanmitbestimmung in herrschenden Konzernobergesellschaften (sog. Holding-Novelle).

- **1967/1971:** Die Tendenz vieler Montanunternehmen, nach Möglichkeit die Montanmitbestimmung zu verlassen, veranlasst den Gesetzgeber zur Verabschiedung der sog. Montan-Mitbestimmungs-Fortgeltungsgesetze zur befristeten Sicherung der Mitbestimmung in den Montanbetrieben.

- **1972:** In diesem Jahr kommt es zu einer Novelle des BetrVG, wobei die innerbetriebliche Interessenvertretungskompetenz erheblich ausgeweitet wird. Dies ist vor dem Hintergrund der veränderten politischen Situation in Deutschland zu erklären. Aufgrund der Regierungsbeteiligung der SPD in der großen Koalition bzw. anschließend im Rahmen der sozial-liberalen Koalition waren die Gewerkschaften mit ihren politischen Forderungen deutlich gestärkt worden. Insofern ist es auch nicht verwunderlich, dass es hier zu einer entsprechenden Novelle der Betriebsverfassung kam.

- **1974:** Entsprechend der Änderungen im Hinblick auf die Betriebsverfassung wird auch das Personalvertretungsgesetz für den öffentlichen Dienst geändert.

- **1976:** Vor dem Hintergrund harter Auseinandersetzungen mit den Verbänden der Arbeitgeber wurde das Mitbestimmungsgesetz (MitbestG) verabschiedet. Dieses Gesetz brachte die paritätische Mitbestimmung der Arbeitnehmer im Aufsichtsrat für alle Kapitalgesellschaften mit mehr als 2.000 Beschäftigten.

- **1981/88:** Mit dem Gesetz zur Sicherung der Montanmitbestimmung kam es zu einer Novelle des Montan-MitbestGErgG mit dem Ziel, Ausstiegsregeln aus der Montanmitbestimmung bei Konzernobergesellschaften festzuschreiben. Das 1988 verabschiedete Gesetz löste die 1981 verabschiedete Übergangslösung ab.

- **1988:** Über eine Novelle zum BetrVG kam es zur Klärung der Stellung der leitenden Angestellten. Auf eine solche Klärung war bisher verzichtet worden. Darüber hinaus ändert die Novelle die Amtsdauer des Betriebsrates. In diesem Zusammenhang kam es zur Verabschiedung des Sprecherausschussgesetzes (SprAuG), welches eine Interessenvertretungskompetenz der leitenden Angestellten institutionalisiert.

- **1996:** Umsetzung einer entsprechenden EU-Richtlinie durch das Gesetz über Europäische Betriebsräte, wonach Arbeitnehmern eine Interessenvertretungskompetenz auf „europäischer" Ebene eingeräumt wird, wenn das sie beschäftigende Unternehmen in mehreren Mitgliedstaaten der EU aktiv ist.

- **2001:** Ebenfalls wieder unter dem Eindruck geänderter politischer Rahmenbedingungen wird das BetrVG abermals novelliert. Die Novelle bezieht sich hier insb. auf die Wahlmodalitäten für den Betriebsrat. Ziel der Novelle ist die Erleichterung der Bildung eines Betriebsrates in kleinen Betrieben.

Die historische Entwicklung der Institutionalisierung einer Interessenvertretungskompetenz der Arbeitnehmer konzentriert sich auf zwei Ebenen. Zum einen die Betriebsebene und zum anderen die Unternehmensebene. Das Mitbestimmungsgesetz und das BetrVG – die beiden zentralen Gesetze zur Institutionalisierung der Interessenvertretungskompetenz der Arbeitnehmer – greifen dabei wirkungstechnisch ineinander:

- Das BetrVG konzentriert sich auf die Stellung der Arbeitnehmer im Betrieb, also auf konkrete Einzelfragen und Schutzmechanismen („**betriebliche Mitbestimmung**").

- Das MitbestG betrachtet praktisch nur die Beteiligung der Arbeitnehmer in den Aufsichtsräten, also die Mitwirkung am obersten Kontrollorgan sowie die Mitwirkung im Vorstand durch den sog. Arbeitsdirektor („**unternehmensbezogene Mitbestimmung**").

Die Institutionalisierung der Interessenvertretungskompetenz im Zuge der Mitbestimmung auf Unternehmensebene orientiert sich dabei an den gesellschaftlichen Organen des Unternehmens und schafft nicht neue Organe, wie dies bei der betrieblichen Mitbestimmung der Fall ist. Unter konflikttheoretischer Perspektive ist dies ein bedeutender Unterschied: Während sich auf Betriebsebene Unternehmensleitung[1] und Arbeitnehmervertretung als institutionalisierte Konfliktparteien gegenüberstehen, sind sie bei der Mitbestimmung auf Unternehmensebene Mitglieder eines gemeinsamen Gremiums, d. h. sie sind gezwungen, hier eine gemeinsame Entscheidung nach außen hin zu tragen. Der Konflikt wird damit „in die Person" verlagert. Die Mitbestimmung auf Unternehmensebene ist somit vom Gesetzgeber deutlich stärker auf Konsens getrimmt als dies bei der betrieblichen Mitbestimmung der Fall ist.

Die Institutionalisierung der Interessenvertretungskompetenz der Arbeitnehmer wird über folgende gesetzliche Regelungen erreicht:

---

1 In diesem Zusammenhang sei darauf hingewiesen, dass das BetrVG den Begriff der Unternehmensleitung nicht kennt und entsprechend immer vom Arbeitgeber spricht. Da es jedoch unter betriebswirtschaftlicher Perspektive wenig sinnvoll erscheint, die Funktion der Geschäftsleitung bzw. des Vorstandes auf die Rolle eines Vertragspartners bei Arbeitsverträgen zu reduzieren, wird im Gegensatz zu den entsprechenden Ausführungen des Gesetzestextes der umfassendere Begriff der Unternehmensleitung verwandt. Diese Bezeichnung wird auch wesentlich eher der interessengruppenorientierten Perspektive der Unternehmensverfassung gerecht.

- **auf Betriebsebene:** Betriebsverfassungsgesetz, Gesetz über Europäische Betriebsräte, Sprecherausschussgesetz

- **auf Unternehmensebene:** Betriebsverfassungsgesetz 1952, Mitbestimmungsgesetz, Montan-Mitbestimmungsgesetz, Montan-Mitbestimmungsgesetz-Ergänzungsgesetz

5.2 Interessenvertretungskompetenz auf Betriebsebene

5.2.1 Das Betriebsverfassungsgesetz (BetrVG)

Mit dem BetrVG wird der Versuch unternommen, das Bestreben nach einer Interessenvertretungskompetenz auf Seiten der Arbeitnehmer mit dem Interesse des Arbeitgebers nach freier unternehmerischer Entscheidung in Einklang zu bringen.[1] Unter der Perspektive der Unternehmensverfassung dient das BetrVG dazu, ausgewählte betriebliche Entscheidungsprozesse in gewisser Weise zu beeinflussen. Diese Vorprägung richtet sich darauf, dass in bestimmten Bereichen den Arbeitnehmern eine Interessenvertretungskompetenz eingeräumt wird. Damit einher geht ebenfalls die Festlegung der Art und Weise, wie eine solche Interessenvertretungskompetenz zu institutionalisieren ist. Nur eine solide Institutionalisierung der Interessenvertretungskompetenz stellt letztlich sicher, dass es den Arbeitnehmern möglich ist, ihre Interessenvertretungskompetenz auch durchzusetzen.

Im Zentrum des BetrVG stehen daher neben der Abgrenzung des Bereichs der Interessenvertretungskompetenz vor allem Regelungen, die sich mit institutionellen Fragen beschäftigen. An erster Stelle sind hier sicher-

---

1 Vgl. hierzu auch den Überblick über theoretische Erklärungsansätze zur betrieblichen Mitbestimmung bei Frick (2004), Sp. 872 ff.

lich die Ausführungen zum Betriebsrat zu sehen. Aber auch andere For-
men der Institutionalisierung spielen eine Rolle, wie z. B. die Organisation
der Einigungsstelle oder der Betriebsversammlung. Auf sie wird im Fol-
genden weiter einzugehen sein. Ebenfalls Gegenstand des BetrVG sind
Fragen der Jugend- und Auszubildendenvertretung, auf die allerdings im
Weiteren nicht eingegangen wird, da die dortigen Regelungen für die
Ausgestaltung der Unternehmensverfassung von eher untergeordneter
Bedeutung sind.

Obwohl im BetrVG keine Angaben zur Institutionalisierung eines sog.
Europäischen Betriebsrates gemacht werden, werden die entsprechenden
Ausführungen des Europäischen Betriebsrätegesetzes (EBRG) ebenfalls in
diesem Kapitel behandelt. Der Europäische Betriebsrat ist die konsequente
Fortentwicklung des Gedankens des Gesamt- bzw. Konzernbetriebsrates
– wie sie im BetrVG geregelt sind – auf europäischer Ebene. Da zwischen
diesen Gremien darüber hinaus noch vielfältige – vom Gesetzgeber vorgegebene – organisatorische Verbindungen existieren, würde es wenig Sinn
machen, diese Formen der Institutionalisierung der Interessenvertretungskompetenz getrennt voneinander zu behandeln.

5.2.1.1   Geltungsbereich

Die Institutionalisierung der Interessenvertretungskompetenz der Arbeitnehmer erfolgt über die Bildung eines Betriebsrates nach den Vorschriften des BetrVG. Der Geltungsbereich des BetrVG erstreckt sich auf
den Betrieb und nicht auf das Unternehmen. Als organisatorische Einheiten unterscheiden sich beide anhand ihres spezifischen Zweckes.[1] Während im Betrieb vorwiegend leistungsspezifische Zwecke verfolgt werden,
wie z. B. die Produktion von Gütern oder die Erbringung von Dienstleistungen, dient ein Unternehmen zusätzlich noch wirtschaftlichen Zwecken,
wie der Erzielung von Gewinn. Dabei ist jedoch zu berücksichtigen, dass
es sich bei einem Betrieb um einen selbstständigen Betrieb handelt, d. h.
dass er eine organisatorische Einheit mit einer selbstständigen Leitung
darstellt, also z. B. ein Produktionswerk mit einer verantwortlichen Werks-

---

1   Vgl. Halbach et al. (1997), S. 366.

leitung. Als Kriterium für die Errichtung eines Betriebsrates fungiert die Unternehmensgröße. § 1 Abs. 1 BetrVG führt aus, dass in Betrieben mit mindestens fünf ständig wahlberechtigten Arbeitnehmern, von denen drei wählbar sind, Betriebsräte gewählt werden können. Es besteht also kein Zwang zur Wahl eines Betriebsrates. Ergreifen die Beschäftigten eines Unternehmens nicht die Initiative zur Bildung eines Betriebsrates, so kann dieser auch nicht von außen – z. B. durch Gewerkschaften – erzwungen werden.

Der Gesetzgeber antizipiert bei seiner Regelung jedoch den Umstand, dass die Bereitschaft von Arbeitgeberseite, Betriebsräte zu dulden, nicht stark ausgeprägt ist. Würde man andere Kriterien wie z. B. die Rechtsform als Grundlage für die Bildung eines Betriebsrates wählen, so würde man den Unternehmen deutlich mehr Möglichkeit lassen, über zum Beispiel die Veränderung der Rechtsform, dem Zwang zur Errichtung eines Betriebsrates zu entgehen.

Zu den Arbeitnehmern eines Betriebes werden sämtliche Arbeiter und Angestellte einschließlich der Auszubildenden gezählt. Dies unabhängig davon, ob sie im Betrieb eingesetzt sind oder im Außendienst oder mit Tele-/Heimarbeit beschäftigt sind. Vom Gesetzgeber explizit nicht als Arbeitnehmer bezeichnet (§ 5 Abs. 2 BetrVG) werden im Betrieb tätige Gesellschafter oder Ehegatten und Verwandte des Arbeitgebers sowie leitende Angestellte.

5.2.1.2 Institutionalisierung der Interessenvertretungskompetenz

Die Institutionalisierung der Interessenvertretungskompetenz bezieht sich auf folgende Organe:

- Betriebsrat,
- Gesamtbetriebsrat,
- Konzernbetriebsrat,
- Europäischer Betriebsrat,
- Einigungsstelle,
- Betriebsversammlung.

Sie gilt es im Folgenden zu erläutern.

5.2.1.2.1 Betriebsrat

Zentrales Organ der Institutionalisierung der Interessenvertretungsfunktion der Arbeitnehmer ist der sog. Betriebsrat.[1] Er ist der wesentliche
Träger aller Rechte und Pflichten hinsichtlich der Wahrnehmung der Interessenvertretungskompetenz der Arbeitnehmer auf Betriebsebene.

Mit der BetrVG-Novelle aus dem Jahr 2001 haben sich viele Details im
Hinblick auf die Institutionalisierung der Interessenvertretungskompetenz
geändert. Hauptzielsetzung der Novelle war die Erleichterung der Bildung von Betriebsräten in kleinen und mittelständischen Unternehmen
sowie die Stärkung der Arbeitsfähigkeit des Betriebsrates. Tab. 5-1 zeigt
die wesentlichen Änderungen der BetrVG-Novelle aus dem Jahr 2001.

Die Größe des zu bildenden Betriebsrates richtet sich nach der Anzahl
der wahlberechtigten Arbeitnehmer im Betrieb. Der Gesetzgeber gibt hierzu unterschiedliche Größenklassen vor. Unter fünf Wahlberechtigten ist
kein Betriebsrat zu bilden, bei 5 bis 20 Wahlberechtigten ist genau eine
Person zum Betriebsrat zu wählen, man spricht in diesem Fall vom sog.
Betriebsobmann.

Bei der Zusammensetzung des Betriebsrates ist darauf zu achten, dass
möglichst Arbeitnehmer aus allen Organisationsbereichen eines Betriebes
im Betriebsrat vertreten sind. Darüber hinaus sollen sich nach Möglichkeit
auch verschiedene Beschäftigungsarten in der Zusammensetzung des Betriebsrates wiederfinden (§ 15 Abs. 1 BetrVG). Die Betriebsräte werden auf
vier Jahre gewählt. Der Gesetzgeber schreibt hierbei explizit vor, dass die
Wahlen zwischen dem 1. März und dem 31. Mai stattzufinden haben (§ 13
Abs. 1 BetrVG). Man will damit erreichen, dass es den Gewerkschaften
möglich ist, betriebsübergreifend Wahlkampf zu betreiben. Letztlich benachteiligt jedoch diese zeitliche Fixierung gewerkschaftsunabhängige Lis-

---

1   Vgl. hierzu auch Schaub/Kreft (2002).

ten, die sich nur in einzelnen Betrieben zur Wahl stellen. Sie können den Vorteil eines betriebsübergreifenden Wahlkampfes nicht nutzen. Nach einer Erhebung des DGB[1] gehörten immerhin 21 Prozent der in den Betriebsratswahlen von 1994 gewählten Betriebsräte nicht DGB-Gewerkschaften an. Für die Betriebsratswahlen von 2002 wird von einem vorläufigen Anteil nicht gewerkschaftlich organisierter Betriebsräte von 16,4 Prozent berichtet.[2]

Das BetrVG schreibt darüber hinaus das Verfahren zur Wahl dezidiert vor (§§ 14, 16 bis 20 BetrVG). Die Wahl des Betriebsrates orientiert sich dabei an folgenden Eckpunkten:

- Es findet eine geheime und unmittelbare Wahl statt.

- Die Wahl erfolgt nach den Grundsätzen der Verhältniswahl.

- Wahlvorschläge können nicht nur von den Wahlberechtigten Arbeitnehmern eingebracht werden, sondern auch von den im Betrieb vertretenen Gewerkschaften.

- Ein Wahlvorschlag muss dabei spezifischen Kriterien genügen.

---

1   Vgl. Halbach et al. (1997), S. 390.

2   Vgl. Rudolph/Wassermann (2002).

Regelung zur/zum	zuvor geltendes Recht	geltendes Recht
In welchen Betrieben kommt die Errichtung eines Betriebsrats in Betracht?	In Betrieben mit in der Regel fünf wahlberechtigten Arbeitnehmern (18. Lebensjahr vollendet), von denen drei wählbar sind (wahlberechtigt und sechs Monate im Betrieb).	Nach längerer Diskussion und Unklarheiten verbleibt es bei der erforderlichen Zahl von 5 wahlberechtigten Arbeitnehmern.
Wer ist wahlberechtigt?	Alle Arbeitnehmer, die das 18. Lebensjahr vollendet haben.	Auch Leiharbeitnehmer, die länger als drei Monate im Betrieb eingesetzt werden.
Wie wird in Kleinbetrieben (5 bis 50 Arbeitnehmer) gewählt?	Wie in anderen Betrieben auch (Wahlversammlung, Bildung eines Wahlvorstands der die Wahl vorbereitet – Vorschlagslisten, etc. – und durchführt). Ein Sonderverfahren war nicht vorgesehen.	Zweistufiges Wahlverfahren Auf einer ersten Wahlversammlung wird ein Wahlvorstand gewählt. Eine Woche später wird. Auf einer zweiten Wahlversammlung der Betriebsrat gewählt (geheim und unmittelbar). In Betrieben mit 51 – 100 Arbeitnehmern können Wahlvorstand und Arbeitgeber dieses zweistufige Wahlverfahren miteinander vereinbaren.
Ab wie vielen Arbeitnehmern kann ein Betriebsausschuss gebildet werden?	Ab 301 Arbeitnehmern.	Ab 201 Arbeitnehmern.
Ab welcher Betriebsgröße sind Betriebsratsmitglieder von ihrer Arbeit freizustellen?	Ab 300 Arbeitnehmern.	200 Arbeitnehmern.

Quelle: IHK Saarland (Hrsg.), Arbeitsrecht – A 10 „Reform der Betriebsverfassungsgesetzes, Saarbrücken

Tab. 5-1: Wesentliche Änderung der BetrVG-Novelle des Jahres 2001

Regelung zur/zum	zuvor geltendes Recht	geltendes Recht
Wie groß ist ein Betriebsrat?	5 – 20 Wahlberechtigte 1 21 – 50 Wahlberechtigte 3 51 – 150 Wahlberechtigte 5 151 – 300 Wahlberechtigte 7 301 – 600 Wahlberechtigte 9 601 – 1000 Wahlberechtigte 11 1001 – 2000 Wahlberechtigte 15 2001 – 3000 Wahlberechtigte 19 3001 – 4000 Wahlberechtigte 23 4001 – 5000 Wahlberechtigte 27 5001 – 7000 Wahlberechtigte 29 7001 – 9000 Wahlberechtigte 31 usw. in Dreitausenderschritten um je Zwei	5 – 20 Wahlberechtigte 1 21 – 50 Wahlberechtigte 3 51 – 100 Wahlberechtigte 5 101 – 200 Wahlberechtigte 7 201 – 400 Wahlberechtigte 9 401 – 700 Wahlberechtigte 11 701 – 1000 Wahlberechtigte 13 1001 – 1500 Wahlberechtigte 15 1501 – 2000 Wahlberechtigte 17 usw. in Fünfhunderterschritten um je Zwei ab 5000 Wahlberecht. in Tausenderschritten 7001 – 9000 Wahlberechtigte 35 usw. in Dreitausenderschritten um je Zwei
Wie setzt der Betriebsrat sich zusammen?	Paritätisch nach Arbeitnehmergruppen.	Das Geschlecht, das im Betrieb in der Minderheit ist, muss künftig mindestens entsprechend seinem Anteil in der Belegschaft im Betriebsrat vertreten sein.
Zahl der freizustellenden Betriebsratsmitglieder	300 – 600 Arbeitnehmer 1 601 – 1000 Arbeitnehmer 2 1001 – 2000 Arbeitnehmer 3 2001 – 3000 Arbeitnehmer 4 usw. in Tausenderschritten	200 – 500 Arbeitnehmer 1 501 – 900 Arbeitnehmer 2 901 – 1500 Arbeitnehmer 3 1501 – 2000 Arbeitnehmer 4 usw. in Tausenderschritten
Hat der Betriebsrat ein Forderungsrecht zur Erstellung von Auswahlrichtlinien bei Einstellungen, etc.?	In Betrieben mit mehr als 1000 Arbeitnehmern.	In Betrieben mit mehr als 500 Arbeitnehmern.

(Fortsetzung der Tab. 5-1)

Um eine effiziente Geschäftsführung des Betriebsrates sicherzustellen, wählt dieser aus seiner Mitte einen Vorsitzenden und einen Stellvertreter. Der Betriebsratsvorsitzende bzw. für den Fall, dass dieser verhindert ist, sein Stellvertreter sind die zentralen Repräsentanten des Betriebsrates. Sie vertreten die gefassten Beschlüsse nach außen hin. Sie sind befugt, Erklärungen entgegenzunehmen, die insb. von der Unternehmensleitung dem Betriebsrat gegenüber abgegeben werden.

Hat ein Betriebsrat neun oder mehr Mitglieder, so gestaltet sich die tagtägliche Betriebsratsarbeit als vergleichsweise schwierig. Der Gesetzgeber schreibt in diesem Fall vor, dass der Betriebsrat einen Betriebsausschuss zu bilden hat (§ 27 BetrVG). Dieser Betriebsausschuss besteht aus dem Vorsitzenden des Betriebsrates, dem stellvertretenden Betriebsratsvorsitzenden und bei Betriebsräten, die 9 bis 15 Mitglieder umfassen, aus drei weiteren Ausschussmitgliedern. Die Zahl der weiteren Mitglieder erhöht sich entsprechend bei größeren Betriebsräten. Der Betriebsausschuss führt die laufenden Geschäfte des Betriebsrates. Ist der Betriebsausschuss entsprechend ermächtigt, so kann er bestimmte Aufgaben selbstständig erledigen. Allerdings greift diese Befugnis nicht so weit, dass der Betriebsausschuss autorisiert ist, Betriebsvereinbarungen mit der Unternehmensleitung abzuschließen. Der Betriebsausschuss soll letztlich die Funktionsfähigkeit und die Schlagkräftigkeit des Betriebsrates sichern.

Die Kosten der Betriebsratstätigkeit trägt der Arbeitgeber. Ebenso den Sachaufwand (§ 40 BetrVG). Das heißt der Arbeitgeber hat dem Betriebsrat für die Sitzungen, die Betriebsratssprechstunden und die laufende Betriebsratstätigkeit in erforderlichem Maße Räume, sachliche Mittel, Informations- und Kommunikationstechnik sowie Büropersonal zur Verfügung zu stellen.

Der Arbeitgeber hat darüber hinaus zum Teil auch die Personalkosten zu tragen. Ein Teil der Betriebsräte ist von der eigentlichen betrieblichen Arbeit freizustellen. Diese Regelung greift ab einer Beschäftigtenzahl von 200 Arbeitnehmern. Bei Betrieben in einer Größenordnung von 200 bis 500 Arbeitnehmern ist ein Betriebsratsmitglied vom tagtäglichen Geschäft freizustellen, bei einer Größenordnung von 501 bis 900 Arbeitnehmern zwei Betriebsratsmitglieder usw. Diese Zahl der freizustellenden Betriebsratsmitglieder bzw. die entsprechenden Größenkategorien sind erst mit der Novelle des BetrVG in 2001 zu Gunsten der Arbeitnehmer verändert worden.

Mit dieser Neufassung der Freistellungskontingente soll die Leistungsfähigkeit der Institution Betriebsrat gestärkt werden. Dies trifft sicherlich auf Betriebe zu, die zwischen 200 und 300 Arbeitnehmern beschäftigen. Im Zuge der alten Regelung kam es hier zu keiner Freistellung. Die neue Regelung sieht die Freistellung eines Betriebsrates von seiner bisherigen Tätigkeit vor. Ob allerdings bei großen Betriebsräten eine Erhöhung der Freistellung von 5 auf 6 Betriebsräten die Leistungsfähigkeit der Institution Betriebsrat wirklich nennenswert verbessert, ist zumindest umstritten. Unstrittig ist hingegen, dass eine Erhöhung der Anzahl der freizustellenden Betriebsräte die Kosten des Unternehmens erhöht. Es muss insofern die Frage erlaubt sein, ob der Nutzen, der von diesen Regelungen ausgeht, die Kostensteigerung auf Seiten des Unternehmens rechtfertigt. Insbesondere für mittelständische Unternehmen sind die Kosten hier sicherlich in einer Größenordnung, die nicht vernachlässigbar erscheinen.

Tab. 5-2 zeigt die Ergebnisse einer Untersuchung des Instituts der deutschen Wirtschaft zu den Kosten der Betriebsratsarbeit pro Mitarbeiter im Jahr 2003/04. Dabei ist zu berücksichtigen, dass die Kosten insgesamt im Zeitraum von 1997/98 bis 2003/04 von 265,41 Euro auf 337,95 Euro pro Mitarbeiter gestiegen sind. Das ist eine Steigerungsrate von 27,3 Prozent.

Art der Kosten	Kosten pro Mitarbeiter in Euro
Volle Freistellung von der Arbeit	180,77
Teilweise Freistellung von der Arbeit	126,99
Zeitlicher Aufwand des Arbeitgebers oder seiner Vertreter für Verhandlungen mit dem Betriebsrat	31,85
Einrichtung von Arbeitsgruppen durch den Betriebsrat	20,60
Büropersonal	25,76
Zeitlicher Aufwand des Arbeitgebers oder seiner Vertreter für die gemeinsamen Sitzungen mit dem Betriebsrat	18,77
Schulungs- und Weiterbildungskosten	18,20
Sachverständige bei Betriebsänderungen	17,60
Besprechungen zur Beschäftigungssicherung	16,74
Ermittlung des Berufsbildungsbedarfs durch den Arbeitgeber und Beratung mit dem Betriebsrat	16,24
Zeitlicher Aufwand des Arbeitgebers oder seiner Vertreter für die Unterrichtung des Betriebsrats	13,35
Reisekosten	12,39
Büroräume	10,60
Sachkundige Arbeitnehmer als Auskunftspersonen für den Betriebsrat	9,32
Rechtsstreitigkeiten	7,24
Büroeinrichtung	5,86
Sitzungsräume	4,96
Sachverständige	4,50
Mitbestimmung des Betriebsrats bei der Durchführung von Maßnahmen der betrieblichen Berufsbildung	4,15
Mitbestimmung des Betriebsrats bei der Einführung von Maßnahmen der betrieblichen Berufsbildung	3,71
Büromaterial	2,61
Drucksachen	2,36
Internet- und Intranetnutzung	1,77
Bewirtung	1,66
Literatur	1,58
Schwarzes Brett/Information	0,43

Quelle: Institut der deutschen Wirtschaft e. V. (2004): Mitentscheiden, aber nicht mitbezahlen, in: Informationsdienst des Instituts der deutschen Wirtschaft 30, S. 4 - 5, hier S. 5.

*Tab. 5-2: **Kosten der Betriebsratstätigkeit pro Mitarbeiter im Jahr 2003/04***

5.2.1.2.2 Gesamtbetriebsrat

Besteht ein Unternehmen aus mehreren Betrieben und ist in diesen Betrieben jeweils ein Betriebsrat gebildet worden, so schreibt § 47 BetrVG vor, dass ein Gesamtbetriebsrat zu errichten sei. Jeder Betriebsrat mit mehr als drei Mitgliedern entsendet zwei seiner Mitglieder in den Gesamtbetriebsrat. Bei kleineren Betriebsräten wird nur ein Mitglied entsandt.[1]

Es steht den Unternehmen jedoch frei, die Zahl der Mitglieder im Gesamtbetriebsrat zu verändern. Hierfür ist im Regelfall eine Betriebsvereinbarung notwendig. Es kann dies aber auch durch den Tarifvertrag geregelt werden. Letztlich ist dem Gesetzgeber aber daran gelegen, dass der Gesamtbetriebsrat arbeitsfähig bleibt. Für den Fall, dass keine tarifvertragliche Regelung vorgesehen ist und auch keine Betriebsvereinbarung geschlossen wurde und der Gesamtbetriebsrat eine Mitgliederzahl von mehr als 50 Personen aufweisen würde, sieht der Gesetzgeber eine Reduktion der Mitgliederzahlen durch Betriebsvereinbarungen explizit vor (§ 47 Abs. 4 bis 6 BetrVG). Im Dissensfall entscheidet die Einigungsstelle.

Im Gegensatz zum Betriebsrat hat der Gesamtbetriebsrat keine feste Amtszeit. Er kann quasi als eine Dauereinrichtung mit jeweils wechselnden Personen verstanden werden. Letztlich löst sich der Gesamtbetriebsrat nur dann auf, wenn die Voraussetzungen für seine Bildung entfallen.

Im Hinblick auf die Zuständigkeit bzw. die zu erledigenden Aufgaben ist der Gesamtbetriebsrat den einzelnen Betriebsräten nicht übergeordnet. Nach § 50 Abs. 1 BetrVG ist der Gesamtbetriebsrat nur für solche Aufgaben zuständig, die das Unternehmen als Ganzes oder zumindest mehrere Teilbetriebe davon betreffen. Das heißt es muss ein zwingendes Erfordernis für eine einheitliche Regelung[2] auf Gesamtunternehmensebene vorliegen, damit der Gesamtbetriebsrat die Interessenvertretungskompetenz wahrnehmen darf. Die Aufgabenvielfalt des Gesamtbetriebsrates hängt damit entscheidend von der verfolgten Gesamtunternehmensstrategie ab.

---

1 Vgl. hierzu auch Behrens/Kramer (1994), S. 94 ff.; Heilmann (1995), S. 48 ff.; Grimberg/Peter (1999), S. 617 ff.; Löwisch (2002), S. 1366 ff.

2 Vgl. Jüngst (2001), S. 19 ff.

Bei einem sehr zentral gesteuerten Unternehmen werden die Aufgaben des Gesamtbetriebsrates vergleichsweise umfangreich sein. Bei einem dezentral geführten Unternehmen reduziert sich der Aufgabenbereich des Gesamtbetriebsrates auf ein Minimum. Es ist in diesem Fall Wille des Gesetzgebers, dass im Zweifelsfall der Kompetenzbereich des Betriebsrates zu Lasten desjenigen des Gesamtbetriebsrates zu stärken ist. Dies betont letztlich das Primat der Interessenvertretungskompetenz auf Betriebsebene gegenüber der Interessenvertretungskompetenz auf Unternehmensebene.

5.2.1.2.3 Konzernbetriebsrat

Für einen Konzern im Sinne des § 18 Abs. 1 AktG, d. h. für die Zusammenfassung mehrerer rechtlich selbstständiger Unternehmen unter einheitliche Leitung eines herrschenden Unternehmens, kann durch Beschlüsse der einzelnen Gesamtbetriebsräte ein Konzernbetriebsrat[1] errichtet werden (§ 54 Abs. 1 BetrVG). Das Problem bei der Bildung eines Konzernbetriebsrates resultiert aus der Tatsache, dass es sich bei den Konzerntochterunternehmen nicht immer um eine 100%ige Beteiligung handeln muss. Der Gesetzgeber schreibt in diesem Zusammenhang verbindlich vor, dass die Zustimmung der Gesamtbetriebsräte der Konzernunternehmen vorliegen muss, in denen mindestens 50 Prozent der Arbeitnehmer der Konzernunternehmen beschäftigt sind.[2] Dabei ist es jedoch unerheblich, ob in den jeweiligen Unternehmen ein Gesamtbetriebsrat gebildet wurde oder Einzelbetriebsräte bestehen.

In seiner Stellung und hinsichtlich seiner Aufgaben entspricht der Konzernbetriebsrat dem Gesamtbetriebsrat. Nach § 58 BetrVG hat sich der Konzernbetriebsrat nur mit solchen Fragen zu beschäftigen, bei denen eine konzernweite Lösung unumgänglich ist. Auch hier existiert wieder keine hierarchische Über- bzw. Unterordnung, es liegt lediglich eine Spezialisie-

---

1   Vgl. hierzu auch Richardi (1995), S. 607 ff.

2   Vgl. zu entsprechenden Änderungen aufgrund der BetrVG-Novelle von 2001 Fischer (2001), S. 565 ff.

rung der Wahrnehmung der Interessenvertretungskompetenz vor.[1] Entsprechend hängen die Aufgaben des Konzernbetriebsrates auch stark von der Führungsphilosophie des Gesamtkonzerns ab. Bei einem dezentral geführten Konzern, bei dem die einzelnen Tochterunternehmen eine weitgehende Autonomie besitzen, wird der Aufgabenbereich des Konzernbetriebsrates vergleichsweise klein sein. Bei einem eher zentralistisch geführten Konzern wird der Aufgabenbereich vergleichsweise umfangreich sein.

5.2.1.2.4 Europäischer Betriebsrat

Das Europäische Betriebsräte Gesetz (EBRG) räumt Unternehmen mit Sitz in Deutschland die Möglichkeit ein, eine Betriebsvereinbarung über die Errichtung eines Europäischen Betriebsrates (EBR) zu treffen,[2] wenn folgende Voraussetzungen vorliegen (§§ 2, 3 EBRG):

- Das Unternehmen bzw. der Konzern muss gemeinschaftsweit tätig sein. Dies ist dann der Fall, wenn mindestens 1.000 Arbeitnehmer in den Mitgliedstaaten beschäftigt sind, von denen mindestens 150 in mindestens 2 Mitgliedstaaten beschäftigt sind.

- Als Mitgliedstaaten gelten die Mitgliedstaaten der Europäischen Union im Sinne der entsprechenden „EU-Richtlinie 94/95 des Europäischen Rates", d. h. die Staaten Belgien, Dänemark, Deutschland, Finnland, Frankreich, Griechenland, Großbritannien, Irland, Luxemburg, Niederlande, Österreich, Portugal, Schweden und Spanien. Als Mitgliedstaaten gelten ferner noch die weiteren Unterzeichner des Abkommens über den europäischen Wirtschaftsraum, also Island, Liechtenstein und Norwegen.

- Ein Unternehmen des gemeinschaftsweit tätigen Unternehmensverbundes muss ein herrschendes Unternehmen sein, allerdings muss der

---

1 Vgl. zur Kompetenzabgrenzung Kunz (2000), S. 360 ff.

2 Vgl. hierzu ausführlich Halbach et al. (1997), S. 472 ff.; Seefried/Kunz (1998), S. 310 ff.; Niedenhoff (2000), S. 319 ff. sowie ver.di (2004).

Sitz des herrschenden Unternehmens nicht in einem Mitgliedstaat liegen.

Das Besondere an der Errichtung eines Europäischen Betriebsrates im Vergleich zum Gesamt- oder Konzernbetriebsrat liegt in der vom Gesetzgeber propagierten Vereinbarungslösung (§§ 8 bis 20 EBRG), d. h. die Betriebsräte des Unternehmensverbundes bilden nicht „automatisch" einen Europäischen Betriebsrat, sondern es ist auf Arbeitnehmerseite ein „besonderes Verhandlungsgremium" zu bilden, das eine Vereinbarung zur Errichtung eines Europäischen Betriebsrates auszuhandeln hat. Das „besondere Verhandlungsgremium" schließt die Betriebsvereinbarung eigenverantwortlich, d. h. ohne dass die jeweiligen Betriebsräte, die die Mitglieder des Verhandlungsgremiums entsenden, zustimmen müssen. Die entsendenden Betriebsräte müssen allerdings gehört werden. Die Eigenständigkeit des Verhandlungsgremiums ist derart, dass selbst die Möglichkeit besteht, ein anderes Verfahren zur Unterrichtung und Anhörung der Arbeitnehmer zu vereinbaren als die Errichtung eines Europäischen Betriebsrates. Der Gesetzgeber gewährt einen weiten Verhandlungsspielraum, dessen Ergebnis sowohl dazu führen kann, dass die Regelungen über wie auch unter dem Niveau der gesetzlichen Regelungen nach § 21 ff. EBRG liegen.[1]

Bei dem „besonderen Verhandlungsgremium" orientiert sich die Anzahl der aus den Einzelbetrieben entsandten Vertreter an der Größe der Unternehmen. Dabei ist darauf zu achten, dass alle betroffenen Länder im Gremium vertreten sind und die Zahl der Mitglieder 20 Arbeitnehmer nicht übersteigt. Interessant ist, dass der Gesetzgeber auch die Möglichkeit eröffnet, dass leitende Angestellte in das Verhandlungsgremium entsandt werden. Ob dies allerdings auch faktisch der Fall sein wird, muss bezweifelt werden. So empfiehlt z. B. die Gewerkschaft ver.di, dass „wegen der großen Bedeutung des besonderen Verhandlungsgremiums (...) dies [die Entsendung leitender Angestellter] normalerweise nicht geschehen [sollte]"[2].

---

1   Vgl. Sandmann (1996).

2   ver.di (2004), S. 2.

Die Unternehmensleitung besitzt 6 Monate Zeit, um mit dem „besonderen Verhandlungsgremium" eine entsprechende Vereinbarung zu schließen. Kommt in dieser Zeit keine Vereinbarung zustande, so greift das Verfahren „Europäischer Betriebsrat kraft Gesetz" (§§ 21 bis 37 EBRG). Dies besagt, dass ein europäischer Betriebsrat zu errichten ist. Die letztliche Institutionalisierung des Europäischen Betriebsrates erfolgt allerdings erst drei Jahre nach Antrag auf Bildung eines „besonderen Verhandlungsgremiums", d. h. in dieser Zeit könnte man sich weiterhin um eine Verhandlungslösung bemühen.

Für den Europäischen Betriebsrat kraft Gesetz sieht der Gesetzgeber folgende Mindestregelungen vor:

- Die Anzahl der Mitglieder ist auf 30 beschränkt, wobei jedes Land vertreten sein soll und die Einzelunternehmen Vertreter im Verhältnis zur Beschäftigtenzahl entsenden.

- Die Kosten der Tätigkeit des Europäischen Betriebsrates sind vom Unternehmen zu tragen.

- Die Interessenvertretungskompetenz beschränkt sich auf Informationsansprüche gegenüber der Unternehmensleitung im Hinblick auf die europaweiten Aktivitäten des Unternehmens. Der Europäische Betriebsrat ist den Betriebsräten der Einzelbetriebe – analog zum Verhältnis Konzernbetriebsrat zu Einzelbetriebsrat – hierarchisch nicht übergeordnet.

- Die Amtszeit des Europäischen Betriebsrates beträgt vier Jahre.

Der Europäische Betriebsrat besitzt also keine Mitbestimmungsfunktion, wie sie noch für den Betriebsrat kennzeichnend ist.[1] Der Charakter des Europäischen Betriebsrates ähnelt damit stark dem des weiter unten erläuterten Wirtschaftsausschusses (§ 106 BetrVG).[2] Es werden hier übergrei-

---

1 Vgl. hierzu auch Niedenhoff (1997), S. 53 ff. sowie ferner Jaich (2001), S. 70 ff.

2 Vgl. Lerche (1997).

fende Informationen des Unternehmens den Arbeitnehmervertretern zugänglich gemacht, die sie dann erst in die Lage versetzen, ihre Interessenvertretungskompetenz vor Ort in den Einzelbetrieben auch umfassend
wahrzunehmen.

5.2.1.2.5 Einigungsstelle

Die dem Betriebsrat vom Gesetzgeber eingeräumten Interessenvertretungskompetenzen können dazu führen, dass bei bestimmten Entscheidungen eine Konfliktsituation zwischen der Unternehmensleitung und
dem Betriebsrat entsteht. Da ein solcher Konflikt die Fortentwicklung des
Unternehmens beeinträchtigen würde, hat der Gesetzgeber einen Konfliktlösungsmechanismus institutionalisiert. Dieser findet sich in Form der Einigungsstelle,[1] welche im § 76 bzw. 76 a BetrVG kodifiziert wurde. Im tagtäglichen Unternehmensgeschehen ist es die Einigungsstelle, in der die
zentralen Konflikte zwischen Unternehmensleitung und Betriebsrat, soweit sie mitbestimmungspflichtige Aspekte betreffen, gelöst werden.[2] Der
Spruch der Einigungsstelle ersetzt dabei die Einigung zwischen Unternehmensleitung und Betriebsrat. Sie findet im Regelfall ihren Niederschlag
in entsprechenden Betriebsvereinbarungen.[3] Die Einigungsstelle ist ein
zentrales Instrument zur Durchsetzung der Mitbestimmung der Arbeitnehmer auf Betriebsebene.[4] Dies ergibt sich daraus, dass der Gesetzgeber
dem Betriebsrat ein Initiativrecht im Hinblick auf das Tätigwerden der Einigungsstelle zubilligt. Das heißt die Unternehmensleitung kann nicht versuchen, über die Manifestation des Konfliktes eine entsprechende Vereinbarung zu verhindern.

---

1   Vgl. auch Burdich (1995), S. 412 ff.; Niedenhoff (2000), S. 86 ff.; Niedenhoff/Rei-
    ter (2001); Rupp (2002), S. 247 ff.

2   Vgl. Oechsler/Schönfeld (1989); Grotmann-Höfling (1995); Feudner (1997),
    S. 826 ff.

3   Vgl. hierzu auch Gotthardt (2002), S. 50 ff.

4   Vgl. Halbach et al. (1997), S. 424; vgl. ferner Abeln (2000), S. 62 ff.

Die Einigungsstelle ist nur im Bedarfsfall zu bilden. Sie ist also kein ständiges Gremium zur Wahrnehmung der Interessenvertretungskompetenz der Arbeitnehmer. Allerdings besteht die Möglichkeit, durch eine Betriebsvereinbarung ein ständiges Gremium zu schaffen.

Unternehmensleitung und Arbeitnehmer besetzen die Einigungsstelle paritätisch. Darüber hinaus wird ein unabhängiger Vorsitzender der Einigungsstelle ernannt. Beide Seiten müssen sich hierbei auf eine Person einigen. Kommt eine Einigung nicht zustande, so wird der Vorsitzende der Einigungsstelle vom zuständigen Arbeitsgericht bestellt. Können sich darüber hinaus Unternehmensleitung und Betriebsrat nicht über die Zahl der Personen in der Einigungsstelle einigen, so entscheidet ebenfalls das Arbeitsgericht. Darüber hinaus erlaubt es der Gesetzgeber, dass mittels Betriebsvereinbarung weitere Einzelheiten des Verfahrens vor der Einigungsstelle geregelt werden.

Bei der Konfliktlösung im Zuge der Einigungsstelle ist zu beachten, dass der letztliche Spruch der Einigungsstelle nur dann bindend für die Unternehmensleitung und den Betriebsrat ist, wenn sich beide Seiten dem Spruch im Voraus unterworfen haben oder ihn nachträglich annehmen.

Im Hinblick auf den Beschluss der Einigungsstelle wird zuerst von einer gütlichen Einigung ausgegangen. Das heißt Unternehmensleitung und Betriebsrat versuchen sich auf eine Lösung zu einigen. Sie versuchen, diese Lösung durch Abstimmung mehrheitsfähig zu machen. Dabei besitzt anfangs der unabhängige Vorsitzende der Einigungsstelle keine Stimme. Ihm kommt lediglich moderierende Funktion zu. Er soll versuchen, die beiden Konfliktparteien zu einer gütlichen Lösung zu bewegen. Erst wenn dies nicht möglich ist, wird sich der Vorsitzende der Einigungsstelle an der Abstimmung beteiligen. Die Pattsituation zwischen Unternehmensleitung und Betriebsrat ist damit aufgelöst.

Die Kosten der Einigungsstelle, insb. die Sachkosten und die Honorare, trägt der Arbeitgeber. Es gilt hier das gleiche Prozedere wie bei der Betriebsratstätigkeit.

5.2.1.2.6   Betriebsversammlung

Die Belegschaft eines Unternehmens ist einmal im Vierteljahr vom Betriebsrat über wichtige Fragen im Rahmen einer Betriebsversammlung[1] zu informieren (§§ 42 bis 46 BetrVG).[2] Die Betriebsversammlung dient darüber hinaus auch der Aussprache zwischen Betriebsrat und Belegschaft. Allerdings besitzt die Betriebsversammlung keine Beschlusskompetenz im Hinblick auf die Aktivitäten des Betriebsrates. Selbst eine Entlastung des Betriebsrates – analog zum Aufsichtsrat – ist nicht vorgesehen. Der Betriebsrat unterliegt keinerlei imperativem Mandat. Insofern besitzt die Betriebsversammlung nur eine rein informatorische Funktion. Sie kann jedoch dazu genutzt werden, dem Betriebsrat im Vorweg schwieriger Verhandlungen mit der Unternehmensleitung „den Rücken zu stärken".

Folgende Eckpunkte sind bei der Betriebsversammlung von Bedeutung:

- Die Betriebsversammlung besteht aus den Arbeitnehmern des Betriebes.

- Der Vorsitzende des Betriebsrates leitet die Betriebsversammlung.

- Die Betriebsversammlung ist nicht öffentlich.[3]

- Mindestens einmal in jedem Kalendervierteljahr hat der Betriebsrat zu einer Betriebsversammlung einzuladen.

- Die Betriebsversammlung findet während der Arbeitszeit statt soweit nicht die Eigenart des Betriebes eine andere Regelung zwingend erfordert. Entsprechend ist den Arbeitnehmern die Zeitdauer der Betriebsversammlung als Arbeitszeit zu vergüten.

---

1   Vgl. hierzu auch Popp (1999), S. 622 ff.; Niedenhoff (2000), S. 120 ff.; Cox/Grimberg (2001), S. 706 ff.; Fuchs (2002), S. 242 ff.

2   Vgl. zum Problem des Verbots einer Betriebsversammlung Renker (2001), S. 701 ff. Vgl. ferner Broetzmann (1990), S. 1055 ff.

3   Vgl. zum Problem der Nicht-Öffentlichkeit Hamm (1999), S. 306 ff.

- Der Betriebsrat hat einen Tätigkeitsbericht für das abgelaufene Quartal der Betriebsversammlung zu erstatten.

- Ein Vertreter der Unternehmensleitung ist zur Betriebsversammlung unter Mitteilung der Tagesordnung einzuladen.

- Ein Vertreter der Unternehmensleitung ist berechtigt, in der Betriebsversammlung zu sprechen.

- Mindestens einmal in jedem Kalenderjahr hat die Unternehmensleitung in einer Betriebsversammlung über folgende Sachverhalte zu informieren:

  - das Personal- und Sozialwesen,
  - den Stand der Gleichstellung von Frauen und Männern im Betrieb (neu seit der Novelle des BetrVG von 2001),
  - die Integration der im Betrieb beschäftigten ausländischen Arbeitnehmer,
  - über die wirtschaftliche Lage und Entwicklung des Betriebes sowie
  - den betrieblichen Umweltschutz (neu seit der Novelle des BetrVG von 2001).

Betriebs- und Geschäftsgeheimnisse dürfen diesen Informationen jedoch nicht entgegenstehen.

Als unternehmensexterne Personen können Beauftragte der im Betrieb vertretenen Gewerkschaften beratend teilnehmen (§ 46 Abs. 1 BetrVG). Ihre Teilnahme bedarf dabei nicht der Zustimmung des Betriebsrates oder der Unternehmensleitung. Den im Betrieb vertretenen Gewerkschaften ist insofern der Zeitpunkt und die Tagesordnung einer beabsichtigten Betriebsversammlung mitzuteilen. Nimmt ein Vertreter der Unternehmensleitung an einer Betriebsversammlung teil, so kann er einen Beauftragten der Vereinigung der Arbeitgeber, dem das Unternehmen angehört, zur Betriebsversammlung hinzuziehen.

Neben den ordentlichen Betriebsversammlungen sind auch zusätzlich außerordentliche Betriebsversammlungen möglich. Sie finden außerhalb der Arbeitszeit statt und werden entsprechend auch nicht vergütet. Der

Betriebsrat ist verpflichtet, eine solche außerordentliche Betriebsversammlung einzuberufen, wenn dies der Arbeitgeber wünscht oder mindestens
25 Prozent der zur Betriebsratswahl wahlberechtigten Arbeitnehmer dies
verlangen. Der Betriebsrat muss in diesem Fall dem Votum folgen und den
beantragten Gegenstand auf die Tagesordnung der Betriebsversammlung
setzen. Allerdings ist das Stattfinden einer außerordentlichen Betriebsversammlung höchst selten. Da bereits vier ordentliche Betriebsversammlungen im Jahr möglich sind, müssen schon erhebliche Ereignisse passieren,
damit es zu einer Einberufung einer außerordentlichen Betriebsversammlung kommt.

5.2.1.2.7 Wirtschaftsausschuss

Bei Unternehmen mit mehr als 100 ständig beschäftigten Arbeitnehmern ist ein sog. Wirtschaftsausschuss[1] zu bilden (§ 106 BetrVG). Im Wirtschaftsausschuss beraten Vertreter der Unternehmensleitung – der Gesetzgeber spricht in diesem Zusammenhang vom Unternehmer – sowie
Vertreter des Betriebsrates wirtschaftliche Angelegenheiten des Unternehmens. Als wirtschaftliche Angelegenheiten klassifiziert der Gesetzgeber folgende:

- Die wirtschaftliche und finanzielle Lage des Unternehmens,

- die Produktions- und Absatzlage,

- das Produktions- und Investitionsprogramm,

- Rationalisierungsvorhaben,

- Fabrikations- und Arbeitsmethoden, insb. die Einführung neuer Arbeitsmethoden,

- Fragen des betrieblichen Umweltschutzes,

- die Einschränkung oder Stilllegung von Betrieben oder von Betriebsteilen,

- die Verlegung von Betrieben oder Betriebsteilen,

---

1   Vgl. auch Neumann-Cosel/Rupp (1996); Halbach et al. (1997), S. 454 f.

- der Zusammenschluss oder die Spaltung von Unternehmen oder Betrieben,

- die Änderung der Betriebsorganisation oder des Betriebszwecks,

- sonstige Vorgänge und Vorhaben, welche die Interessen der Arbeitnehmer des Unternehmens wesentlich berühren.

Beim Wirtschaftsausschuss handelt es sich um ein vergleichsweise kleines Gremium. Es besteht aus mindestens drei und höchstens sieben Mitgliedern, die sämtlich dem Unternehmen angehören müssen. Darunter muss mindestens ein Mitglied sein, welches zugleich Betriebsratsmitglied ist. Der Gesetzgeber schreibt darüber hinaus (§ 107 Abs. 1 BetrVG) vor, dass die Mitglieder des Wirtschaftsausschusses fachlich und persönlich geeignet sein müssen, die Aufgaben des Wirtschaftsausschusses wahrzunehmen. Das heißt sie müssen die Kompetenz aufweisen, die notwendig ist, damit die o. g. Aufgabenbereiche des Wirtschaftsausschusses sachgerecht diskutiert werden können. Im Regelfall wird der Betriebsrat einen Ausschuss benennen, der die Aufgaben des Wirtschaftsausschusses wahrnimmt. In diesem Ausschuss ist oftmals auch der Vorsitzende des Betriebsrates vertreten.

Im Wirtschaftsausschuss werden keine Beschlüsse gefasst. Er dient lediglich der Information des Betriebsrates. Der Wirtschaftsausschuss hat aber ein passives Informationsrecht gegenüber der Unternehmensleitung, soweit hiervon nicht Betriebs- und Geschäftsgeheimnisse betroffen sind.[1] Darüber hinaus besitzt der Wirtschaftsausschuss eine aktive Informationspflicht gegenüber dem Betriebsrat. Für den Fall, dass eine Auskunft über wirtschaftliche Angelegenheiten des Unternehmens im Sinne des § 106 BetrVG aus Sicht des Betriebsrates nur ungenügend erteilt wurde, so kann die Einigungsstelle angerufen werden. Der Spruch der Einigungsstelle ersetzt auch hier die Einigung zwischen Unternehmensleitung und Betriebsrat.

---

1 Vgl. auch Lahnsen (1989), S. 1399 ff.

Der Wirtschaftsausschuss tagt einmal pro Monat. Im Wirtschaftsausschuss wird der Betriebsrat also relativ häufig und kontinuierlich über wesentliche Belange des Unternehmensgeschehens informiert.

Es stellt sich allerdings die Frage, wieso der Gesetzgeber ein derart verschachteltes System des Informationsflusses zwischen der Geschäftsleitung und dem Betriebsrat institutionalisiert hat. In seiner organisatorischen Verankerung ist der Wirtschaftsausschuss als Kommunikationsausschuss zwischen Betriebsrat und Geschäftsführung geschaltet. Ziel ist es, hier eine besonders vertrauenswürdige und von Fachkompetenz getragene, nicht zwangsläufig durch andere betriebliche Konflikte gestörte Kommunikation auf höherer Ebene zu erreichen. Im Regelfall werden sich die Informationen auf Sachverhalte des Unternehmens insgesamt beziehen und nicht nur auf Informationen im Hinblick auf einzelne Betriebe. Um dies zu erreichen, wurde der Wirtschaftsausschuss vergleichsweise klein gehalten. Die Möglichkeit, dass auch Nichtbetriebsratsmitglieder aufseiten der Arbeitnehmer im Wirtschaftsausschuss vertreten sind, soll es ermöglichen, dass die Arbeit bzw. die Diskussion im Wirtschaftsausschuss nicht von bereits im Betrieb manifestierten Konflikten überlagert wird. Personen, die in die tagtägliche Konfliktaustragung zwischen Unternehmensleitung und Betriebsrat involviert sind, müssen nicht zwangsläufig auch Mitglieder des Wirtschaftsausschusses sein. Man hat insofern die Möglichkeit, frei von bisherigen Konflikten zu diskutieren. Leider wird jedoch im Unternehmensalltag diese vom Gesetzgeber eröffnete Möglichkeit nur selten wahrgenommen. Im Wirtschaftsausschuss sind oftmals dieselben Personen vertreten, die auch sonst strittige Punkte zwischen Unternehmensleitung und Betriebsrat diskutieren.

5.2.1.3   Ausgestaltung der Interessenvertretungskompetenz

Die Interessenvertretungskompetenz ergibt sich durch das Einräumen von sog. Mitbestimmungs- und Mitwirkungsrechten.[1] Mitbestimmungs- und Mitwirkungsrechte sind dabei präzise voneinander zu unterscheiden. Von einem Mitbestimmungsrecht wird gesprochen, wenn gegen die

---

1   Vgl. auch Schaub/Kreft (2002).

Stimme des Betriebsrates die Unternehmensleitung ihre Entscheidung nicht durchsetzen kann. Im Konfliktfall entscheidet dann die sog. Einigungsstelle. Von einem Mitwirkungsrecht wird gesprochen, wenn die Unternehmensleitung die Arbeitnehmer, d. h. die sie vertretende Institution (der Betriebsrat), in entsprechender Art und Weise am Entscheidungsprozess beteiligen muss. Für die finale Entscheidung ist die Zustimmung des Betriebsrates jedoch nicht mehr notwendig.

5.2.1.3.1 Mitbestimmungsrechte

Der harte Kern der betrieblichen Mitbestimmung ist im § 87 BetrVG geregelt. Diese Mitbestimmungsrechte beziehen sich insb. auf soziale Angelegenheiten.

Um die Tragweite der Mitbestimmungsrechte zu verdeutlichen, wird im Folgenden die entsprechende Regelung des § 87 Abs. 1 BetrVG in ihrem vollen Wortlaut wiedergegeben:

Der Betriebsrat hat, soweit eine gesetzliche oder tarifliche Regelung nicht besteht, in folgenden Angelegenheiten mitzubestimmen:

(1) Fragen der Ordnung des Betriebs und des Verhaltens der Arbeitnehmer im Betrieb;

(2) Beginn und Ende der täglichen Arbeitszeit einschließlich der Pausen sowie Verteilung der Arbeitszeit auf die einzelnen Wochentage;

(3) vorübergehende Verkürzung oder Verlängerung der betriebsüblichen Arbeitszeit;

(4) Zeit, Ort und Art der Auszahlung der Arbeitsentgelte;

(5) Aufstellung allgemeiner Urlaubsgrundsätze und des Urlaubsplans sowie die Festsetzung der zeitlichen Lage des Urlaubs für einzelne Arbeitnehmer, wenn zwischen dem Arbeitgeber und den beteiligten Arbeitnehmern kein Einverständnis erzielt wird;

(6) Einführung und Anwendung von technischen Einrichtungen, die dazu bestimmt sind, das Verhalten oder die Leistung der Arbeitnehmer zu überwachen;

---

*(7)   Regelungen über die Verhütung von Arbeitsunfällen und Berufs-
       krankheiten sowie über den Gesundheitsschutz im Rahmen der ge-
       setzlichen Vorschriften oder der Unfallverhütungsvorschriften;*

*(8)   Form, Ausgestaltung und Verwaltung von Sozialeinrichtungen, deren
       Wirkungsbereich auf den Betrieb, das Unternehmen oder den Kon-
       zern beschränkt ist;*

*(9)   Zuweisung und Kündigung von Wohnräumen, die den Arbeitneh-
       mern mit Rücksicht auf das Bestehen eines Arbeitsverhältnisses
       vermietet werden, sowie die allgemeine Festlegung der Nutzungsbe-
       dingungen;*

*(10) Fragen der betrieblichen Lohngestaltung, insbesondere die Aufstel-
       lung von Entlohnungsgrundsätzen und die Einführung und Anwen-
       dung von neuen Entlohnungsmethoden sowie deren Änderung;*

*(11) Festsetzung der Akkord- und Prämiensätze und vergleichbarer leis-
       tungsbezogener Entgelte, einschließlich der Geldfaktoren;*

(12) Grundsätze über das betriebliche Vorschlagswesen;

*(13) Grundsätze über die Durchführung von Gruppenarbeit; Gruppenar-
       beit im Sinne dieser Vorschrift liegt vor, wenn im Rahmen des be-
       trieblichen Arbeitsablaufs eine Gruppe von Arbeitnehmern eine ihr
       übertragene Gesamtaufgabe im Wesentlichen eigenverantwortlich
       erledigt (seit BetrVG-Novelle von 2001).*

Quelle: Betriebsverfassungsgesetz in der Fassung vom 13. Juni 2001.

Beispiele für betriebliche Entscheidungen, bei denen derartige Mitbestimmungsrechte zu berücksichtigen wären, sind z. B. folgende:

- Regelungen der Betriebs- oder Hausordnung wie z. B. ein generelles
  Rauchverbot in Gebäuden.

- Übergang von fester Arbeitszeit zu gleitender Arbeitszeit.

- Änderungen bei der Art der Erfassung der Arbeitszeit.

- Errichtung und Verwaltung eines Betriebskindergartens.

Neben den Vorschriften des § 87 Abs. 1 BetrVG existieren noch weitere Bereiche, in denen den Arbeitnehmern ein Mitbestimmungsrecht auf betrieblicher Ebene eingeräumt wird:[1]

Für den Fall, dass sich durch die Änderung der Arbeitsplätze des Arbeitsablaufes und der Arbeitsumgebung Belastungen für die Arbeitnehmer ergeben, so kann der Betriebsrat angemessene Maßnahmen zu deren Abwendung, Milderung oder zum Ausgleich der Belastung verlangen. Entscheidend hierbei ist jedoch, dass diese Änderungen den gesicherten arbeitswissenschaftlichen Erkenntnissen über die menschengerechte Gestaltung der Arbeitsplätze offensichtlich widersprechen (§ 91 BetrVG). Diese Regelung wird vielfach als Innovationsbremse im Unternehmen interpretiert, da sie es erschwert, dass neue Produktions- und Fertigungsverfahren mit einem veränderten Belastungsprofil für die Mitarbeiter in den Betrieb Einzug halten.

Ferner bedürfen Personalfragebögen der Zustimmung des Betriebsrates (§ 94 Abs. 1 BetrVG). Auch diese Regelung wird von der Unternehmensleitung oft kritisch gesehen, da sie gegebenenfalls den Aufbau eines effizienten Personalinformationssystems, welches Auskunft über spezifische Eigenschaften und Fähigkeiten der Mitarbeiter gibt, behindert.

Existieren Richtlinien über die personelle Auswahl bei Einstellungen, Versetzung, Umgruppierung und Kündigungen, so bedürfen auch diese der Zustimmung des Betriebsrates (§ 95 Abs. 1 BetrVG). Scheut die Unternehmensleitung die Auseinandersetzung mit dem Betriebsrat im Hinblick auf das Aufstellen von Auswahlrichtlinien, so geht dies unter Umständen zu Lasten der Einheitlichkeit bei der Personalrekrutierung. Allerdings kann sich ein Unternehmen, wenn es mehr als 1.000 Arbeitnehmer beschäftigt, nicht dem Anliegen des Betriebsrates entziehen entsprechende Auswahlrichtlinien aufzustellen (§ 95 Abs. 2 BetrVG). Derartige Auswahl-

---

1 Vgl. hierzu auch die Arbeiten von FitzRoy/Kraft (1990); Schnabel/Wagner (1992); Sadowski/Backes-Gellner/Frick (1995), S. 493 ff.; Addison/Wagner (1997); Dilger (2002 a) sowie Ziegler (2003), die sich mit den Konsequenzen derartiger Mitbestimmungsrechte für das Unternehmen befassen, die in ihrem Ergebnis jedoch kein einheitliches Bild liefern.

richtlinien beziehen sich nicht nur auf fachliche Voraussetzungen der Be-
werber, sondern können auch persönliche Voraussetzungen ebenso kodifizieren wie soziale Gesichtspunke. Auf die Einbeziehung sämtlicher derartiger Aspekte in einer Auswahlrichtlinie kann der Betriebsrat drängen.

Einen Überblick über sämtliche – auch hier nicht näher erläuterte – betriebliche Mitbestimmungsrechte des Betriebsrates zeigt Tab. 5-3.

Art des Mitbestimmungsrechtes	Gesetzliche Grundlage
Stellenausschreibung	§ 93 BetrVG
Aufstellung von Auswahlrichtlinien	§ 95 Abs. 2 BetrVG bei Betrieben mit mehr als 1.000 ständig beschäftigten Arbeitnehmern
Sozialplan bei Betriebsänderungen	§ 112 BetrVG bei Betrieben mit mehr als 20 wahlberechtigten Arbeitnehmern
Soziale Angelegenheiten	§ 87 Abs. 1 BetrVG
Personalfragenbogen und Beurteilungs-richtlinien	§ 94 BetrVG
Personelle Einzelmaßnahmen	§ 99 Abs. 2 BetrVG bei Unternehmen mit mehr als 20 wahlberechtigten Arbeitnehmern und § 102 Abs. 3 BetrVG
Bestellung und Abberufung eines betrieblichen Ausbilders	§ 98 Abs. 2 BetrVG

Tab. 5-3: Betriebliche Mitbestimmungsrechte

5.2.1.3.2   Mitwirkungsrechte

Mitwirkungsrechte zeichnen sich dadurch aus, dass sie formaler Natur
sind. Im Gegensatz zu den Mitbestimmungsrechten besitzen sie keinen inhaltlichen Charakter, d. h. für den inhaltlichen Kern eines Entscheidungs-
problems sind sie ohne Bedeutung. Lediglich im Hinblick auf den forma-
len Rahmen, vor dem eine Entscheidung zu treffen ist, besitzen Mitwirkungsrechte Relevanz. Beispiele für Mitwirkungsrechte – auch unabhängig von der Diskussion der Unternehmensverfassung – sind z. B.
Anhörungsrechte oder Beratungsrecht. Ihre Wahrnehmung besitzt keine
präjudizierende Wirkung für die zu treffende Entscheidung. Der Ent-
scheider ist weiterhin frei in der Wahl der Alternative.

Die Mitwirkungsrechte des Betriebsrates beziehen sich auf wesentliche Maßnahmen im Rahmen des Personalmanagements.[1] Sie betreffen Rechte im Hinblick auf die Einstellung, Eingruppierung, Versetzung, Umgruppierung und Kündigung von Mitarbeitern. Vor einer Kündigung eines Arbeitnehmers hat der Arbeitgeber den Betriebsrat zu hören. Er hat ihm die Gründe mitzuteilen, die für die Kündigung maßgebend sind. Ohne eine Anhörung des Betriebsrates sind ausgesprochene Kündigungen, auch eine fristlose Kündigung, nicht rechtswirksam (§ 102 Abs. 1 BetrVG). Ebenfalls hat der Betriebsrat darauf zu achten, dass die zugunsten der Arbeitnehmer geltenden Betriebsvereinbarungen, Tarifverträge und Gesetze eingehalten bzw. angewandt werden (§ 80 Abs. 1 BetrVG). Diese hauptsächlichen Felder der Mitwirkung des Betriebsrates an Unternehmensentscheidungen charakterisieren den Normalfall der Mitwirkungsrechte.

Darüber hinaus besitzt der Betriebsrat aber auch Mitwirkungsrechte im außergewöhnlichen Fall, d. h. im Fall der Betriebsänderung.

Eine Betriebsänderung ist nach § 111 BetrVG wie folgt definiert:

Als Betriebsänderungen im Sinne des Satzes 1 gelten

(1) Einschränkung und Stillegung des ganzen Betriebs oder von wesentlichen Betriebsteilen,

(2) Verlegung des ganzen Betriebs oder von wesentlichen Betriebsteilen,

(3) Zusammenschluss mit anderen Betrieben oder die Spaltung von Betrieben,

(4) grundlegende Änderungen der Betriebsorganisation, des Betriebszwecks oder der Betriebsanlagen,

(5) Einführung grundlegend neuer Arbeitsmethoden und Fertigungsverfahren.

Quelle: Betriebsverfassungsgesetz in der Fassung vom 13. Juni 2001.

---

1 Vgl. auch Bopp (2002).

Entscheidend bei Betriebsänderungen ist, dass der Betriebsrat von An-
fang an in den Prozess Durchführung der Betriebsänderung eingebunden
ist. Andernfalls ergeben sich Beeinträchtigungen für die Abwicklung der
hinter einer solchen Betriebsänderung stehenden Entscheidungsprozesse.

Tab. 5-4 stellt nochmals sämtliche betrieblichen Mitwirkungsrechte des
Betriebsrates – auch die hier nicht im Detail betrachteten Regelungen – in
der Übersicht dar:

Art des Mitwirkungsrechtes	Gesetzliche Grundlage
Allgemeine Aufgaben	§ 80 Abs. 1 BetrVG
Personalplanung	§ 92 BetrVG
Stellenausschreibung	§ 93 BetrVG
Einstellung, Versetzung, Umgruppierung	§ 91 Abs. 1 BetrVG bei Betrieben mit mehr als 20 wahlberechtigten Arbeitnehmern
Wirtschaftliche Angelegenheiten	§ 106 Abs. 2 BetrVG
Betriebsänderungen	§ 111 BetrVG bei Unternehmen mit mehr als 1.000 ständig beschäftigten Arbeitnehmern
Berufsbildung	§ 96 Abs. 1 und § 97 BetrVG
Kündigungen	§ 102 Abs. 1 BetrVG

Tab. 5-4: Betriebliche Mitwirkungsrechte

Wirft man einen Blick auf die betrieblicher Praxis, so ist das Zusammenspiel von Betriebsrat und Unternehmensleitung höchst unterschiedlich
ausgeprägt. Neben Unternehmen, die sämtliche Möglichkeiten nutzen, die
Bildung eines Betriebsrates zu unterbinden, existieren auch eine Vielzahl
von Unternehmen, die einen sehr intensiven und konstruktiven Dialog mit
dem Betriebsrat pflegen. Dieser Dialog ist letztlich auch darauf gerichtet,
den Betriebsrat in die betrieblichen Entscheidungen einzubinden, um so
zu verhindern das hier unnötige Konflikte das betriebliche Geschehen beeinträchtigen. In einer Befragung des deutschen Instituts der Wirtschaft
gaben Manager Auskunft darüber, wie weit und über welche Themen sie
mit den Betriebsräten diskutieren, d. h. sie in der einen oder anderen Weise am Entscheidungsprozess teilhaben lassen. Die Ergebnisse zeigt Abb.
5-1.

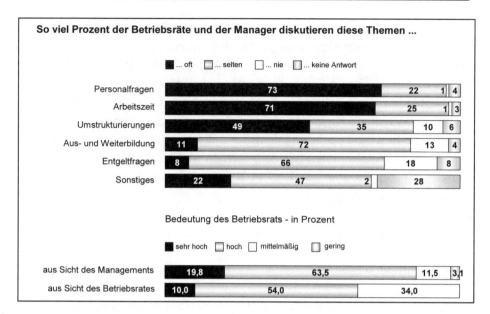

Quelle: Institut der deutschen Wirtschaft.

Abb. 5-1: Praxis der Betriebsratstätigkeit im Unternehmen

Diese Ergebnisse zeigen, dass sicherlich die Bereiche in der Diskussion von Betriebsrat und Management dominieren, die primär vom Gesetzgeber aufgeführt werden. Auffällig ist jedoch, dass Fragen wie z. B. die Aus- und Weiterbildung, die ebenfalls Gegenstand der Vorschriften des BetrVG sind, hier relativ selten besprochen werden.

Interessant ist auch, und das insb. vor dem Hintergrund der Konfliktaustragung im Unternehmen, dass aus Sicht des Managements der Betriebsrat eine deutlich höhere Bedeutung für die betrieblichen Prozesse besitzt als dies aus der Eigenwahrnehmung der Betriebsräte hervorgeht.

5.2.2   Das Sprecherausschussgesetz (SprAuG)

Die Interessenvertretungskompetenz der im Unternehmen beschäftigten Arbeitnehmer erstreckt sich im Prinzip auf alle Arbeitnehmer. Einer Gruppe der Arbeitnehmer wird jedoch eine Sonderstellung eingeräumt. Es handelt sich dabei um die sog. „leitenden Angestellten". Sie werden bereits im Mitbestimmungsgesetz von 1976 als eine Sondergruppe definiert, die unabhängig von den anderen Beschäftigten ein separates Recht auf Vertretung ihrer Interessen besitzen. Allerdings versäumt es der Gesetzgeber bereits an dieser Stelle, eine entsprechende Begriffsabgrenzung für den leitenden Angestellten zu liefern. Diese wird mit der Novelle des BetrVG von 1988 nachgereicht, da dort explizit festgelegt wird, dass die Interessenvertretungskompetenzen, die das BetrVG den Arbeitnehmern einräumt, nicht für die leitenden Angestellten gelten. Ihre Interessenvertretungskompetenzen sind im 1989 in Kraft getretenen Sprecherausschussgesetz (SprAuG) geregelt worden.[1]

Der Gesetzgeber ist der Ansicht, dass die leitenden Angestellten eine Sonderstellung in der Gruppe der Angestellten besitzen. Dieses kann wie folgt begründet werden:[2]

- Leitende Angestellte besitzen nach dem BetrVG weder ein aktives noch ein passives Wahlrecht bei den Wahlen zum Betriebsrat. Das heißt leitende Angestellte werden zwar als Angestellte klassifiziert, ihnen wird im Rahmen des BetrVG jedoch keine Interessenvertretungskompetenz gegenüber der Unternehmensleitung bzw. den Eigentümern eingeräumt. Dies hat bereits vor dem Inkrafttreten des SprAuG dazu geführt, dass sich in etwa 400 Betrieben bzw. Unternehmen kollektive Vertretungen, sog. freiwillige Sprecherausschüsse, gebildet haben. Ihre Aufgabe war es, die Interessen der leitenden Angestellten gegenüber der Unternehmensleitung zu vertreten.[3] Ferner existieren auf der Ebene der leitenden Angestellten analog zu den Gewerkschaften der nicht leitenden Angestellten und Arbeitern Interessenverbände (VAA, VdF, VAF und VDL), die in der Union der leitenden Angestellten (ULA) zusammengefasst wurden, um eine entsprechende Interessenvertretung sicher zu stellen.

---

1   Vgl. hierzu ausführlich Hacker (1995); Halbach et al. (1997), S. 378 ff. und Niedenhoff (2000), S. 369 ff.

2   Vgl. zur historischen Entwicklung der Sprecherverfassung Wiegräbe/Borgwardt (1990), S. 5 ff.

3   Vgl. auch Nebel (1990), S. 1512 ff.

- Für leitende Angestellte gilt das Arbeitszeitgesetz nicht. Sie haben allerdings Anspruch auf Bezahlung von Überstunden, wenn sie tariflich bezahlt werden bzw. geringfügig über Tarif.

- Zwar gilt für leitende Angestellt auch das Kündigungsschutzgesetz, die Anforderungen an den Kündigungsschutz sind bei dieser Gruppe der Angestellten jedoch wesentlich geringer. So kann z. B. der Arbeitgeber unter Zahlung einer Abfindung das Arbeitsverhältnis lösen, obwohl der leitende Angestellte damit nicht einverstanden ist.

- Im Regelfall unterliegen leitende Angestellte nicht den im Betrieb abgeschlossenen Tarifverträgen.

- Im Rahmen des MitbestG wird den leitenden Angestellten eine Sonderrolle zugebilligt. Ihnen wird vom Gesetzgeber explizit ein Platz auf der sog. „Arbeitnehmerbank" im Aufsichtsrat zugewiesen.

Trotz dieser besonderen Eigenschaften, die die leitenden Angestellten auszeichnen, kommt man jedoch nicht umhin, dass auch ein leitender Angestellter ein Angestellter des Unternehmens ist. Insofern besitzt auch er ein legitimes Bedürfnis nach Interessenvertretung. Vor diesem Hintergrund lässt sich auch erklären, warum die Interessenvertretungskompetenz der leitenden Angestellten in einem eigenständigen Gesetz – dem SprAuG – kodifiziert wurde. Das SprAuG ist zum 01.01.1989 in Kraft getreten.

5.2.2.1 Geltungsbereich

Der Geltungsbereich des SprAuG bezieht sich auf alle im Inland gelegenen Betriebe. Dabei spielt es keine Rolle, welche Staatsangehörigkeit der Inhaber des Betriebes besitzt. Auch spielt die Staatsangehörigkeit der leitenden Angestellten keine Rolle. Allerdings findet das SprAuG nach § 1 Abs. 3 Satz 1 keine Anwendung auf Verwaltungen, Betriebe des Bundes, der Länder oder der Gemeinden sowie auf Religionsgemeinschaften. Interessanterweise werden im SprAuG zwar die Rechte der leitenden Angestellten kodifiziert, es wird jedoch nicht definiert, was unter einem leitenden Angestellten zu verstehen ist. Dies erfolgt als Negativdefinition im

BetrVG, und zwar dort in der Novelle aus dem Jahr 1988. Danach wird als leitender Angestellter im Prinzip ein angestellter Arbeitnehmer dann klassifiziert, wenn er Arbeitgeberaufgaben wahrzunehmen hat.[1] Diese Arbeitgeberaufgaben sind im Detail im § 5 Abs. 3 BetrVG kodifiziert.

Die Aufgaben eines leitenden Angestellten werden in § 5 Abs. 3 BetrVG wie folgt beschrieben:

„Dieses Gesetz findet, soweit in ihm nicht ausdrücklich etwas anderes bestimmt ist, keine Anwendung auf leitende Angestellte. Leitender Angestellter ist, wer nach Arbeitsvertrag und Stellung im Unternehmen oder im Betrieb 1. zur selbständigen Einstellung und Entlassung von im Betrieb oder in der Betriebsabteilung beschäftigten Arbeitnehmern berechtigt ist oder 2. Generalvollmacht oder Prokura hat und die Prokura auch im Verhältnis zum Arbeitgeber nicht unbedeutend ist oder 3. regelmäßig sonstige Aufgaben wahrnimmt, die für den Bestand und die Entwicklung des Unternehmens oder eines Betriebs von Bedeutung sind und deren Erfüllung besondere Erfahrungen und Kenntnisse voraussetzt, wenn er dabei entweder die Entscheidungen im wesentlichen frei von Weisungen trifft oder sie maßgeblich beeinflußt; dies kann auch bei Vorgaben insbesondere auf Grund von Rechtsvorschriften, Plänen oder Richtlinien sowie bei Zusammenarbeit mit anderen leitenden Angestellten gegeben sein."

Quelle: Betriebsverfassungsgesetz in der Fassung vom 13. Juni 2001.

Bestehen aufgrund des § 5 Abs. 3 BetrVG noch Zweifel im Hinblick auf die Klassifikation als leitender Angestellter, so nimmt § 5 Abs. 4 BetrVG hier eine weitere Konkretisierung vor. Diese Konkretisierung knüpft dabei letztlich an der konkreten Höhe des Jahresarbeitseinkommens an, welches bei leitenden Angestellten das Dreifache der Bezugsgröße des Sozialgesetzbuches (§ 18 SGB4) überschreitet.[2] Aktuell für das Jahr 2004 würde dies eine Einkommensgrenze von 86.940 EUR für leitende Angestellte in den sog. „alten" Bundesländern bedeuten.

---

1   Vgl. hierzu bereits Witte/Bronner (1974).

2   Diese Größenordnung geht auf die Arbeit von Witte/Bronner (1974) zurück, die insofern prägenden Charakter im Hinblick auf die entsprechende Gesetzespassage besitzt.

5.2.2.2 Institutionalisierung der Interessenvertretungskompetenz

5.2.2.2.1 Sprecherausschuss

Nach § 1 Abs. 1 SprAuG können in Betrieben mit mindestens zehn leitenden Angestellten Sprecherausschüsse gewählt werden.[1] Wahlberechtigt sind dabei alle leitenden Angestellten, soweit sie länger als sechs Monate dem Betrieb angehören (§ 3 Abs. 2 SprAuG). Der Sprecherausschuss wird nach § 6 SprAuG in geheimer und unmittelbarer Wahl gewählt.

Die Zahl der Sprecherausschussmitglieder bemisst sich nach der Zahl der im Unternehmen beschäftigen leitenden Angestellten.

- Bei 10 bis 20 leitenden Angestellten ist ein Sprecherausschussmitglied zu wählen.

- Bei 21 bis 100 leitenden Angestellten sind drei Sprecherausschussmitglieder zu wählen.

- Bei 101 bis 300 leitenden Angestellten sind fünf Sprecherausschussmitglieder zu wählen.

- Bei über 300 leitenden Angestellten sind sieben Sprecherausschussmitglieder zu wählen.

Die Amtsdauer des Sprecherausschusses beträgt nach § 5 SprAuG vier Jahre. Die Wahlen zum Sprecherausschuss sind zeitgleich mit denen zum Betriebsrat abzuhalten.

Der Sprecherausschuss wählt aus seiner Mitte einen Vorsitzenden. Die Rechte des Sprecherausschussvorsitzenden und seine Funktionen sind denen des Betriebsratsvorsitzenden vergleichbar.

Soweit es zur ordnungsgemäßen Durchführung ihrer Aufgaben erforderlich ist, sind die Mitglieder des Sprecherausschusses von ihrer beruflichen Tätigkeit ohne Minderung ihres Gehaltes zu befreien. Allerdings ist eine generelle Befreiung einzelner Sprecherausschussmitglieder, wie dies

---

1 Vgl. ausführlich auch Borgwardt (1989), S. 2224 ff.

noch bei einzelnen Mitgliedern des Betriebsrates der Fall ist, nicht vorgesehen.

5.2.2.2.2   Versammlung der leitenden Angestellten

Nach § 15 SprAuG soll der Sprecherausschuss einmal im Kalenderjahr eine Versammlung der leitenden Angestellten einberufen und in ihr seinen Tätigkeitsbericht erstatten. Eine außerordentliche Versammlung der leitenden Angestellten kann auf Antrag des Arbeitgebers oder auf Antrag eines Viertels der leitenden Angestellten einberufen werden. Stattfinden soll die Versammlung während der Arbeitszeit. Die Versammlung der leitenden Angestellten kann also analog zur Betriebsversammlung gesehen werden.

5.2.2.2.3   Gesamt- und Konzernsprecherausschuss

Nach § 16 Abs. 1 SprAuG ist ein Gesamtsprecherausschuss bzw. ein Konzernsprecherausschuss zu errichten, wenn in einem Unternehmen mehrere Sprecherausschüsse bestehen. Jeder Sprecherausschuss entsendet eines seiner Mitglieder in diesen Gesamtausschuss. Dabei hat jedes Mitglied des Gesamtausschusses so viele Stimmen, wie in dem Betrieb, in dem es gewählt wurde, leitende Angestellte in die Wählerliste eingetragen sind.

Der Gesamtsprecherausschuss ist zuständig für die Behandlung von Angelegenheiten, die das Unternehmen oder mehrere Betriebe des Unternehmens betreffen und die nicht durch einzelne Sprecherausschüsse innerhalb ihres Betriebes verhandelt werden können. Auch hier ist ähnlich wie beim Gesamtbetriebsrat bzw. Konzernbetriebsrat keine hierarchische Überordnung des Gesamt- bzw. des Konzernsprecherausschusses über die einzelnen Sprecherausschüsse vorgesehen. Auch hier kommt es wiederum nur zu einer spezialisierten Zuweisung von Interessenvertretungskompetenzen, je nachdem ob sie unternehmens- bzw. konzernweit von Bedeutung sind oder aber sich nur auf einzelne Betriebe beziehen.

5.2.2.3 Ausgestaltung der Interessenvertretungskompetenz

Im Gegensatz zum BetrVG sieht das SprAuG keine eigenen Mitbestimmungsrechte der leitenden Angestellten vor. Insofern reduziert sich die Rolle, die die Sprecherausschüsse spielen, auf eine Informations- und Beratungsfunktion. Dies schließt jedoch nicht aus, dass der Sprecherausschuss mit der Unternehmensleitung Vereinbarungen trifft, die unter bestimmten Bedingungen für die Unternehmensleitung auch zwingenden Charakter besitzen.

Die Informations- und Beratungsfunktion des Sprecherausschusses bezweckt vor allem:

- Eine hinreichende Information der leitenden Angestellten über ihren Aufgabenbereich,

- die Sicherstellung angemessener Arbeitsbedingungen,

- die Nutzung des Fachwissens der leitenden Angestellten im Hinblick auf die wirtschaftlichen und organisatorischen Prozesse im Unternehmen.

Die konkreten Aufgaben des Sprecherausschusses sind wie folgt umrissen:

- Der Sprecherausschuss ist verpflichtet, einzelne leitende Angestellte bei der Wahrnehmung ihrer Interessen gegenüber der Unternehmensleitung zu unterstützen (§ 26 SprAuG).

- Sowohl die Unternehmensleitung als auch der Sprecherausschuss haben darüber zu wachen, dass die leitenden Angestellten eines Betriebes gleich behandelt werden. Ferner haben sie die freie Entfaltung der Persönlichkeit zu schützen und zu fördern (§ 27 SprAuG).

- Nach § 28 SprAuG können die Unternehmensleitung und der Sprecherausschuss Richtlinien über den Inhalt, den Abschluss oder die Beendigung von Arbeitsverhältnissen der leitenden Angestellten schriftlich vereinbaren.

Darüber hinaus existieren eine Vielzahl von Informationsrechten des Sprecherausschusses. Zu nennen sind hier folgende:

- Die Unternehmensleitung hat den Sprecherausschuss rechtzeitig bei einer Änderung der Gehaltsgestaltung und sonstiger allgemeiner Arbeitsbedingungen sowie bei der Einführung oder Änderung allgemeiner Beurteilungsgrundsätze zu informieren. Diese Maßnahmen sind mit dem Sprecherausschuss auch zu beraten (§ 30 SprAuG).

- Bei der Einstellung oder einer personellen Veränderung eines leitenden Angestellten ist der Sprecherausschuss rechtzeitig zu informieren (§ 31 Abs. 1 SprAuG).

- Der Sprecherausschuss ist vor jeder Kündigung eines leitenden Angestellten zu hören. Ihm sind darüber hinaus auch die Gründe für die Kündigung mitzuteilen. Ohne eine solche Anhörung des Sprecherausschusses ist die Kündigung eines leitenden Angestellten unwirksam (§ 31 Abs. 2 SprAuG).

- Über die wirtschaftlichen Angelegenheiten ist der Sprecherausschuss mindestens einmal im Kalenderjahr im Sinne des § 106 BetrVG (Wirtschaftsausschuss) zu unterrichten (§ 32 Abs. 1 SprAuG).

- Bei Betriebsänderungen, von denen ein wesentlicher Nachteil für die leitenden Angestellten ausgehen kann, ist der Sprecherausschuss ebenfalls zu unterrichten (§ 32 Abs. 2 SprAuG).

Es ist sicherlich nicht zu übersehen, dass das SprAuG zumindest im Hinblick auf die Informationsrechte stark den Rechten der Betriebsräte im BetrVG ähnelt. Damit ist die Stellung der leitenden Angestellten im Vergleich zur Situation vor Inkrafttreten des SprAuG deutlich gestärkt worden. Die leitenden Angestellten sind jetzt nicht mehr darauf angewiesen, dass der Betriebsrat auch ihre Interessen vertritt.

In diesem Zusammenhang sollte jedoch nicht übersehen werden, dass insbesondere leitenden Angestellten, die in den oberen hierarchischen Ebenen angesiedelt sind, deutlich bessere Wege des Austausches mit der

Unternehmensleitung zur Verfügung stehen als dies sonst der Fall ist. Entsprechend ist es auch zu erklären, warum die Regelungen der Sprecherverfassung deutlich hinter denen der Betriebsverfassung zurück bleiben.

Eine Form dieser „anderen Möglichkeiten des Austausches" zeigt das folgende Beispiel aus dem Hause DaimlerChrysler:

„Konzernchef Jürgen Schrempp hatte seinen Vorstand und die wichtigsten Asien-Manager zum Grillen eingeladen. Der Grund: Schrempp wollte sich bei seinen einst nach Japan und Korea entsandten Getreuen für ihren Einsatz in Fernost bedanken und nach dem Nahezu-Ausstieg bei der japanischen Mitsubishi Motors Corp. (MMC) sowie dem Verkauf eines 10-Prozent-Paketes am koreanischen Automobilhersteller Hyundai Motor Co. einen offiziellen Schlussstrich ziehen. 80 Gäste waren erschienen (...) Was für den Autokonzern ein abruptes Bremsmanöver auf dem Weg zur Welt AG bedeutete, erschien für Dutzende nach Asien entsandte Daimler-Manager zunächst als Karriereknick: Wohnung kündigen, Schreibtisch räumen, Koffer packen und ab in den Flieger. Doch Schrempp hatte für seine zurückgeholten Topmanager auf dem Lämmerbuckel frohe Botschaft: Der Beschluss des Vorstandes werde ohne Abstriche umgesetzt und allen Ex-Asien-Managern ein neuer Job bei Daimler angeboten. Sie alle hätten in Asien schwer gearbeitet und einen prima Job gemacht, lobte Schrempp seine Getreuen."

Quelle: Nölting, A.: Grillen mit Jürgen Schrempp,
in: www.manager-magazin.de/koepfe/artikel/0,2828,315347,00.html
– letzter Zugriff am 28.05.2004

5.3 Interessenvertretungskompetenz auf Unternehmensebene

5.3.1 Das Betriebsverfassungsgesetz von 1952 (BetrVG 1952)

Die schwächste Form der Interessenvertretungskompetenz auf Unternehmensebene wird im sog. BetrVG von 1952 kodifiziert. Nach § 129 Abs.

1 Satz 1 BetrVG gelten die Vorschriften der §§ 76 bis 77 a, 81, 85 und 87 BetrVG des BetrVG von 1952 trotz der später verabschiedeten Novellen weiter. In ihnen wird die Interessenvertretungskompetenz der Arbeitnehmer im Hinblick auf Entscheidungen, die das gesamte Unternehmen betreffen, geregelt.

Obwohl die Mitbestimmungsregelungen des BetrVG (1952) als die schwächste Form der Interessenvertretungskompetenz der Arbeitnehmer auf Unternehmensebene angesehen wird, darf nicht übersehen werden, dass der Gesetzgeber die Wahrnehmung der Interessenvertretungskompetenz zwingend vorschreibt. Im Gegensatz zur Interessenvertretungskompetenz auf Betriebsebene, wo der Gesetzgeber den Arbeitnehmern die Freiheit lässt, einen Betriebsrat zu wählen, besteht auf Unternehmensebene keine Wahlfreiheit mehr. Die entsprechenden Leitungsorgane der Unternehmen müssen – wenn die entsprechenden Voraussetzungen erfüllt sind – auch mit Vertretern der Arbeitnehmer besetzt werden.

5.3.1.1   Geltungsbereich und Institutionalisierung der Interessen-vertretungskompetenz

Soweit eine Aktiengesellschaft oder eine KGaA mehr als 500 Beschäftigte aufweist, hat sie nach § 76 BetrVG (1952) den Aufsichtsrat mit einem Drittel aus Vertretern der Arbeitnehmerschaft zu versehen. Die sog. kleine AG ist damit von dieser Form der Mitbestimmung auf Unternehmensebene nicht betroffen.

Nach § 77 BetrVG (1952) ist eine derartige Drittelparität auch für die Aufsichtsräte der Rechtsformen

* GmbH,
* bergrechtliche Gewerkschaft,
* Versicherungsverein auf Gegenseitigkeit,
* Erwerbs- und Wirtschaftsgenossenschaften

einzuführen, soweit die Unternehmen mehr als 500 Beschäftigte aufweisen.

Mitbestimmungsfrei auf Unternehmensebene sind damit nur noch die folgenden Rechtsformen, wenn das Unternehmen mehr als 500 Beschäftigte aufweist:

- Unternehmen eines Einzelkaufmanns,
- offene Handelsgesellschaft (OHG),
- Kommanditgesellschaften, wenn sie nur natürliche Personen als Komplementäre aufweist,
- wirtschaftliche Vereine,
- Stiftungen,
- BGB-Gesellschaft.

Es stellt sich damit die Frage, warum der Gesetzgeber der Ansicht ist, die Frage der Interessenvertretungskompetenz nicht nur von der Zahl der Beschäftigten abhängig zu machen, sondern in sehr viel stärkerem Maße von der Wahl der Rechtsform. Die Gründe für eine derartige Festlegung sind folgende:

- Ziel des Einräumens von Interessenvertretungskompetenzen war es immer, die Arbeitnehmer verstärkt bei der Bestellung und bei der Kontrolle der Unternehmensleitung mitwirken zu lassen. Es war nicht das Anliegen der Unternehmensmitbestimmung, dass Arbeitnehmer direkt in die Unternehmensleitung mit eingreifen bzw. sich an ihr beteiligen sollten. Insofern schieden Rechtsformen im Hinblick auf die Umsetzung der Unternehmensmitbestimmung aus, die neben dem Organ der Unternehmensführung kein weiteres Organ mit Kontrollfunktion aufwiesen, wie dies z. B. bei den Personengesellschaften der Fall ist. Bei Aktiengesellschaften mit den Organen Vorstand und Aufsichtsrat ließ sich hingegen dieses Ziel der Einflussnahme auf die Bestellung der Vorstände sowie auf die Kontrolle ihrer Arbeit relativ unproblematisch dadurch erreichen, dass ein Teil der Aufsichtsratsmitglieder von den im Betrieb beschäftigten Arbeitnehmern zu bestimmen ist.

- Die Diskussion der Interessenvertretungskompetenz der Arbeitnehmer auf Unternehmensebene wird traditionell auf Großunternehmen bezogen. Es wurde argumentiert, dass es insb. das Großunternehmen sei, bei welchem die Tendenz zur Verselbstständigung deutlich stärker ausgeprägt ist als bei kleinen oder mittleren Unternehmen. Großunternehmen, insb. wenn sie über einen weit gestreuten Anteilseignerkreis verfügen, tendieren dazu, dass sie letztlich den Interessen des Managements folgen, ohne dass hier eine nennenswerte Kontrolle vonseiten der Anteilseigner bzw. der Arbeitnehmer möglich wäre. Vor diesem Hintergrund wurde argumentiert, dass es insb. die Großunternehmen sind, bei denen eine unternehmensbezogene Mitbestimmung greifen sollte. Da Großunternehmen im Regelfall in der Rechtsform einer Kapitalgesellschaft geführt werden, lag es nahe, die Regelungen zur unternehmerischen Mitbestimmung hieran anknüpfen zu lassen.

- Ferner ist es sicherlich nicht vereinbar mit der unbeschränkten persönlichen Haftung des Gesellschafters bei einer Personengesellschaft, wenn man ihm im Gegenzug nicht die uneingeschränkte Kontrolle über das Managementhandeln zubilligt. Vor diesem Hintergrund verbietet sich eine unternehmensbezogene Interessenvertretungskompetenz der Arbeitnehmer in Personengesellschaften. Es wird hier argumentiert, dass die Tätigkeit des oder der Gesellschafter im Unternehmen immer davon geleitet sein wird, dass im Krisenfall der oder die Gesellschafter unbeschränkt mit ihrem Vermögen haften müssen. Vor diesem Hintergrund ist eine effiziente Unternehmenspolitik wahrscheinlich. Die Effizienz wird hier meist mit der Zentralisierung der Verfügungsrechte begründet.

5.3.1.2 Ausgestaltung der Interessenvertretungskompetenz

Die Interessenvertretungskompetenzen ergeben sich aus den einschlägigen Gesetzen für die einzelnen Rechtsformen, in denen die konkrete Arbeitsweise der Unternehmensorgane geregelt ist. Das heißt im Zentrum stehen hier also die Vorschriften der §§ 95 bis 116 AktG, auf die bereits oben ausführlich eingegangen wurde.

Will man vor diesem Hintergrund die Qualität der Ausgestaltung der Interessenvertretungskompetenz beurteilen, so kommt man um eine machtpolitische Analyse nicht umhin. Es ist hier die legitime Macht von der Informationsmacht zu trennen. Die legitime Macht ist asymmetrisch zu Ungunsten der Arbeitnehmer, während die Informationsmacht aus

Sicht der Arbeitnehmer sicherlich nicht unbeträchtlich ist. Über die Teilnahme an den Sitzungen des Aufsichtsrates sind die Vertreter der Arbeitnehmer über alle wesentlichen Aspekte der Unternehmenspolitik – soweit diese Gegenstand der Aufsichtsratssitzungen sind – informiert. Aufgrund der einschlägigen Vorschriften des Aktienrechts ist es nicht möglich, einen Teil des Aufsichtsrates von der Informationsversorgung auszuschließen. Die Mitbestimmung nach dem BetrVG 1952 führt dazu, dass auch die Arbeitnehmervertreter im Aufsichtsrat in der Lage sind, die Arbeit des Vorstandes zu beurteilen und kritisch zu hinterfragen.

Die Asymmetrie der legitimen Macht ergibt sich aus der Tatsache, dass die Arbeitnehmervertreter nur ein Drittel der Aufsichtsratsmitglieder stellen.

Eine Einflussnahme der Arbeitnehmer auf die Besetzung der Unternehmensleitung sieht das BetrVG von 1952 nicht vor. Das heißt auch bei der Funktion des sog. „Arbeitsdirektors" besitzt die Arbeitnehmerfraktion im Aufsichtsrat keine Sperrminorität, wie dies z. B. bei der weiter unten dargestellten Form der Montanmitbestimmung der Fall ist.

5.3.2 Das Mitbestimmungsgesetz (MitbestG)

Das Mitbestimmungsgesetz (MitbestG) aus dem Jahr 1976 ist das Ergebnis eines intensiven politischen Konfliktaustragungsprozesses. Die dort niedergelegten Regelungen der Interessenvertretungskompetenz sind es, die im Regelfall gemeint sind, wenn von der deutschen Form der Unternehmensmitbestimmung gesprochen wird.

Insofern besitzt heutzutage diese paritätische Mitbestimmung zumindest auf der politischen Seite immer noch einen sehr hohen Stellenwert wie das Zitat des ehemaligen deutschen Bundespräsidenten, Johannes Rau, zeigt:

„Für mich lag und liegt die gesellschaftspolitische Bedeutung der Mitbestimmung in der Abkehr von der Vorstellung, im Unternehmen bestimme allein der Eigentümer, der Menschen dafür bezahlt, dass sie für ihn und zu den von ihm allein festgelegten Bedingungen arbeiten. Jede Mitbestimmung, am deutlichsten die paritätische, steht für den Grundsatz, dass die arbeitenden Menschen nicht als Anhängsel des ,toten Kapitals' behandelt werden dürfen. Arbeitnehmer sind im demokratischen Staat nicht nur Staatsbürger mit gleichen Rechten und Pflichten, sie dürfen auch in den Betrieben nicht Objekt, sondern sie müssen Subjekt sein. Das ist nach wie vor aktuell und gültig. Mitbestimmung hat also ganz viel zu tun mit der Würde des arbeitenden Menschen."

Johannes Rau (Auszug aus der Rede des Bundespräsidenten der Bundesrepublik Deutschland Johannes Rau anlässlich der Feierlichkeiten zu „50 Jahre" Montanmitbestimmung 2001. Quelle: Gewerkschaftliche Monatshefte 7/2001.

Die vielfältigen Gründe und Rechtfertigungen, die in dem politischen Prozess gebraucht wurden, sollen an dieser Stelle weder wiederholt noch entsprechend diskutiert werden.[1] Es wird darüber hinaus vielfach unterstellt, dass von der Interessenvertretungskompetenz, die das MitbestG einräumt, folgende Wirkungen ausgehen:[2]

- Da der mitbestimmte Aufsichtsrat den Vorstand einer AG bestellt bzw. abberuft, wird unterstellt, dass diese Abhängigkeit des Vorstandes dazu führt, eine soziale Unternehmenspolitik zu fördern. Ob dies wirklich so ist, sei dahingestellt. Es gibt jedoch eine Vielzahl von Beispielen, die an der Umsetzung dieser Zielrichtung sicherlich Zweifel aufkommen lassen. Auf der anderen Seite muss betont werden, dass sich ähnlich wie bei den Mitbestimmungsregelungen des BetrVG (1952) kein Unter-

---

1   Vgl. hierzu beispielhaft die Beiträge bei Abel/Ittermann (2001). Vgl. ferner die Übersicht bei Streeck (2004), Sp. 885 f.

2   Vgl. auch Halbach et al. (1997), S. 476 ff.

nehmen der Mitbestimmung nach dem MitbestG entziehen kann. Der Aufsichtsrat muss mit Vertretern der Arbeitnehmer besetzt werden. Es existiert keine „Kann-Vorschrift", wie sie noch für die Institutionalisierung der Interessenvertretungskompetenz auf Betriebsebene typisch ist.

- Konflikttheoretisch bedeutsam ist die Tatsache, dass Arbeitnehmer und Kapitalvertreter in einem Organ gemeinsam Verantwortung tragen. Entsprechend sind sie gezwungen, zusammen zu arbeiten. Die Vertreter der Kapitalseite müssen insofern versuchen, die übrigen Aufsichtsratsmitglieder in die Entscheidungen des Aufsichtsrates einzubinden. Diese Zusammenarbeit wird noch dadurch gestärkt, wenn der Aufsichtsrat insgesamt seine Funktion als Kontrollorgan wahrnimmt. In diesem Fall besitzen die Vertreter der Arbeitnehmerschaft – dies insbesondere, wenn es sich um Vertreter handelt, die zusätzlich im Betriebsrat vertreten sind – einen entscheidenden Informationsvorsprung aufgrund ihrer Tätigkeit im Unternehmen. Sie sind an der Durchführung der tagtäglichen betrieblichen Prozesse beteiligt. Sie verfügen somit quasi über „Insiderkenntnisse". Dies gilt insb. für die Vertreter der leitenden Angestellten. Derartige interne Informationen sind den Vertretern der Kapitalseite im Regelfall nicht oder nur schwer zugänglich. Insofern ist hier die Kapitalseite auch auf die Arbeitnehmerseite angewiesen, wenn es darum geht, die Kontrollfunktion nachhaltig auszuführen. Diese gegenseitige Abhängigkeit führt dazu, dass beide Seiten die Notwendigkeit zur Zusammenarbeit nicht nur erkennen, sondern sicherlich auch vielfach schätzen lernen.

5.3.2.1 Geltungsbereich

Wenn Unternehmen regelmäßig mehr als 2.000 Arbeitnehmer beschäftigen und ihren rechtlichen Sitz in der Bundesrepublik Deutschland haben, dann unterliegen sie nach § 1 Abs. 1 MitbestG den Regelungen des MitbestG, wenn sie z. B. die Rechtsform einer Aktiengesellschaft oder einer KGaA oder einer GmbH oder einer bergrechtlichen Gewerkschaft aufweisen. Es werden aber auch kleinere Unternehmen in einer der genannten Rechtsformen erfasst, wenn sie herrschendes Unternehmen eines Konzerns sind und wenn die inländischen Unternehmen dieses Konzerns insgesamt mehr als 2.000 Arbeitnehmer beschäftigen (§ 5 Abs. 1 MitbestG). Ebenfalls den Regelungen des MitbestG unterliegen kleinere Unternehmen in einer der genannten Rechtsformen, wenn sie persönlich haftender Gesellschafter (Komplementär) einer Kommanditgesellschaft sind (GmbH & Co. KG) und bei Zuziehung der Arbeitnehmer dieser Kommanditgesellschaft das Unternehmen insgesamt mehr als 2.000 inländisch beschäftigte Arbeitnehmer aufweist (§ 5 Abs. 1 MitbestG).

Durch das MitbestG werden nach § 1 Abs. 1 und 3 MitbestG Mitbestimmungsregelungen nicht beeinflusst, wie sie sich aufgrund des Betriebsverfassungsgesetzes von 1952, des Montan-Mitbestimmungsgesetzes oder des Montan-Mitbestimmungsgesetz-Ergänzungsgesetzes ergeben. Für Unternehmen des Montanbereiches gelten die Mitbestimmungsregelungen des Montan-Mitbestimmungsgesetzes bzw. des Montan-Mitbestimmungsgesetz-Ergänzungsgesetzes so lange wie diese Unternehmen die entsprechenden Anforderungsvoraussetzungen aufweisen. Nur wenn Unternehmen weniger als 2.000 Mitarbeiter beschäftigen und nicht im Montanbereich ihre Hauptgeschäftstätigkeit aufweisen, gilt für sie die „schwächste" Form der Unternehmensmitbestimmung nach dem BetrVG (1952).

5.3.2.2 Institutionalisierung der Interessenvertretungskompetenz

5.3.2.2.1 Zusammensetzung des Aufsichtsrates

Für Unternehmen, die unter das MitbestG fallen, gilt der Grundsatz der paritätischen Mitbestimmung im Aufsichtsrat. Nach § 7 Abs. 1 MitbestG setzen sich die Aufsichtsräte der dem MitbestG unterliegenden Unternehmen je zur Hälfte aus Vertretern der Anteilseigner und der Arbeitnehmer zusammen. Die Größe des Aufsichtsrates ist dabei abhängig von der Anzahl der im Unternehmen beschäftigten Arbeitnehmer. Der zahlenmäßig kleinste Aufsichtsrat, den der Gesetzgeber zulässt, umschließt 12 Aufsichtsräte. Eine derartige Größe ist für Unternehmen mit weniger als 10.000 Arbeitnehmern vorgeschrieben. Erhöht sich die Zahl der beschäftigten Arbeitnehmer auf 10.001 bis 20.000, so sind für den Aufsichtsrat 16 Aufsichtsratsmitglieder zu wählen, bei Unternehmen mit mehr als 20.000 Arbeitnehmern wird ein Aufsichtsrat von 20 Mitgliedern vorgeschrieben.

Eine weitere Staffelung nach oben sieht der Gesetzgeber nicht vor. Allerdings ist es zulässig, dass die Satzung einer Aktiengesellschaft eine andere Größenordnung vorschreibt. Diese Größenordnung muss es jedoch gewährleisten, dass die paritätische Mitbestimmung nicht beeinträchtigt ist.

Darüber hinaus schreibt der Gesetzgeber vor, dass ein Teil der Aufsichtsratssitze, die der Arbeitnehmerbank zuzurechnen sind, für die im Unternehmen vertretenen Gewerkschaften zu reservieren sind. Bei Aufsichtsräten, die 12 oder 16 Personen umfassen, sind dies zwei Sitze, bei einem 20-köpfigen Aufsichtsrat sind dies drei Sitze. Die Sitzverteilung der Arbeitnehmervertreter berücksichtigt damit nicht nur die spezifischen Interessen der im Unternehmen beschäftigten Arbeitnehmer. Es wird auch externen Gruppen, in diesem Fall den im Betrieb vertretenen Gewerkschaften, eine Interessenvertretungskompetenz eingeräumt. Allerdings ist dabei zu berücksichtigen, dass nicht sämtliche im Unternehmen vertretenen Gewerkschaften einen Sitz im Aufsichtsrat erhalten können. Man ist hier an eine Höchstzahl gebunden. Für sehr breit diversifizierte Unternehmen bzw. in Situationen, in denen mehrere Gewerkschaften im Unternehmen aktiv sind, müssen entsprechende Abstimmungsaktivitäten erfolgen.

Schließlich muss bei der Zusammensetzung der Arbeitnehmerbank noch ein weiterer Aspekt berücksichtigt werden: Nach § 15 Abs. 2 MitbestG ist darauf zu achten, dass bestimmte Mitarbeitergruppen ebenfalls im Aufsichtsrat vertreten sind. Genannt werden in diesem Zusammenhang explizit die Gruppe der Arbeiter, die Gruppe der Angestellten und die Gruppe der leitenden Angestellten im Sinne des § 5 Abs. 3 BetrVG. Der Gesetzgeber schreibt für diese Gruppen explizit eine Mindeststärke vor. Im Aufsichtsrat muss sich danach mindestens ein Vertreter befinden, der die Gruppe der Arbeiter repräsentiert, ein Vertreter, der die Gruppe der Angestellten repräsentiert, und ein Vertreter, der die Gruppe der leitenden Angestellten repräsentiert. Das heißt allen diesen Gruppen werden im Zuge der paritätischen Mitbestimmung nicht nur eine Interessenvertretungskompetenz eingeräumt, es wird auch darauf geachtet, dass diese wahrgenommen werden kann, indem eine Form der Institutionalisierung gefordert wird.

An dieser Stelle wird insbesondere von Gewerkschaftsseite immer wieder argumentiert, dass mit Zurechnung der leitenden Angestellten zur Arbeitnehmerseite die paritätische Mitbestimmung entscheidend aufgeweicht wird, da laut der Definition des leitenden Angestellten dieser eher der Unternehmensleitung zuzurechnen sei und nicht den Arbeitnehmern. Vor dem Hintergrund der oben ausführlich diskutierten Agency-Problematik im Hinblick auf das Verhältnis von Aufsichtsrat und Vorstand ist eine solche Argumentation jedoch nicht schlüssig. Die Verankerung der leitenden Angestellten auf der Seite der Arbeitnehmer wird vor diesem Hintergrund eher zu einer Beeinträchtigung der Wahrnehmung der Kontrollkompetenz des Aufsichtsrates führen im Hinblick auf die Aktivitäten des Vorstands als zu einer Beeinträchtigung der Parität bei der Interessenvertretungskompetenz von Arbeitnehmern und Anteilseignern im Aufsichtsrat.

5.3.2.2.2   Wahl der Vertreter der Arbeitnehmer in den Aufsichtsrat

Für die Wahl der Aufsichträte auf Arbeitnehmerseite sind vom Gesetzgeber zwei Varianten vorgesehen: Die direkte (Ur-)Wahl durch die Beschäftigen oder die indirekte Wahl durch Delegierte (Wahlmänner). Nach §§ 9 ff. MitbestG werden in Unternehmen mit mehr als 8.000 Arbeitnehmern Aufsichtsratsvertreter der Arbeitnehmer durch Delegierte gewählt,[1] in Unternehmen mit weniger als 8.000 Arbeitnehmern erfolgt die Urwahl. Allerdings können bei jedem dieser Wahlverfahren die Arbeitnehmer mit Mehrheit das jeweils andere Wahlsystem beschließen.

---

1   Die Anforderung an die Wahlvorschläge für Delegierte sind im § 12 MitbestG geregelt. In diesem Zusammenhang ist jedoch zu beachten, dass die Anforderungen des § 12 Abs. 1 Satz 2 MitbestG nach der Entscheidung des Bundesverfassungsgerichtes vom 12. Oktober 2004 (1BvR 2130/98) gegen den Grundsatz der Allgemeinheit und Gleichheit der Wahl (Art. 3 Abs. 1 GG) verstoßen, da kleine Gewerkschaften verfassungswidrig benachteiligt würden. Der Gesetzgeber ist aufgerufen, hier bis zum 31. Dezember 2005 eine entsprechende Änderung vorzunehmen.

In der Wahlordnung zum MitbestG[1] wird das Wahlverfahren im Detail geregelt. Unabhängig von der Art der Wahl (Urwahl bzw. Delegiertenwahl) ist dieses Verfahren äußerst komplex sowie zeit- und kostenaufwändig. Dies liegt nicht zuletzt daran, dass bevor die eigentliche Wahl der Aufsichtsratsmitglieder durchgeführt werden kann, eine Vielzahl von Entscheidungen zu treffen und Fristen einzuhalten sind.[2] Zu nennen ist hier beispielsweise die Vorabstimmung darüber, ob eine Gruppenwahl durchgeführt werden soll oder ob in gemeinsamer Wahl gewählt werden soll (§§ 41 bis 47 WO MitbestG). Bei einer Gruppenwahl sind dann stets vier Wahlgänge notwendig. Ähnlich verhält es sich auch mit dem Aufstellen der einzelnen Wahllisten. Auch dabei sind vielfältige Voraussetzungen zu erfüllen, auf die hier nicht im Einzelnen eingegangen werden soll. Bei einer Delegiertenwahl ist nicht nur zu klären, wie hoch die Zahl der Delegierten sein soll (i. d. R. entfällt auf je 60 Arbeitnehmer ein Delegierter), es muss auch geklärt werden, wie, d. h. in welchem zahlenmäßigen Verhältnis, sich die Delegierten auf die einzelnen Beschäftigtengruppen verteilen sowie die Entscheidung, welche Person als Delegierter fungiert.

5.3.2.3 Ausgestaltung der Interessenvertretungskompetenz

Die Ausgestaltung der Interessenvertretungskompetenz der Arbeitnehmer auf Unternehmensebene bezieht sich im paritätisch besetzten Aufsichtsrat auf folgende Aspekte:

---

1 Die Wahlordnung zum MitbestG (WO MitbestG) trat zum 23.06.1977 in Kraft und soll den Beteiligten als Hilfestellung bei der Durchführung der Wahl dienen. In der Wahlordnung sind folglich Fragen geregelt, wie z. B. die Bestellung des Wahlvorstandes (§§ 3, 6, 8 WO MitbestG), Aufstellung und Auslage der Wählerliste (§§ 9, 10 WO MitbestG) oder die Bekanntgabe des Wahlergebnisses (§§ 50, 54, 56 WO MitbestG).

2 Vgl. hierzu ausführlich die tabellarische Übersicht bei Niedenhoff (2002), S. 415 ff.

- Die Kompetenz zur Bestimmung des stellvertretenden Aufsichtsrats-vorsitzenden.

- Die Kompetenzen bei konfliktären Entscheidungen im Aufsichtsrat.

- Die Kompetenz bei der Bestellung des Vorstandes.

5.3.2.3.1   Wahl des Aufsichtsratsvorsitzenden und seines Stellver-treters

Der Gesetzgeber legt in § 27 Abs. 1 MitbestG fest, dass der Aufsichts-ratsvorsitzende und der stellvertretende Aufsichtsratsvorsitzende aus der Mitte des Aufsichtsrates zu rekrutieren sind und beide mit jeweils einer Zweidrittelmehrheit vom Aufsichtsrat insgesamt zu wählen sind.

Aufgrund der paritätischen Besetzung des Aufsichtsrates ist es nicht unwahrscheinlich, dass eine derartige Zweidrittelmehrheit per se nicht er-reicht wird, da insb. die Position des Aufsichtsratsvorsitzenden eine he-rausgehobene Stellung im Aufsichtsrat besitzt. Entsprechend hat der Ge-setzgeber für den Fall, dass eine Zweidrittelmehrheit bei der Wahl der beiden Aufsichtsratspositionen nicht erreicht wird, die weitere Verfah-rensweise klar vorgeschrieben (§ 29 Abs. 2 MitbestG). Wird die Zweidrit-telmehrheit nicht erreicht, dann wählen die Aufsichtsratsmitglieder der Anteilseigner den Aufsichtsratsvorsitzenden und die Mitglieder der Ar-beitnehmer den stellvertretenden Aufsichtsratsvorsitzenden mit jeweils einfacher Mehrheit der abgegebenen Stimmen. Daraus ergibt sich, dass im Regelfall der stellvertretende Aufsichtsratsvorsitzende immer ein Vertreter der Arbeitnehmerseite ist. Dies ist insofern von Bedeutung, da der stellver-tretende Aufsichtsratsvorsitzende Mitglied des Präsidialausschusses des Aufsichtsrates ist, in welchem eine Vielzahl von Entscheidungen vorberei-tet bzw. exklusiv getroffen werden. Die Arbeitnehmerseite kann von die-sem wichtigen Ausschuss also nicht ausgeschlossen werden.

Die starke Stellung, die die Anteilseigner bei der Wahl des Aufsichts-ratsvorsitzenden besitzen, lässt sich mit der Eigentumsgarantie des Grundgesetzes (Art. 14 GG) erklären. Hintergrund hierfür ist die starke Stellung, die der Gesetzgeber dem Aufsichtsratsvorsitzenden bei der Kon-fliktregulierung im Aufsichtsrat zuweist.

5.3.2.3.2 Konfliktregulierung im Aufsichtsrat

Betrachtet man die paritätische Zusammensetzung des Aufsichtsrates, so ist eine Pattsituation, bei der sich die Vertreter der Anteilseigner und die Vertreter der Arbeitnehmer gegenüberstehen, zumindest bei sehr kritischen Entscheidungen nicht unwahrscheinlich.

Da jedoch dem Gesetzgeber an einer funktionierenden Aufsichtsratsarbeit gelegen ist, wurde (ähnlich wie bei den Regelungen zur Einigungsstelle im Rahmen der Regelung der Interessenvertretungskompetenz auf Betriebsebene) auch hier ein Konfliktschlichtungsmechanismus vorgegeben: In einem ersten Wahlgang werden Entscheidungen des Aufsichtsrates generell mit der Mehrheit der abgegebenen Stimmen gefasst (einfache Stimmenmehrheit). Für den Fall der Stimmengleichheit wird ein zweiter Wahlgang durchgeführt. Bei diesem besitzt der Aufsichtsratsvorsitzende eine sog. Zweitstimme (§ 29 Abs. 2 MitbestG). Entscheidend hierbei ist, dass diese Zweitstimme an den Aufsichtsratsvorsitzenden gebunden ist. Das heißt ist der Aufsichtsratsvorsitzende bei einer Abstimmung verhindert, geht die Zweitstimme nicht an den stellvertretenden Aufsichtsratsvorsitzenden über. Diese Zweitstimme des Aufsichtsratsvorsitzenden stellt damit eine entscheidende Aufweichung des Paritätsgrundsatzes im Konfliktfall dar.

Für die Konfliktregulierung im Aufsichtsrat weiterhin von Bedeutung ist der § 28 MitbestG. Danach ist der Aufsichtsrat nur beschlussfähig, wenn mindestens die Hälfte der Mitglieder, aus denen er insgesamt zu bestehen hat, an der Beschlussfassung teilnimmt. Diese Beschlussfähigkeit kann durch die Satzung einer Aktiengesellschaft nicht verändert werden. So hat z. B. der Bundesgerichtshof 1982 entschieden, dass es nicht zulässig ist, dass ein Aufsichtsrat nur dann beschlussfähig sei, wenn die Hälfte der anwesenden Mitglieder Vertreter der Arbeitgeberseite seien und zusätzlich auch der Vorsitzende des Aufsichtsrates anwesend sei. Hier wurden der Aufweichung der paritätischen Mitbestimmung Grenzen aufgezeigt.[1]

---

1 Vgl. auch Grieger (2001), S. 62 ff.

5.3.2.3.3   Wahl der Vorstände bzw. des Arbeitsdirektors

Eine zentrale Aufgabe des Aufsichtsrates ist die Bestellung der Mitglieder des Vorstandes (§ 31 MitbestG). Der Aufsichtsrat bestellt die Mitglieder des Vorstandes mit einer Mehrheit, die mindestens zwei Drittel der Stimmen seiner Mitglieder umfasst. Wird diese Mehrheit nicht erreicht, wird der Vermittlungsausschuss eingeschaltet.

Dem Vermittlungsausschuss gehören der Vorsitzende des Aufsichtsrates und sein Stellvertreter sowie je ein weiteres Mitglied der Arbeitnehmer bzw. der Anteilseigner an (§ 27 Abs. 3 MitbestG). Dieser Vermittlungsausschuss hat dem Aufsichtsrat dann einen Vorschlag über die Bestellung des Vorstandes zu machen.

Über diesen Vorschlag entscheidet dann der Aufsichtsrat mit einfacher Stimmenmehrheit. Dabei ist allerdings zu berücksichtigen, dass auch andere Vorschläge, die von Mitgliedern des Aufsichtsrates gemacht werden, die nicht dem Vermittlungsausschuss angehören, ebenfalls zur Abstimmung gestellt werden können.

In einem sehr konfliktträchtigen Fall ist es nicht ungewöhnlich, dass auch bei dieser Zweitabstimmung ein Vorschlag über die Bestellung des Vorstandes nicht die erforderliche Mehrheit erhält. Ist dies der Fall, sieht der Gesetzgeber einen dritten Wahlgang vor. Bei diesem Wahlgang besitzt der Vorsitzende des Aufsichtsrates eine Zweitstimme nach § 29 Abs. 2 MitbestG. Mit dieser Zweitstimme sollte sich eine Mehrheit für eine Beschlussvorlage ergeben.

Die Mitglieder des zur gesetzlichen Vertretung des Unternehmens befugten Organs (der Vorstand) werden vom Aufsichtsrat bestellt. Zu diesem Organ gehört als gleichberechtigtes Mitglied auch ein sog. Arbeitsdirektor (§ 33 MitbestG). Hierbei handelt es sich um ein gewöhnliches Vorstandsmitglied mit spezieller Zuständigkeit für die personellen und sozialen Angelegenheiten der Belegschaft, soweit diese nicht der Gruppe der leitenden Angestellten zuzurechnen sind. Allerdings bedarf die Bestellung des Arbeitsdirektors nicht der Zustimmung der Arbeitnehmervertreter im Aufsichtsrat wie das im Montan-Mitbestimmungsgesetz der Fall ist. Zu berücksichtigen ist ferner, dass bei einer KGaA, obwohl diese dem

MitbestG unterliegt, sie keinen Arbeitsdirektor bestellen muss. Es steht dem Aufsichtsrat jedoch frei, eine solche Position zu schaffen.

5.3.3 Das Montan-Mitbestimmungsgesetz (Montan-MitbestG)

Der ehemalige Bundeskanzler Konrad Adenauer in der Retrospektive zu dem unter seiner Regierung verabschiedeten Montan-MitbestG:

„Man hat der Regierung verargt, dass sie gemeinsam mit dem DGB das Mitbestimmungsrecht für Kohle und Eisen in dieser Form zum Gesetz erhoben hat. Ich bin nicht dafür, dass dies ein Modellgesetz für die gesamte Wirtschaft ist. Kohle und Eisen ist aber ein Sonderfall, und ich verantworte dieses Gesetz nach wie vor. Bei der Behandlung der generellen Mitbestimmung muss aber die CDU festbleiben und darf nicht nachgeben.“

Quelle: Mitbestimmung, 47. Jg. (2001), Heft 5, S. 19.

Bei der Montanmitbestimmung handelt es sich um die stärkste Form der Interessenvertretungskompetenz der Arbeitnehmer auf Unternehmensebene. Sie ist als ein Ergebnis der Ereignisse des Zweiten Weltkrieges zu verstehen. Es war das Bestreben der Alliierten, nicht nur die politischen Machtstrukturen zu zerschlagen und zu reformieren, sondern auch die wirtschaftlichen Machtstrukturen. Letztlich wurde eine umgestaltete Wirtschaftsordnung angestrebt. Hinzu kamen Forderungen der Gewerkschaft nach Vertretung der Arbeitnehmer in den Vorständen und Aufsichtsräten der von der Besatzungsmacht beschlagnahmten und zur Entflechtung bestimmten Ruhrzone. Dieser Veränderungsdruck führte dazu, dass selbst Unternehmer der betroffenen Industrien signalisierten, dass sie bereit seien, die Arbeitnehmer an der Unternehmensführung zu beteiligen. So schrieben z. B. am 21.01.1947 die Vorstände der Gutehoffnungshütte (Reusch), der Klöckerwerke (Jarres) und von Otto Wolff (Hehemann) an das Verwaltungsamt für Wirtschaft in der britischen Besatzungszone: „Wir wollen uns den Forderungen einer neuen Zeit nicht verschließen und stimmen einer Beteiligung auch der Arbeitnehmerschaft an der Planung und Lenkung sowie an den Aufsichtsorganen für die großen Erwerbsgesellschaften der Eisen- und Stahlindustrie voll und ganz zu.“

Nachdem bereits in den Jahren 1946 und 1947 entsprechende Kontroll-
ratsgesetze verabschiedet wurden, kam es 1951 dann zur Verabschiedung
des Montan-MitbestG. Dieses Gesetz fiel zusammen mit dem Vertrag zur
sog. Montan-Union, bei dem Frankreich auf die Regelung der Saarfrage
vor einem Friedensvertrag verzichtete.

Wenn auch das Montan-MitbestG von einer breiten Mehrheit getragen
wurde, so war der Weg dorthin nicht eben einfach. So sprachen sich z. B.
in Urabstimmungen über 90 % der Arbeitnehmer in Unternehmen der Ei-
sen- und Stahlindustrie für einen Streik zur Durchsetzung der Mitbestimmung im Aufsichtsrat aus. Im April 1951 wurde dann das Montan-
MitbestG vom Bundestag in dritter Lesung mit großer Mehrheit (nur 50
Gegenstimmen) verabschiedet.

Damals, im Jahre 1951, galt die Montanmitbestimmung für insgesamt
105 Unternehmen. 34 Unternehmen waren der Eisen- und Stahlerzeugung
zuzurechnen und 71 Unternehmen dem Bergbau.[1] Allerdings blieben die
weitreichenden Interessenvertretungskompetenzen des Montan-MitbestG
auf die Montanindustrie beschränkt. Es war politisch nicht durchsetzbar,
dieses Mitbestimmungsmodell auch auf andere Industrien zu übertragen.

5.3.3.1   Geltungsbereich

Die Voraussetzungen für die Anwendung des Montan-MitbestG sind,

- dass es sich bei dem Unternehmen um ein solches mit eigener Rechtspersönlichkeit handelt,

- welches in den Rechtsformen der AG oder GmbH oder bergrechtlichen
  Gewerkschaft geführt wird.

- Dass es sich ferner um ein Unternehmen der Montanindustrie handelt
  und

---

1   Vgl. hierzu auch Spieker/Strohauer (1982). Vgl. ferner Lompe/Weis (2001),
    S. 408 ff.

- im Unternehmen mehr als 1.000 Arbeitnehmer regelmäßig beschäftigt sind.

Der Unternehmenszweck „Montanunternehmen" ist in § 1 Abs. 1 Montan-MitbestG geregelt. Danach ist ein Unternehmen der Montanindustrie zuzurechnen, wenn der überwiegende Unternehmenszweck in der Förderung von Kohle oder in der Förderung von Eisenerz, in der Aufarbeitung der Kohle (Verkokung, Brikettierung, Verschwelung) oder in der Eisen- und Stahlerzeugung liegt.

Unterliegt ein Unternehmen erst einmal der Montanmitbestimmung, so kann es sich ihr nur schwer entziehen. Dies ist nur möglich (§ 1 Abs. 3 Montan-MitbestG), wenn in sechs aufeinander folgenden Geschäftsjahren eine der Bedingungen des § 1 Abs. 1 und 2 Montan-MitbestG nicht mehr vorliegt. Das heißt dass entweder die Zahl der Beschäftigten unter die kritische Grenze von 1.000 Arbeitnehmern sinkt, nicht eine der angesprochenen Rechtsformen mehr zutrifft oder sich der überwiegende Unternehmenszweck verändert hat. Allerdings wären unternehmenspolitische Entscheidungen, die auf eine solche Änderung der Voraussetzungen für die Anwendung der Montanmitbestimmung hinauslaufen, meist an die Zustimmung des Aufsichtsrates gebunden. Es ist hier zu bezweifeln, ob eine solche Zustimmung zustande kommen würde. Nichtsdestoweniger hat sich die Zahl der Unternehmen, die der Montanmitbestimmung in Deutschland unterliegen, von über 100 im Jahr 1951 auf nicht einmal 30 Unternehmen im Jahr 2000 vermindert. Allerdings muss berücksichtigt werden, dass es nicht zuletzt die krisenhaften Erscheinungen in der Bergbauindustrie und in der Stahlindustrie waren, die zu einem Niedergang und zu einer gewaltigen Fusionswelle in diesen Bereichen geführt haben, so dass hier in erster Linie die Erklärung liegt für den Rückgang der Zahl der Unternehmen, die unter die Montanmitbestimmung fallen. Nur im Ausnahmefall wurden unternehmenspolitische Entscheidungen dahingehend getroffen, dass man versuchte,[1] bewusst Montanmitbestimmung zu verlassen. Ein Beispiel hierfür wäre vielleicht das Unternehmen Mannesmann, welches sich mit seiner Unternehmenspolitik sukzessive aus dem

---

1   Vgl. hierzu auch Lompe (2003).

Montanbereich zurückgezogen und andere Geschäftsfelder, wie z. B. den Telekom-Bereich, nachhaltig aufgebaut hat.

Dabei ist allerdings zu berücksichtigen, dass die Regelung des § 1 Abs. 3 Montan-MitbestG erst im Zuge der Novelle des Montan-MitbestG von 1981 aufgenommen wurde.[1] Ursprünglich ging der Gesetzgeber davon aus, dass man sich der Montanmitbestimmung nur dann entziehen konnte, wenn es zu einer völligen Aufgabe der Montan-Produktion kam, nicht aber wenn ihr relativer Anteil an der Wertschöpfung in Folge des Ausbaus anderer Geschäftsfelder zurückgeht. Vom Gesetzgeber war in diesem Zusammenhang für die Jahre 1971 bis 1975 über das Montan-Mitbestimmungs-Fortgeltungsgesetz praktisch eine Veränderungssperre verfügt worden. Man war der Ansicht, dass es gelingen würde, eine der Montanmitbestimmung folgende Mitbestimmungsregelung für alle Unternehmen in Kraft zu setzen. Dies war jedoch politisch nicht durchsetzbar. Mit Inkrafttreten des MitbestG im Jahr 1976 und der nicht mehr bestehenden Veränderungssperre war es jetzt für Unternehmen möglich, die Montanaktivitäten im Konzern auf selbstständige Tochtergesellschaften zu verlagern. Dies hatte zur Konsequenz, dass in den Unternehmen die Montanmitbestimmung nur noch in den rechtlich selbstständigen Tochtergesellschaften gilt, nicht jedoch im Gesamtkonzern. Vor diesem Hintergrund kam es dann zur Novelle des Montan-MitbestG im Jahr 1981, in welchem festgeschrieben wurde, dass bei Wegfall der Anwendungsvoraussetzungen noch für weitere sechs Geschäftsjahre die Regelung der Montanmitbestimmung zu gelten haben.[2]

5.3.3.2 Institutionalisierung der Interessenvertretungskompetenz

5.3.3.2.1 Zusammensetzung des Aufsichtsrates

Nach § 4 Abs. 1 Montan-MitbestG besteht der Aufsichtsrat i. d. R. aus elf Mitgliedern. Er setzt sich zusammen aus

---

1   Vgl. zum Folgenden Halbach et al. (1997), S. 494.

2   Vgl. hierzu auch die Regelungen des Montan-MitbestGErgG, welche in Kapitel 5.3.4 ausführlich erläutert werden.

- vier Vertretern der Anteilseigner und einem weiteren Mitglied,

- vier Vertretern der Arbeitnehmer und einem weiteren Mitglied sowie

- einem weiteren Mitglied.

Es steht den Unternehmen allerdings frei, diese Zahl der Aufsichtsratsmitglieder durch eine entsprechende Satzungsänderung zu erhöhen. § 9 Abs. 1 Montan-MitbestG schreibt vor: „Bei Gesellschaften mit einem Nennkapital von mehr als 10 Mio. Euro kann durch Satzung oder Gesellschaftsvertrag bestimmt werden, dass der Aufsichtsrat aus 15 Mitgliedern besteht. (...) Bei Gesellschaften mit einem Nennkapital von mehr als 25 Mio. Euro kann durch Satzung oder Gesellschaftsvertrag bestimmt werden, dass der Aufsichtsrat aus 21 Mitgliedern besteht." Dabei ist jedoch zu berücksichtigen, dass sich das Verhältnis der Vertreter der Anteilseigner bzw. der Arbeitnehmer sowie der weiteren Mitglieder nicht verändern darf.

Darüber hinaus macht der Gesetzgeber auch genaue Vorgaben, wer die Arbeitnehmerbank zu vertreten hat. § 6 Abs. 1 Montan-MitbestG schreibt vor, dass unter den in § 4 Abs. 1 Buchst. b bezeichneten Mitgliedern des Aufsichtsrates sich zwei Arbeitnehmer befinden müssen, die in einem Betrieb des Unternehmens beschäftigt sind. Diese Mitglieder werden durch die Betriebsräte der Betriebe des Unternehmens nach Beratung mit den in den Betrieben des Unternehmens vertretenen Gewerkschaften und deren Spitzenorganisation vorgeschlagen. Die Freiheit der Wahl der Arbeitnehmervertreter wird jedoch noch weiter eingeschränkt. § 6 Abs. 2 Montan-MitbestG legt fest: „Jede Spitzenorganisation [der im Betrieb vertretenen Gewerkschaften] kann binnen zwei Wochen nach Zugang der Mitteilung Einspruch bei den Betriebsräten einlegen, wenn der begründete Verdacht besteht,

- dass ein Vorgeschlagener nicht die Gewähr bietet, zum Wohle des Unternehmens

- und der gesamten Volkswirtschaft verantwortlich im Aufsichtsrat mitzuarbeiten."

Lehnen die Betriebsräte den Einspruch mit einfacher Stimmenmehrheit ab, so können die Betriebsräte oder die Spitzenorganisation, welche den Einspruch eingelegt hat, dem Bundesminister für Arbeit und Sozialordnung anrufen, dieser entscheidet endgültig.

Ferner legt der Gesetzgeber auch fest, wer als sog. weiteres Mitglied in den Aufsichtsrat entsandt werden darf. Nach § 4 Abs. 2 Montan-MitbestG dürfen die weiteren Mitglieder nicht

- Repräsentant einer Gewerkschaft oder einer Vereinigung der Arbeitgeber oder einer Spitzenorganisation dieser Verbände sein oder zu diesen in einem ständigen Dienst- oder Geschäftsbesorgungsverhältnis stehen,

- im Laufe des letzten Jahres vor der Wahl eine oben bezeichnete Stellung innegehabt haben,

- in dem Unternehmen als Arbeitnehmer oder Arbeitgeber tätig sein oder

- an dem Unternehmen wirtschaftlich wesentlich interessiert sein.

Betrachtet man diese Vorschriften zur Zusammensetzung des Aufsichtsrates, so wird deutlich, dass der Gesetzgeber mit seinen Regelungen nicht nur unternehmenspolitische Zielsetzungen verfolgt. Das Ziel, über die Montanmitbestimmung eine gesellschaftliche Kontrolle über die Betriebe des Montanbereiches zu erlangen, ist unübersehbar. Nur zwei Aufsichtsratsmitglieder, die die Interessen der Arbeitnehmer vertreten sollen, stammen überhaupt noch aus dem Unternehmen selbst. Dies auch nur, wenn es gelingt, über sie einen Konsens von Betriebsrat, Gewerkschaft bzw. Spitzenverband der Gewerkschaft zu erzielen. Dieser Konsens erfordert, dass ein Vorgeschlagener nicht nur die Gewähr dafür bietet, zum Wohle des Unternehmens zu agieren, sondern ebenso für die gesamte Volkswirtschaft verantwortlich im Aufsichtsrat mitzuarbeiten. Es sind im Zweifelsfall also nicht die Interessenvertreter der beschäftigten Arbeitnehmer, denen eine Interessenvertretungskompetenz zugebilligt wird, sondern unternehmensexterne Personen. Bei diesen Personen wird vom Gesetzgeber explizit vorgeschrieben, dass sie keine wirtschaftlichen Interessen am Unternehmen haben dürfen. Zu denken wäre hier z. B. an das Ziel der Einkommenserzielung oder der Dividendenausschüttung. Man fragt sich insofern, welche Interessen diese Personen dann am Unternehmen haben sollen, um eine erfolgreiche Wahrnehmung der Kontrollkompetenz sicher zu stellen. Zumal eigentlich davon auszugehen sein müsste, dass jedes Aufsichtsratsmitglied das Wohl, also insbesondere das wirtschaftliche Wohlergehen, des Unternehmens als zentrales Ziel seines Aufsichtsratshandelns verfolgt.

Man kommt nicht umhin, zu fragen, ob es sich bei den Regelungen des Montan-MitbestG überhaupt noch um Regelungen handelt, die sicherstellen, dass Arbeitnehmer, die in einem Montanbetrieb beschäftigt sind, über eine nachhaltige Interessenvertretungskompetenz auf Unternehmensebene verfügen. Überspitzt formuliert könnte man insofern fragen, ob die Regelungen des MitbestG überhaupt im Interesse der im Betrieb beschäftigten Arbeitnehmer sind. Daran ändert auch die „Alibi-Regelung" des § 4 Abs. 3 Montan-MitbestG nichts, der die Weisungsbeziehungen regelt. Danach haben alle Aufsichtsratsmitglieder die gleichen Rechte und Pflichten. Sie sind nicht an Aufträge und Weisungen gebunden. Betrachtet man jedoch den großen externen Einfluss auf die Nominierung der Personen, die zur Wahl der Arbeitnehmervertreter im Aufsichtsrat vorgeschlagen werden, so stellt sich natürlich schon die Frage, ob Personen, die eine Wiederwahl in den Aufsichtsrat anstreben, nicht doch in gewisser Weise von externen Gruppen abhängig sind.

5.3.3.2.2 Wahl der Vertreter der Arbeitnehmer in den Aufsichtsrat

Die Mitglieder des Aufsichtsrates werden von einem im Gesetz nicht näher spezifizierten Wahlorgan gewählt (§ 5 Montan-MitbestG), welches durch die Satzung der Gesellschaft zu konkretisieren ist.

In den meisten Gesellschaften nimmt die Hauptversammlung – also die Vertreter der Anteilseigner – diese Funktion wahr. Eine solche Regelung scheint nur auf den ersten Blick widersinnig zu sein, denn § 6 Abs. 6 Montan-MitbestG schreibt vor, dass das Wahlorgan grundsätzlich an die Vorschläge der Betriebsräte gebunden ist. Eine freie Wahl im eigentlichen Sinn findet also nicht statt

Diese Form der Institutionalisierung der Interessenvertretungskompetenz schließt die Arbeitnehmer eines Unternehmens also faktisch aus bei der Bestimmung derjenigen Vertreter, die ihre Interessen im Aufsichtsrat vertreten sollen. Allenfalls über die Betriebsratswahlen ist hier eine – wenn auch eher schwache – indirekte Einflussnahme möglich. Es ist der Betriebsrat und die hinter ihm stehenden Gewerkschaften, die letztlich festlegen, welche Vertreter im Aufsichtsrat die Interessen der Beschäftigten zu vertreten haben. Böswillig könnte man hier sogar formulieren, dass die Beschäftigten bei dieser Entscheidung entmündigt werden, zumindest ist ihre Kompetenz zur Vertretung ihrer Interessen auf Unternehmensebene über das im Rahmen des Montan-MitbestG praktizierten Rekrutierungsverfahrens stark eingeschränkt. Interessant ist in diesem Zusammenhang, dass der Gesetzgeber im Rahmen des sog. Montan-MitbestGErgG (i. d. F. 1988) das Wahlverfahren in Bezug auf die Vertreter der Arbeitnehmer im Aufsichtsrat einer herrschenden Konzerngesellschaft dem Wahlverfahren des MitbestG angepasst hat (§§ 7 ff. Montan-MitbestGErgG). Hierdurch ist die Interessenvertretungskompetenz der im Unternehmen beschäftigten Arbeitnehmer nachhaltig gestärkt worden.

5.3.3.3   Ausgestaltung der Interessenvertretungskompetenz

5.3.3.3.1   Wahl des neutralen weiteren Mitglieds des Aufsichtsrates

Nach § 8 Abs. 1 Montan-MitbestG wird das neutrale weitere Mitglied des Aufsichtsrates durch das Wahlorgan, d. h. i. d. R. durch die Hauptversammlung, auf Vorschlag der übrigen Aufsichtsratsmitglieder gewählt. Der Vorschlag wird durch die Aufsichtsratsmitglieder mit der Mehrheit aller Stimmen beschlossen. Allerdings ist im Konfliktfall eine Pattsituation durchaus denkbar, da ohne das neutrale weitere Mitglied der Aufsichtsrat im Regelfall nur aus zehn Mitgliedern besteht, d. h. vier Vertreter der Arbeitnehmer plus ein weiteres Mitglied sowie vier Vertreter der Anteilseigner plus ein weiteres Mitglied.

Nach § 8 Abs. 2 Montan-MitbestG ist für die Nichteinigung (Pattsituation) ein Vermittlungsausschuss zu bilden, der aus vier Mitgliedern besteht. Je zwei Mitglieder werden von den Arbeitnehmern gewählt und zwei Mitglieder von den Anteilseignern. Findet auch der Vorschlag des Vermittlungsausschusses keine Mehrheit im Wahlorgan, so greift nach § 8 Abs. 3 Montan-MitbestG das für das Unternehmen zuständige Oberlandesgericht in den Prozess ein. Der Gesetzgeber sieht hierfür folgendes Prozedere vor:

- Der Vermittlungsausschuss schlägt innerhalb eines Monats dem Wahlorgan – i. d. R. der Hauptversammlung – drei Personen zur Wahl vor, aus denen das Wahlorgan das Aufsichtsratsmitglied wählen soll. Kommt die Wahl aufgrund des Vorschlages des Vermittlungsausschusses aus wichtigen Gründen nicht zustande, d. h. das neutrale weitere Mitglied findet in der Hauptversammlung keine Mehrheit, so muss die Ablehnung durch Beschluss festgestellt werden. Dieser Beschluss ist mit Gründen zu versehen.

- Über die Berechtigung der Ablehnung der Wahl – durch i. d. R. die Hauptversammlung – entscheidet auf Antrag des Vermittlungsausschusses das für das Unternehmen zuständige Oberlandesgericht.

- Im Falle der Bestätigung der Ablehnung hat der Vermittlungsausschuss dem Wahlorgan – i. d. R. der Hauptversammlung – drei weitere Personen vorzuschlagen.

- Wird die Ablehnung der Wahl für unberechtigt erklärt, so hat das Wahlorgan – i. d. R. die Hauptversammlung – einen der Vorgeschlagenen zu wählen.

- Wird der zweite Wahlvorschlag vom Wahlorgan – i. d. R. die Hauptversammlung – erneut abgelehnt, so sind die Gründe erneut vom Oberlandesgericht zu prüfen.

- Wird die Ablehnung der Wahl aus dem zweiten Wahlvorschlag von dem Gericht für berechtigt erklärt oder erfolgt kein Wahlvorschlag, so wählt das Wahlorgan – i. d. R. die Hauptversammlung – von sich aus das neutrale weitere Mitglied.

Letztlich haben es zumindest bei Bestätigung der Ablehnungsgründe durch das Oberlandesgericht die Anteilseigner in der Hand zu bestimmen,

wer das neutrale weitere Mitglied im Aufsichtsrat sein wird. Dies darf jedoch nicht dahingehend verstanden werden, dass es hier über das im § 8
Abs. 3 Montan-MitbestG vorgeschriebene Prozedere zu einer Aushöhlung
der Mitbestimmungsregelungen kommt. Die Einschaltung des zuständigen Oberlandesgerichts und die dortige Prüfung der Ablehnungsgründe
ist eine enorme Hürde auf dem Weg zur Bestellung des Aufsichtsrates.
Letztlich können auch die Anteilseigner nicht daran interessiert sein, dass
das Prozedere zur Bestellung des neutralen Mitgliedes im Aufsichtsrat
nicht zu einem Ergebnis führt. Solange ein Aufsichtsrat nicht institutionalisiert ist, kann auch kein Vorstand bestellt werden. Das heißt die Geschäfte der Gesellschaft können nicht geführt werden. Dieser Zustand ist mit
Sicherheit nicht im Interesse der Anteilseigner. Vor diesem Hintergrund
wird es – und dies ist der Regelfall – immer zu einer am Konsens orientierten Lösung bei der Bestellung des weiteren Aufsichtsratsmitgliedes kommen.

5.3.3.3.2   Wahl des Aufsichtsratsvorsitzenden und seines Stellver-
treters

Im Montan-MitbestG finden sich im Gegensatz zum MitbestG von 1976
hierzu keine Regelungen. Insofern gilt der § 107 Abs. 1 AktG. Das heißt
aus der Mitte des Aufsichtsrates werden der Aufsichtsratsvorsitzende und
sein Stellvertreter gewählt, wobei nach § 4 Abs. 3 Montan-MitbestG alle
Aufsichtsratsmitglieder die gleichen Rechte – also auch Stimmrechte – und
Pflichten besitzen.

Aufgrund der Zusammensetzung des Aufsichtsrates ist die Wahl selbst
im Konfliktfall nicht problematisch. Aufgrund des weiteren Mitgliedes im
Aufsichtsrat ist dieser immer mit einer ungeraden Zahl von Mitgliedern
besetzt. Insofern wird sich – sieht man von dem Fall der Stimmenthaltung
einmal ab – immer eine Mehrheit finden lassen für die Wahl eines Aufsichtsratsvorsitzenden bzw. für die Wahl seines Stellvertreters.

Da im Montan-MitbestG entsprechende Regelungen fehlen, ist auch
nicht festgelegt, dass die Arbeitnehmerseite zumindestens den stellvertretenden Aufsichtsratsvorsitzenden stellt. Zwar ist dies in der Praxis meist
der Fall, theoretisch vorstellbar ist jedoch auch eine Situation, dass sowohl

Vorsitzender wie auch Stellvertreter des Aufsichtsrates von der Anteilseignerseite bzw. von der Arbeitnehmerseite gestellt werden.

5.3.3.3.3 Bestellung der Vorstände bzw. des Arbeitsdirektors

Für die Bestellung des Vorstandes gelten auch für Unternehmen, die der Montangesetzgebung unterliegen, die Regelungen des AktG. Das heißt der Aufsichtsrat bestellt mit Mehrheit die einzelnen Vorstände.

Besonders geregelt hat der Gesetzgeber die Bestellung des sog. Arbeitsdirektors: Nach § 13 Abs. 1 Montan-MitbestG ist als gleichberechtigtes Mitglied des zur gesetzlichen Vertretung berufenen Organs – also des Vorstandes – ein Arbeitsdirektor zu bestellen. Dieser Arbeitsdirektor kann nicht gegen die Mehrheit der Stimmen der Arbeitnehmervertreter bestellt werden. Der Arbeitsdirektor hat insb. die wirtschaftlichen und sozialen Interessen der Arbeitnehmer zu wahren.

Die Regelungen des Montan-MitbestG beschränken sich also nicht nur darauf, eine arbeitnehmerbezogene Mitbestimmung bei dem Kontrollorgan sicherzustellen, sie gehen deutlich weiter. Die Interessenvertretungskompetenz der Arbeitnehmer setzt damit auch am Leitungsorgan der Gesellschaft an. Es wird ihnen das Recht eingeräumt, eine Person ihres Vertrauens in den Vorstand zu entsenden, die über die gleichen Rechte verfügt wie die übrigen Vorstände. Die Interessenvertretungskompetenz kann insofern als besonders stark beurteilt werden, da von ihr auch ein Einfluss auf die Entscheidungen des Vorstandes ausgeht. Inwieweit eine derartige Ausweitung der Interessenvertretungskompetenz der Arbeitnehmer auch zu einem ökonomisch effizienten Entscheidungsverhalten beiträgt, soll hier nicht weiter erörtert werden. Die theoretischen Überlegungen, wie sie die Prinzipal-Agenten-Theorie, aber insbesondere die Theorie der Verfügungsrechte nahe legen, lassen hieran jedoch erhebliche Zweifel aufkommen.[1]

---

1   Vgl. auch Ganske (1996).

5.3.4   Das Montan-Mitbestimmungsgesetz-Ergänzungsgesetz (Montan-MitbestGErgG)

Das   Montan-Mitbestimmungsgesetz-Ergänzungsgesetz   (Montan-MitbestGErgG) besitzt in seiner heutigen Fassung eine doppelte Funktion. Ursprünglich wurde es im Jahr 1956 verabschiedet, um Konzernmuttergesellschaften, die nicht die Anforderungen der Montanmitbestimmung aufwiesen, die nichtsdestoweniger aber durch Vertrag oder faktisch einen Konzern beherrschten, für dessen Konzerntöchter die Bedingungen des Montan-MitbestG gelten, ebenfalls den Montanmitbestimmungsregelungen zu unterwerfen.

Mit der Novelle im Jahr 1988 kam eine weitere Funktion hinzu. Über das „Gesetz zur Sicherung der Montanmitbestimmung" wurde festgelegt, dass Unternehmen dann nicht auf die im Montan-MitbestG festgeschriebenen Auslauffristen der Montanmitbestimmung zurückgreifen können, wenn die Montanproduktion als überwiegender Betriebszweck weiterhin Gültigkeit besitzt. Das heißt in das Gesetz, welches im Prinzip auf Konzernobergesellschaften zugeschnitten war, kommen jetzt Elemente hinein, die für einzelne Tochtergesellschaften Gültigkeit besitzen. Offensichtlich war es dem Gesetzgeber wichtig, hier eine entsprechende Regelung festzuschreiben, die den Übergang von der Montanmitbestimmung zur paritätischen Mitbestimmung bzw. den umgekehrten Weg regelt. Allerdings hat sich in der Praxis gezeigt, dass der Grund für das Ausscheiden aus der Montanmitbestimmung im Regelfall nicht die Änderung des Betriebszweckes ist, sondern vielmehr massive Betriebsstilllegungen bzw. Fusionen aufgrund der Strukturkrise im Montanbereich.

Die Novelle des Montan-MitbestGErgG bzw. die Übergangsregelung aus dem Jahr 1981 wird oftmals auch als „Lex Mannesmann" bezeichnet.[1] Die Mannesmann AG hatte die Mannesmann-Hüttenwerke, welche der Montanmitbestimmung unterlagen, an die Mannesmannröhrenwerke verpachtet. Der Vorstand begründete dies mit einer verbesserten Kostenstruktur, während die Gewerkschaften darin nur den Versuch sahen, durch die

---

1   Vgl. Macharzina (2003), S. 151.

Verpachtung die Montanquoten zu verändern, um so der Montanmitbestimmung zu entfliehen.

Nachdem der Gesetzgeber anfangs noch versucht hatte, mit Veränderungssperren bzw. Übergangsregeln[1] das Auslaufen der Montanmitbestimmung bei Unternehmen zu verhindern, die aufgrund von unternehmensstrukturellen Veränderungen die Bedingungen für die Montanmitbestimmung nicht mehr erfüllten, blieb es der am 1. Dezember 1988 vom Bundestag beschlossenen Novelle zum Montan-MitbestGErgG vorbehalten, diese „provisorischen" Regelungen in verfassungsmäßige Regelungen zum Einstieg in die bzw. Ausstieg aus der Montanmitbestimmung überführt zu haben.

5.3.4.1 Geltungsbereich

Generell gilt die Montanmitbestimmung auch für herrschende Konzerngesellschaften, wenn bei ihnen der überwiegende Betriebszweck die Voraussetzung für die Anwendung des Montan-MitbestG schafft (§ 2 Montan-MitbestGErgG). Liegt hingegen eine Holdingstruktur der Konzernorganisation zugrunde, so wird der Betriebszweck der Holdinggesellschaft nicht die Voraussetzungen für die Anwendung des Montan-MitbestG erfüllen. Die Holding beschränkt sich auf Managementaufgaben, der eigentliche Montanumsatz wird von einzelnen Tochtergesellschaften erzielt. Der Gesetzgeber ist jedoch der Ansicht, dass unter bestimmten Be-

---

1   Vom Gesetzgeber wurden 1967 und 1971 sog. Sicherungsgesetze verabschiedet, die das Auslaufen der Montanmitbestimmung verzögern sollten, da insbesondere auf Seiten der Gewerkschaften und der sie im Parlament unterstützenden Kräfte das Bestreben bestand, die Montanmitbestimmung statt der Mitbestimmungsregelungen des BetrVG 1952 auf alle Unternehmen zu übertragen. Da dies jedoch politisch nicht mehrheitsfähig war und entsprechend 1976 das MitbestG verabschiedet wurde, drohte die Montanmitbestimmung aufgrund struktureller Veränderungen der Unternehmen endgültig auszulaufen. 1981 wurde insofern noch eine Übergangsregelung verabschiedet, die festschrieb, dass auch Unternehmen, bei denen die Voraussetzungen für die Montanmitbestimmung nicht mehr gegeben sind, noch sechs Jahre nach Wegfall der Voraussetzungen die Regelungen der Montanmitbestimmung anwenden müssen.

dingungen auch in diesem Fall die Montanmitbestimmungsregelungen auf die Konzernobergesellschaften (Holding) anzuwenden sind.

Das Montan-MitbestGErgG (§ 3 Abs. 2) schreibt die Montanmitbestimmung für herrschende Konzernobergesellschaften vor,

- die zwar selbst keine Montanunternehmen sind,

- jedoch einen Konzern beherrschen,

- in dem die Montanquote im Gesamtkonzern mindestens 20 Prozent beträgt oder

- in dem Tochterunternehmen, die der Montanmitbestimmung unterliegen, regelmäßig mehr als 2.000 Arbeitnehmer beschäftigen.

Montanquote 20 Prozent heißt: Mindestens ein Fünftel der Umsätze sämtlicher Konzernunternehmen und abhängiger Unternehmen jeweils vermindert um die in den Umsätzen enthaltenen Kosten für fremdbezogene Roh-, Hilfs- und Betriebsstoffe und für Fremdleistungen werden im Montanbereich erzielt. Bei der Montanquote handelt es sich also um eine Wertschöpfungsquote.

Nach § 4 Montan-MitbestGErgG besitzt der Abschlussprüfer die Aufgabe, die Montanquote festzustellen und darüber bereits sechs Monate nach Ende des jeweiligen Geschäftsjahres Bericht zu erstatten.

Neben diesen grundlegenden Anwendungsvoraussetzungen des Montan-MitbestGErgG sind durch das „Gesetz zur Sicherung der Montanmitbestimmung" vom 20.12.1988 zwei Fallgruppen ebenfalls in diesem Gesetzeswerk geregelt worden, die sich auf den Wechsel der Mitbestimmungsform beziehen.

- In seiner ursprünglichen Formulierung wurde festgelegt, dass dem Montan-MitbestG unterliegende Konzernobergesellschaften die Montanmitbestimmung nur dann zu Gunsten der Mitbestimmung nach den MitbestG von 1976 verlassen können, wenn sechs Jahre lang die Montanquote unter 20 Prozent im Gesamtkonzern liegt und die der Montanmitbestimmung unterliegenden Konzerntöchter insgesamt sechs

Jahre lang weniger als 2.000 Arbeitnehmer beschäftigen.[1] Der Gesetzgeber hat also neben dem Kriterium des Betriebszwecks noch ein weiteres Kriterium hinzugefügt (die Unternehmensgröße), welches deutlich schwieriger zu beeinflussen ist als der Betriebszweck. Damit wird
ein Wechsel heraus aus der Montanmitbestimmung erheblich erschwert.

- Für den umgekehrten Fall, dass Konzernobergesellschaften, die bisher
  nicht montanmitbestimmt waren, unter die Montanmitbestimmung fallen, gelten deutlich strengere Anwendungsvoraussetzungen. Nach § 16
  Abs. 1 Ziff. 1 sind die Regelungen der Montanmitbestimmung auf das
  herrschende Unternehmen erst dann anzuwenden, wenn in sechs aufeinander folgenden Geschäftsjahren die Montanquote im Konzern
  mehr als 50 Prozent beträgt. Die Quote für den Neueintritt eines Unternehmens in die Montanmitbestimmung liegt damit deutlich höher als
  die Quote, die für den Austritt maßgeblich ist.

5.3.4.2 Prüfung der Regelungen des Montan-MitbestGErgG durch das Bundesverfassungsgericht

Hintergrund der Prüfung der Regelungen des Montan-MitbestGErgG
durch das Bundesverfassungsgericht (BVerfG) war die Tatsache, dass bei
drei Unternehmen in Deutschland die Montanquote bereits unter 20 Prozent gesunken war, diese Unternehmen aber aufgrund der Tatsache, dass
sie konzernweit mehr als 2.000 Arbeitnehmer in Tochtergesellschaften beschäftigten, für die die Voraussetzungen für die Anwendung des Montan-
MitbestG noch erfüllt waren, beschäftigt hatten, die Montanmitbestimmung nicht verlassen konnten. Zu prüfen galt die Frage, ob es zum einen
zulässig ist, dass auch Anwendungsvoraussetzungen für die Montanmit-

---

1   Vgl. hierzu auch Niedenhoff (2000), S. 402, der im Hinblick auf den „Lex Man-
     nesmann" ausführt, dass bezogen auf die seinerzeitigen Größenverhältnisse
     der Mannesmann AG diese Regelung bedeutet, dass 2.000 Beschäftigte nur 2,5
     Prozent der Gesamtbelegschaft ausmachen. Ob ein derart geringer Anteil noch
     etwas über den Montanbezug eines Konzerns aussagt, ist jedoch sehr fraglich.
     Insofern ist es auch nicht verwunderlich, dass diese Regelung der Prüfung
     beim Bundesverfassungsgericht nicht Stand gehalten hat.

bestimmung genannt werden, die unabhängig sind vom Betriebszweck und zum zweiten die Tatsache, ob es zulässig ist für den Eintritt bzw. den Austritt aus dem Geltungsbereich des Montan-MitbestG unterschiedliche Montanquoten zu definieren.

Der erste Senat des Bundesverfassungsgerichtes entschied in seinem Urteil vom 02.03.1999 folgendermaßen:[1]

- Generell ist die Beibehaltung der Montanmitbestimmung als Sonderform der Unternehmensmitbestimmung als sicherungswürdig einzustufen.

- Der Montanbezug als Differenzierungsmerkmal für die Einbeziehung von Konzernobergesellschaften in die Montanmitbestimmung ist verfassungsgemäß.

- Die Montanquote in Höhe von 20 Prozent des Umsatzes aller konzernabhängigen Unternehmen ist mit dem Grundgesetz Art. 3 Abs. 1 vereinbar.

- Unterschiedliche Montanquoten für den Austritt aus der und den Eintritt in die Montanmitbestimmung sind ebenfalls verfassungsgemäß.

- Nicht vereinbar mit dem Grundgesetz ist hingegen die Einführung der Beschäftigtenzahl von 2.000 Arbeitnehmern als Rechtfertigung für die Fortgeltung der Montanmitbestimmung.

Mit dieser Entscheidung stellt das BVerfG klar, dass die Tatsache, dass ein Unternehmen der Montanmitbestimmung unterliegt bzw. ihr nicht unterliegt, einzig und allein durch den Betriebszweck, d. h. durch die Montanquote, bestimmt wird. Die höchstrichterliche Entscheidung geht also zurück zu den Wurzeln der Montanmitbestimmung, die ganz klar am Industriezweig Kohle und Stahl festgemacht wurde. In der Konsequenz ist damit für die wenigen verbliebenen Unternehmen, auf die die Regeln der

---

1   Vgl. BVerfG 1. Senat Urteil vom 02.03.1999, Az.: 1Bvl2/99.

Montanmitbestimmung noch zutreffen, der Weg frei, sich dieses Mitbestimmungsmodells zu Gunsten der Regelungen des MitbestG von 1976 zu entledigen. Hierfür ist es jetzt „nur" notwendig, dass die konzernweite Montanquote über sechs Jahre hinweg unter 20 Prozent beträgt. Betrachtet man den Strukturwandel, der sich gerade in den Industriezweigen Kohle und Stahl bereits vollzogen hat bzw. sich noch weiter vollziehen wird, so kann sicherlich mit Fug und Recht behauptet werden, dass selbst ohne aktive strategische Einflussnahme des Managements die Montanquote in den betroffenen Unternehmen weiter sinken wird. Letztlich wird damit die Montanmitbestimmung in Deutschland nur noch auf dem Papier stehen. Sie ist ein Auslaufmodell.[1]

5.3.4.3 Institutionalisierung und Ausgestaltung der Interessenvertretungskompetenz

Die Zusammensetzung und die Wahl der Aufsichtsratsmitglieder bei Konzernobergesellschaften, die unter das Montan-MitbestGErgG fallen, unterscheiden sich interessanterweise von denjenigen Regelungen, die für Gesellschaften gelten, die unter das Montan-MitbestG fallen.

§ 9 Abs. 1 Montan-MitbestGErgG führt aus: Der Aufsichtsrat besteht aus 15 Mitgliedern. Er setzt sich zusammen aus 7 Vertretern der Anteilseigner, 7 Vertretern der Arbeitnehmer und einem weiteren Mitglied. Bei Unternehmen mit einem Gesellschaftskapital von mehr als 25 Mio. Euro kann durch Satzung oder Gesellschaftsvertrag bestimmt werden, dass der Aufsichtsrat aus 21 Mitgliedern besteht.

Das weitere (neutrale) Aufsichtsratsmitglied wird gem. den Bestimmungen des § 8 Montan-MitbestGErgG bestellt. Das „Gesetz zur Sicherung der Montanmitbestimmung" vom 20.12.1988 führte jedoch dazu, dass die Zusammensetzung der Arbeitnehmerbank im Aufsichtsrat aus Belegschaftsvertretern und Gewerkschaftsvertretern sowie die entsprechenden Wahlvorschriften im Vergleich zum Montan-MitbestG geändert wurden. Sie wurden zum Teil an die entsprechenden Regelungen des Mit-

---

1 Vgl. hierzu auch die gegenteilige Auffassung z. B. bei Lompe (2003).

bestG von 1976 angepasst. Allerdings wurde in diesem Zusammenhang darauf verzichtet, den leitenden Angestellten eine Sonderrolle auf der Arbeitnehmerbank im Aufsichtsrat zuzubilligen. Die leitenden Angestellten werden im Rahmen des Montan-MitbestGErgG als normale Angestellte behandelt. Sie nehmen insofern an der Wahl zur Gruppe der Angestellten teil. Theoretisch ist es sogar möglich, dass man einen leitenden Angestellten als Vertreter in den Aufsichtsrat wählt. Ob sich dies in der Realität allerdings durchsetzen lässt, muss mit Fug und Recht bezweifelt werden. Insofern bleibt die Interessenvertretungskompetenz der leitenden Angestellten bei Montanunternehmen stark eingeschränkt. Dies ist umso bemerkenswerter, als ihnen die Interessenvertretungskompetenzen, die das BetrVG den übrigen Arbeitnehmern einräumt, für sie ebenfalls nicht gelten.

Bei der Ausgestaltung der Interessenvertretungskompetenz der Arbeitnehmer auf Unternehmensebene (hier Konzernebene) im Zuge des Montan-MitbestGErgG besitzen die Arbeitnehmer dieselben Kompetenzen, wie sie im Montan-MitbestG geregelt sind. Dies gilt insbesondere im Hinblick auf das Einräumen gleicher Rechte und Pflichten für alle Aufsichtsratsvertreter (§ 5 Abs. 3 Montan-MitbestGErgG). Insofern kann auch hier der Fall eintreten, dass der stellvertretende Aufsichtsratsvorsitzende auch gegen die Stimmen der Arbeitnehmervertreter gewählt wird.

Interessant ist ferner, dass § 13 Montan-MitbestGErgG zwar explizit die Wahl eines Arbeitsdirektors vorschreibt, aber den Zwang, dass dieser wie im Montan-MitbestG nicht gegen die Stimmen der Arbeitnehmervertreter bestellt werden kann, nicht kennt. In Konzernobergesellschaften des Montanbereichs ist also die Interessenvertretungskompetenz der Arbeitnehmer schwächer ausgeprägt als in Nicht-Konzernobergesellschaften. Da es sich bei dieser Interessenvertretungskompetenz um die Teilhabe am Leitungsorgan der Gesellschaft handelt, ist dies aus Sicht der Arbeitnehmer sicherlich als ein Nachteil zu werten.

5.4 Probleme der institutionalisierten Interessenvertretungskompetenz

Die institutionalisierte Interessenvertretungskompetenz der Arbeitnehmer in Deutschland ist Ansatzpunkt vielfältiger Kritik. Dabei entzündet sich die Kritik weniger an der betrieblichen Ebene der Interessenvertretungskompetenz als vielmehr an der unternehmensbezogenen Ebene.[1] Diese Kritik ist nicht zuletzt vor dem Hintergrund des Vergleichs mit dem angelsächsischen Wirtschaftsraum zu sehen, für den eine Interessenvertretungskompetenz der Mitarbeiter auf Unternehmensebene als nicht akzeptabel erscheint. Aus Sicht der Interessenvertreter der Arbeitgeberseite entzündet sich die Kritik an der Interessenvertretungskompetenz der Arbeitnehmer vor allem an dem starken Einfluss der Gewerkschaften und weniger an der Rolle der Betriebsräte: „Es würde nicht ausreichen, dieses den Gewerkschaften zugestandene Reformgesetz [BetrVG-Novelle von 2001] wieder zurückzunehmen, sondern es bedarf einer echten Reform der Mitbestimmung in Deutschland. Durch diese muss die Macht wieder von den Gewerkschaften auf die Mitarbeiter im Betrieb und ihre Betriebsräte zurückverlagert werden."[2] Insofern soll sich im Folgenden auch auf Aspekte beschränkt werden, die sich vor dem Hintergrund der Verfassungsdiskussion als Problembereiche der Interessenvertretungskompetenz der Arbeitnehmer auf Unternehmensebene darstellen.

In diesem Zusammenhang[3] werden zwei Punkte immer wieder kritisiert:

---

1   So kritisiert z. B. der Bundesverband der deutschen Industrie (BDI (2001), S. 17) primär die Kosten der betrieblichen Ebene der Interessenvertretung als die Interessenvertretung an sich.

2   BDI (2001), S. 18.

3   Vgl. hierzu beispielhaft Werder (2004 b), S. 229 ff.

- Zum einen der Einfluss unternehmensexterner Interessenvertreter – in diesem Fall die Vertreter der Gewerkschaft – auf die Arbeit des Aufsichtsrates.

- Zum anderen die Tatsache, dass sich die Interessenvertretungskompetenz der Arbeitnehmer im Aufsichtsrat nicht mit der Kontrollkompetenz des Aufsichtsrates verträgt.

Beide Bereiche gilt es im Folgenden zu betrachten.

5.4.1 Vertretung von unternehmensexternen Interessen

Die verfassungsmäßigen Regelungen des MitbestG garantieren den Gewerkschaften bis zu drei Mandate im Aufsichtsrat.[1] Diese Möglichkeit der Entsendung wird von den Arbeitnehmern bei der Wahl ihrer Vertreter im Aufsichtsrat auch weitgehend genutzt. Von den ca. 8.700 Arbeitnehmervertretern in deutschen Aufsichtsräten sind ca. 1.700 Gewerkschaftsvertreter.[2] Das heißt ein erheblicher Teil der Interessenvertretungskompetenz der Arbeitnehmer wird somit von unternehmensexternen Vertretern wahrgenommen. Allerdings muss man an dieser Stelle aber auch berücksichtigen, dass der prozentuale Anteil der gewerkschaftlichen Vertreter im Aufsichtsrat in etwa dem Anteil der gewerkschaftlich organisierten Arbeitnehmer in Deutschland entspricht (ca. 20 Prozent).

Bei den großen börsennotierten Aktiengesellschaften des DAX 30 ist die Präsenz der Gewerkschaftsvertreter sehr unterschiedlich. Während z. B. bei der Allianz AG ein Vertreter der Gewerkschaft im 20-köpfigen Aufsichtsrat sitzt, sind es bei der E.ON AG drei Vertreter (der Aufsichtsrat besteht ebenfalls aus 20 Mitgliedern).

---

1 Die weiter gehenden Vorschriften des Montan-MitbestG bzw. des Montan-MitbestGErgG werden an dieser Stelle nicht betrachtet, da sie nur auf eine kleine Minderheit de Unternehmen zutreffen.

2 Vgl. o. V. (2004 a).

Gewerkschaftsfunktionäre in DAX-Gesellschaften (Stand 2003):

„DGB:
Deutsche Telekom (1 Vertreter) Thyssen-Krupp (1 Vertreter) Volkswagen
(1 Vertreter)

IG BCE:
Adidas (2 Vertreter) Altana (1 Vertreter) BASF (3 Vertreter) Bayer (2 Ver-
treter) EON (1 Vertreter) Fresenius Medical Care (2 Vertreter) Henkel (2
Vertreter) Linde (1 Vertreter) RWE (1 Vertreter) Schering (1 Vertreter) TUI
(1 Vertreter)

IG Metall:
BMW (2 Vertreter) DaimlerChrysler (2 Vertreter) Infineon (2 Vertreter) Lin-
de (1 Vertreter) MAN (3 Vertreter) RWE (1 Vertreter) Siemens (2 Vertreter)
Thyssen-Krupp (1 Vertreter) Volkswagen (2 Vertreter)

Verdi:
Allianz (1 Vertreter) Commerzbank (1 Vertreter) Deutsche Bank (2 Vertre-
ter) Deutsche Börse (1 Vertreter) Deutsche Post (2 Vertreter) Deutsche
Telekom (2 Vertreter) EON (2 Vertreter) HypoVereinsbank (2 Vertreter)
Lufthansa (2 Vertreter) Metro (3 Vertreter) RWE (1 Vertreter) TUI (2 Ver-
treter)"

Quelle: http://www.wertpapier.de/nest/index.php?render=artikel&rubrik=
anlegerschutz&art=118 – letzter Zugriff am 08.09.2004

Zum Problem könnte sich die Präsenz von Gewerkschaftsvertretern insbesondere dann erweisen, wenn ihre Unabhängigkeit bei der Wahrnehmung der Kontrollkompetenz nicht gewährleistet wäre. Dies ist vor allem für in den USA an der Börse gelistete Unternehmen von Bedeutung, da dort der „Sarbanes-Oxley-Act" eine entsprechende Unabhängigkeit fordert.[1] Allerdings muss man, wenn man sich z. B. die Zusammensetzung des Aufsichtsrates der DaimlerChrysler AG ansieht, wohl annehmen, dass offensichtlich keine Probleme mit der Unabhängigkeit der Gewerkschaftsvertreter zu verzeichnen sind, da zwei Aufsichtsratsmitglieder von den Gewerkschaften entsandt werden.

---

1   Vgl. hierzu auch Lanfermann/Maul (2002), S. 1725 ff.; Kersting (2003), S. 233 ff.

Insofern bleibt noch zu fragen, ob durch den Gewerkschaftseinfluss die Interessenvertretungskompetenz der Arbeitnehmer nicht zu stark von unternehmensexternen Interessen bestimmt wird. Auch dies muss sicherlich verneint werden, da deutlich mehr als die Hälfte der Arbeitnehmervertreter keine externen Vertreter sind. Dies wird allenfalls dann zu einem Problem, wenn ein Gewerkschaftsvertreter auch gleichzeitig die Position des stellvertretenden Aufsichtsratsvorsitzenden wahrnimmt und er damit als „Externer" im „mächtigen" Präsidialausschuss des Aufsichtsrates vertreten ist. Hierbei sollte allerdings nicht verkannt werden, dass auf der Kapitalseite vielfach auch Aufsichtsräte vertreten sind, die nicht bestimmte Anteilseigner des Unternehmens repräsentieren. Insofern ist das Problem der externen Einflussnahme – wenn überhaupt – nicht nur ein Problem der Arbeitnehmerbank, sondern ein generelles Problem der Vergabe der Aufsichtsratsmandate.

Dabei ist allerdings zu beachten, dass der externe Einfluss nur dann zu einem Problem wird, wenn gravierende Interessengegensätze zwischen den Vertretern und den zu Vertretenden zu vermuten sind. Ein schwaches Regulativ stellt – zumindest zu bestimmten Zeitfenstern – die Wahl der Vertreter in den Aufsichtsrat dar, selbst unter der gesetzlichen Garantie, dass Sitze im Aufsichtsrat für die im Unternehmen vertretenen Gewerkschaften zu reservieren seien. Aber dieses Regulativ schützt nicht zwangsläufig davor, dass gegebenenfalls externe Interessen auch im Gegensatz zum Unternehmensinteresse stehen, dem der Aufsichtsrat bei der Wahrnehmung seiner Kompetenzen verpflichtet ist. Insbesondere bei tarifpolitischen Auseinandersetzungen sind Probleme zu erwarten, wenn beispielsweise Aufsichtsratsvertreter in ihrer Funktion als Gewerkschaftsführer zu Streiks bei Unternehmen aufrufen, in denen sie ein Aufsichtsratsmandat wahrnehmen.

Der sicherlich auffälligste Fall eines derartigen Interessenkonflikts von Aufsichtsratsmandat und Gewerkschaftsmandat zeigte sich am Beispiel der Lufthansa AG:

„Am 17.12.2002 rief die Gewerkschaft ver.di durch ihren Vorsitzenden Frank Bsirske unter anderem zum Warnstreik auf den großen deutschen Verkehrsflughäfen auf. Es ging darum, den Lohnforderungen im öffentlichen Dienst Nachdruck zu verleihen. Ganz gezielt wurden mit Frankfurt und München die beiden Hauptdrehkreuze der Lufthansa bestreikt. Flughäfen wie Hahn oder Köln, von denen aus Wettbewerber starten, blieben von den Warnstreiks verschont. Nun ist Bsirske aber nicht nur ver.di-Chef und Streikorganisator, sondern als Gewerkschaftsvertreter gemäß Mitbestimmungsgesetz auch Lufthansa-Aufsichtsrat und damit dem Wohl der Gesellschaft verpflichtet. Er nimmt nach guter deutscher Tradition in dem Aufsichtsrat der Lufthansa sogar den stellvertretenden Vorsitz ein.“

Quelle: http://www.wertpapier.de/nest/index.php?render=artikel&rubrik= anlegerschutz&art=118 – letzter Zugriff am 08.09.2004

„Ausgerechnet ein Gewerkschafter hat die deutsche Unternehmensmitbestimmung wieder ins Gerede gebracht: Frank Bsirske, der Chef der Dienstleistungsgewerkschaft ver.di. Auf der Hauptversammlung der Deutschen Lufthansa im Juni verweigerten ihm die Aktionäre die Entlastung. Sie nahmen es Bsirske übel, dass er dem Aufsichtsrat des Unternehmens angehört, im vergangenen Dezember aber zu Streiks im öffentlichen Dienst aufgerufen und damit auch der Fluggesellschaft geschadet habe.“

Quelle: Bohl, E.: Mitbestimmung irritiert ausländische Investoren (Teil 4), in: Frankfurter Allgemeine Zeitung vom 20.09.2003, S. 14.

5.4.2 Verhältnis von Kontroll- und Interessenvertretungskompetenz im Aufsichtsrat

Deutlich problematischer als der externe Einfluss auf die Wahrnehmung der Interessenvertretungskompetenz ist die möglicherweise gegebene Beeinträchtigung der Kontrollkompetenz des Aufsichtsrates durch die Wahrnehmung der Interessenvertretungskompetenz auf Seiten der Arbeitnehmer.

Zentrale Forderung für eine leistungsfähige Kontrolle ist das Interesse zur Wahrnehmung der Kontrollkompetenz durch die Mitglieder des Aufsichtsrates. Es gibt Anhaltspunkte, dass dieses Kontrollinteresse auf Seiten der Arbeitnehmer zumindest nicht in dem Maße ausgeprägt ist, wie man es sich eigentlich wünschen würde. Ihr Kontrollinteresse richtet sich nur auf die Bereiche, die zum originären Interessenfeld der Arbeitnehmer gehören:[1] also vornehmlich personalwirtschaftliche Fragen.

Über die Themen der Fragestellungen, die in der Vergangenheit im Aufsichtsrat der DaimlerChrysler AG diskutiert wurden, wird in diesem Zusammenhang wie folgt berichtet:

„Im Aufsichtsrat von DaimlerChrysler beispielsweise hat nach unserer Kenntnis seit Jahren keine Debatte mehr darüber stattgefunden, ob ein Konzern, der gleichzeitig auf drei Kontinenten mit eigenen Marken agiert, überhaupt führbar ist. Für die Arbeitnehmerbank ist es ungleich wichtiger, Fragen zur Arbeitszeitregelung im Werk Wörth an den Vorstand zu richten. So trägt die unternehmerische Mitbestimmung wesentlich dazu bei, dass überlebenswichtige Themen weitgehend ausgeblendet werden. Die Wettbewerbssituation des Unternehmens, Fragen der Portfoliostrategie, die Position auf den Finanzmärkten - alles existenziell wichtige Fragen. Aber alles Fragen, die für die Hälfte der Aufsichtsräte ohne Belang sind.“

Quelle: Kaden, W.: Der deutsche Weg,
in: www.manager-magazin.de/magazin/artikel/0,2828,240968,00.html – letzter
Zugriff am 23.09.2004

Das Interessenfeld deckt sich damit mit dem Kompetenzbereich, den der Gesetzgeber im Rahmen der Betriebsverfassung dem Betriebsrat zuweist. Dies ist auch nicht verwunderlich, da es im Regelfall neben den Gewerkschaftsvertretern die Betriebsräte sind, die die Interessen der Arbeitnehmer im Aufsichtsrat vertreten. Vielfach wird in diesem Zusammenhang auch argumentiert, dass den Vertretern der Arbeitnehmer neben dem Interesse an der Wahrnehmung einer allumfassenden Kontrollkompetenz auch das dazu gehörige Wissen fehlt. In diesem Zusammenhang muss sicherlich festgestellt werden, dass die Arbeitnehmervertreter im

---

1   Vgl. hierzu auch Hamel (1982), S. 78 ff.

Aufsichtsrat vielfach keine managementorientierte Erstausbildung aufweisen. Auf der anderen Seite handelt es sich bei den Arbeitnehmervertretern meist um erfahrene Mitarbeiter, die an einer Vielzahl von entsprechenden Weiterbildungsmaßnahmen teilgenommen haben. Nicht zuletzt der Bericht der Regierungskommission Corporate Governance führt in diesem Zusammenhang aus: „In der Praxis wird die für die Aufsichtsratsarbeit erforderliche Qualifikation der ArbeitnehmervertreterInnen durch entsprechende Schulungen sichergestellt, soweit sie nicht aufgrund entsprechender Ausbildung und Erfahrung vorhanden ist."[1]

Insgesamt muss in diesem Zusammenhang jedoch auch angemerkt werden, dass eine Qualitätsprüfung vor Antritt eines Aufsichtsratsmandats generell nicht stattfindet. Folglich kann zumindest für diejenigen Bereiche, in denen die Arbeitnehmervertreter ein ausgeprägtes Kontroll- und Interessenvertretungsinteresse besitzen, nicht davon ausgegangen werden, dass sie über Wissensdefizite verfügen. In allen anderen Bereichen wird höchstwahrscheinlich das mangelnde Interessenvertretungsinteresse die Wahrnehmung der Kontrollkompetenz deutlich stärker beeinflussen. Vielfach ist hier zu beobachten, dass man sich in diesen Bereichen der Stimme enthält. Der nachfolgende Kasten zeigt ein entsprechendes Beispiel:

---

1   Baums (2001), S. 40.

Im Prozess um die Höhe der Abfindungen, die ehemaligen Managern der Mannesmann AG bei der Übernahme durch den britischen Telekomkonzern Vodafone erhalten haben, schildert der ehemalige IG-Metall-Chef und ehemalige stellvertretende Aufsichtsratsvorsitzende der Mannesmann AG, Klaus Zwickel, das Verhalten der Arbeitnehmer im Aufsichtsrat wie folgt:

„Wenn er [Klaus Zwickel] den Gehaltsforderungen neuer Vorstandsmitglieder zustimme, bekomme er Ärger mit den Gewerkschaftsmitgliedern. Denn denen sei die Höhe der geforderten Bezüge einfach nicht vermittelbar. Lehne er sich aber im Aufsichtsrat dagegen auf, werde ihm vorgeworfen, dem Unternehmensinteresse zuwider zu handeln. Denn die Arbeitgeberseite würde zu Recht argumentieren, dass die Forderungen angemessen seien und internationalen Gepflogenheiten entsprächen. Infolgedessen sei es über Jahrzehnte „Mitbestimmungspraxis" in deutschen Aufsichtsräten gewesen, dass der Gewerkschaftsvertreter sich der Stimme enthält."

Quelle: Kläsgen, M.: Abnicken im Aufsichtsrat, in: Süddeutsche Zeitung vom 23.01.2004.

Das eingeschränkte Interesse an der Wahrnehmung der Interessenvertretungskompetenz führt nun zu einem weiteren Problem, welches die Wahrnehmung der Kontrollkompetenz nachhaltig beeinträchtigt: die Interessenkongruenz von Vorstand und Arbeitnehmervertreter in Fragen, die zu Lasten der Anteilseigner gehen. Für den Vorstand ist es durchaus nützlich, eine derartige Allianz einzugehen, da sie den Aufsichtsrat bei der Umsetzung seiner Kontrollkompetenz schwächt.

Am Beispiel DaimlerChrysler könnte man vor dem Hintergrund des fehlgeschlagenen Engagements bei Mitsubishi eine solche Interessenallianz vermuten:

> *„Die Arbeitnehmervertreter im Aufsichtsrat von Daimler-Chrysler bekennen sich zum umstrittenen Vorstandsvorsitzenden Jürgen Schrempp. ‚Aus unserer Sicht gibt es keinen Grund, den Vorstandsvorsitzenden auszuwechseln', sagte der Betriebsratschef des Motorenwerks Untertürkheim, Helmut Lense, dem Tagesspiegel. Lense, der seit 1998 im Daimler-Chrysler-Aufsichtsrat sitzt, stellte sich auch ausdrücklich hinter die Asienstrategie Schrempps. ‚Die Kooperationen, die es in Asien gibt, sichern auch Arbeitsplätze in Deutschland.' Nicht zuletzt aus Sorge um die deutschen Arbeitsplätze hatten die Arbeitnehmervertreter im Aufsichtsrat dazu beigetragen, den bereits nominierten Mercedes-Chef Wolfgang Bernhard Ende der vergangenen Woche zu stürzen."*
>
> *Quelle: Tagesspiegel – Zeitung für Berlin und Deutschland vom 07.05.2004.*

Vor dem Hintergrund dieser Kritikpunkte ist es nicht verwunderlich, dass in jüngster Zeit auch von Seiten der Wissenschaft wieder vehement über das Für und Wider der Unternehmensmitbestimmung gestritten wird.[1] Ob sich hieran jedoch etwas ändern wird, muss bezweifelt werden, da die „politische Energie", die notwendig sein würde, um hier gravierende Veränderungen durchzusetzen, aktuell nicht vorhanden ist.

---

1   Vgl. z. B. Werder (2004 b).

6 Unternehmensverfassung - wohin?

Will man die Frage beantworten, in welche Richtung sich die Unternehmensverfassung entwickelt, so fällt dies sicherlich nicht leicht. Man sieht sich mit einer Vielzahl von Gesetzen und Verordnungen konfrontiert, die mit immer höherer Änderungsgeschwindigkeit die Regeln der Unternehmensverfassung bestimmen. Es sind in diesem Zusammenhang weniger die Regeln, die sich das Unternehmen selbst setzt, als vielmehr die Regeln, die extern vorgegeben werden, die das Unternehmensgeschehen nachhaltig prägen. Unternehmen werden in immer stärkerem Maße von juristischen Sachverhalten in ihrem Verhalten bestimmt. Es hat fast den Anschein als würde ökonomischer Sachverstand vor juristischen Sachzwängen kapitulieren. Die Beispiele hierfür sind vielfältig. So werden z. B. unüberschaubare und damit schwer zu steuernde Konglomerate von „Kleinstfirmen" geschaffen, um über die Aufspaltung des Unternehmens die Ausübung der Interessenvertretungskompetenz der Arbeitnehmer im Rahmen der betrieblichen Mitbestimmung zu verhindern. Hommelhoff/ Mattheus führen in diesem Zusammenhang aus: „Recht kann bewirken, dass Effizienzgesichtspunkte beim Management zugunsten anderer Kriterien oder Interessen in den Hintergrund treten (müssen)."[1]

Vor diesem Hintergrund ist zu fragen, warum gerade der Bereich der Unternehmensverfassung in den letzten Jahren dermaßen stark im Fokus gesetzlicher Neuregelungen stand und immer noch steht. Derartige Neu-

---

1   Hommelhoff/Mattheus (2004), Sp. 781.

regelungen gehen sogar so weit, dass nicht nur bestehende Regelungen reformiert werden, sondern auch komplett neuartige Institutionen vom Gesetzgeber geschaffen werden, wie z. B. das Bundesaufsichtsamt für Finanzdienstleistungsaufsicht (BaFin).

Die Neuregelungen sind vordergründig sicherlich ein Reflex der aktuell
sehr intensiv geführten Corporate-Governance-Debatte. Diese Diskussion
wird nicht nur von Juristen bestritten, sondern ebenso intensiv auch von
Seiten der Wirtschaftswissenschaften. Es erhebt sich dabei jedoch die Frage, warum ausgerechnet in den letzten Jahren der Stellenwert der Regelungen der Unternehmensverfassung derartig hoch ist, dass eine Vielzahl
von Gesetzesnovellen verabschiedet wurden, um hier Veränderungen zu
initiieren.

Um hierauf eine Antwort zu geben, die es dann auch erlauben würde,
Abschätzungen über die zukünftige Entwicklung der Unternehmensverfassung zu machen, erscheint es sinnvoll, die theoretische Fundierung der
aktuellen Debatte zu untersuchen. Arbeiten, die im wirtschaftswissen-
schaftlichen Umfeld angesiedelt sind, argumentieren in der Regel im Konzept der neuen Institutionenökonomie. Es wird davon ausgegangen, dass
im Hinblick auf die unternehmensbezogenen Interessengruppen Gover-
nance-Probleme existieren, die daraus resultieren, dass zwischen den Beteiligten unvollständige Verträge geschlossen werden. Diese liefern Anreize für opportunistische Verhaltensweisen.[1] Allerdings: Dieses Problem ist
nicht neu. So beschäftigte sich z. B. Eugen Schmalenbach bereits 1911 mit
der Überwachungspflicht des Aufsichtsrates,[2] ohne allerdings im Prämis-
senkonzept der neuen Institutionenökonomik zu argumentieren.

---

1   Vgl. z. B. Werder (2004 a), Sp. 160.

2   Vgl. Schmalenbach (1911), S. 271 ff.

Probleme, die heutzutage zum Teil kontrovers unter dem Stichwort „Corporate Governance" diskutiert werden, sind offensichtlich nicht neu. Bereits 1911 stellte Eugen Schmalenbach die Frage nach der Qualifikation derjenigen Personen, die im Aufsichtsrat einer Aktiengesellschaft die Überwachungsfunktion wahrnehmen. Er beantwortet diese wie folgt:

„Aufsichtsratsstellen sind auch heute noch in allererster Linie Sinekuren. Daß das Gesetz diesen ungesetzlichen Zustand durch eine Tantiemesteuer offiziell als berechtigt anerkannte, ist zwar ein Zeichen gedankenloser Gesetzesmacherei, aber diese Tatsache beleuchtet den Zustand wie er ist.

An zweiter Stelle unter den Motiven, die die Aufsichtsratswahlen beherrschen, steht die Eitelkeit. Es ist das eine üble Eigenschaft, die nach Bismarck auf der Passivseite als ein Subtrahendum des Vermögens steht; dieses Passivum ist einer gewissen nach vielerlei Ehren und Abzeichen lechzenden Kaufmannskategorie recht sehr eigentümlich.

Drittens kommt ein etwas konsistenteres Motiv: Man will wirklich Interessen vertreten, reale Interessen. Allerdings sind es nicht die Interessen der zu überwachenden Gesellschaft.

Und viertens hat der Mann einen Titel. Er hat vielleicht sonst nichts, weder Geld noch Verstand, aber er ist Speck für die Mäuse.

Es sind der Motive noch einige. Zuweilen, sehr zuweilen, fällt es einem weltfremden Aktionär ein, sich zu fragen, ob der zu wählende Aufsichtsrat auch für die Überwachungspflicht besondere Eignung besitzt.

Da alle Welt mit geringer Mühe Geld verdienen möchte, da fast alle Welt zugleich eitel ist, und da auf die weniger verbreitete Eignung für die Aufsichtsratspflicht so wenig ankommt, ist es vornehmlich eine Frage der wirtschaftlichen Macht, ob man Aufsichtsratsmitglied wird oder nicht."

Quelle: Schmalenbach (1911), S. 275.

Seit fast einhundert Jahren scheint also bereits das Problem der von Individualinteressen geleiteten Wahrnehmung der Kontrollkompetenz erkannt zu sein. Da diese Problemerkenntnis insofern nicht neu ist, fällt es schwer, Anhaltspunkte zu finden, die darauf hindeuten würden, dass sich der Grad der Unvollständigkeit der Verträge zwischen den Stakeholdern

in jüngster Zeit dermaßen verändert hat, dass verstärkt versucht wird, ü-
ber Verfassungsänderungen Anreize zu opportunistischem Verhalten zu
beseitigen, zumindest jedoch einzuschränken. Folglich führt die institutionenökonomische Argumentation nur dazu aufzuzeigen, warum Regelungen – insbesondere extern erzwungene Regelungen – für die Unternehmensverfassung notwendig erscheinen. Sie gibt keine Antwort auf die
Frage, warum aktuell in diesem Bereich vom Gesetzgeber besondere Anstrengungen unternommen werden.

Eine andere Erklärung muss insofern gesucht werden, will man die Ur-
sachen für die aktuell stattfindende Reformdebatte und deren zukünftige
Entwicklung erklären. An dieser Stelle soll versucht werden, eine entsprechende Erklärung zu formulieren, die sich auf die oben ausführlich darge-
legte konflikttheoretische Fundierung der Unternehmensverfassung stützt.
Dort wurde argumentiert, dass Unternehmensverfassung nicht nur Regelungen schafft zur Austragung von Konflikten[1] und damit zur Verhinde-
rung der Ausnutzung opportunistischer Spielräume. Es wurde auch gezeigt, dass Unternehmensverfassung – genauer: die Regelungen der Unternehmensverfassung – das Ergebnis eines Konfliktaustragungsprozesses
zwischen den beteiligten Interessengruppen darstellt. Verfolgt man diesen
Gesichtspunkt weiter, so lässt sich die Entwicklung der Unternehmensverfassung grob wie folgt skizzieren: Die existenten Vertragsbeziehungen
zwischen den unternehmensspezifischen Interessengruppen zeichnen sich
durch Unvollständigkeit und damit dem Anreiz zu opportunistischem
Verhalten aus. Regelungen, die hier steuernd eingreifen, werden jedoch als
Verfassungsregelungen nur dann institutionalisiert, wenn die Machtpotenziale einzelner Interessengruppen bzw. einzelner Interessenkoalitionen
derart gestärkt sind, dass entsprechende Regelungen gegen den Widerstand von anderen Interessengruppen durchgesetzt werden können, die
Nutznießer derartiger opportunistischer Spielräume sind. Betrachtet man
die wesentlichen Entwicklungsstadien der Unternehmensverfassung in
den letzten Jahrzehnten, so spricht einiges für diese Überlegung.

---

1   Vgl. hierzu auch Hommelhoff/Mattheus (2004), Sp. 781, die hierin den zentra-
    len Antrieb für Juristen sehen, sich mit Fragen der Unternehmensverfassung zu
    beschäftigen.

Das „Wirtschaftswunder" nach dem zweiten Weltkrieg führte zu steigenden Gewinnen, die vornehmlich zwischen Management und Arbeitnehmern verteilt wurden. Manager bestimmten primär den Wiederaufbau, nicht die Kapitalgeber. Die Gewinnthesaurierung dominierte die Gewinnausschüttung. Knapp war in dieser Zeit weniger das Kapital als vielmehr die Arbeitskräfte. Entsprechend machtvoll konnten auch die Interessenvertreter der Arbeitnehmer Einfluss nehmen auf die Gestaltung der Unternehmensverfassung. Die Regelungen der Montanmitbestimmung und der Drittel-Parität im Aufsichtsrat wurden in den fünfziger Jahren sogar unter einer „bürgerlichen" Regierung verabschiedet.

An der vergleichsweise machtvollen Stellung der Arbeitnehmervertreter änderte sich auch weiterhin wenig. Der Arbeitskräfteengpass blieb bestehen, wie nicht zuletzt das Anwerben der sog. „Gastarbeiter" zeigt. Insofern setzten die Gewerkschaften ihre Bemühungen auch weiterhin erfolgreich um, die Regelungen der Unternehmensverfassung in ihrem Sinne zu beeinflussen. Vor dem Hintergrund ihrer Tradition lieferten sich die Gewerkschaften dabei eher Auseinandersetzungen mit den Anteilseignern der Unternehmen als mit dem handelnden Management. Dieses konnte vielfach unberührt von den Auseinandersetzungen über die Regelungen der Unternehmensverfassung agieren. Für sie war es weniger entscheidend, in welchem Ausmaß ein Aufsichtsrat mitbestimmt war. Für sie entscheidend war die Frage, inwieweit ihre Leitungskompetenz durch die Kontrollkompetenz des Aufsichtsrates eingeschränkt wird. In den sechziger und siebziger Jahren entstand somit auch die so genannte „Deutschland AG". Manager dominierten die Aufsichtsräte. Überkreuzbeteiligungen waren die Regel. Die wirtschaftliche Situation ließ es zu, den Arbeitnehmern großzügige Pensionsversprechungen zu machen. Die Pensionsverpflichtungen der Unternehmen stiegen. Die Kapitalgeber wurden allenfalls über Dividendenzahlungen an diesem Erfolg beteiligt. Die Kurse der Aktiengesellschaften machten keine großen Sprünge. Dies nicht zuletzt auch vor dem Hintergrund der von der Politik institutionalisierten unternehmerischen Mitbestimmung.

Dies änderte sich erst in den achtziger und neunziger Jahren. Es entbrannte zusehends ein Kampf der Standorte um internationale Kapitalströme. Dies auch vor dem Hintergrund des gewaltigen Investitionsbedarfs in neue Technologien. Diese Entwicklung führte schließlich zu enormen Gewinnen an den internationalen Börsen, die insbesondere beim sog. „Going Public" auftraten. Dass hierbei vielfältige opportunistische Spielräume von den beteiligten Akteuren ausgenutzt wurden, ist hinlänglich bekannt. Die vermeintliche Koalition von Management und Arbeitnehmern wurde von einer Koalition von Kapital und Management abgelöst. Hohe Kursgewinne paarten sich mit hohen Managergehältern. Auf der anderen Seite konnte von einem Arbeitskräfteengpass keine Rede mehr sein. Der Einsatz neuer Technologien im unternehmerischen Leistungserstellungsprozess führte zu enormen Produktivitätszuwächsen in den Industrieländern und zu einer Auslagerung von Arbeitsplätzen in sog. „Niedriglohnländern". Die Machtverhältnisse veränderten sich insofern dramatisch zu Ungunsten der Arbeitnehmer. Ihr Einfluss auf die Gestaltung der Regelungen der Unternehmensverfassung sank.

Wirft man einen Blick auf die Entwicklung der Unternehmensverfassung in den letzten zehn Jahren, so fällt auf, dass in jüngster Zeit ein weiterer Akteur ein Interesse entwickelt, verstärkt gestalterisch auf die Unternehmensverfassung einzuwirken: es ist dies der Gesetzgeber. Dies mag auf den ersten Blick verwundern, da es im Regelfall nur der Gesetzgeber sein kann, der externe Regelungen der Unternehmensverfassung institutionalisiert, um den Konfliktaustragungsprozess zwischen den unternehmensspezifischen Interessengruppen zu regeln. Aber auch der Gesetzgeber unterliegt externen Zwängen, die ihn dazu veranlassen, sich mit bestimmten Fragen zu befassen und andere Fragen bewusst oder unbewusst auszuklammern. In der aktuellen Diskussion spielt dabei die Standortdebatte vor dem Hintergrund zunehmender Globalisierung der Wirtschaft die entscheidende Rolle.

Die Standortdebatte wird stark von der Frage geleitet, welche Anreize dafür verantwortlich zeichnen, dass Kapitalströme in ein Land fließen bzw. aus einem Land abfließen. Die Konkurrenz der Standorte um internationales Kapital wird als entscheidend für das Wachstum der einzelnen Volkswirtschaften angesehen. Regierungen und damit der Gesetzgeber sieht sich aufgerufen, u. a. über Regeln der Unternehmensverfassung ein System zu schaffen, welches es möglichst verhindert, dass das Kapital „Opfer" des Ausnutzens opportunistischer Spielräume wird. In diesem

Szenario „mutiert" der Gesetzgeber zur Interessengruppe. Die hinter dem Gesetzgeber stehenden politischen Parteien sehen im Fall einer stagnierenden Volkswirtschaft ihr primäres Ziel der Wiederwahl gefährdet.

Letztlich erklärt dies jedoch nur zum Teil, warum der Gesetzgeber verstärkt im Rahmen der Unternehmensverfassung von seiner gestalterischen Kompetenz Gebrauch macht, nicht aber in Bereichen, die ebenfalls für eine prosperierende Volkswirtschaft verantwortlich zeichnen. Ein weiterer Aspekt muss insofern hinzukommen: Es bilden sich Interessenkoalitionen, die es dem Gesetzgeber erleichtern, tätig zu werden.

Schaut man sich die aktuelle Situation nicht nur in Deutschland an, so fällt auf, dass eine Interessengruppe augenblicklich erheblich in die Defensive gedrängt ist. Es ist dies die Gruppe der Unternehmensleitung. Spektakuläre Fälle von Missmanagement wie auch das Beziehen extrem hoher Vergütungen nicht nur im Erfolgsfall, sondern auch im Misserfolgsfall haben nicht nur die Interessengruppen der Arbeitnehmer und der Kapitalgeber gegen das Management aufgebracht, sondern ebenso die „öffentliche Meinung", auf die die Politik besonders sensibel reagiert. Eine derartige Interessengruppenkonstellation erleichtert es somit dem Gesetzgeber, entsprechende Verfassungsregelungen ohne großen Widerstand zu institutionalisieren. Zielrichtung der Regelungen ist die Stärkung des eigenen Standortes in der internationalen Standortdebatte, um so auch weiterhin für das international agierende Kapital attraktiv zu sein. Dies wird erreicht, indem man opportunistische Spielräume des Managements zu Ungunsten des Kapitals einschränkt. Aufgrund der defensiven Stellung des Managements im Konfliktaustragungsprozess fällt dies vergleichsweise leicht. Es ist also weniger die Tatsache, dass sich hier eine von identischen Interessen geleitete Koalition gebildet hat, um derartige Regelungen durchzusetzen, als vielmehr der Umstand, dass eine Konfliktpartei enorm an (moralischer) Stärke im öffentlichen Auftritt eingebüßt hat. Insofern darf man auch die Fähigkeit der Bindung der Interessengruppen des Kapitals, der Arbeitnehmer und des Gesetzgebers zu einer starken Koalition nicht überbewerten.

Will man vor diesem soeben skizzierten Szenario einen Ausblick auf zukünftige Entwicklungen der Unternehmensverfassung wagen, so orientiert sich dieser natürlich auch an den zu erwartenden Interessenkoalitionen bzw. den sich verändernden Machtpotenzialen einzelner Interessengruppen. In naher Zukunft werden die Beteiligten der Unternehmensleitung sicherlich noch für eine geraume Zeit in der Defensive bleiben. Anstrengungen zu einer weitergehenden Stärkung der Kontrollkompetenzen werden sicherlich ebenso stattfinden wie das Bemühen für die Vertreter der Unternehmensleitung, ein Konzept zur Evaluierung der Qualität der Wahrnehmung der Leitungskompetenz zu entwickeln. Dieser Trend wird sich erst dann umkehren, wenn sich Änderungen an der Konstellation der Interessenkoalitionen ergeben.

Fragt man sich, wo derartige Änderungen möglicherweise zu erwarten sind, dann rückt der Gesetzgeber in seiner Rolle als Interessengruppe verstärkt ins Blickfeld. Vor dem Hintergrund des globalen Wettbewerbs um Kapital werden sich die Systeme regional unterschiedlicher Governance-Strukturen einander höchstwahrscheinlich annähern.[1] Ob dies im Sinne eines „Race to the top" oder eines „Race to the bottom" – also dem Herausbilden ineffizienter Governance-Strukturen aufgrund von Pfadabhängigkeiten – der Fall sein wird,[2] sei einstweilen dahingestellt; obwohl natürlich immer zu befürchten steht, dass die letztgenannte Entwicklung eintritt. Im Ergebnis wird sich ein Effekt einstellen, der in anderem Zusammenhang auch als „Tribüneneffekt"[3] bezeichnet wird. Die Kapitalströme werden folglich nicht mehr nachhaltig von den Systemen der Corporate Governance bestimmt. Die Interessenkoalitionen werden sich entsprechend verändern. Möglicherweise erlischt das Interesse des Ge-

---

1   Vgl. Witt (2003).

2   Vgl. Gerum (2004), Sp. 177.

3   In einem Fußballstadion wird sich ein Zuschauer von seinem Sitzplatz erheben, um eine bessere Sicht auf das Spielfeld zu haben. Diesem Beispiel folgen andere Zuschauer freiwillig oder notgedrungen, weil ihnen jetzt die Sicht versperrt ist. Dieses „Rennen um die beste Sicht" geht so lange, bis sich alle Zuschauer erhoben haben und die relative Qualität der Sicht den Anfangszustand erreicht hat. Die Qualität des Stadionbesuchs hat sich jedoch verschlechtert, da alle Zuschauer jetzt stehen müssen, um das Spielgeschehen verfolgen zu können. Vgl. hier auch Prinz (2002).

setzgebers, im Bereich der Unternehmensverfassung gesetzgeberisch tätig zu werden.

Damit werden dann auch sämtliche aktuell noch getätigten Anstrengungen im Hinblick auf die Einschränkung der unternehmerischen Mitbestimmung zum Scheitern verurteilt sein. Wenn der Druck der Globalisierung im Hinblick auf die Angleichung der Governance-Systeme nicht mehr existiert, wird sich der Gesetzgeber auf diejenigen Interessengruppen konzentrieren, die für ihn „wahlentscheidend" sein können. Vor dem Hintergrund der relativen Größe wird dies sicherlich die Gruppe der Arbeitnehmer sein. Insofern kann ein Szenario im Hinblick auf eine Einschränkung der unternehmerischen Mitbestimmung in Deutschland nur solange Bestand haben, wie sich die Governance-Systeme der relevanten Wirtschaftsregionen noch nicht angeglichen haben. Dabei scheint es jedoch uninteressant zu sein, in welche Richtung sich die Governance-Systeme aufeinander zu bewegen.[1]

Ob ein solches Szenario tatsächlich eintritt, bleibt abzuwarten. Es wäre für die Unternehmen sowie für die handelnden Akteure sicherlich positiv zu sehen, wenn die Periode der sich schnell ändernden Verfassungsregeln zu Ende gehen würde, damit sich das Managementhandeln wieder auf die Dynamik der Märkte richten kann und nicht so sehr auf die Dynamik der Gesetzgebungsaktivitäten richten muss.

---

1 Vgl. hierzu Gerum (1998 b), S. 135 ff., der in diesem Zusammenhang von einer Konvergenz trotz existenter Varianz spricht.

Literaturverzeichnis

Abel, J./Ittermann, P. (Hrsg.) (2001): Mitbestimmung an den Grenzen? – Arbeitsbeziehungen in Deutschland und Europa, München.

Abeln, C. (2000): Mediation: (k)eine Alternative zur Einigungsstelle?, in: Personalführung 33, Heft 10, S. 62 - 65.

Addison, J./Wagner, J. (1997): The Impact of German Works Councils on Profitability and Innovation – New Evidence from Micro Data, in: Jahrbücher für Nationalökonomie und Statistik 217, S. 1 - 20.

Albach, H. (1981): Verfassung folgt Verfassung – Ein organisationstheoretischer Beitrag zur Diskussion um die Unternehmensverfassung, in: Bohr, K. et al. (Hrsg.), Unternehmensverfassung als Problem der Betriebswirtschaftslehre, Berlin, S. 53 - 79.

Albach, H. (1984): Betriebswirtschaftliche Überlegungen zur rechtlichen Neugestaltung bei Insolvenz von Konzernen, in: Zeitschrift für Betriebswirtschaft 54, S. 773 - 780.

Albach, H. et al. (1988): Die private Aktiengesellschaft – Materialien zur Deregulierung des Aktienrechts, Stuttgart.

Altmeyer, W. (2003 a): Unternehmenskontrolle in der EU – Der britische Weg, in: Die Mitbestimmung 49, Heft 1+2, S. 64 - 65.

Altmeyer, W. (2003 b): Unternehmenskontrolle in der EU – Frankreich: „Präsidialverfassung" im Unternehmen, in: Die Mitbestimmung 49, Heft 3, S. 68 - 71.

Altmeyer, W. (2003 c): Unternehmenskontrolle in der EU – Das skandinavische Modell, in: Die Mitbestimmung 49, Heft 4, S. 66 - 67.

Andretsch, D. B./Weigand, J. (2001): Corporate Governance, in: Jost, P.-J. (Hrsg.), Die Spieltheorie in der Betriebswirtschaftslehre, Stuttgart, S. 83 - 134.

Ang, J. S./Cole, R. A./Lin, J. W. (2000): Agency Costs and Ownership Structure, in: Journal of Finance 55, S. 81 - 106.

Arrow, K. (1985): The Economics of Agency, in: Pratt, J./Zeckhauser, R. (Hrsg.), Principals and Agents – The Structure of Business, Boston (Mass.) 1985, S. 37 - 51.

Backes-Gellner, U./Pull, K. (1999): Betriebliche Sozialpolitik und Maximierung des Shareholder Value – Ein Widerspruch?, in: Zeitschrift für Betriebswirtschaft 69, S. 51 - 70.

Backhaus, K./Plinke, W. (1986): Rechtseinflüsse auf betriebswirtschaftliche Entscheidungen, Stuttgart u. a.

Badura, P. (2003): Staatsrecht – Systematische Erläuterung des Grundgesetzes, 3. Aufl., München.

Baetge, J./Kirsch, H.-J./Thiele, S. (2003): Bilanzen, 7. Aufl., Düsseldorf.

Baetge, J./Lutter, M. (Hrsg.) (2003): Abschlussprüfung und Corporate Governance, Köln.

Baetge, J./Thiele, S./Matena, S. (2004): Mittelbare Sicherung der Prüfungsqualität durch Enforcement geprüfter Jahres- und Konzernabschlüsse – Überlegungen aus ökonomischer Sicht, in: Betriebswirtschaftliche Forschung und Praxis 56, S. 201 - 218.

Bartl, H. et al. (2002): Heidelberger Kommentar zum GmbH-Recht, 5. Aufl., Heidelberg.

Bartone, R. (2002): Die kleine Aktiengesellschaft – Recht und Steuer, Bielefeld.

Baumbach, A. et al. (2000): GmbH-Gesetz – Gesetz betreffend die Gesellschaften mit beschränkter Haftung, 17. Aufl., München.

Baums, T. (Hrsg.) (2001): Bericht der Regierungskommission Corporate Governance, Köln.

BDI (Hrsg.) (2001): Wirtschaftspolitische Bilanz der rot-grünen Bundesregierung, Berlin.

Behrens, W./Kramer, S. (1994): Der beauftragte Gesamtbetriebsrat, in: Der Betrieb 47, S. 94 - 96.

Beishorn, R./Palmer, A. (1979): Untersuchung von Managerverhalten, in: Zündorf, L. (Hrsg.), Industrie- und Betriebssoziologie, Darmstadt, S. 183 - 209.

Bernhardt, W./Witt, P. (1999): Unternehmensleitung im Spannungsfeld zwischen Ressortverteilung und Gesamtverantwortung, in: Zeitschrift für Betriebswirtschaft 69, S. 825 - 845.

Berrar, C. (2001): Die Entwicklung der Corporate Governance in Deutschland im internationalen Vergleich, Baden-Baden.

Bethel, J./Liebeskind, J. (1993): The Effects of Ownership Structure on Corporate Restructuring, in: Strategic Management Journal 14, S. 15 - 31.

Bezzenberger, T. (1996): Der Vorstand der Aktiengesellschaft, in: Zeitschrift für Unternehmens- und Gesellschaftsrecht 25, S. 661 - 673.

Bitz, M. (1986): Gesetzliche Regelungen und Reformvorschläge zum Gläubigerschutz: Eine ökonomische Analyse, Berlin u. a.

Bleicher, K. (1981): Konvergieren europäische und amerikanische Führungsstrukturen der Unternehmensspitze?, in: Zeitschrift für Organisation 50, S. 66 - 74.

Bleicher, K. (1992): Corporation, Organisation der, in: Frese, E. (Hrsg.), Handwörterbuch der Organisation, 3. Aufl., Stuttgart, Sp. 441 - 454.

Bleicher, K. (1992 b): Kodifizierung und Kommunikation unternehmungspolitischer Konzepte in Leitbildern, in: Die Unternehmung 46, S. 59 - 78.

Bleicher, K. (1994): Leitbilder – Orientierungsrahmen für eine integrative Managementphilosophie, 2. Aufl., Stuttgart.

Bleicher, K./Leberl, D./Paul, H. (1989): Unternehmensverfassung und Spitzenorganisation – Führung und Überwachung von Aktiengesellschaften im internationalen Vergleich, Wiesbaden.

Bleicher, K./Wagner, D. (1993): Unternehmungsverfassung und Spitzenverfassung, in: Hauschildt, J./Grün, O. (Hrsg.), Ergebnisse empirischer betriebswirtschaftlicher Forschung, Festschrift für E. Witte, Stuttgart, S. 1 - 24.

Bopp, P. (2002): Betriebsrat und personelle Einzelmaßnahmen: Einstellung – Versetzung – Kündigung, 2. Aufl., Münster.

Borgwardt, J. (1989): Wahlen nach dem Sprecherausschussgesetz, in: Der Betrieb 42, S. 2224 - 2228.

Braun, E. (1998): Der Insolvenzplan und die Pflicht zur Betriebsfortführung in der Insolvenzordnung, in: Baetge, J. (Hrsg.), Beiträge zum neuen Insolvenzrecht, Düsseldorf, S. 87 - 103.

Breuer, W. (1998): Finanzierungstheorie, Wiesbaden.

Brickley, J./Smith, C./Zimmermann, J. (1997): Managerial Economics and Organizational Architecture, Boston (Mass.).

Brinkmann, S. (1998): Die kleine Aktiengesellschaft – Die Eignung der kleinen Aktiengesellschaft für die Eigenkapitalbeschaffung des Mittelstands, Mannheim.

Broetzmann, U. (1990): Probleme der Betriebsversammlung, in: Betriebs-Berater 45, S. 1055 - 1061.

Brown, L. (1983): Managing Conflict at Organizational Interface, Reading (Mass.).

Buchheim, R. (2001): Europäische Aktiengesellschaft und grenzüberschreitende Konzernverschmelzung – Der aktuelle Entwurf der Rechtsform aus betriebswirtschaftlicher Sicht, Wiesbaden.

Bühner, R./Tuschke, A. (1997): Zur Kritik am Shareholder-Value – Eine ökonomische Analyse, in: Betriebswirtschaftliche Forschung und Praxis 49, S. 499 - 516.

Burdich, M. (1995): Das Verfahren vor der Einigungsstelle, in: Arbeit und Arbeitsrecht 50, S. 412 - 415.

Burr, W. (1998): Organisation durch Regeln – Prinzipien und Grenzen der Regelsteuerung in Organisationen, in: Die Betriebswirtschaft 58, S. 312 - 331.

BVerfG 1. Senat Urteil vom 02.03.1999, Az.: 1Bvl2/99.

Chmielewicz, K. (1986): Grundstrukturen der Unternehmensverfassung, in: Gaugler, E./Meissner, H.-G./Thom, N. (Hrsg.), Zukunftsperspektiven der anwendungsorientierten Betriebswirtschaftslehre, Stuttgart, S. 3 - 21.

Chmielewicz, K. (1993): Unternehmensverfassung, in: Wittmann, W. et al. (Hrsg.), Handwörterbuch der Betriebswirtschaft, Bd. 3, 5. Aufl., Stuttgart, Sp. 4399 - 4417.

Chmielewicz, K. (1995): Unternehmensverfassung und Führung, in: Kieser, A./Reber, G./Wunderer, R. (Hrsg.), Handwörterbuch der Führung, 2. Aufl., Stuttgart, Sp. 2074 - 2089.

Claussen, C. P. (2003): Bank- und Börsenrecht – Für Studium und Praxis, 3. Aufl., München

Cox, P.-M./Grimberg, H. (2001): Betriebsversammlung, in: Arbeitsrecht im Betrieb 22, S. 706 - 722.

Cyert, R. M./March, J. G.(1963): A Behavioral Theory of the Firm, Englewood Cliffs.

Daily, C./Dalton, D./Cannella, A. (2003): Corporate Governance: Decades of Dialogue and Data, in: Academy of Management Review 28, S. 371 - 383.

Davis, J./Schoorman, D./Donaldson, L. (1997): Toward a Stewardship Theory of Management, in: Academy of Management Review 22, S. 20 - 47.

De Dren, C./Van de Vliert, E. (Hrsg.) (1997): Using Conflict in Organizations, London.

Deloitte & Touche (Hrsg.) (2004): Entwicklung der Aufsichtsratspraxis in Deutschland, Frankfurt a. M.

Demski, J. S. (2003): Corporate Conflicts of Interest, in: Journal of Economic Perspectives 17, Heft 2, S. 51 - 71.

Deutsche Bank (Hrsg.) (2000): BVB 09 Verkaufsprospekt, Frankfurt a. M.

Dilger, A. (2002 a): Betriebsräte und Innovation, in: Kahle, E. (Hrsg.), Organisatorische Veränderungen und Corporate Governance: Aktuelle Themen der Organisationstheorie, Wiesbaden, S. 65 - 103.

Dilger, A. (2002 b): Ökonomik betrieblicher Mitbestimmung – Die wirtschaftlichen Folgen von Betriebsräten, München.

Dilger, A. (2004): Die Haftung von Vorstand und Aufsichtsrat aus Aktionärssicht, in: Betriebswirtschaftliche Forschung und Praxis 56, S. 441 - 451.

Dornbach, J./Mackh, E./Lang, T. (1999): Insolvenzrecht, in: Unternehmen und Gesellschaft 33, Heft 2, S. 28 - 48.

Dörner, B. (1994): Rechtsform nach Maß – Entscheidungshilfen für eine zweckmäßige Rechtsform, Freiburg.

Edwards, J./Nibler, M. (2000): Corporate Governance in Germany – The Role of Banks and Ownership Concentration, in: Economic Policy 31, S. 237 - 267.

Ehrmann, T. (1990): Unternehmen, Unternehmerfunktion und Transaktionskostenökonomie, in: Zeitschrift für Betriebswirtschaft 60, S. 837 - 849.

Eisenhardt, K. (1989): Agency-Theory – An Assessment and Review, in: Academy of Management Review 14, S. 57 - 74.

Elschen, R. (1991): Gegenstand und Anwendungsmöglichkeiten der Agency-Theorie, in: Zeitschrift für betriebswirtschaftliche Forschung 43, S. 1002 - 1012.

Engelhard, H. (1986): Politische Akzente einer Insolvenzrechtsreform, in: Betriebswirtschaftliche Blätter 35, S. 492 - 493.

Erle, B. (1987): Das Vetorecht des Vorstandsvorsitzenden in der AG, in: Die Aktiengesellschaft 32, S. 7 - 12.

Ewert, R. (1990): Wirtschaftsprüfung und asymmetrische Information, Berlin u. a.

Ewert, R. (2002): Unabhängigkeit und Unbefangenheit, in: Ballwieser, W. et al. (Hrsg.), Handwörterbuch der Rechnungslegung und Prüfung, 3. Aufl., Stuttgart, Sp. 2386 - 2395.

Fallgatter, M. J. (2003): Variable Vergütung von Mitgliedern des Aufsichtsrates: Resultiert eine verbesserte Unternehmensüberwachung?, in: Die Betriebswirtschaft 63, S. 703 - 713.

Fama, E. (1980): Agency Problems and the Theory of the Firm, in: Journal of Political Economy 88, S. 288 - 307.

Feinendegen, S./Nowak, E. (2001): Publizitätspflichten börsennotierter Aktiengesellschaften im Spannungsfeld zwischen Regelberichterstattung und Ad-hoc-Publizität, in: Die Betriebswirtschaft 61, S. 371 - 389.

Feudner, B. (1997): Die betriebliche Einigungsstelle – ein unkalkulierbares Risiko, in: Der Betrieb 50, S. 826 - 828.

Fischer, U. (2001): Der Konzernbetriebsrat nach neuem Recht, in: Arbeitsrecht im Betrieb 22, S. 565 - 568.

FitzRoy, F./Kraft, K. (1990): Innovation, Rent-Sharing and the Organization of Labour in the Federal Republik of Germany, in: Small Business Economics 2, S. 365 - 375.

Fleischer, H. (2001): Informationsasymmetrie im Vertragsrecht – Eine rechtsvergleichende und interdisziplinäre Abhandlung zu Reichweite und Grenzen vertragsschlußbezogener Aufklärungspflichten, München.

Franke, G. (1993): Agency Theorie, in: Wittmann, W. et al. (Hrsg.), Handwörterbuch der Betriebswirtschaft, Bd. 1, 5. Aufl., Stuttgart, Sp. 37 - 57.

Franks, J./Mayer, C. (2001): Ownership and Control of German Corporations, in: Review of Financial Studies 14, S. 943 - 977.

Freeman, R. E. (1984): Strategic Management – A Stakeholder Approach, Boston (Mass.) u. a.

Freeman, R. E./Wicks, A./Parmar, B. (2004): Stakeholder Theory and „The Corporate Objective Revisited", in: Organization Science 15, S. 354 - 369.

Frege, C. (2002): A Critical Assessment of the Theoretical and Empirical Research on German Work Councils, in: British Journal of Industrial Relations 40, S. 221 - 248.

Frese, E. (1993): Führung, Organisation und Unternehmensverfassung, in: Wittmann, W. et al. (Hrsg.), Handwörterbuch der Betriebswirtschaft, Bd. 1, 5. Aufl., Stuttgart, Sp. 1284 - 1299.

Frese, E. (2000): Grundlagen der Organisation, 8. Aufl., Wiesbaden.

Frick, B. (2004): Mitbestimmung, betriebliche, in: Schreyögg, G./Werder, A. von (Hrsg.), Handwörterbuch Unternehmensführung und Organisation, 4. Aufl., Stuttgart, Sp. 870 - 879.

Frick, B./Kluge, N./Streeck, W. (Hrsg.) (1999): Die wirtschaftlichen Folgen der Mitbestimmung – Expertenberichte für die Kommission Mitbestimmung der Bertelsmann-Stiftung und der Hans-Böckler-Stiftung, Frankfurt a. M. u. a.

Frick, B./Speckbacher, G./Wentges, P. (1999): Arbeitnehmermitbestimmung und moderne Theorie der Unternehmung – zugleich eine Anmerkung zum Aufsatz von Schmid und Seger, in: Zeitschrift für Betriebswirtschaft 69, S. 745 - 763.

Friedberg, E. (1980): Macht und Organisation, in: Reber, G. (Hrsg.), Macht in Organisationen, Stuttgart, S. 123 - 134.

Fuchs, R. (2002): Die Betriebsversammlung – Forum für eine effektive Interessenvertretung, in: Arbeitsrecht im Betrieb 23, S. 242 - 246.

Funke, R. (1995), Die bestmögliche Befriedigung der Gläubiger als Hauptziel des Insolvenzverfahrens, in: Betriebswirtschaftliche Forschung und Praxis 47, S. 26 - 39.

Gabele, E. (1981): Unternehmensgrundsätze – Ein Spiegelbild innerbetrieblicher und gesellschaftlicher Entwicklungen, in: zeitschrift führung + organisation 50, S. 245 - 252.

Gabele, E. (1982): Unternehmens- und Führungsgrundsätze, in: Die Unternehmung 36, S. 185 - 202.

Ganske, T. (1996): Mitbestimmung, Property-Rights-Ansatz und Transaktionskostentheorie – Eine ökonomische Analyse, Frankfurt a. M.

Gerds, J./Schewe, G. (2004): Post Merger Integration – Unternehmenserfolg durch Integration Excellence, Berlin u. a.

Gerum, E. (1991): Aufsichtsratstypen – Ein Beitrag zur Theorie der Organisation der Unternehmensführung, in: Die Betriebswirtschaft 51, S. 719 - 731.

Gerum, E. (1992 a): Führungsorganisation und Mitbestimmung in der europäischen Unternehmensverfassung, in: zeitschrift führung + organisation 61, S. 147 - 154.

Gerum, E. (1992 b): Property Rights, in: Frese, E. (Hrsg.), Handwörterbuch der Organisation, 3. Aufl., Stuttgart, Sp. 2116 - 2128.

Gerum, E. (1992 c): Unternehmensverfassung, in: Frese, E. (Hrsg.), Handwörterbuch der Organisation, 3. Aufl., Stuttgart, Sp. 2480 - 2502.

Gerum, E. (1995): Manager- und Eigentümerführung, in: Kieser, A./Reber, G./Wunderer, R. (Hrsg.), Handwörterbuch der Führung, 2. Aufl., Stuttgart, Sp. 1457 - 1468.

Gerum, E. (1998 a): Mitbestimmung und Corporate Governance – Bestandsaufnahme und Perspektiven der Mitbestimmung in Unternehmen und Konzern, Gütersloh.

Gerum, E. (1998 b): Organisation der Unternehmensführung im internationalen Vergleich – insbesondere Deutschland, USA und Japan, in: Glaser, H./Schröder, E./Werder, A. v. (Hrsg.), Organisation im Wandel der Märkte, Wiesbaden, S. 135 - 153.

Gerum, E. (2004): Corporate Governance, internationaler Vergleich, in: Schreyögg, G./Werder, A. von (Hrsg.), Handwörterbuch Unternehmensführung und Organisation, 4. Aufl., Stuttgart, Sp. 171 - 178.

Gerum, E./Steinmann, H./Fees, W. (1988): Der mitbestimmte Aufsichtsrat – Eine empirische Untersuchung, Stuttgart.

Glasl, F. (1990): Konfliktmanagement – Ein Handbuch für Führungskräfte und Berater, 2. Aufl., Bern et al.

Gohde, H. (2003 a): Unternehmenskontrolle in der EU – Niederlande: Erneuerung durch Kooptation, in: Die Mitbestimmung 49, Heft 5, S. 64 - 67.

Gohde, H. (2003 b): Unternehmenskontrolle in der EU – Österreich: Im Musterland des Korporatismus, in: Die Mitbestimmung 49, Heft 7, S. 60 - 63.

Gotthardt, M. (2002): Dienstvereinbarung und Einigungsstelle, in: Die Personalvertretung 45, Heft 2, S. 50 - 64.

Götz, T. (2000): Managementkontrolle durch institutionelle Investoren in Deutschland und in den USA, Lohmar/Köln.

Graziano, C./Luporini, A. (2003): Board Efficiency and Internal Corporate Control Mechanisms, in: Journal of Economics and Management Strategy 12, S. 495 - 530.

Grieger, J. (2001): Shareholder Value und Mitbestimmung in theoretischer Perspektive und normative Implikationen, in: Zeitschrift für Personalforschung 15, Heft 1, S. 62 - 96.

Grimberg, H./Peter, G. (1999): Grundlagen der Betriebsratsarbeit – Der Gesamtbetriebsrat, in: Arbeitsrecht im Betrieb 20, S. 617 - 625.

Groß, W. (2002): Kapitalmarktrecht – Kommentar zum Börsengesetz, zur Börsenzulassungs-Verordnung, zum Verkaufsprospekt und zur Verkaufsprospekt-Verordnung, 2. Aufl., München.

Grotmann-Höfling, G. (1995): Strukturanalyse des arbeitsgerichtlichen Rechtsschutzes – Konfliktlösung durch eine Betriebliche Einigungsstelle (BEST), Frankfurt a. M. u. a.

Grundei, J. (2004): Top Management (Vorstand), in: Schreyögg, G./Werder, A. von (Hrsg.), Handwörterbuch Unternehmensführung und Organisation, 4. Aufl., Stuttgart, Sp. 1441 - 1449.

Gutenberg, E. (1970): Funktionswandel des Aufsichtsrats, in: Zeitschrift für Betriebswirtschaft 40, Ergänzungsheft, S. 1 - 10.

Gutenberg, E. (1983): Grundlagen der Betriebswirtschaftslehre, Bd. 1, 24. Aufl., Berlin u. a.

Haberbauer, S./Meeh, G. (1995): Handlungsspielraum des Insolvenzverwalters im eröffneten Insolvenzverfahren, in: Deutsches Steuerrecht 33, S. 2005 - 2011.

Hacker, N. (1995): Mitwirkungsrechte der Sprecherausschüsse der leitenden Angestellten nach dem Gesetz vom 20.12.1988, Gießen.

Hackethal, A./Schmidt, R. H./Tyrell, M. (2003): Corporate Governance in Germany: Transition to a Modern Capital-Market-Based System, in: Journal of Institutional and Theoretical Economics 159, S. 664 - 674.

Hahn, J. (1995): Kleine AG, Bonn.

Halbach, G. et al. (1997): Übersicht über das Arbeitsrecht, 6. Aufl., Bonn.

Hamel, W. (1982): Bilanzierung unter Mitbestimmungs-Einfluß, Stuttgart.

Hamel, W. (1992): Zielsysteme, in: Frese, E. (Hrsg.), Handwörterbuch der Organisation, 3. Aufl., Stuttgart, Sp. 2634 - 2652.

Hamel, W. (1993): Betriebsverfassung, in: Wittmann, W. et al. (Hrsg.), Handwörterbuch der Betriebswirtschaft, Bd. 1, Stuttgart, Sp. 424 - 442.

Hamm, I. (1999): Lauscher auf der Betriebsversammlung, in: Arbeitsrecht im Betrieb 20, S. 306 - 308.

Hart, O. (1995): Corporate Governance: Some Theory and Implications, in: Economic Journal 105, S. 678 - 689.

Hartz, P. (1994): Jeder Arbeitsplatz hat ein Gesicht – Die Volkswagen-Lösung, Frankfurt.

Hattan, K. J./Hattan, M. L. (1988): Effective Strategic Management, Englewood Cliffs.

Hauschildt, J. (1977): Entscheidungsziele, Tübingen.

Hauschildt, J. (1997): Die vernachlässigten Kosten des Schnittstellen-Managements, in: Küpper, H.-U./Troßmann, E. (Hrsg.), Das Rechnungswesen im Spannungsfeld zwischen strategischem und operativem Management, Berlin, S. 147 - 160.

Hauschildt, J. (1999): Unternehmensverfassung als Instrument des Konfliktmanagements, in: Berger, G./Hartmann, P. (Hrsg.), Soziologie in konstruktiver Absicht, Hamburg, S. 59 - 87.

Hauschildt, J. (2001): Unternehmensverfassung – Grundlagen und Anwendung, in: Festel, G. et al. (Hrsg.), Betriebswirtschaftslehre für Chemiker, Berlin u. a., S. 8 - 22.

Hauschildt, Jürgen (2004): Innovationsmanagement, 3. Aufl., München.

Heilmann, J. (1995): Der Gesamtbetriebsrat, in: Arbeit und Arbeitsrecht 50, Heft 2, S. 48 - 50.

Heinhold, M./Bachmann, C./Hüsing, S. (2004): Lehrbuch Besteuerung der Gesellschaften – Rechtsformen und ihre steuerliche Behandlung, Herne u. a.

Hellermann, K. (2004): Die Publizität des Jahresabschlusses geschlossener Kapitalgesellschaften – Eine juristisch-ökonomische Analyse am Beispiel Deutschlands und Großbritanniens, Baden-Baden.

Henry, A./Spegel, H. (1998): Mit Thermoskanne und Henkelmann, in: Wirtschaftswoche, o. Jg., Nr. 17 vom 16.04.1998, S. 210 - 218.

Hentze, J./Kammel, A. (2001): Personalwirtschaftslehre, Bd. 1, 7. Aufl., Bern u. a.

Herzig, N./Watrin, C. (1995): Obligatorische Rotation des Wirtschaftsprüfers – Ein Weg zur Verbesserung der externen Unternehmenskontrolle, in: Zeitschrift für betriebswirtschaftliche Forschung 47, S. 775 - 804.

Hesselmann, S. (1990): Sanierung oder Zerschlagung insolventer Unternehmen: Betriebswirtschaftliche Überlegungen und empirische Ergebnisse, Stuttgart.

Hill, W. (1996): Der Shareholder Value und die Stakeholder, in: Die Unternehmung 50, S. 411 - 420.

Hirsch, B./Addison, T. (1988): The Economic Analysis of Unions, London.

Hoffmann, F. (1989): Unternehmungs- und Führungsgrundsätze – Ergebnisse einer empirischen Untersuchung, in: Zeitschrift für betriebswirtschaftliche Forschung 41, S. 167 - 185.

Hoffmann-Becking, M. (1998): Zur rechtlichen Organisation der Zusammenarbeit im Vorstand der AG, in: Zeitschrift für Unternehmens- und Gesellschaftsrecht 27, S. 497 - 519.

Hofmann, R./Hofmann, I. (1998): Corporate Governance – Überwachungseffizienz und Führungskompetenz in Kapitalgesellschaften, München u. a.

Höland, A. (2000): Mitbestimmung in Europa – Rechtliche und politische Regelungen, Frankfurt a. M. u. a.

Hölters, W./Deilmann, B./Buchta, J. (2002): Die kleine Aktiengesellschaft – Mit Muster- und Formularteil, 2. Aufl., München.

Hommelhoff, P. (1993): Gesellschaftsrecht und Unternehmung, in: Wittmann, W. et al. (Hrsg.), Handwörterbuch der Betriebswirtschaft, Bd. 1, 5. Aufl., Stuttgart, Sp. 1433 - 1449.

Hommelhoff, P. (1997): Corporate Governance – Vertragen sich die deutsche Unternehmensverfassung und das Shareholder Value-Prinzip?, in: Zeitschrift für Betriebswirtschaft 67, Ergänzungsheft 4, S. 17 - 20.

Hommelhoff, P. (2001): Einige Bemerkungen zur Organisationsverfassung der Europäischen Aktiengesellschaft, in: Die Aktiengesellschaft 46, S. 279 - 288.

Hommelhoff, P. (Hrsg.) (2003): Handbuch Corporate Governance – Leitung und Überwachung börsennotierter Unternehmen in der Rechts- und Wirtschaftspraxis, Köln.

Hommelhoff, P./Mattheus, D. (2004): Management und Recht, in: Schreyögg, G./Werder, A. von (Hrsg.), Handwörterbuch Unternehmensführung und Organisation, 4. Aufl., Stuttgart, Sp. 780 - 791.

Horstig, B. von/Jaschinski, S./Ossola-Haring, C. (2002): Die kleine AG, München.

Hungenberg, H. (2000): Kooperation und Konflikt aus der Sicht der Unternehmensverfassung, in: Hungenberg, H./Schwetzler, B. (Hrsg.), Unternehmung, Gesellschaft und Ethik, Wiesbaden, S. 125 - 141.

Hurrle, G./Schütte, H. (Hrsg.) (1990): Neue Techniken – veraltete Gewerkschaften?, Opladen.

Hutzschenreuter, T. (1998): Unternehmensverfassung und Führungssystem – Gestaltung unternehmensinterner Institutionen, Wiesbaden.

Jacobs, O. (Hrsg.) (2002): Unternehmensbesteuerung und Rechtsform – Handbuch zur Besteuerung deutscher Unternehmen, 3. Aufl., München.

Jaich, R. (2001): Der Europäische Betriebsrat an der Schnittstelle zwischen gesetzlicher und vertraglich vereinbarter Mitbestimmung, in: Zeitschrift für Wirtschafts- und Unternehmensethik 2, Heft 1, S. 70 - 86.

Jansch, T. A. (1999): Die Rolle der Aktionäre in Publikumsgesellschaften, Wiesbaden.

Jensen, M./Meckling, W. (1976): Theory of the Firm – Managerial Behavior, Agency Costs and Ownership Structure, in: Journal of Financial Economics 3, S. 305 - 360.

Jensen, M./Meckling, W. (1979): Rights and Production Functions: An Application to Labor-Management Firms and Codetermination, in: Journal of Business 52, S. 469 - 506.

Johnson, G./Scholes, K. (1993): Exploring Corporate Strategy – Text and Cases, 3. Aufl., New York u. a.

Jones, T./Wicks, A. (1999): Convergent Stakeholder Theory, in: Academy of Management Review 24, S. 206 - 221.

Jost, P. (1999): Strategisches Konfliktmanagement in Organisationen, 2. Aufl., Wiesbaden.

Jüngst, M. (2001): Der aktuelle Bericht Betriebsrat und Gesamtbetriebsrat – Fragen der Abgrenzung der Zuständigkeit und bei der Geltendmachung von Rechten, in: Betrieb + Personal 32, S. 19 - 24.

Kaas, H. (1996): Die Bestellung des Abschlussprüfers in Europa, in: Die Wirtschaftsprüfung 49, S. 453 - 457.

Katz, A. (2002): Staatsrecht – Grundkurs im öffentlichen Recht, 15. Aufl., Heidelberg.

Keasey, K./Thompson, S./Wright, M. (1997): Corporate Governance, Oxford.

Kersting, C. (2003): Auswirkungen des Sarbanes-Oxley-Gesetzes in Deutschland – Können deutsche Unternehmen das Gesetz befolgen?, in: ZIP – Zeitschrift für Wirtschaftsrecht und Insolvenzpraxis 24, S. 233 - 242.

Kessler, W./Schiffers, J./Teufel, T. (2002): Rechtsformwahl, Rechtsformoptimierung, München.

Kirchner, C. (2004): Managerialismustheorie, in: Schreyögg, G./Werder, A. von (Hrsg.), Handwörterbuch Unternehmensführung und Organisation, 4. Aufl., Stuttgart, Sp. 805 - 813.

Kirr, B. (2003): Unternehmenskontrolle in der EU – Die MOE-Länder, in: Die Mitbestimmung 49, Heft 9, S. 64 - 67.

Klein, A. (1998): Firm Performance and Board Committee Structure, in: Journal of Law and Economics 41, S. 275 - 303.

Klöcker, M. L. (1988): Das US-amerikanische Konkursstrafrecht, Bergisch-Gladbach u. a.

Knoll, L./Knoesel, J./Probst, U. (1997): Aufsichtsratsvergütung in Deutschland – Empirische Befunde, in: Zeitschrift für betriebswirtschaftliche Forschung 49, S. 236 - 254.

Kolbeck, R. (1993): Rechtsformwahl, in: Wittmann, W. et al. (Hrsg.), Handwörterbuch der Betriebswirtschaft, Bd. 3, Sp. 3741 - 3759.

Korts, P./Korts, S. (1997): Die kleine Aktiengesellschaft, Heidelberg.

Kosiol, E. (1962): Unternehmung, in: Seischab, H. et al. (Hrsg.), Handwörterbuch der Betriebswirtschaft, Bd. 4, Stuttgart, Sp. 5540 - 5545.

KPMG (Hrsg.) (2000): KapCoRiLiG – Rechnungslegungsvorschriften und Publizität für Kapitalgesellschaften und Kapitalgesellschaft & Co., Berlin.

Kräkel, M. (2004): Organisation und Management, 2. Aufl., Tübingen.

Krüger, H. (1961): Verfassung, in: Beckerath, E. von et al. (Hrsg.), Handwörterbuch der Sozialwissenschaften, Bd. 11, Stuttgart, S. 72 - 82.

Krüger, W. (1972): Grundlagen, Probleme und Instrumente der Konflikthandhabung in der Unternehmung, Berlin.

Krüger, W. (1981): Theorie unternehmensbezogener Konflikte, in: Zeitschrift für Betriebswirtschaft 51, S. 910 - 952.

Kühn, A. (1993): Unternehmens- und Führungsgrundsätze, in: Wittmann, W. et al. (Hrsg.), Handwörterbuch der Betriebswirtschaft, Bd. 3, 4. Aufl., Stuttgart, Sp. 4286 - 4294.

Kümpel, S./Hammen, H. (2003): Börsenrecht – Eine systematische Darstellung, 2. Aufl., Berlin.

Kunz, O. (2000): Betriebsverfassung – Gesamt- und Konzernbetriebsrat, in: Arbeit und Arbeitsrecht 55, S. 360 - 363.

Kutschker, M./Schmid, S. (2004): Internationales Management, 3. Aufl., München u. a.

Lahnsen, A. (1989): Streitigkeiten zwischen Unternehmer und Wirtschaftsausschuss, in: Betriebs-Berater 44, S. 1399 - 1401.

Lanfermann, G./Maul, S. (2002): Auswirkungen des Sarbanes-Oxley Acts in Deutschland, in: Der Betrieb 55, S. 1725 - 1732.

Learmount, S. (2002): Corporate Governance, Oxford u. a.

Leker, J./Salomo, S. (1998): Die Veränderung der wirtschaftlichen Lage im Verlauf eines Wechsels an der Unternehmensspitze, in: Zeitschrift für betriebswirtschaftliche Forschung 50, S. 156 - 177.

Lerche, C.-N. (1997): Der Europäische Betriebsrat und der deutsche Wirtschaftsausschuss – Eine vergleichende Analyse der betrieblichen Mitwirkung der Arbeitnehmer vor dem Hintergrund der Globalisierung der Märkte, Frankfurt a. M.

Littkemann, J./Madrian, J.-P. (2000): Die Rolle des Insolvenzverwalters aus der Perspektive des Prinzipal-Agenten-Ansatzes, in: Beck, M./Möhlmann, T. (Hrsg.),

Sanierung und Abwicklung in der Insolvenz – Erfahrungen, Chancen, Risiken, Herne u. a., S. 73 - 107.

Littkemann, J./Möhlmann, T. (1999): Verfahrensablauf und Berichterstattung im neuen Insolvenzrecht, in: Wirtschaftswissenschaftliches Studium 28, S. 648 - 653.

Lompe, K. (2003): Bilanz und Perspektiven der Montanmitbestimmung, Berlin.

Lompe, K./Weis, H. (2001): Gelebte Montanmitbestimmung – Ergebnisse empirischer Untersuchungen in drei Unternehmen, in: Industrielle Beziehungen 8, S. 408 - 429.

Löwisch, M. (2002): Entsendung in den Gesamtbetriebsrat und Prinzip der Verhältniswahl, in: Betriebs-Berater 57, S. 1366 - 1370.

Luik, H. (1976): Ist der obligatorische Prüferwechsel für Aktiengesellschaften sinnvoll?, in: Betriebs-Berater 31, S. 237 - 239.

Lutter, M. (1995): Das dualistische System der Unternehmensverwaltung, in: Scheffler, E. (Hrsg.), Corporate Governance, Wiesbaden, S. 5 - 26.

Lutter, M. (2004): Hauptversammlung und Aktionärseinfluss, in: Schreyögg, G./ Werder, A. von (Hrsg.), Handwörterbuch Unternehmensführung und Organisation, 4. Aufl., Stuttgart, Sp. 399 - 407.

Macharzina, K. (2003): Unternehmensführung – Das internationale Managementwissen – Konzepte, Methoden, Praxis, 4. Aufl., Wiesbaden.

Madrian, J.-P. (1998): Interessengruppenorientierte Unternehmensführung – Eine organisationstheoretische Analyse am Beispiel großer Aktiengesellschaften, Hamburg.

Malik, F. (1999): Wirksame Unternehmensaufsicht – Corporate Governance in Umbruchzeiten, 2. Aufl., Frankfurt a. M.

Mallin, C. A. (2004): Corporate Governance, Oxford.

March, J. G./Simon, H. A. (1958): Organizations, New York u. a.

Marten, K.-U. (1995): Empirische Analyse des Prüferwechsels im Kontext der Agency- und Signalling-Theorie, in: Zeitschrift für Betriebswirtschaft 65, S. 703 - 727.

Martens, K. (2000): Managementüberwachung durch den Aufsichtsrat – Ein Beitrag zur Corporate Governance – Diskussion aus agencytheoretischer Sicht, Lohmar.

Matje, A. (1996): Unternehmensleitbilder als Führungsinstrument, Wiesbaden.

Mävers, G. (2002): Die Mitbestimmung der Arbeitnehmer in der Europäischen Aktiengesellschaft, Baden-Baden.

Milgrom, P./Roberts, J. (1992): Economics, Organization and Management, Englewood Cliffs.

Mintzberg, H. (1983): Power In and Around Organizations, Englewood Cliffs.

Minuth, T. (2003): Führungssysteme der Europäischen Aktiengesellschaft (SE) – Wettbewerb zwischen alternativen Führungsstrukturen im Kraftfeld des deutschen Unternehmensrechts, Berlin.

Möhlmann, T. (1998 a): Grundzüge der US-amerikanischen Berichterstattung im insolvenzrechtlichen Reorganisationsverfahren, in: Konkurs, Treuhand, Sanierung – Zeitschrift für Insolvenzrecht 58, S. 1 - 48.

Möhlmann, T. (1998 b): Der Nachweis eingetretener und drohender Zahlungsunfähigkeit im neuen Insolvenzverfahren – Anforderungen und Aufgaben für Steuerberater und Wirtschaftsprüfer, in: Die Wirtschaftsprüfung 51, S. 947 - 961.

Möhlmann, T. (1998 c): Die Überschuldungsprüfung nach der neuen Insolvenzordnung, in: Deutsches Steuerrecht 36, S. 1843 - 1848.

Möhlmann-Mahlau, T. (2005): Ablauf, Inhalt und Relevanz der Überschuldungsprüfung, in: Möhlmann-Mahlau, T. (Hrsg.), Sanierung und Abwicklung der Insolvenz, 2. Aufl., Herne u. a., S. 1 - 27.

Mohnhaupt, H./Grimm, D. (2002): Verfassung – Zur Geschichte des Begriffs von der Antike bis zur Gegenwart, 2. Aufl., Berlin.

Möller, H. P. (1993): Gewinnbehaltung, in: Chmielewicz, K./Schweitzer, M. (Hrsg.), Handwörterbuch des Rechnungswesens, 3. Aufl., Stuttgart, Sp. 782 - 789.

Nebel, A. (1990): Ablösung allgemeiner Arbeitsbedingungen leitender Angestellter durch Richtlinien nach dem Sprecherausschussgesetz, in: Der Betrieb 43, S. 1512 - 1516.

Neumann-Cosel, R. von/Rupp, R. (1996): Handbuch für den Wirtschaftsausschuß, 3. Aufl., Köln.

Niedenhoff, H.-U. (1997): Erste Erfahrungen mit dem Europäischen Betriebsrat (EBR), in: IW-Gewerkschaftsreport 31, Heft 4, S. 53 - 70.

Niedenhoff, H.-U. (2000): Mitbestimmung in der Bundesrepublik Deutschland, 12. Aufl., Köln.

Niedenhoff, H.-U./Reiter, S. (2001): Der Umgang mit Konflikten im Betrieb – Betriebspartner berichten aus der Praxis, Köln.

Niehus, R. (2003): Turnusmäßiger Wechsel des Abschlussprüfers – Argumente eines Pro und seine Gestaltungsmöglichkeiten, in: Der Betrieb 56, S. 1637 - 1653.

Nienhüser, W. (1998): Macht bestimmt die Personalpolitik! – Erklärung der betrieblichen Arbeitsbeziehungen aus macht- und austauschtheoretischer Perspektive, in: Martin, A./Nienhüser, W. (Hrsg.), Personalpolitik – Wissenschaftliche Erklärung und Personalpraxis, München, S. 239 - 261.

o. V. (2004 a): Irrweg der Mitbestimmung, in: Die Welt vom 24.07.2004.

o. V. (2004 b): Mitbestimmung hält Prüfung nicht Stand, in: Die Mitbestimmung 50, Heft 6, S. 54 – 57.

OECD (Hrsg.) (1994): Labour Standards and Economic Integration – OECD Employment Outlook, Paris.

Oechsler, W. A. (1979): Konfliktmanagement – Theorie und Praxis industrieller Arbeitskonflikte, Wiesbaden.

Oechsler, W. A. (1992): Konflikt, in: Frese, E. (Hrsg.), Handwörterbuch der Organisation, 3. Aufl., Stuttgart, Sp. 1131 - 1143.

Oechsler, W. A./Schönfeld, T. (1989): Die Einigungsstelle als Konfliktlösungsmechanismus – eine Analyse der Wirkungsweise und Funktionsfähigkeit, Frankfurt a. M.

Oesterle, M. (1996): Entwicklung und Stand der unternehmerischen Mitbestimmung in Deutschland, in: Wirtschaftswissenschaftliches Studium 25, S. 451 - 455.

Oesterle, M. (1999): Führungswechsel im Top Management: Grundlagen, Wirkungen, Gestaltungsoptionen, Wiesbaden.

Oesterle, M. (2003): Entscheidungsfindung im Vorstand großer deutscher Aktiengesellschaften, in: zeitschrift führung + organisation 72, S. 199 - 208.

Ordelheide, D. (1993): Institutionelle Theorie und Unternehmung, in: Wittmann, W. et al. (Hrsg.), Handwörterbuch der Betriebswirtschaft, Bd. 2, 5. Aufl., Stuttgart, Sp. 1838 - 1855.

Orth, C. (2000): Abschlussprüfung und Corporate Governance, Wiesbaden.

Ortmann, G. (1976): Unternehmensziele als Ideologie, Köln.

Osterloh, M. (1992): Mitbestimmung, empirische Forschung, in: Frese, E. (Hrsg.), Handwörterbuch der Organisation, 3. Aufl., Stuttgart, Sp. 1361 - 1378.

Osterloh, M. (1993): Interpretative Organisations- und Mitbestimmungsforschung, Stuttgart.

Ostermeyer, R. (2001): Systeme der Unternehmensverfassung, in: Betrieb und Wirtschaft 55, S. 221 - 227.

Pellens, B./Fülbier, R. U. (2002): Anforderungen an die Rechnungslegung und Publizität internationaler Unternehmen, in: Krystek, U. et al. (Hrsg.), Handbuch Internationalisierung, 2. Aufl., Berlin u. a., S. 631 - 649.

Picot, A. (1981): Der Beitrag der Theorie der Verfügungsrechte zur ökonomischen Analyse von Unternehmensverfassungen, in: Bohr, K. et al. (Hrsg.), Unternehmensverfassung als Problem der Betriebswirtschaftslehre, Berlin, S. 153 - 197.

Picot, A. (1993): Transaktionskostenansatz, in: Wittmann, W. et al. (Hrsg.), Handwörterbuch der Betriebswirtschaft, Bd. 3, 5. Aufl., Stuttgart, Sp. 4194 - 4204.

Picot, A./Dietl, H./Franck, E. (2002): Organisation – Eine ökonomische Perspektive, 3. Aufl., Stuttgart.

Picot, A./Michaelis, E. (1984): Verteilung von Verfügungsrechten in Großunternehmungen und Unternehmensverfassungen, in: Zeitschrift für Betriebswirtschaft 54, S. 252 - 272.

Popp, G. (1999): Die regelmäßige Betriebsversammlung – Organisatorische, inhaltliche und rechtliche Gesichtspunkte, in: Personal – Zeitschrift für Human Resource Management 51, S. 622 - 623.

Portisch, W. (1997): Überwachung und Berichterstattung des Aufsichtsrats im Stakeholder-Agency-Modell, Frankfurt a. M.

Post, J. E./Preston, L. E./Sachs, S. (2002): Managing the Extended Enterprise – The New Stakeholder View, in: California Management Review 45, Heft 1, S. 6 - 29.

Potthoff, E. (1996): Board-System vs. duales System der Unternehmensverwaltung – Vor- und Nachteile, in: Betriebswirtschaftliche Forschung und Praxis 48, S. 253 - 268.

Potthoff, E./Trescher, K. (2001): Das Aufsichtsratsmitglied – Ein Handbuch der Aufgaben, Rechte und Pflichten, 5. Aufl., Stuttgart.

Pratt, J. W./Zeckhauser, R. (Hrsg.) (1985): Principals and Agents – The Structure of Business, Boston.

Prinz, A. (2002): Typischer Tribüneneffekt, in: Frankfurter Allgemeine Zeitung vom 14.04.2002, S. 15.

Quick, R. (2002): Abschlussprüfung und Beratung – Zur Vereinbarkeit mit der Forderung nach Urteilsfreiheit, in: Die Betriebswirtschaft 62, S. 622 - 643.

Quick, R. (2004): Externe Rotation – Eine adäquate Maßnahme zur Stärkung der Unabhängigkeit des Abschlussprüfers?, in: Die Betriebswirtschaft 64, S. 487 - 504.

Rappaport, A. (1986): Creating Shareholder Value, New York.

Remer, A. (1992): Macht, organisatorische Aspekte der, in: Frese, E. (Hrsg.), Handwörterbuch der Organisation, 3. Aufl., Stuttgart, Sp. 1271 - 1286.

Renker, M. (2001): Verbot einer Betriebsversammlung, in: Arbeitsrecht im Betrieb 22, S. 701 - 705.

Richardi, R. (1995): Die Repräsentation der Arbeitnehmer im Konzern durch den Konzernbetriebsrat nach deutschem Recht, in: Zeitschrift für ausländisches und internationales Arbeits- und Sozialrecht 9, S. 607 - 611.

Richter, R. (1991): Institutionenökonomische Aspekte der Theorie der Unternehmung, in: Ordelheide, D./Rudolph, B./Büsselmann, E. (Hrsg.), Betriebswirtschaftslehre und ökonomische Theorie, Stuttgart, S. 395 - 429.

Richter, R./Furubotn, E. (2003): Neue Institutionenökonomik – Eine Einführung und kritische Würdigung, 3. Aufl., Tübingen.

Ricketts, M. (2002): The Economics of Business Enterprise, 3. Aufl., New York.

Riekhoff, H.-C. (1984): Unternehmensverfassungen und Theorie der Verfügungsrechte – Methodische Probleme, theoretische Perspektiven und exemplarische Fallstudien, Wiesbaden.

Rosenstein, S./Wyatt, J. G. (1997): Inside Directors, Board Effectiveness, and Shareholder Wealth, in: Journal of Financial Economics 44, S. 229 - 250.

Rudolph, W./Wassermann, W. (2002): Trendreport Betriebsratswahlen 2002, Büro für Sozialforschung Kassel, Düsseldorf.

Ruhwedel, P./Epstein, R. (2003): Eine empirische Analyse der Strukturen und Prozesse in den Aufsichtsräten deutscher Aktiengesellschaften, in: Betriebs-Berater 58, S. 161 - 166.

Ruhwinkel, C. (2004): Gründung einer europäischen Aktiengesellschaft durch Verschmelzung oder durch Anteilstausch, Frankfurt a. M.

Rupp, R. (2002): Die Einigungsstelle, in: Arbeitsrecht im Betrieb 23, S. 247 - 253.

Sadowski, D./Backes-Gellner, U./Frick, B. (1995): Works Councils: Barriers or Boosts for the Competitiveness of German Firms?, in: British Journal of Industrial Relations 33, S. 493 - 513.

Salomo, S. (2001): Wechsel der Spitzenführungskraft und Unternehmenserfolg, Berlin.

Sandmann, B. (1996): Die Euro-Betriebsrats-Richtlinie 94/95 – Europäischer Betriebsrat und alternative Verfahren zur Unterrichtung und Anhörung der Arbeitnehmer in transnationalen Unternehmen, Heidelberg.

Schaub, G./Kreft, B. (2002): Der Betriebsrat, 7. Aufl., München.

Schewe, G. (Hrsg.) (2003): Change Management – Facetten und Instrumente, Hamburg.

Schewe, G./Gerds, J. (2001): Erfolgsfaktoren von Post Merger Integrationen – Ergebnisse einer pfadanalytischen Untersuchung, in: Zeitschrift für Betriebswirtschaft 71, Ergänzungsheft 1, S. 75 - 103.

Schewe, G./Kleist, S./Mahlstedt, D. (2004): Corporate Governance im europäischen Profi-Fußball, Arbeitspapier des Lehrstuhls für Betriebswirtschaftslehre, insb. Organisation, Personal und Innovation der Universität Münster, Nr. 28, Münster.

Schewe, G./Leker, J. (1998): Beurteilung des Kreditausfallrisikos im Firmenkundengeschäft der Banken, in: Zeitschrift für betriebswirtschaftliche Forschung 50, S. 877 - 891.

Schewe, G./Littkemann, J. (1999): Interne Kontrollsysteme – Verhaltenswirkungen und organisatorische Gestaltung, in: Das Wirtschaftsstudium 28, S. 1483 - 1488.

Schewe, G./Littkemann, J./Schröter, G. (2004): Kontrolle von Change Management Prozessen – Mehr als nur Routinekontrolle, in: Bensberg, F./Brocke, J. v./Schultz, M. (Hrsg.), Trendberichte zum Controlling, Heidelberg, S. 111 - 127.

Schildbach, T. (1996): Die Glaubwürdigkeitskrise der Wirtschaftsprüfer – Zu Intensität und Charakter der Jahresabschlussprüfung aus wirtschaftlicher Sicht, in: Betriebswirtschaftliche Forschung und Praxis 48, S. 1 - 30.

Schmalenbach, E. (1911): Die Überwachungsfunktion des Aufsichtsrates, in: Zeitschrift für handelswissenschaftliche Forschung 5, S. 271 - 283.

Schmid, F. A. (1997): Vorstandsbezüge, Aufsichtsratvergütung und Aktionärsstruktur, in: Zeitschrift für Betriebswirtschaft 67, S. 67 - 83.

Schmid, F. A./Seger, F. (1998): Arbeitnehmermitbestimmung, Allokation von Entscheidungsrechten und Shareholder Value, in: Zeitschrift für Betriebswirtschaft 68, S. 453 - 473.

Schmidt, K. (2002): Gesellschaftsrecht, 4. Aufl., Köln.

Schnabel, C./Wagner, J. (1992): Unions and Innovation: Evidence from German Micro Data, in: Economics Letters 39, S. 369 - 373.

Scholz, C. (1987): Strategisches Management – Ein integrativer Ansatz, Berlin u. a.

Schreyögg, G. (1983): Managerkontrolle als Problem der Unternehmensverfassung, in: Kießler, D./Kittner, M./Nagel, B. (Hrsg.), Unternehmensverfassung – Recht und Betriebswirtschaftslehre, Köln, S. 153 - 166.

Schreyögg, G./Steinmann, H. (1981): Zur Trennung von Eigentum und Verfügungsmacht – Eine empirische Analyse der Beteiligungsverhältnisse in deutschen Unternehmen, in: Zeitschrift für Betriebswirtschaft 51, S. 533 - 558.

Seefried, I./Kunz, O. (1998): Der Europäische Betriebsrat (EBR), in: Betrieb und Wirtschaft 52, S. 310 - 314.

Seibert, U./Kiem, R. (Hrsg.) (2000): Handbuch der kleinen AG, 4. Aufl., Köln.

Semler, J. (1996): Leitung und Überwachung der Aktiengesellschaft – Die Leitungsaufgabe des Vorstandes und die Überwachungsaufgabe des Aufsichtsrates, 2. Aufl., Köln.

Shleifer, A./Vishny, R. W. (1997): A Survey of Corporate Governance, in: Journal of Finance 52, S. 737 - 783.

Siemens AG (Hrsg.) (2004), Geschäftsbericht 2003, München.

Sihler, H. (2000): Shareholder Value versus Stakeholder Value, in: Hungenberg, H./Schwetzler, B. (Hrsg.), Unternehmen, Gesellschaft und Ethik, Wiesbaden, S. 143 - 148.

Spieker, W./Strohauer, H. (1982): 30 Jahre Management gegen die Mitbestimmung, Köln.

Spremann, K. (1990): Asymmetrische Information, in: Zeitschrift für Betriebswirtschaft 60, S. 561 - 586.

Stefani, U. (2002): Abschlussprüfung, Unabhängigkeit und strategische Interdependenzen, Stuttgart.

Steinmann, H. (1969): Das Großunternehmen im Interessenkonflikt, Stuttgart.

Steinmann, H./Schreyögg, G. (2000): Management – Grundlagen der Unternehmensführung, 5. Aufl., Wiesbaden.

Steinmann, H./Schreyögg, G./Dütthorn, C. (1983): Managerkontrolle in deutschen Großunternehmen – 1972 - 1979 im Vergleich, in: Zeitschrift für Betriebswirtschaft 53, S. 4 - 25.

Streeck, W. (2004): Mitbestimmung, unternehmerische, in: Schreyögg, G./Werder, A. von (Hrsg.), Handwörterbuch Unternehmensführung und Organisation, 4. Aufl., Stuttgart, Sp. 879 - 888.

Summer, M. (1998): Does Mandatory Rotation Enhance Auditor Independence?, in: Zeitschrift für Wirtschafts- und Sozialwissenschaften 118, S. 327 - 359.

Sundaramurthy, C./Lewis, M. (2003): Control and Collaboration: Paradoxes of Governance, in: Academy of Management Review 28, S. 397 - 415.

Tegtmeier, S. (1998): Die Vergütung von Vorstandsmitgliedern in Publikumsgesell-schaften – Eine vergleichende Untersuchung zum deutschen, englischen und US-amerikanischen Recht, Frankfurt a. M.

Theile, C. (2000): Publizität des Einzel- oder Konzernabschlusses bei der GmbH & Co. KG nach neuem Recht?, in: GmbH-Rundschau 91, S. 215 - 220.

Theisen, M. (1987): Die Überwachung der Unternehmensführung – Betriebswirt-schaftliche Ansätze zur Entwicklung erster Grundsätze ordnungsgemäßer Ü-berwachung, Stuttgart.

Theisen, M. (1993): Überwachung der Geschäftsführung, in: Wittmann, W. et al. (Hrsg.), Handwörterbuch der Betriebswirtschaft, Bd. 3, 5. Aufl., Stuttgart, Sp. 4219 - 4231.

Theisen, M. (1994): Notwendigkeit, Chancen und Grenzen der Zusammenarbeit von Wirtschaftsprüfer und Aufsichtsrat, in: Die Wirtschaftsprüfung 47, S. 809 - 820.

Theisen, M. (1999): Zur Reform des Aufsichtsrates – Eine betriebswirtschaftliche Bestandsanalyse und Perspektive, in: Dörner, D./Renold, D./Pfitzer, N. (Hrsg.), Reform des Aktienrechts, der Rechnungslegung und Prüfung, Stuttgart, S. 203 - 251.

Theisen, M. (2003): Herausforderung Corporate Governance, in: Die Betriebswirt-schaft 63, S. 441 - 464.

Theisen, M./Wenz, M. (Hrsg.) (2002): Die Europäische Aktiengesellschaft, Stuttgart.

Thomée, F. (1974): Das Boardsystem – Eine Alternative zum Aufsichtsrat?, in: Zeit-schrift Führung + Organisation 43, S. 185 - 199.

Towers Perrin (Hrsg.) (2004): Corporate Governance Report 2004, Frankfurt.

Trenkle, T. (1983): Organisation der Vorstandsentscheidungen – Eine empirische Analyse, Frankfurt a. M. u. a.

Tricker, R. I. (Hrsg.) (2000): Corporate Governance, Aldershot u. a.

Valcárcel, S. (2002): Theorie der Unternehmung und Corporate Governance – Eine vertrags- und ressourcenbezogene Betrachtung, Wiesbaden.

Vance, S. (1983): Corporate Leadership, New York u. a.

ver.di (Hrsg.) (2004): Der Europäische Betriebsrat (EBR) – in 5 Schritten zum Europäischen Betriebsrat, Düsseldorf.

Vogel, C. (1980): Aktienrecht und Aktienwirklichkeit, Baden-Baden.

Wehling, M. (2000): Mitbestimmung in virtuellen Unternehmungen?, in: Industrielle Beziehungen 7, S. 131 - 156.

Weißenberger, B. (1997): Wider die erzwungene Rotation des Abschlussprüfers, in: Betriebs-Berater 52, S. 2315 - 2321.

Welge, M. K./Al-Laham, A. (2003): Strategisches Management – Grundlagen, Prozess, Implementierung, 4. Aufl., Wiesbaden.

Wenger, E. (1993): Verfügungsrechte, in: Wittmann, W. et al. (Hrsg.), Handwörterbuch der Betriebswirtschaft, Bd. 3, 5. Aufl., Stuttgart, Sp. 4495 - 4507.

Wenger, E. (1996): Die Organisation des Aufsichtsrats als Problem der politischen Ökonomie, in: Wirtschaftsdienst 76, S. 175 - 180.

Wentges, P. (2002): Corporate Governance und Stakeholder-Ansatz – Implikationen für die betriebliche Finanzwirtschaft, Wiesbaden.

Werder, A. von (1986): Organisationsstruktur und Rechtsform – Implikationen juristischer Vorschriften für die Organisation aktienrechtlicher Einheits- und Konzernunternehmungen, Wiesbaden.

Werder, A. von (1992): Recht und Organisation, in: Frese, E. (Hrsg.), Handwörterbuch der Organisation, 3. Aufl., Stuttgart, Sp. 2168 - 2184.

Werder, A. von (1993): Rechtsform und Organisation der Unternehmensführung, in: Gerum, E. (Hrsg.), Handbuch Unternehmung und Europäisches Recht, Stuttgart, S. 63 - 95.

Werder, A. von (1995): Management – Mythos oder regelgeleitete Kunst? Plädoyer für die Formulierung von Grundsätzen ordnungsmäßiger Unternehmensführung (GoU), in: Der Betrieb 48, S. 2177 - 2183.

Werder, A. von (1998): Grundsätze ordnungsmäßiger Unternehmensleitung (GoU) im Urteil der Praxis – Ergebnisse einer Erhebung bei deutschen Top-Managern, in: Der Betrieb 51, S. 1193 - 1998.

Werder, A. von (2003): Modernisierung der Mitbestimmung, Diskussionspapier des Center of Corporate Governance, Berlin.

Werder, A. von (2004 a): Corporate Governance (Unternehmensverfassung), in: Schreyögg, G./Werder, A. von (Hrsg.), Handwörterbuch Unternehmensführung und Organisation, 4. Aufl., Stuttgart, Sp. 160 - 170.

Werder, A. von (2004 b): Modernisierung der Mitbestimmung, in: Die Betriebswirtschaft 64, S. 229 - 243.

Wiegräbe, W./Borgwardt, J. (1990): Sprecherausschüsse der Leitenden Angestellten, in: Die Betriebswirtschaft 50, S. 5 - 26.

Wildhagen, A. (2000): Eine Allianz für Liesen, in: Wirtschaftswoche, Nr. 13 vom 23.03.2000, S. 114 - 116.

Williamson, O. E. (1979): Transaction-Cost Economics: The Governance of Contractural Relations, in: Journal of Law and Economics 22, S. 233 - 261.

Witt, P. (2003): Corporate Governance Systeme im Wettbewerb, Wiesbaden.

Witte, E. (1978): Die Verfassung des Unternehmens als Gegenstand betriebswirtschaftlicher Forschung, in: Die Betriebswirtschaft 38, S. 331 - 340.

Witte, E./Bronner, R. (1974): Die leitenden Angestellten – Eine empirische Untersuchung, München.

Wolf, J. (2003): Organisation, Management, Unternehmensführung – Theorie und Kritik, Wiesbaden.

Wolff, B. (1995): Organisation durch Verträge, Wiesbaden.

Zapp, W. (1985): Analyse der deutschen Vorstands- und amerikanischen Boardverfassung, München.

Ziegler, A. (2003): Technologiepolitik und Mitbestimmung, Marburg.

Ziegler, S./Kramarsch, M. (2003): Zeitgemäße Aufsichtsratsvergütung und Corporate Governance, in: Personal 55, S. 20 - 23.

Index

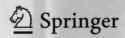

Druck: Krips bv, Meppel
Verarbeitung: Litges & Dopf, Heppenheim